国家社会科学基金一般项目
《现代汉语情态语气成分的关联机制研究》
（12BYY093）

朱斌 著

现代汉语情态
语气成分
的 关 联 机 制 研 究

中国社会科学出版社

图书在版编目（CIP）数据

现代汉语情态语气成分的关联机制研究/朱斌著.
—北京：中国社会科学出版社，2017.11
　ISBN 978-7-5203-1077-2

　Ⅰ.①现… Ⅱ.①朱… Ⅲ.①现代汉语—语气（语法）
—研究 Ⅳ.①H146.3

中国版本图书馆 CIP 数据核字（2017）第 238486 号

出 版 人	赵剑英	
责任编辑	郭晓鸿	
特约编辑	席建海	
责任校对	石春梅	
责任印制	戴　宽	
出　　版	中国社会科学出版社	
社　　址	北京鼓楼西大街甲 158 号	
邮　　编	100720	
网　　址	http://www.csspw.cn	
发 行 部	010-84083685	
门 市 部	010-84029450	
经　　销	新华书店及其他书店	
印刷装订	北京君升印刷有限公司	
版　　次	2017 年 11 月第 1 版	
印　　次	2017 年 11 月第 1 次印刷	
开　　本	710×1000　1/16	
印　　张	45.75	
插　　页	2	
字　　数	611 千字	
定　　价	208.00 元	

凡购买中国社会科学出版社图书，如有质量问题请与本社营销中心联系调换
电话：010-84083683
版权所有　侵权必究

目 录

绪 论 ·· 1

  0.1 关于情态的定义和分类 ··· 1

  0.2 关于语气的定义和分类 ··· 3

  0.3 关于情态语气成分连用、共现的综合研究 ················· 4

  0.4 关于情态语气成分的连用研究 ·································· 6

  0.5 关于情态语气成分的共现研究 ·································· 8

  0.6 关于情态否定的相关研究 ·· 13

  0.7 关于句类与情态、语气的关系研究 ·························· 13

  0.8 关于情态语气成分的句法位置研究 ·························· 14

  0.9 本研究的对象、思路方法和内容框架 ······················· 15

第 1 章 现代汉语情态成分与语气成分 ······························· 17

  1.1 情态和现代汉语情态成分 ·· 17

  1.2 语气和现代汉语语气成分 ·· 24

1.3 现代汉语情态成分和语气成分的关联模式框架 ·············· 32

第2章 "会"与语气成分的关联机制 ························· 34

2.1 陈述句中"会"与语气成分的关联机制 ·················· 34

2.2 疑问句中"会"与语气成分的关联机制 ·················· 151

2.3 感叹句中"会"与语气成分的关联机制 ·················· 222

本章小结 ··· 252

第3章 "不会"与语气成分的关联机制 ····················· 259

3.1 陈述句中"不会"与语气成分的关联机制 ··············· 259

3.2 疑问句中"不会"与语气成分的关联机制 ··············· 332

3.3 感叹句中"不会"与语气成分的关联机制 ··············· 358

本章小结 ··· 366

第4章 "可能"与语气成分的关联机制 ····················· 371

4.1 陈述句中"可能"与语气成分的关联机制 ··············· 371

4.2 疑问句中"可能"与语气成分的关联机制 ··············· 389

4.3 感叹句中"可能"与语气成分的关联机制 ··············· 399

本章小结 ··· 408

第5章 "不可能"与语气成分的关联机制 ·················· 412

5.1 陈述句中"不可能"与语气成分的关联机制 ············ 412

5.2 疑问句中"不可能"与语气成分的关联机制 ………………………… 444

5.3 感叹句中"不可能"与语气成分的关联机制 ………………………… 466

本章小结 ………………………………………………………………… 489

第6章 "要1"与语气成分的关联机制 ……………………………………… 498

6.1 陈述句中"要1"与语气成分的关联机制 ……………………………… 498

6.2 疑问句中"要1"与语气成分的关联机制 ……………………………… 508

6.3 感叹句中"要1"与语气成分的关联机制 ……………………………… 524

6.4 祈使句中"要1"与语气成分的关联机制 ……………………………… 529

本章小结 ………………………………………………………………… 540

第7章 "不要1"与语气成分的关联机制 …………………………………… 545

7.1 祈使句中"不要1"前关联语气副词 ……………………………………… 545

7.2 祈使句中"不要1"后关联语气词 ………………………………………… 550

7.3 祈使句中"不要1"前关联语气副词、后关联语气词 ………………… 555

本章小结 ………………………………………………………………… 561

第8章 "应该1"与语气成分的关联机制 …………………………………… 563

8.1 陈述句中"应该1"与语气成分的关联机制 …………………………… 563

8.2 疑问句中"应该1"与语气成分的关联机制 …………………………… 586

8.3 感叹句中"应该1"与语气成分的关联机制 …………………………… 606

本章小结 ………………………………………………………………… 614

第9章 "不应该1"与语气成分的关联机制 …… 618
9.1 陈述句中"不应该1"与语气成分的关联机制 …… 618
9.2 疑问句中"不应该1"与语气成分的关联机制 …… 636
9.3 感叹句中"不应该1"与语气成分的关联机制 …… 657
本章小结 …… 668

第10章 总结 …… 674
10.1 陈述句中情态动词和语气成分的关联机制 …… 674
10.2 是非问中情态动词和语气成分的关联机制 …… 683
10.3 正反问中情态动词与语气成分的关联机制 …… 691
10.4 情态动词肯否式正反问情态动词与语气成分的关联机制 …… 696
10.5 选择问中情态动词与语气成分的关联机制 …… 700
10.6 特指问中情态动词和语气成分的关联机制 …… 704
10.7 感叹句中情态动词和语气成分的关联机制 …… 709
10.8 祈使句中情态动词和语气成分的关联机制 …… 718
10.9 本研究的主要创新和发展趋势 …… 722

参考文献 …… 723

绪　　论

0.1　关于情态的定义和分类

　　Lyons（1977）认为情态是说话人对句子所表达的命题及其情景的主观态度和观点，是命题成分外的成分或修饰限制成分，情态分主观性情态和客观性情态，主观性情态包括认识情态和道义情态。① Perkins（1983）认为情态构建的是可能世界，是一个事件或命题成立不成立时所处的概念语境，包括认识情态、道义情态和动力情态。② Quirk 等（1985）把情态看作句子的限制成分，反映了说话人对命题是否成立、事件是否实现的可能性判断。情态分为外部情态和内部情态，前者包括可能性、必然性与预测，后者包括许可、义务和意愿。③ Palmer（1986）认为情态是说话人对命题和事件的态度，包括认识情态、道义情态和动力情态。④ Bybee and Fleischman（1995）认为情态表达的是一种语义类型，包括命令、愿望、意图、

---

　　① John Lyons, *Semantics* (Vol. 2), Cambridge: Cambridge University Press, 1977, p. 452, 739.
　　② Michael Robert Perkins, *Modal Expressions in English*, Norwood, New Jersey: Abelx Publishing Corporation, 1983, p. 8 – 9.
　　③ Randolph Quirk et al., *A Comprehensive Grammar of the English Language*, London and New York: Longman, 1985, p. 219.
　　④ Frank Robert Palmer, *Mood and Modality*, Cambridge: Cambridge University Press, 1986, p. 14 – 21.

假设、潜势、道义、怀疑、劝告、感叹等,他们把情态分为三类:认识情态、施事导向情态(相当于动力情态)、说话者导向情态(相当于道义情态)。① 汤廷池(1997)认为情态指的是说话者对于句子命题内容的观点或心态,包括命题真伪、认知、愿望、义务、评价、可能性、盖然性、必然性等的判断。② 鲁川(2003)认为情态是言者由于其固有认识而用标记来附加到语言中的情绪或态度之类的主观信息范畴,分为判断情态和评议情态两类,判断情态包括推断、必要、常规、适度、机遇五种,评议情态包括评估和提议两种。③ 崔希亮(2003)认为情态是个更加概括的概念,它涉及说话人的态度和意见,事件的现实情况涉及三方面的参数:(1)说话人关于事件现实状况的意见或判断;(2)说话人做出这个判断的证据;(3)促使说话人(或其他人)涉入该事件(或采取某种行动)的内力和外力。他认为表态系统分三类:一是直陈情态,涉及命题本身的真伪问题,包括推测、判断、推断、假设、疑信等;二是事件情态,包括开始、变化、持续、完成、结果;三是能愿情态,分为物力论情态(包括能力、意愿)和道义论情态(包括可能、禁止和义务)。④ 彭利贞(2007)认为情态就是说话人对句子表达的命题的真值或事件的现实性状态所表现的主观态度,包括认识情态、道义情态和动力情态,认识情态分为必然、盖然和可能三种,道义情态分为必要、义务和许可三种,动力情态分为能力、意愿和勇气三种。⑤

从各家对情态的界定和分类来看,情态属于语义范畴是共识,情

---

① Joan Bybee and Suzanne Fleischman, Introduction, in Joan Bybee and Suzanne Fleischman (eds.), *Modality in Grammar and Discourse*, Amsterdam/Philadelphia: John Benjamins Publishing Company, 1995, p. 1–14.
② 参见彭利贞《现代汉语情态研究》,中国社会科学出版社2007年版,第32页。
③ 参见鲁川《语言的主观信息和汉语的情态标记》,《语法研究和探索》(十二),商务印书馆2003年版,第324页。
④ 参见崔希亮《事件情态和汉语的表态系统》,《语法研究和探索》(十二),商务印书馆2003年版,第331–333页,341页。
⑤ 参见彭利贞《现代汉语情态研究》,中国社会科学出版社2007年版,第32页。

态的基本含义是表达说话人对于句子表达的命题或事件的主观态度。情态的分类总的来看分两类说和三类说，两类说主张情态包括认识情态和道义情态两类，前者指向命题真伪，后者指向事件的现实性。三类说，除了认识情态和道义情态，认为动力情态表示的能力和意愿也属于情态范畴。我们认为，典型的情态包括两类，认识情态和道义情态，前者分必然性和或然性，后者分必要性和可行性。动力范畴是命题和事件内部的语义范畴，不一定反映说话人的态度和情感，因此不宜纳入情态范畴。

0.2 关于语气的定义和分类

Lyons（1977）认为，语气是情态的语法表现，而且并不是所有语言都具有语气的语法范畴。Bybee 和 Fleischmen（1995）认为语气指的是动词在形式上的语法变化，具有情态的功能。

王力（2000）认为"凡语言对于各种情绪的表示方式叫作语气；表示语气的虚词叫作语气词"。把语气分为四类：确定语气（包括决定、表明、夸张）、不定语气（包括疑问、反诘、假设、揣测）、意志语气（包括祈使、催促、忍受）、感叹语气（包括不平、论理）。① 吕叔湘（1990）认为语气是"概念内容相同的语句，因使用的目的不同所生的分别"。分广义和狭义语气，广义包括语意、语气（狭义）和语势，语意包括正与反、虚与实；狭义包括与认识有关的直陈和疑问，与行动有关的商量和祈使，与感叹有关的感叹、惊讶等，语势包括轻与重、缓与急。② 贺阳（1992）认

---

① 参见王力《中国现代语法》，商务印书馆 2000 年版，第 160–174 页。
② 参见吕叔湘《中国文法要略》，商务印书馆 1990 年版，第 257–258 页。

为语气是通过语法形式表达的说话人针对句中命题的主观意识。语气分为三类：一是功能语气，包括陈述、疑问、祈使和感叹语气，二是评判语气，包括认知、模态、履义、能愿语气，三是情感语气，包括诧异、料定、领悟、侥幸和表情语气。① 齐沪扬（2002）认为划分语气的依据有两点：一是语气可以表示说话人使用句子要达到的交际目的，二是语气可以表示说话人对说话内容的态度或情感。并依据这两点，把语气分为两类：一是功能语气，包括陈述、疑问、祈使、感叹语气，二是意志语气，包括可能、能愿、允许和料悟语气。② 鲁川（2003）认为，"'语气'的对象是接受句子信息的 [闻者] 这个'人'。'语气'体现 [言者] 跟 [闻者] 交际的意图。"③

0.3 关于情态语气成分连用、共现的综合研究

齐沪扬（2002，2011）对汉语的语气词、语气系统和语气成分有多方面的研究。齐沪扬认为语气分为功能语气和意志语气，语气成分包括四种单位：语气副词、助动词、语气词和叹词。关于语气成分之间的关系和配搭，齐沪扬运用"同现"和"连用"进行了较为细致的分析。

齐沪扬（2002）分析了语气词与语气成分的"连续连用和断续连用"，齐沪扬（2011）则扩大了连用成分的范围，既包括语气成分之间的连续连用和断续连用，也包括语气成分与其他成分的连续连用和断续连用。比如："可能"的连用有 3 条：1. 与"会"连续连用。表示对

---

① 参见贺阳《试论汉语书面语的语气系统》，《中国人民大学学报》1992 年第 5 期。
② 参见齐沪扬《语气词与语气系统》，安徽教育出版社 2002 年版，第 20－21 页。
③ 参见鲁川《语言的主观信息和汉语的情态标记》，《语法研究和探索》（十二），商务印书馆 2003 年版，第 323 页。

未来情况的估计。2. 与"很"连续连用。加强肯定估计，前面加"不"表示否定估计。3. 与"吧"断续连用，表示对推测不太确定，语气委婉。① 这里，第一条连用，是助动词之间的连续连用，第 2 条是助动词与程度副词之间的连续连用，第 3 条是助动词与语气词之间的断续连用。

齐沪扬对于语气成分的连续连用和断续连用研究，很有启发意义，我们在考察情态动词与语气副词和语气词的关联情况的时候，借鉴了这种连用分析，不过我们分别叫邻接关联和间隔关联。

齐沪扬（2002）指出"同现（co - occurrence）是指两个或更多的不同类型的词为了构成句子所可能有或必须有的关系。同现与配搭有关。一个句子中的每个词，都有其配搭范围，这些配搭范围会限制它的意义和用法"。②

齐沪扬（2002）根据语气词、语气副词、助动词和叹词等四种语气单位的排列组合，提出了 11 种同现情况，四种单位都出现的为全面同现，只出现其中的两种或三种的同现叫局部同现。排除叹词，同现又分高级局部同现和低级局部同现，高级局部同现主要指语气副词、语气词和助动词的同现，低级局部同现主要指的是语气副词和语气词的搭配，助动词和语气词的搭配。他认为，"所有的助动词一般可以和各种类型的语气词搭配"。③

齐沪扬（2002）基于功能语气和意志语气的划分，根据语气成分的同现使用情况，把语气成分使用分为交替使用和联合使用。"所谓交替使用，是指同一种语气可以用不同的表现形式表示。"一方面，不同的语气成分在句中各司其职：（1）语气词只能在功能语气中起作用；（2）助动词只能在意志语气中起作用；（3）语气副词可以用于功能语气和意志语气。另一方面，不同的语气形式可以表示同一种语气：（1）语气词和语气副词；

---

① 参见齐沪扬主编《现代汉语语气成分用法词典》，商务印书馆 2011 年，第 256 - 257 页。
② 齐沪扬：《语气词与语气系统》，安徽教育出版社 2002 年版，第 162 页。
③ 同上书，第 163 - 169 页。

(2) 语气副词和助动词。语气成分的"联合使用"指的是"不同的语气成分可以同时参与一种语气的表达",分为功能语气的联合使用(在反诘语气表现较为明显)和意志语气的联合使用(主要表现为加强语气作用的语气副词)。①

齐沪扬(2002)关于语气成分的"同现"分析,需要注意的有三点:第一,"同现"是从语法单位来说的,"交替使用"和"联合使用"是从语气的表达来说的。"同现"强调的是语气词、语气副词、助动词、叹词四种语气单位的搭配,"交替使用"强调句子中只出现表达一种语气的某一个语气成分,"联合使用"强调的是共同使用不同的形式表达一种语气。因此"联合使用"实际上就是一类"同现",表达同一种语气的语气成分在句子中的"同现"。第二,从同现单位的数量上,高级局部同现是三者同现搭配,低级局部同现提到了两种:语气副词和语气词同现,助动词和语气词同现,另外应该还有语气副词和助动词的同现。第三,语气成分的"同现""交替使用""联合使用"需要分别句子的语气类型,陈述句、疑问句、祈使句和感叹句中使用的语气成分有差异,它们的搭配规律也不尽相同,因此不同类型的助动词与语气词不一定是都能搭配的。

0.4 关于情态语气成分的连用研究

0.4.1 情态动词(助动词、能愿动词)的连用研究

马庆株(1988)研究了能愿动词的连用。他把能愿动词分为六小类:可能 A、必要、可能 B、愿望、估价、许可。从线性序列上分连续连用和

---

① 参见齐沪扬《语气词与语气系统》,安徽教育出版社 2002 年版,第 169–175 页。

间隔连用。运用语义场理论和分布特征分析六小类能愿动词的连用有序性，并说明各类组合对连用的影响和制约条件。马庆株总结的能愿动词连用顺序是：可能 A＞必要＞可能 B＞愿望＞估价＞许可。①

齐沪扬（2003）认为助动词连用主要起语气叠加的作用，齐沪扬把助动词连用分为连续连用和断续连用。齐沪扬认为助动词连用在语用上有特定的选择优势：肯定语气＞否定语气＞讯问语气＞祈使语气。

彭利贞（2007）认为，情态动词连用遵循一条总的规则：认识情态＞道义情态＞动力情态。为此得出结论，单一情态动词连用具有定位作用，多义情态动词连用具有相互索引作用。

0.4.2 语气副词的连用研究

史金生（2011）对语气副词进行分类，并考察了语气副词小类的连用顺序，分析了语气副词连用的制约因素。史金生把语气副词分为两大类：一类是知识语气副词，包括肯定（证实、断定、指明）、推断（或然、必然）；一类是义务语气副词，包括意志（指令、意愿）、情感（疑问、感叹）、评价（关系、特点）。调查显示，九个类别的语气副词的连用常规顺序是：证实＞疑问＞或然＞关系＞特点＞断定＞必要＞意志/感叹。史金生认为制约语气副词连用的影响因素主要有三个：语气类型、语义特点、语篇特点。

0.4.3 语气词的连用研究

赵元任（1979）指出"两个或三个助词相继出现的时候，第一个助词跟前边的短语或句子造成一个结构，第二个助词又跟这个结构造成更大一

---

① 参见马庆株《能愿动词的连用》，《语言研究》1988 年第 1 期。

点儿的结构。"①

朱德熙（1982）把语气词分为三组：（1）表示时态的语气词，包括：了、呢、来着；（2）表示疑问或祈使的语气词，包括：呢2、吗、吧1、吧2；（3）表示说话人的态度或情感的语气词，包括：啊、呕、欸、么、呢2，这三组语气词的连用顺序是：（1）>（2）>（3）。

古川裕（1989）在朱德熙（1982）语气词分类和连用的基础上，把（2）（3）类合并。

史金生（2000，2011）考察发现，兼表时态的传信语气词"的""了""呢"也是可以连用的，归纳出了的9个语气词的连用顺序：（的>了>呢1）>罢了/啊/吗/呢2/吧/嘛。

0.5 关于情态语气成分的共现研究

0.5.1 语气副词与语气词的共现研究

吕叔湘（1990）把疑问语气词分为两类：一类用在句末，如"呢""吗""吧""啊"等；一类用在句中或句首，如"可""难道"等。两类语气词有时可以兼用，例如"我前日打发人送了两瓶茶叶给姑娘，可还好么？""难道昨夜说的话当真不算数了吗？"②

齐春红（2007）运用标记理论，以主观量为标准，把语气副词分为主观疑惑量类、主观估量类、接近主观大量类和主观大量类四类，通过定性和抽样考察，发现语气副词和语气词共现的内在动因是它们的主观量一致

---

① 赵元任：《汉语口语语法》，吕叔湘译，商务印书馆1979年版，第353页。
② 参见吕叔湘《中国文法要略》，商务印书馆1990年版，第282－284页。

性。语气副词和语气词的组配模式归纳为：

无标记组配	无标记组配	无标记组配
主观疑惑量类	主观估量类、接近主观大量类	主观大量类
呢	"吧""的""了"	"的""了"

齐春红（2007）的研究，从主观量的角度解释了语气副词和语气词的共现组配规律，主要的问题是根据疑惑程度只能区分出陈述语气和疑问语气，无法解决感叹句和祈使句的语气副词和语气词的共现组配问题。另外主观量还不等同于句子语气，因为表示主观大量的"的""了"是可以用于疑问句的。①

徐晶凝（2008）考察了语气词语道义情态副词的选择搭配，认为它们进行选择搭配时，"需要遵照语义兼容原则，即'吧'倾向于与低值形式的道义情态标记'不妨、姑且、还是'等共现，'啊'则倾向于与高值形式的道义情态标记'千万、必须、务必'等共现，而'嘛'则相对更为自由一些"②。

史金生（2011）选取了29个语气副词，考察它们与10个语气词的同现情况，它们的同现有两个特点：第一，同现的不对称性，体现在三个方面："一是一些功能相近的语气副词在与语气词的选择上体现出对立"，"二是有些语气副词的结合面较宽，能与较多的语气词配合"，"三是有些语气副词和语气词的配合出现频率较高"；第二组配的层次性，就是说"语气情态的组合跟其他成分的组合一样也是有层次性的，而不是简单的加合关系"。③

---

① 参见齐春红《语气副词与句末语气助词的共现规律研究》，《云南师范大学学报》（哲学社会科学版）2007年第3期。
② 参见徐晶凝《现代汉语话语情态研究》，昆仑出版社2008年版，第81-83、322-324页。
③ 史金生：《现代汉语副词连用顺序和同现研究》，商务印书馆2011年版，第151-162页。

0.5.2 情态动词与语气词的共现研究

吕叔湘（1990）认为，认识情态类型和语气类型非平行。他指出"测度语气和或然的语意有密切关系，但是这两者并不是二而一的。""或然性跟测度语气、必然性和确认语气，其间并无绝对平行关系。""'大概''约摸''只怕'等是一类，表示或然之意，但不是有了这些词语就一定是测度语气。反之，表示必然的'该''不会不''不能不'等词语也不一定限于确认的语气，一样可以接'吧'"。吕先生举了两组例子加以比较：①

他大概会来吧？	他不会不来吧？
他大概会来吧。	他不会不来吧。
他大概会来。	他不会不来。
他大概会来的。	他不会不来的。

吕先生认为或然性、必然性的语意与测度语气和确认语气并不存在平行关系，也就是说，或然的语意既可以用测度语气也可以用确认语气，必然的语意可以用确认语气，也可以用测度的语气。吕先生指出了认识情态的类型与语气类型之间的非平行性。不过需要注意的有两点：第一，"不会不"在确认语气和测度语气中并不一定是同构，因为"他不会不来吧？"可以表示"他该不会不来吧？"其中的"不会"表示测度的语气。这在肯定式中也可以得到证明，例如："他不会是个老师吧？"表示对他是个老师的猜测、测度。"不会"的这种表示测度的用法尚需研究。第二，"会"表示"必然"，"大概"有或然的意味，但是带有估测的语气，"他大概会来的。"中"的"直接与表示必然的"会"联系，"大概"对这个必然的断定加以估测。

---

① 参见吕叔湘《中国文法要略》，《吕叔湘文集》第 1 卷，商务印书馆 1990 年版，第 299 页。

吕叔湘（1990）认为不同情态义使用不同语气词的倾向性。他指出，"'啊'字比'吧'字响亮，劝说的意味较少，敦促的语气较重；我们还可以说，含有'可以'的意思多用'吧'，含有'应该'的意思多用'啊'"。举了一个例子来比较："往下说呀，王五！都说了吧，反正我还能拉老婆舌头，把你搁里？"这段话指出了含有"可以"意义的许可性道义情态多用语气词"吧"，含有"应该"意义的理当性道义情态多用语气词"啊"，这反映了不同道义情态类型使用语气词的倾向性。[①]

彭利贞（2007）研究发现，"了1"（现实体）、"了2"（语气）、"了3"（补语）对于情态具有解读的作用，"了1"与认识情态同现，"了2"与道义情态同现，"了3"一般与道义情态同现。彭利贞（2007）考察认识情态与"了"的同现时发现，认识情态动词与"了2"可以同时在一个句子中出现，但是它们只是"辖域外非直接同现"。比如："｛他［（可能吃了饭）了］｝"，"可能"先与"吃了1饭"结合，句末的"了2"处于"可能"的辖域之外。道义情态与"了2"共现时，可以直接同现，也可以非直接同现。

对于情态与体的共现研究，反映了情态类型与体、语气的同现限制规律，特别是直接同现和非直接同现的区分，体现了语言结构的层次性，对于研究情态动词与语气副词和语气词的关联具有重要启发价值。

0.5.3 情态动词与语气副词的共现研究

齐沪扬（2002）分析了语气副词和助动词的异类连用情况，分为以语气副词为主的异类连用和以助动词为主的异类连用。齐沪扬发现，"从语气副词的角度说，可能语气和料悟语气中的副词搭配能力较强，相对来说，表示必要语气的'必须、务必'则不太能与助动词连在一起用"，从

---

① 参见吕叔湘《中国文法要略》，《吕叔湘文集》第1卷，商务印书馆1990年版，第302页。

助动词的角度看,还能与表示强调的一些语气副词连用,而且这种连用更为常见。①

关于语气副词和助动词的异类连用,需要注意两点:第一,由于助动词属于意志语气,语气副词可能是意志语气,也可能是功能语气,因此,语气副词与助动词的异类连用,应该区分意志语气副词与助动词的异类连用,功能语气副词与助动词的异类连用;第二,助动词有不同的语意类型,按照齐沪扬(2002)的分类,助动词分属于意志语气的可能语气、能愿语气和允许语气②,这三类不同的意志语气与语气副词的异类连用需要分别对待。

徐晶凝(2008)把助动词和情态动词划分出情态的梯度等级,助动词的认识情态和道义情态都分为低、中、高三个梯度,情态副词中的认识情态副词和道义情态副词也分出低、中、高三个梯度等级。助动词和情态动词组合表达情态的时候,遵循一条基本的规则:低值形式倾向于与低值形式搭配,高值形式倾向于与高值形式搭配。图示如下:③

可以	应该/该	不能
		不许/准
低_____	[要/得]_____	高
不必	还是	必须
不妨	最好	务必
姑且		千万
索性		可

---

① 参见齐沪扬《语气词与语气系统》,安徽教育出版社2002年版,第182 – 184页。
② 同上书,第21页。
③ 参见徐晶凝《现代汉语话语情态研究》,昆仑出版社2008年版,第83 – 324页。

0.6　关于情态否定的相关研究

彭利贞（2007）认为，对情态表达式的否定有三种方式，内部否定、外部否定和双重否定，例如"可能不"是命题内否定，"不可能"是对可能情态的否定，"不可能不"是双重否定。否定对多义情态的解读主要有两方面的影响：一是否定对情态多义的滤除，比如"要"表示"意愿""义务"和"必然"，它的否定式"不要"只剩下"义务"意义。①

宋永圭（2007）专门研究了现代汉语情态动词的否定形式，运用标记理论讨论了情态动词肯定式和否定式与"正负向"语义组配情况以及在陈述句、疑问句、虚拟句中的成立情况。②

0.7　关于句类与情态、语气的关系研究

徐晶凝（2008）从言语行为的角度讨论了句类与情态、语气，认为"句类是对言语行为类型的句法分类，情态研究的是说话人的主观看法和态度。""陈述句、感叹句、疑问句都可以用于做断言，即表达认识情态。而祈使句、施为陈述句、施为疑问句则都可以用于发出指令，表达道义情态。"③

齐沪扬（2011）主编的《现汉汉语语气成分用法词典》收录语气副词205条，助动词48条，语气词31条，叹词19条。该词典有"语气功能"

---

① 参见彭利贞《现代汉语情态研究》，中国社会科学出版社2007年版，第315–318页。
② 参见宋永圭《现代汉语情态动词否定研究》，中国社会科学出版社2007年版，第65–67页。
③ 徐晶凝：《现代汉语话语情态研究》，昆仑出版社2008年版，第128页。

的说明,"主要说明该词条可以出现在哪一种句类中,具体考察其在陈述句、疑问句、感叹句和祈使句中的用法,主要说明词条在句子中所表达的语气类型等"。对于语气成分的语气功能的说明,可以帮助了解该词语使用的句类环境,有助于帮助了解该语气成分在不同句类中的搭配词语。比较遗憾的是多义的词语的语气功能没有区分词义来描写,掩蔽了语气类型与句类的对应性特点。比如助动词"得"有两个义项:1. 表示事实、情理上的必要或主观上的必须,相当于"应该";2. 表示揣测事情必然如此,相当于"会",它的语气功能可用于陈述句、感叹句、疑问句和祈使句。如果对照两个义项来看,义项 1 表示必要性道义情态,可用于四种句类,义项 2 表示或然性认识情态,不能用于祈使句。

赵春利、石定栩(2011)在梳理对比汉语和英语对于语气、口气、情态和句子功能类型的基础上,提出了它们的区别:"语气是通过形态句法手段来表示说话者表述话语方式的句法范畴",可分为直陈、祈使和虚拟三种类型,句子功能类型是"通过句法手段来表示句子用途的交际功能","句子功能与句末助词存在一定关联,但只是一种交叉关系"。情态是"通过情态动词或情态副词来表示说话者针对命题所做主观判断的语义范畴。"口气是"基于情感态度的语用概念"[①]。

0.8 关于情态语气成分的句法位置研究

齐沪扬(2011)对语气成分的"句中位置"作了描写,"主要描写该词条可以充当何种句子成分,在句子中与主语和谓语的相对位置等(如句首位置、句中位置、句末位置及脱句位置),同时说明其表示何种语法意

[①] 赵春利、石定栩:《语气、情态与句子功能类型》,《外语教学与研究》2011 年第 4 期。

义"。关于语气成分的句中位置的描写说明，有利于揭示语气成分的造句功能，也有助于讨论语气成分之间的相互关系和相对位置。

0.9 本研究的对象、思路方法和内容框架

本研究的对象是现代汉语情态语气成分的关联机制，就是以情态动词为轴心，考察情态动词前语气副词和后语气词的邻接、间隔的类型适配模式和规律，也就是情态动词的肯定式、否定式，在进入陈述句、疑问句、感叹句、祈使句等句类后，它们的前面会邻接或间隔什么样的语气副词，它们的后面会邻接或间隔什么样的语气词，会形成怎么样的关联模式，不同情态类型的动词与不同类型的语气副词和不同功能的语气词之间，有着怎样的适配强制性和倾向性规律。

本研究的思路和方法：

第一，本研究梳理情态语气及其成分关联的相关研究成果，采取情态和语气二分说，情态两类说。

第二，选取典型的情态动词"会""可能""要""应该"及其它们的否定式，这样就得到八个情态动词形式。语气成分选取语气副词和语气词，其中语气副词在参考研究成果的基础上重新做了分类。

第三，分别从陈述句、疑问句、感叹句、祈使句等不同的句类出发，考察情态动词的肯定式、否定式与前语气副词、后语气词的关联模式和适配格式。

第四，考察情态动词与语气副词、语气词关联后形成的句法实体，是单句、分句、还是句子成分内的成分。

第五，考察情态动词与语气副词、语气词关联的句法实体的句法环境。特别是充当分句的句法位置和构成的复句关系类型。

第六，情态动词和语气副词、语气词间隔关联时，考察它们间隔的成分是什么样的句法实体和结构。

本研究的整体框架：本研究除了前言和总结，共分10章：

第1章　现代汉语情态成分与语气成分

第2章　"会"与语气成分的关联机制

第3章　"不会"与语气成分的关联机制

第4章　"可能"与语气成分的关联机制

第5章　"不可能"与语气成分的关联机制

第6章　"要1"与语气成分的关联机制

第7章　"不要1"与语气成分的关联机制

第8章　"应该1"与语气成分的关联机制

第9章　"不应该1"与语气成分的关联机制

第10章　总结

本研究使用的语料主要来源于国家语委现代汉语语料库、北京大学中国语言学研究中心现代汉语语料库、北京语言大学BCC语料库，特此致谢。

第1章 现代汉语情态成分与语气成分

1.1 情态和现代汉语情态成分

1.1.1 广义情态和狭义情态

情态是说话者对命题真值或事件现实性表达主观态度的语义范畴。广义的情态包括认识情态、义务情态和动力情态。认识情态指说话者对命题真值表达主观态度，包括或然性认识情态和必然性认识情态；道义情态指说话者对事件现实性表达主观态度，包括必要性道义情态、可行性道义情态，其中可行性道义情态又分为理当、许可和价值道义情态。动力情态，表示人或事物的能力和意愿，严格意义上说并不反映说话人的主观态度，不属于情态范畴，但是由于表达能力和意愿的词语往往与表达认识情态、道义情态的词语在语义上有发展变化的联系，因此也有把能力、意愿称之为情态的，叫动力情态。我们采取狭义的情态范畴，即情态只包括认识情态和道义情态。

1.1.2 现代汉语情态成分

现代汉语情态成分包括情态动词，情态副词，含有情态义的动词、形容词、名词以及情态语句等。典型的情态成分是情态动词，包括认识情态动词和道义情态动词。

1.1.2.1 现代汉语常用的认识情态动词

现代汉语常用的认识情态动词有7个，分别是：会、可能、要2、能2、应该2（应当2、应2、该2）、得2、敢。

（一）会

"会"表示必然性认识情态，表示必然实现。否定用"不会"。

(1) 他不会不来。

(2) 面包会有的！

(3) 你会来吗？

(4) 为什么会没人来呢？

（二）可能

"可能"表示或然性认识情态，表示估计，不很确定。否定用"不可能"。

(5) 他可能开会去了。

(6) 我毕业以后可能回家乡工作。

(7) 他很可能出差了。

(8) 他不可能做这样的事情。

(9) 明天可能会下雨吧？

(10) 今天星期天，学校怎么可能上课呢？

(11) 他这一走，可能再也不回来了！

（三）得2（děi）

"得2"表示或然性认识情态，表示估计或揣测事情必然会如此。不能单独回答问题。没有否定式。

(12) 他准得来。

(13) 要下雨了，要不快走，就得挨淋。

(14) 像你这样天天不好好吃饭，身体肯定得垮了。

(15) 巴西队太强大了，跟他们打比赛一定得输。

（四）要2

"要2"表示或然性认识情态，表示估计、揣测情理上是什么状况，或会出现什么情况。否定用"不会"。

(16) 看样子，要下雨了。

(17) 天是不是要下雨？

(18) 她快要毕业了。

(19) 他肯定要来的。

(20) 比起哥哥，弟弟要调皮一些。

(21) 爸爸要回来了吧？

(22) 他的数据是有根据的，不会错。

（五）应该2（应当2、应2、该2）

"应该2（应当2、应2、该2）"表示或然性认识情态，表示估计、推测事情会如此。没有否定式，否定不用"不应该"。

(23) 他昨天动身的，今天应该到了。

(24) 明天应该不会下雨吧。

(25) 这照片上的人你应该很熟悉吧？

(26) 今年他二十岁了吧？——应该吧。

（六）能2

"能2"表示或然性认识情态，表示估计或揣测，相当于"可能"。

（27）天这么晚了，他能来吗？

（28）你参加了一个调查组，让你写调查报告，你能不写吗？

（29）已经夜晚十点半了，可你们还非要看电视，我们能允许吗？

（30）深夜十二点了还在看言情小说，我们能不"没收"吗？

（七）敢

"敢"表示或然性认识情态，表示有把握做出某种判断。不能单独回答问题，否定用"不敢"。

（31）从他的表情我就敢确定他没有说真话。

（32）我敢说，这是今年最好的一部电影。

（33）他明天能不能来，我不敢肯定。

1.1.2.2 现代汉语常用的道义情态动词

现代汉语常用的道义情态动词有6个：得1（děi）、要1、应该1（应当1、应1、该1）、可以1、能1、可以2。

（一）得1（děi）

"得1"表示必要性的道义情态，表示事实上、情理上或主观上的需要，上下文常有必须如此的根据、理由等。否定用"不用、甭、用不着"，不能用"不得"。不能单独回答问题。

（34）干什么都得有股干劲。

（35）要想取得好成绩，就得努力学习。

（36）你得快点儿，要不然就晚了。

（37）我还得考虑考虑。——我看你甭考虑了，就这么着吧。

（38）这件衣服得五百元。

（39）这件事情得你亲自来做。

（40）我可得好好感谢你啊！

（41）人一定得结婚吗？

（42）明天你一定得走！

（43）这事情没有先例，可能得研究一下。

（二）要1

"要1"表示必要性的道义情态，表示根据客观要求或常理，有必要做某事。相当于"应该"，否定常用"不要、别"，多用于禁止和劝阻。

（44）水果要洗干净再吃。

（45）经常打电脑看手机的人要保护眼睛。

（46）一个人在外生活，你要保重。

（47）请不要随地乱扔垃圾。

（48）我要不要留下来呢？

（三）应该1（应当1、应1、该1）

"应该1（应当1、应1、该1）"表示理当的可行性道义情态，表示情理上要怎么样。可以单独回答问题，"应该"的否定用"不应该"，应当的否定用"不应当"，"应"的否定用"不应"，"该"的否定用"不该"。

（49）妹妹的爱人应该（应当、应、该）叫妹夫。

（50）我应该（应当、应、该）回家了。

（51）我们应该（应当、应、该）看到别人的优点。

（52）大家的事情应该（应当）大家办。

（53）你不应该（应当、应、该）一个人去。

（54）人家已经赶到前头去了，我们应该（应当、应、该）怎么办？

（55）他的话你不应该（应当、应、该）不听。

（56）昨天的会你不应该（应当、应、该）不来。

（57）我们年纪轻，多干点儿，应该不应该？——应该。

（58）我不应该拥有自己的房子吗？

（59）人类历史究竟应该从哪儿说起呢？

（60）儿子考上大学了，你应该高兴才是啊！

（61）你应该回家看看啊！

（62）他们之间的关系应该查清楚！

（四）可以1

"可以1"表示许可的可行性道义情态。注意：否定用"不可以"或"不能"，单独回答问题常用"不行、不成"。

（63）他可以做，你也可以做。

（64）王同学，你可以参加比赛了。

（65）这项工作我没干过，我可以试试。

（66）颜色太深了，可以再浅一些。

（67）我可以进来吗？——可以。

（68）我可以跟他谈谈吗？——不行。

（69）你们先到车间参观一下也可以。

（70）不可以用这种态度对待长辈！

（71）我们绝不可以因为一点点成绩就骄傲。

（72）他哪有真话，你可不能信他啊！

（73）太晚了，不能再写了。

（五）能1

"能1"表示许可的可行性道义情态，表示情理上或环境上许可，相当于"可以"。多用于否定句或疑问句。肯定回答用"可以"，否定用"不能"，"不能不"表示必须、应该。

（74）公共场所不能随便吸烟。

（75）我能不能问你一个问题呢？

（76）公园里的花怎么能随便摘呢？

（77）你怎么能这么说呢？

（六）可以2

"可以2"表示价值的可行性道义情态。注意：否定用"不值得"，不是"不可以"。

（78）美术展览倒可以看看。

（79）这个问题很可以研究一番。

（80）这些信实在是可以拿来出版的。

（81）我们不值得为这点小事伤脑筋。

（82）他觉得路远，不值得去，我倒觉得可以去看看。

表1-1　　　　现代汉语常用狭义情态类型和动词

认识情态		道义情态		
必然性	或然性	必要性	可行性	
^	^	^	理当	许可	价值
会					
	可能				
	得2(děi)	得1(děi)			
	要2	要1			
	应该2		应该1		
				可以1	可以2
	能2			能1	
	敢				

1.2 语气和现代汉语语气成分

1.2.1 语气

语气是说话者对交际对象或内容的态度的语法范畴,广义的语气包括功能语气、意态语气、认证评价语气和语势语气。功能语气包括陈述语气、祈使语气、疑问语气、感叹语气。意态语气包括意态语气和道义语气。认证评价语气指对事态的事实性确认和情感、价值评价,包括申明确认、意料、醒悟、契合、庆幸等语气。语势语气指语气的抑扬、强弱调节,包括强化和弱化语气。

1.2.2 现代汉语语气词

现代汉语语气成分包括语气词(语气助词)、语气副词、叹词以及语气语句等。因为叹词一般单独成句,与情态成分在句中发生关联的一般是语气词和语气副词。

现代汉语语气词大致有34个:啊、罢了、吧、呗、便了、啵、不成、得了、的、呃、而已、价、啦、了、嘞、哩、咧、咯、啰、么、吗、嘛、嚜、哪、呐(na)、呢、呐(ne)、哇、呀、也罢、也好、哟、着哩、着呢。

1.2.3 现代汉语语气副词

现代汉语语气副词指表达语气的副词①,大体包括四类:

---

① 参见张谊生《现代汉语副词的性质、范围与分类》,《语言研究》2000年第2期;余琼《现代汉语语气情态副词的构句、联句能力研究》,硕士学位论文,华中师范大学,2013年,第15-28页;史金生《现代汉语副词连用顺序和同现研究》,商务印书馆馆2011年版,第68页。

1.2.3.1 功能语气副词

功能语气副词，指的是能表示某种句子语气的副词，包括祈使、疑问和感叹语气副词。祈使语气副词包括两种：（1）命令要求语气副词，如"必须，务必，须，必得，非得"；（2）建议劝告语气副词，如"不必，不妨，无妨，还是3，可3，倒（是）3，最好，千万，万1，万万1，切切，毋需"等。疑问语气副词包括五种：（1）特指问语气副词，如"为什么、怎么、哪、哪里"；（2）正反问语气副词，如"可4、是否、是不是、有没有"；（3）测度问语气副词，如"别是，难道2，莫非2"；（4）深究问语气副词，如"到底3，究竟"；（5）反诘问语气副词，如"敢情3，何必，何不，何曾，何尝，何妨，何苦，何须，难不成，难道1，岂，莫非1，还5，又3"。感叹语气副词，如"多，多么，好，何等，太，怪，可1"。

1.2.3.2 意态语气副词

意态语气副词，表示对命题或事件的可能性、必要性、可行性的态度，包括两种：（1）模态语气副词，又分为估测语气副词和必断语气副词，前者如：说不定，指不定，没准儿，或，或许，或则，兴许，也许，大抵，大概，大约，约莫，仿佛，好像，恍，似，似乎，像，俨然，依稀，看来，想来，恐怕，想必，要，敢是，横是1；不一定，不见得，未必，后者如：必然，终究1，终归1，总归1，不免，难免，未免2、必定，当然1，自然1，定，定然，势必，铁定，无疑，一定1，一准，指定，准；非1，断，断断，断乎，断然；管保，准保；（2）道义语气副词，表示事件必要性、可行性的语气，如必须，必得，非2，非得，务必，须，千万；一定2；不必，万1，万万1，切切，可3。

1.2.3.3 认证评价语气副词

认证评价语气副词，表示对事件的现实性的确认以及对事态的价值、情感评价。包括五种：（1）申明确认语气副词，表示对事件申明显见、确认、承认等语气，如：其实，显然，当然2，自然2，敢情2，分明，明明；本，本来，诚然，固，就1，的确，确乎，确然，确实，实，实在，委实，着实，真，真的，事实上，实际上；（2）意料语气副词，表示事件出乎意料或意料之中的语气，意外语气副词如"倒（是）1，倒反，反，反倒，反而，还1，还是1，竟，竟然，居然，愣，偏偏，却，不过，只是，硬是2，万2，万万2，料中语气副词如：当真，果然，果真"；（3）醒悟语气副词，表示发现原来不知道的情况的语气，如"敢情1，怪不得，难怪，无怪（乎），原来；（4）契合语气副词，表示事件发生的时机相合的语气，如：刚，刚刚，刚好，刚巧，可巧，偏巧，恰好，恰恰，恰巧；（5）庆幸语气副词，表示因偶然获得某种有利条件而避免某种不利情况的幸运语气，如：多亏，好在，亏1，亏得1，幸而，幸好，幸亏，幸喜。

1.2.3.4 语势语气副词

语势语气副词，表示加强语气或委婉语气，包括两种：（1）强化语气副词，如：并，纯粹，完全，决，绝，绝对，根本，压根儿，简直，倒（是）2，就是，硬是1，横是2，终究2，终归2，总归2，毕竟，到底1、2，才1，老，就2，可2，未尝；高低，反正，横竖，好歹，好赖，总算，终于，几乎（几），差点儿，险些，（连……）都、也1，又1、2，甚而，甚至；大半，多半，差不多，至多，大不了"；（2）弱化语气副词，如"不过，倒（是）3，只是，亏2，亏得2，未免1，还2、3、4，还是2、4；至少，起码，也2。

表1-2　　　　　　　　现代汉语语气副词的类别和例词

语气类别		语气副词	例　词
功能	祈使	命令要求	必须,务必,须,必得,非得
		建议劝告	不必,不妨,无妨,还是3,可3,倒(是)4,最好,千万,万1,万万1,切切,毋需
	疑问	特指问	为什么、怎么、哪、哪里
		正反问	可4、是否、是不是、有没有
		测度问	别是,难道2,莫非2
		深究问	到底3,究竟
		反诘问	敢情3,何必,何不,何曾,何尝,何妨,何苦,何须,难不成,难道1,岂,莫非1,还5,又3
	感叹		多,多么,好,何等,太,怪,可1
意态	模态	估测	说不定,指不定,没准儿,或,或许,或则,兴许,也许,大抵,大概,大约,约莫,仿佛,好像,恍,似,似乎,像,俨然,依稀,看来,想来,恐怕,想必,要,敢是,横是1;不一定,不见得,未必
		必断	必然,终究1,终归1,总(归)1,不免,难免,未免2、必定,当然1,自然,定,定然,势必,铁定,无疑,一定1,一准,指定,准;非1,断,断断,断乎,断然;管保,准保
		道义	必须,必得,非2,非得,务必,须,千万,一定2;不必,万1,万万1,切切,可3

续 表

语气类别		语气副词	例 词
认证评价		申明确认	其实,显然,当然2,敢情2,分明,明明;本,本来,诚然,固,就1,的确,确乎,确然,确实,实,实在,委实,着实,真,真的,事实上,实际上
	意料	意外	倒(是)1,倒反,反,反倒,反而,还1,还是1,竟,竟然,居然,愣,偏偏,却,不过,只是,硬是2,万2,万万2
		料中	当真,果然,果真
	醒悟		敢情1,怪不得,难怪,无怪(乎),原来
	契合		刚,刚刚,刚好,刚巧,可巧,偏巧,恰好,恰恰,恰巧
	庆幸		多亏,好在,亏1,亏得1,幸而,幸好,幸亏,幸喜
语势	强化		并,纯粹,完全,决,绝,绝对,根本,压根儿,简直,倒(是)2,就是,硬是1,横是2,终究2,终归2,总(归)2,毕竟,到底1、2,才1,老,就2,可2,未尝;高低,反正,横竖,好歹,好赖,总算,终于,几乎(几),差点儿,险些,(连……)都,也1,又1、2,甚而,甚至;大半,多半,差不多,至多,大不了
	弱化		不过,倒(是)3,只是,亏2,亏得2,未免1,还2、3、4,还是2、4;至少,起码,也2

注释:

【才】

才1:表示强调、肯定的语气。

才2:表示不同意他人的意见或看法,表反驳的语气。

【当然】

当然1:表示从事理或情理上来说,应当如此。

当然2：表示事实显而易见。

【到底】

到底1：表示某一情况经过多重曲折终于得以实现，相当于"终究"。

到底2：强调已存在的某一客观事实，相当于"毕竟"。

到底3：表示进一步深究，相当于"究竟"。

【倒（是）】

倒（是）1：表示与客观常理或主观预期、经验相反，出乎意料。

倒（是）2：积极肯定可取之处。

倒（是）3：表示委婉的肯定或否定。

倒（是）4：表示催促、祈求，多用于第二人称。

【非】

非1：表示说话人根据情理和事理，对事物发展的必然趋势做出判断。

非2：表示坚定的意愿或决心。

【敢情】

敢情1：表示发现原来不知道的情况后，突然有所领悟，相当于"原来"。

敢情2：表示事实或道理显而易见，不必怀疑。相当于"当然"。

敢情3：表示反问语气，相当于"难道"。

【还】

还1：表示意想不到，相当于"居然"。

还2：表示名不副实，应该这样而没有这样，带有责备、讽刺语气。

还3：表示让步的语气，相当于"尚且"。

还4：表示还可以，但不是最好的。

还5：表示反问语气。

【还是】

还是1：表示意料之外。

还是2：表示让步，姑且承认某一情况，后文说明有所改变，上下文常常构成转折关系。

还是3：表示希望或建议。

还是4：表示名不副实，常带有讽刺或责备的口气。

【横是】

横是1：表示估计、揣测，相当于"大概"。

横是2：表示让步、肯定，相当于"总归"。

横是3：表示某种条件下必然出现相应的状况，相当于"硬是"。

【几乎（几）】

几乎（几）1：表示某一范围或数值非常接近临界点。

几乎（几）2：表示某种事情临近发生（多与说话人希望与否的事情相关）。

【就】

就1：表示态度坚决，"就"一般重读。

就2：表示某种情况已符合现实要求，不需附加条件，"就"一般轻读。

【可】

可1：表示对事实或程度的强调。多用于口语。

可2：表示某种期待已久的愿望终于得以实现。

可3：表示说话人的意愿、要求或建议。

可4：询问是否有某种情况，相当于"是否""有没有"。

【亏、亏得】

亏1、亏得1：表示由于某种有利条件，不好的结果才得以避免。

亏2、亏得2：反说，表示讽刺或责备的语气。

【莫非】

莫非1：表示揣测或怀疑的语气，试图寻求答案。

莫非2：加强反问语气。

【难道】

难道1：表示揣测或疑惑的语气，一般用于对自己发问。

难道2：加强反问语气。

【万】

万1：表示坚决的否定或劝诫。

万2：表示出乎意料。

【万万】

万万1：表示诚恳的劝诫。

万万2：表示出乎意料。

【未免】

未免1：表示轻视、不以为然，语气较委婉。

未免2：表示无法避免某种情况。

【也】

也1：强调突出，表示程度、数量、范围等，语气较强。

也2：表示委婉、缓和的语气。

【一定】

一定1：表示非常肯定的判断。

一定2：表示坚决的要求。

【硬是】

硬是1：表示无论如何，某种情况都不会发生改变。

硬是2：强调事实如此，含有出人意料的意味。

【又】

又1：一般用于加强否定语气，表示对某种行为、做法或心态的否定。

又2：经常用于转折句中加强转折语气。

又3：常常用于反问语气。

【终究】

终究 1：表示最后结果必然像预想的那样出现。

终究 2：强调事物的本质不会随客观事物的变化而变化。

【终归】

终归 1：表示结果必然如预想的那样。

终归 2：强调事物的本质特点不会发生变化。

【总（归）】

总（归）1：表示无论实际发生怎样的变化，必然出现相应的结果。

总（归）2：强调事物的本质特点不会发生改变。

1.3 现代汉语情态成分和语气成分的关联模式框架

现代汉语情态成分和语气成分入句后的关联模式有三类：（一）情态动词前关联语气副词；（二）情态动词后关联语气词；（三）情态动词前关联语气副词，后关联语气词。前关联和后关联又都可以区分邻接关联和间隔关联，这样从逻辑上就可以分出 15 种关联模式。

1.3.1 情态动词前关联语气副词

情态动词前关联语气副词，包括三种关联模式：

模式 1：情态动词前邻接语气副词

模式 2：情态动词前间隔语气副词

模式 3：情态动词前邻接、间隔语气副词

1.3.2 情态动词后关联语气词

情态动词后关联语气词，包括三种关联模式：

模式4：情态动词后邻接语气词

模式5：情态动词后间隔语气词

模式6：情态动词后邻接、间隔语气词

1.3.3　情态动词前关联语气副词，后关联语气词

情态动词前关联语气副词，后关联语气词，包括九种关联模式：

模式7：情态动词前邻接语气副词，后邻接语气词

模式8：情态动词前间隔语气副词，后邻接语气词

模式9：情态动词前邻接语气副词，后间隔语气词

模式10：情态动词前间隔语气副词，后间隔语气词

模式11：情态动词前邻接、间隔语气副词，后邻接语气词

模式12：情态动词前邻接、间隔语气副词，后间隔语气词

模式13：情态动词前邻接语气副词，后邻接、间隔语气词

模式14：情态动词前间隔语气副词，后邻接、间隔语气词

模式15：情态动词前邻接、间隔语气副词，后邻接、间隔语气词

第 2 章 "会"与语气成分的关联机制

"会"是个必然性认识情态动词,能用于陈述句、疑问句、感叹句,下面分别考察三种句类中,"会"与语气副词和语气词的关联机制。

2.1 陈述句中"会"与语气成分的关联机制

陈述句中,"会"与语气副词和语气词的关联模式大体分三类:(一)陈述句中"会"前关联语气副词;(二)陈述句中"会"后关联语气词;(三)陈述句中"会"前关联语气副词,后关联语气词。

2.1.1 陈述句中"会"前关联语气副词

2.1.1.1 陈述句中"会"前邻接语气副词

陈述句中"会"前邻接语气副词主要有六类:必断类、估测类、申明确认类、意外类、强化类和意中类语气副词。

2.1.1.1.1 陈述句中"会"前邻接必断类语气副词

"会"能前邻接必断类语气副词,表示事物必然发生或存在,命题必然正确或错误。"会"前邻接的必断类语气副词,常用的有"必然""一定""定""定然""必定""肯定"等。

2.1.1.1.1.1 陈述句中"必然会"

陈述句中,"会"前常常邻接必断语气副词"必然",表示必然会发生,大体有三种用法:

(一)"必然会"用于单句,例如:

(1) 这种拥挤的居住环境必然【会】使我们的个体区域受到侵犯。

(2) 生产和资本集中的结果,必然【会】出现垄断。

(3) 社会的变化、客观实际的变化,必然【会】引起词义的变化。

(二)"必然会"用于分句。又有几种情况:

第一,有的"必然会"用于并列句的分句,例如:

(4) 最后,各部门、各行业、各个企业、各种产品的不同发展速度,必然【会】引起经济结构的变化,引起经济发展战略目标的变化。

(5) 认真做好庭审前的各项准备工作,是庭审成功的前提和基础,毫无准备的庭审必然【会】失败。

第二,有的"必然会"用于解注句的分句,例如:

(6) 按照这个定义,我们必然【会】得出如下结论,即:"主要经济法则",就是某一种经济的基本法则。

(7) 因此,这种学说必然【会】把社会分成两部分,其中一部分高出于社会之上。

(8) 而在这多次性的反复欣赏过程中,音乐欣赏的心理运动也像其他思维运动一样,必然【会】出现某种阶段性。

第三,有的"必然会"用于连贯句的分句,例如:

(9) 消费特点、消费方式、消费习惯的变化必然【会】给某些商业形式带来有利或不利的影响,引起某些商业形式的衰落和另一些商业形式的兴起。

(10) 人们在参加市场商品交换活动过程中,市场的发展变化反映到人们的头脑中,必然【会】产生不同的心理活动。

(11) 尤其是当你深入农村,看到当地群众对于地方戏曲那种深厚的迷恋之情,你必然【会】为那种挚爱所感动。

第四,有的"必然会"用于递进句的进层分句,例如:

(12) 可是工人阶级是能够战胜——并且归根到底必然【会】战胜——旧世界,能够战胜它的毛病和弱点的。

(13) 用一个动因研究代替或否认另一动因的研究,不仅荒谬,而且必然【会】引起理论上和实践上的模糊和混乱。

第五,有的"必然会"用于说明因果句,一般用于表果分句,有的是因—果式,例如:

(14) 因为疾病由五脏发生,必然【会】显出五色相应,五声变化;五味有所偏,十二脉也有变动。

(15) 句子是组成句群的材料,因此口语句子和书面句子的这些不同特征,也必然【会】反映到句群中来。

(16) 计算机缺乏对付这种语音模式变异的能力,所以识别率就必然【会】降低。

有时也用于果因式的表果分句,例如:

（17）无产阶级所以能够成为而且必然【会】成为不可战胜的力量，就是因为它根据马克思主义原则形成的思想统一是用组织的物质统一来巩固的。

第六，有的"必然会"用于推断性因果的结果、结论句，说明推论必然，例如：

（18）作家的风格既然是通过他的创作表现出来的，它也必然【会】体现在作品的思想内容和艺术表现的各种因素之中。

（19）这个交变的磁通量，既然穿过副线圈，必然【会】在副线圈中引起感应电动势。

第七，有的"必然会"用于假设句，一般用于表示结论或结果必然，例如：

（20）如果大自然中失去了这些天敌动物，必然【会】打破自然环境中原来的相对平衡，害鼠和害虫将大量繁殖，而给人类带来很大的损失。

（21）如果保存在空气中，必然【会】吸附空气。

（22）如果看不清事物的确定的条件和关系，人们就【会】陷入抽象的、杂多的可能性的迷魂阵，就看不到必然性。

有的"必然会"用于目的性假设句，表示要达到目的必然遇到境况，例如：

（23）要改革，要前进，就必然【会】受到逆历史潮流而动的反动势力的攻击、镇压和迫害。

（24）如果硬要宣传社会主义就必然【会】发生"伪劳农革命"。

第八，有的用于足够条件句的分句，例如：

(25) 这次运输，应该说也是一次战斗，只要有信心，想办法，困难必然【会】被克服，任务必然【会】胜利完成。

(26) 一个民族的作家，只要真实地反映民族生活，就必然【会】刻画出有民族特点的人物性格。

第九，有的"必然会"用于目的句，一般用于方式句，例如：

(27) 当在α相中加入少量溶质p时，假定p在瞬时能在α相中分布均匀，但还没有来得及进入β相，这时α相的化学势必然【会】发生变化，使α、β两相呈瞬时的非平衡状态。

第十，有的"必然会"用于转折句，例如：

(28) 各专业银行之间，总的来说在业务活动范围方面应有个划分，有所侧重，但随着自主权的扩大，也必然【会】出现一些业务交叉。

(29) 从记号的用途上看，不外记义和记音两方面，但事实上记义也必然【会】记音。

(三)"必然会"用于宾语内成分。

(30) 我相信，将来必然【会】发明比链霉素功效更好的"灭痨素"。

(31) 因此，社会主义生产关系的性质，决定了社会主义革命空前的深刻性和广泛性，决定了社会主义代替资本主义必然要经历一个更为漫长的过程，必然【会】充满着更复杂、更曲折的斗争。

(四)"必然会"用于定语内成分。例如：

(32) 汤洵在《必然【会】发生的"偶然"》一文中，着意论述了《血疑》之所以有如此动人的艺术魅力，首先在于编剧在艺术构思上"巧合"手法的运用。

2.1.1.1.1.2　陈述句中"一定会"

（一）有的"一定会"用于单句，充任状语，例如：

(33) 你一定【会】感到奇怪：干嘛养那么多蚊子？

(34) 他的成就一定【会】超过我。

(35) 将来的科学技术一定【会】远远超过今天的水平。

（二）"一定会"用于分句。

第一，有的"一定会"用于并列句的分句，例如：

(36) 你会觉得温度测量太重要了，同时也一定【会】感到奇怪，我们的温度测量技术怎么如此落后？

(37) 它一定【会】使人们变成怀疑论者，并认为一切都有必要加以批评……

第二，有的"一定会"用于连贯句，居前或居后，例如：

(38) 将来一定【会】有，那时你来就找不到蒲扇了。

(39) 以后，科学工作者们继续进行考察，一定【会】发现更多新奇、有趣的鸟禽。

(40) 你到食品店糖果柜前，一定【会】发现形状各异、包装不同的泡泡糖，另外还有口香糖。

(41) 提起采矿，大家一定【会】想到宽大的露天矿坑，深深的矿井，高速运转的钻机和头戴安全帽的工人……

第三，有的"一定会"用于说明因果句，主要表果，例如：

（42）但由于程式的规范，又一定【会】很快跳出来，用著名川剧表演艺术家周慕莲的话来说，处在一种"入乎其内，出乎其外"，"进进出出，出出进进，真真假假，假假真真"的状态。

（43）正因为农民利于经过合作制来销售自己的商品并为自己的经济供给机器，所以农民应当按群众合作化道路走去，而且一定【会】按这条道路走去。

有的"一定会"用于原因分句，一般居后解释原因，例如：

（44）但我不能跟你们去，这样一定【会】加深两派群众组织的矛盾。

第四，有的"一定会"用于推断性因果，表示推断的结论，例如：

（45）老爷们见识广，一定【会】立刻想法子救出他们俩。

（46）他更信赖党，一定【会】能够正确地对待历史留给他的问题。

（47）她想当一个人民教师，每天和孩子们在一起学习、跳舞、唱歌，生活一定【会】充满了快乐。

第五，有的"一定会"常用于假设句，一般用于结果或结论分句，例如：

（48）如果演员的身段更讲究，特别是后面一段耍盘子如果能够加强独舞者的特技和舞蹈，那一定【会】更加精彩。

（49）如果你有幸到深山密林中去访问我们的林业工人，他们一定【会】把你当作最尊贵的客人盛情款待。

（50）如果不管，这两只大绵羊一定【会】被狼吃掉。

（51）要是把树干挖出来，扛回家里做劈柴，妈妈一定【会】夸奖我。

（52）假使我们把一条弹松的被絮压结实了称起来，重量一定【会】增加些。

第六，有的"一定会"用于条件句，基本是充分条件句的结论，有的格式是"只要……一定会……"例如：

（53）只要干部、党员、团员认真学习婚姻法，模范地遵守它，群众一定【会】跟着效法。

（54）只要随便挑起一些雪片放在放大镜下面一看，我们就一定【会】惊叹：大自然竟雕琢出了这样精致美丽的花朵！

（55）只要我们的戏剧工作扎根于养育自己的土壤，反映人民生活，跟上时代步伐，就一定【会】受到人民群众的欢迎。

第七，有的"一定会"用于容让句，"虽然/尽管……但是一定会……"例如：

（56）虽然应不应该在学校里开代表大会作为学校最高权力机关还是一个问题，但一个以反映群众意见，作行政机构咨询为主要任务的代表会议是可以召开的，而且对建设人民清华一定【会】发生很大的作用。

（57）尽管在数量上我们今天的商品类型，仍以小商品性质的为主，但是随着人民经济的发展，具有社会主义性质和半社会主义性质的商品，一定【会】从相对的优势发展到绝对的优势。

第八，有的"一定会"用于虚拟性让步，"即使……一定会……"例如：

（58）贺龙同志在组织红军开展武装斗争和建立革命根据地的长期斗争中，始终保持着旺盛的斗志和革命的乐观主义精神，即使在极端困难、濒临绝境的时候，仍然坚信党和人民的事业一定【会】胜利。

第九，有的"一定会"用于无条件让步句，"不管……一定会……"例如：

（59）不管是8岁的稚童，还是80岁的老人，当你走进这个菊灯联展，在你呼吸着沁人心脾的芳香时，一定【会】观赏到各自所喜爱的灯景和近百种珍品名菊。

（60）如果你们任性胡闹下去，不管什么时间、不按秩序乱开花，那一定【会】闯大祸。

（三）"一定会"用于句内成分，一般是宾语内成分，例如：

（61）她以为张勇一定【会】不好意思地把手头的东西藏起来。

（62）小萍连不要我下车的话也没有说，因为她知道这是完全不可能的，我一定【会】送她。

（63）我相信当文字狱盛行之时，为父母者一定【会】使儿女目不识丁的，因为非此难免父母也连累而遭杀头了。

（64）第三天头上，我好不容易鼓足勇气将此事告诉了妈妈，我原想，妈妈一定【会】狠狠训我一顿、甚至打我，因为我深知，对我们这个六口之家来说，五块钱并不是一个非常轻松的数目！

2.1.1.1.1.3 陈述句中"定会"

（一）"定会"用于分句。

第一，有的"定会"用于推断性因果，表示推论必然，例如：

（65）党委书记既然和我爸爸是老战友，那他定【会】看在我父亲的情分上照顾我的要求。

第二，有的"定会"用于假设句，表示结论必然，例如：

（66）介之推是个孝子，如果放火烧山，他定【会】背着老母出来。

（67）这时，要是他手头有力量，他定【会】吩咐儿子成久也立刻进城搬回一台来，看你老倌还在我面前显摆！

第三，有的"定会"用于充足条件句，表示结论必然，例如：

（68）只要对最近发生的世界性大事进行公平的分析，定【会】支持这样的论点：对于这种极为不利于苏联人的协议，苏联人在很大程度上是直接的制造者。

（69）我知道丁中江是个聪明人，一看这个"速"字的写法，定【会】明白我让他快走的意思。

（二）有的"定会"充任宾语内成分，例如：

（70）我们可以预见，不远的将来，以现代科学方法为手段，灵感的研究定【会】有新的突破性进展。

（71）我们现在去要沈三嫂子叫她出来，我可以打包票的说她定【会】出来。

2.1.1.1.1.4　陈述句中"必定会"

（一）用于单句，例如：

（72）经过部队、学校、家庭三方的共同努力，令随军干部忧虑的子女在校景况不佳、学业落伍等难题，必定【会】较好地得到解决。

（73）因此，农村工业和城市工业之间各种扭曲了的体制联系必定【会】阻碍城市工业技术向农村工业的扩散。

（二）用于分句。

第一，有的用于连贯句，例如：

（74）在探索过程中，必定【会】出现不同的看法，形成不同的学派。

（75）他去跳高，裤腿那儿必定【会】粘回些细沙。

第二，有的用于说明因果句，常用来说明解释结果的必然发生，例如：

（76）由于这项改革，必定【会】培养和造就一大批具有一定科学文化知识和指挥现代战争才能的一代新人，使我军现代化建设展现出光辉的前景。

（77）让我们在这条路上作艰苦的探索和持久的跋涉，美好的前景必定【会】出现在我们的面前。

（78）我们再试一次看，托天之福，必定【会】有办法。

第三，有的用于假设句，表示结论必然，例如：

（79）因为昨晚海面上是五级风浪，如果时间长了，橡皮艇和木桨必定【会】被冲散。

（80）相反，压制学术自由，以真理的独占者自居，必定【会】摧残科学的幼芽，造成百花凋零的萧瑟景象。

第四，有的用于足够条件句，表示结论必然，例如：

（81）人们每设定一个界限（例如原子、原子核），都必定【会】打破这个界限。

第五，有的用于容让句，例如：

（82）对抗性的生产方式虽然必定【会】产生阶级，但是由于对抗性社会性质的不同，所以它们所产生的阶级也是各不相同的。

（三）用于宾语内成分，例如：

（83）也可以相信，再经过多少年，人类必定【会】胜利地实现到星际去旅行的理想。

2.1.1.1.1.5　陈述句中"肯定会"

（一）"肯定会"用于单句，例如：

（84）这肯定【会】招惹许多嫌恶的目光。

（二）"肯定会"用于分句。

第一，有的用于并列句，例如：

（85）我肯定【会】时不时去他的单位，他也会时不时到我的单位来。

（86）我们可以说，神圣实在是这样一个实在，它肯定【会】对正确的宗教调整作出反应，肯定【会】回答真正的祈祷，肯定【会】使人类精神得到新生，肯定【会】维护得到了新生的生命，肯定【会】促进精神生命的健康，肯定【会】发展本质上是基督式的伦理和宗教特性。

第二，有的用于解注句，例如：

（87）国际足联主席阿维兰热最近在巴西断言：下届世界杯足球赛肯定【会】在墨西哥举行。

第三，有的用于连贯句，例如：

（88）随着改革的进一步深化和长期稳定发展经济方针的贯彻落实，我们的经济形势肯定【会】越来越好。

（89）黄宗英经过一番努力，肯定【会】当得好经理，也肯定【会】写出像《大雁情》《特别姑娘》那样的好作品，而且必有新意。

第四，有的用于说明因果句，例如：

（90）我怕回去后，用机织的洋布，再经西式剪裁法一做，肯定【会】不对味儿，于是就在当地找老乡帮我做了一件。

第五，有的用于推断性因果句，例如：

（91）这位厂长在合法权力之外，又发挥了专长权力的作用，他的工作效能肯定【会】大大提高。

第六，有的用于假设句，例如：

（92）你若见到我，肯定【会】得到"这人像小孩"的印象。

（93）是啊，如果海豚投入应用的话，肯定【会】解决不少水下困难。

（94）目前不少昆虫学家相信，地球上的昆虫种类，假如都被发现，肯定【会】超过五百万种。

第七，有的用于足够条件句，例如：

（95）只要我们做好工作，循序渐进，第七个五年计划时期经济的增长速度，肯定【会】比第六个五年计划时期要快。

（96）只要看一看其中每一帧剧照和性格化造型示范的照片，戏曲雕塑美对于性格美的生命力，肯定【会】使你的审美感受十分强烈，以致掩卷慨叹，任何语言的解释，实在都是多余的了。

第八，有的用于转折句，例如：

（97）是的，地球上目前还不能生产，不过二十年后肯定【会】风行世界。

(三)"肯定会"用于宾语内，例如：

（98）他说他这预见肯定【会】被生物学、生理学、心理学等证实，而且，人们将会宣布为划时代的重大发现！

2.1.1.1.1.6 陈述句中"势必会"

"势必会"主要用于说明因果句、假设句、足够条件句、无条件让步句，而且一般用于后分句，表示结果必然发生或结论必然成立。例如：

（99）在物理上由于没有突出主要的因子，势必【会】淹没问题的本质，使我们抓不住要领。

（100）如果一个人经常、过分地采用"自我防御机制"自卫，那么就势必【会】干扰他对现实的观察与判断，妨碍对远大目标的追求，导致人格的不健康发展。

（101）只要人们在发展经济、提高劳动生产率进程中，还没有创造出能够代替商品经济形式的更高级的经济联系系统，没有更有效的衡量和督促节约社会劳动的新方式，任何企图取消或削弱商品经济形式的理论与实践都不可能获得成功，相反势必【会】妨碍甚至【会】

· 47 ·

破坏社会经济的正常发展。

（102）从雅文化的外部看，无论哪一种的文化样式出现，势必【会】受到风雅时尚的围剿；从雅文化的内部看，一旦登堂入室，创新就十分艰难，尤其容不得从民俗文化中吸取营养。

2.1.1.1.1.7 "必会"

陈述句中，"必会"用于陈述句中，强调事态的必然发生，有的用于说明因果句，例如：

（103）山之唯一的特性便是静，所以玩山便是寻静，爱静趣的人必【会】发现山是最适口味的食物。

有的用于假设句，例如：

（104）生产力水平参差不齐，现代化和手工作业同时存在，自然资源分布由西北向东南递减，如果不建立统一市场，形成各种市场要素的多方向流动，势必【会】强化现有的不平衡，扩大地区间的经济、技术差异，使落后地区更加落后，发达地区畸形发展。

2.1.1.1.1.8 陈述句中"无疑会"

第一"无疑会"，有的"无疑会"用于单句，例如：

（105）古典音乐的优美旋律无疑【会】有助于你从直观上和情绪上去嗅出、察觉出大自然的和谐与美。

（106）这些壮丽的佛塔，无疑【会】唤起诗人的联想。

第二有的"无疑会"用于解注句，例如：

（107）不同的历史时期无疑【会】给她打上一定的社会烙印，她二十五岁之前，正是清王朝的覆灭，辛亥革命兴起和失败的时期，那时封建思想和封建势力统治着人们，因此她的封建思想是根深蒂固的。

第三有的"无疑会"用于连贯句，例如：

（108）在这里，我们看到了中华民族传统的美德，它在建设社会主义精神文明中，无疑【会】起到十分积极的社会作用。

第四有的"无疑会"用于假设句，表示结论必然，例如：

（109）把好感和友谊当作爱情，这正是现实生活中一些中学生陷入茫然的症结，而现在如果把"比友谊多，比爱情少"作为中学生异性交往的合理"规则"，那无疑【会】给已经够烦恼的中学生增添更多的苦闷。

第五有的"无疑会"用于推断性因果句，表示推论必然，例如：

（110）另一方面，既然论资排辈是以资历和辈分作为选拔和使用人才的决定性依据，无疑【会】使科学家队伍不断老化，对全民族的科技发展带来严重的恶果。

第六有的"无疑会"用于容让句，表示后转的事态必然发生，例如：

（111）人类的下丘脑的性别差异虽然尚未得到确切的证实，但它对人类行为来说无疑【会】有某些作用。

2.1.1.1.1.9 陈述句中"（一）准会"

第一有的用于单句，例如：

（112）你准【会】有食吃。

（113）你准【会】很快就爱上他们。

（114）队长一准【会】称赞咱们说："噫，你们第三班的弟兄真懂规矩！"

第二有的用于说明因果句，例如：

（115）今天晚饭后准【会】买来，先找蚯蚓罢，省得临时费手脚。

（116）今天上午下大雨，明天才进，明天下午五时准【会】买来。

第三有的用于假设句，例如：

（117）要在平时，老院长这庄严神圣的样子，一准【会】让她笑出声来，而此刻，她却一点也不感到好笑。

（118）如果你走神了，她准【会】突然说："李鸣，你回答一下。"

（119）今天事情办不好准【会】倒一个大楣。

（120）这时，我又想到那门前的老人，他要是看见这些小战士，准【会】更想念他的孙子。

（121）我们住的这个院子，草本花草墨绿的叶子里，间掩着点点红果，若不是赋给它这么动听的名字——神秘果，准【会】当作路边的小杂木。

（122）如果我是个画家，把我童年时见到的这只夹尾巴老虎画出来，准【会】遭到人们的指责。

第四有的用于足够条件句，例如：

（123）那两个火力发电厂动都还没动呢，我一离开，准【会】出问题。

（124）你们在这儿住七天，准【会】长成一株健壮的秧苗。

（125）不管在街头上或在【会】场里，人们只要发现三个人中的一个，就准【会】顿时出现第二个，第三个。

2.1.1.1.1.10 陈述句中"必将会"

"必将会"用于陈述句，主要用于连贯和假设句，例如：

（126）爱情，在这片肥沃绚丽的土地上扎根，必将【会】萌发更加甘津丰硕的果实。

（127）如果我们单纯着眼于高加林的"新"而替他涂脂抹粉硬给他套上英雄的光圈，那么这部悲剧作品必将【会】由于违背历史辩证法而宣告失败。

2.1.1.1.1.11 陈述句中"总会"

陈述句中，"总会"表示事态必然发生，带有几种用法：

（一）"总会"用于陈述单句，例如：

（128）孩子总【会】成人。

（二）"总会"用于陈述分句。

第一，有的用于解注句，例如：

（129）老陈劝慰他："没错，总【会】有我们说话的时候。"

第二，有的用于连贯句，例如：

（130）但是随着他们智力的发展、语言知识的增加，他们总【会】逐步认识到：他们对周围世界的知识只有某些方面是需要映现在语言结构里的，而且要映现还必须采用不同的手段（词序、词缀、小品词等）。

（131）他坚信自己的问题总能够搞清楚，他总【会】等到那一天。

第三，有的用于说明因果句，例如：

（132）顾客在对方办公室里，【会】有一定的心理压力，容易产生"服从"对方的心理状态，行为总【会】有所收敛。

（133）但从宗教来说，绝对总【会】有最后的胜利，因为它可以不考虑个人的得失利害。

第四，有的用于推断性因果句，例如：

（134）昨天既然能在山上打响，总【会】有路可通。

（135）既然人的各种心理现象是由客观事物引起的，它总【会】在行为上有所表现。

第五，有的用于足够条件句，例如：

（136）但只要保管得法，不发生敞气、油污之类的事情，乳酸菌——不，应该说人，总【会】是最后的胜利者。

（137）我想，是宝石总【会】发光。

（138）既然如此，只要你肯劳心费力，总【会】在他所做的、所经历的那些事中，找出既能够反映当今时代特征，又为多数读者所欲知而不知的事。

第六，有的用于虚拟性让步句，例如：

（139）即使不是我，将来总【会】记起他们，再说他们的时候的。

（三）用于宾语内，例如：

（140）父亲以为一个男子迟早总【会】生胡子，所以很早让它留着了。

（141）他意识到：总【会】有那么一个时刻，人们耗尽了最后的热能，永远爬不起来了！

2.1.1.1.1.12　陈述句中"难免会"

"难免会"用于陈述句，大体有两种用法：

（一）"难免会"用于单句，例如：

（142）生活中，人们难免【会】遇到各种各样的苦恼。

有的用于解注句，例如：

（143）两个操同一种语言的人，在沟通过程中难免【会】产生误解，就是这个道理。

（二）"难免会"用于分句，有几种复句关系：

第一，有的用于说明因果句，例如：

（144）地球上因为气候和土壤的改变，某些动植物的绝迹和某些动植物的出世，就难免【会】有些旧的规律已失了效而某些新的规律已在起作用。

（145）塔北略高，是因为塔的北面数十步有一条河，河水长年流淌，必然侵蚀河床两岸的地基，久了难免【会】沉陷下去。

（146）但要建立一个新体系不是一朝一夕的事，因而难免【会】出现不够严密的地方。

（147）有时明明是男孩，父母却偏偏为他们取一个女儿家的名字，以致在生活中难免【会】发生一些误会。

第二，有的用于假设句，例如：

（148）如果只有其中一种研究倾向，心理学研究难免【会】走到偏窄的道路上去。

（149）不看到这一点，就难免【会】犯机械主义、官能主义的错误。

第三，有的用于转折句，例如：

（150）整理研究这些资料，难免【会】犯些错误，但是应该努力避免或减少错误。

第四，有的用于虚拟性让步句，例如：

（151）即使是一个革命者，其思想认识也难免【会】有矛盾、失误和局限，不是连打个喷嚏也是"革命的"。

2.1.1.1.1.13 陈述句中"终究会"

"终究会"用于陈述句，强调事态发生的必然，主要用于分句，有的用于解注句，例如：

（152）便是那么一直存了希望：爸爸终究【会】回来。

（153）是在等待有一天终究【会】证明，十二年来，不，是从大学三年级以来，我对一个人的了解和信任并没有错！

有的用于足够条件句，例如：

（154）只要不断与自己消极的想法作斗争，终究【会】战胜它。

有的用于宾语内，例如：

（155）他在广州105中除了作为一名油画家外，更担当一位美术理论家的角色，在《哲学本体论的艺术观》等文章中阐述了他的艺术主张，提出较之知解功能更高的艺术功能，应为感悟功能，其意义在于有可能从认识论角度研究艺术的一种模式里解脱出来，拓展艺术科学研究的路子，终究【会】给予艺术创作深远的影响。

（156）更重要的是，氧气终究【会】用完，而向母船报信用的无线电发射器的电池箱破了个大口子，带有腐蚀性的液体流了一地。

2.1.1.1.1.14 陈述句中"总归会"

"总归会"用于陈述句，强调事态发生的必然，可用于无条件让步句，例如：

（157）我不见怪，一点儿也不见怪，不管有用没用，我总归【会】支持你。

2.1.1.1.2 陈述句中"会"前邻接估测类语气副词

2.1.1.1.2.1 陈述句中"也许会"

"也许会"用于陈述句，表示对事态发生或结论成立的可能性的推测，大体有三种用法：

（一）"也许会"用于单句，例如：

（158）我也许【会】失败。

（159）诸位，未来也许【会】有惊人的发现。

（二）"也许会"用于分句。

第一，有的用于并列句，例如：

（160）此外，当时对《草叶集》爱不释手的人，后来也许【会】主张"格律"；喜欢马雅可夫斯基跳动短句的人，也许后来又喜欢了字句的修长和整齐。

（161）从千万年以来，它就是这样；它像一个石匠的锤子，把整块的大陆击开来，造成了许多岛屿，又把山岩冲倒来，填在海内，变成了一块陆地；在千万年之间，它也许【会】把我们住着的大陆推动

· 55 ·

了多少距离。

（162）那风沙有时冷静地，悄悄爬过长城的每一块砖碟，有时也许【会】激怒起来，任性的拍击着城砖上细细的黄稍草。

第二，有的用于解注句，例如：

（163）少年朋友也许【会】惊奇：原子能电站是一个庞然大物，它在地面上重量上万吨、体积上亿立方米，怎么能装到一颗小小的卫星上呢？

（164）你们也许【会】说这是容易回答的，即使三岁的孩子也会告诉你，因为肚皮饿所以要吃东西，其实这样回答是太简单了，要详细答复这问题倒不是容易的。

（165）少年朋友也许【会】想起来了：苏联那颗带有原子能电站的宇宙卫星，怎么只运转了一会儿就掉下来了呢？

（166）有人也许【会】再追问一句：要是飞行器的速度，大到和光速相等了，那又会出现什么样的情形呢？

第三，有的用于连贯句，例如：

（167）朋友，当有人问你，现在年轻人中流行什么乐器时，你也许【会】毫不犹豫地回答——吉他。

（168）有人也许【会】笑我纸上谈兵，问我资金从哪儿来？

（169）你看他们慢慢吃着，慢慢谈着，谈话越多，酒兴越好，这一喝也许【会】直到落日昏黄，才告罢休。

（170）在人生的道路上经历了一段坎坷，有过创痛，有了教训，也许【会】使她在未来的生活道路上走得更平稳。

第四，有的用于递进句，例如：

(171) 他也许【会】成为："种田状元"，甚至可能因田种得出色而当上科技上的真状元。

(172) 我越老越渴望大显身手，并且也许【会】达到更接近艺术的完美。

第五，有的用于说明因果句，例如：

(173) 个别商品也许【会】生产过多，以致市场上供过于求，连生产该商品所费的资本都收不回来。

第六，有的用于假设句，例如：

(174) 同时，大的东西，如果隔得远，它的视角也许【会】比近处的小东西来得更小。

(175) 如果硬要他同走，他也许【会】同意。

(176) 他们想到这次打仗，死活难知，如不趁机回去看看家人，也许【会】终生遗憾。

第七，有的用于转折句，例如：

(177) 是的，在那里也许【会】成功，但现在还说不准。

(178) 这样做的结果必然是脱离群众的，照这样理解所产生的"新"东西必然是不三不四、莫名其妙的，也许【会】有少许人喜欢，但大多数人不能欣赏。

(三)"也许会"用于宾语内成分，例如：

(179) 我感到这次采访也许【会】很不顺利。

(180) 勉之看了并不感得幻灭，反以为这富于乡村风味的国里也许【会】赋予他一种新鲜的感觉。

（181）头几个火星探测器查明，火星上有生物所必需的几种基本元素：碳、氧、氮、氢，使人产生了那里也许【会】存在微生物的希望。

（182）那时的老年人告诉我，这也是最危险的时候，因为也许【会】招出真的"男吊"来。

2.1.1.1.2.2 陈述句中"未必会"

"未必会"用于陈述句，估测事态的发生可能，主要用于假设句、容让句，例如：

（183）虽然还应考虑到洋壳第二层及第三层的形成时间，但第二层的年龄未必【会】比其上的沉积层老得多。

（184）陶潜、李白所曾见，想起来未必和咱们的很不同，未来的陶潜、李白们如有所见，也未必【会】是红玛瑙的玉皇御脸，泥金的兔儿爷面孔罢。

2.1.1.1.2.3 陈述句中"说不定会"

"说不定会"用于陈述句，估测事态发生具有较大的可能性，有的用于单句，例如：

（185）将来我们收集的那些孤儿，贫民子弟，说不定【会】培养出来几位华盛顿，拿破仑，俾斯麦，瓦特，爱迪生……您信不？

有的用于说明因果句，例如：

（186）这是匹好马，不过你要小心，说不定【会】把你扔下来。

（187）请不要见笑，人在少年时候的某种想法，说不定【会】在一个人一生中起作用。

有的用于推断性因果，例如：

（188）看他眼屎的粘呼劲，说不定【会】闹出两场令庄稼人多装几碗茶饭的喜剧来。

有的用于假设句，例如：

（189）若不是宋金斗的儿子宋人龙及时赶到，这个性如烈火的麦旺旺，说不定【会】把宋金斗炸个满面开花的。

（190）陈万有吓了一跳，打了个侧歪，要不是赵大鹏眼疾手快扶住了他，说不定【会】倒下去。

2.1.1.1.2.4　陈述句中"大概会"

"大概会"用于陈述句，推测事态发生的可能性，主要用于连贯、转折、假设句，例如：

（191）随着农村人口流失的加速，有朝一日，冲绳大概【会】彻底变成像东京－横滨地区一样的工商业大都会。

（192）现在她不过是随随便便地穿了件玄色的袍子，这袍子穿在别人身上大概【会】像汽油桶，可她穿上却有一种高雅的格调，使她洒脱之中又透出一种雍容。

（193）如果是中国佛塔，大概【会】使人涌起"紫丁香折翠亭亭"的形象；至于缅甸的佛塔，恐怕就【会】烘托着"一朵绛云捧玉京"的神采了。

2.1.1.1.2.5　陈述句中"或许会"

陈述句中，"或许会"用于陈述句，表示对事态发生可能性的推测，有的用于单句，

（194）等待着她的或许【会】是劳教农场。

有的用于解注句，例如：

（195）将来或许【会】有那么一天，房屋的墙壁上都涂着发光物质，白天受到阳光照射，晚上就会自动放出柔和的光来。

有的用于选择句，例如：

（196）国家权力，政治权力和各种强制性社会权力，也许终将灭亡，或许【会】留下一点，也将改换生存形式。

有的用于说明因果句，例如：

（197）感到母亲的心没有给紧张的气氛吸引去，还是在我这一边，就越发觉得母亲爱我的情深，越发觉得安慰，原来在初见母亲时，我仿佛觉得母亲离开我好久，或许【会】把我忘记。

（198）本病需要通过胃管检查，以确定食道是否存在一种物理性阻塞，因为在膈疝的病例中，或许【会】发生逆呕，以致偶尔呈现假的食道阻塞。

有的用于假设句，例如：

（199）运用语言进行社交活动，如果在这方面用点心计，或许【会】收到更好的效果。

（200）现在树袋熊的数量已越来越少，正濒临灭亡的边缘，人们正在尽力拯救它们，如果它们有幸保存下来，五千万年后或许【会】有很大的发展。

有的用于容让句，例如：

（201）父亲的体态依然壮健，有着城市的富主所有的丰腴的脂肪；同时父亲也养成了一种不露锋芒的含蓄力，就是偶尔碰见店友们在厨房里偷着煮鸡聚饮，也总是微笑着走开，虽然嘴里或许【会】说一句："味道怪香哪！"

2.1.1.1.2.6 陈述句中"或者会"

"或者会"用于陈述句，推测事态发生的可能性，主要用于说明因果句、假设句、转折句，例如：

（202）因为我恐怕厅里人多手杂，或者【会】遗失，万一落于他人之手，是很危险的啊！

（203）假如我乘此机会去找那只飞机，看看我的亡友的尸骨，大蝎的迷林或者【会】有危险，他必定会找我去；那时我再审问他，他不说实话，我就不回来！

（204）我知道有些人或者【会】说我糊涂起来，但是我并不是糊涂，我这里并没有弄错。

2.1.1.1.2.7 陈述句中"恐怕会"

"恐怕会"用于陈述句，表示对事态发生的推测，用于说明因果句、假设句，例如：

（205）那些伪人员常和日军接近，说不定也有懂日语的，我只口里咕噜，恐怕【会】被听出来；你不是【会】说几句日本话，快先教我几句吧！

（206）敬爱的老师，在我们毕业考试以前，知道你很生我的气，那次你向我们进行劳动教育，我当着你的面咕哝过一句："如果你像我这样，恐怕【会】比我……"

（207）要是在从前……我恐怕【会】觉得该救母亲，……但是现在，我觉得该救儿子，儿子的将来还长……

2.1.1.1.3 陈述句中"会"前邻接申明确认类语气副词

2.1.1.1.3.1 陈述句中"显然会"

"显然会"用于陈述句，表明事态的发生是显而易见的，常用于单句、因果句，例如：

(208) 价值规律对于这些农副土特产品的生产，显然【会】有较大的影响。

(209) 这些英雄的传说，显然【会】一代一代地在边关居民的后裔中流传下去。

(210) 但是，由于集体经济组织是建立在集体所有制基础上的自负盈亏的经济单位，它的积累水平和社员收入水平直接取决于集体经济生产的收入，所以农副产品价格的高低对于集体经济组织的生产显然【会】有一定的影响。

2.1.1.1.3.2 陈述句中"确实会"

"确实会"用于陈述句，表明事态是确凿无疑会发生的，主要用于句内成分，例如：

(211) 他对这一现象进一步实验研究后发现，通电线圈短路的瞬间，电流确实【会】增大。

(212) 研究的结果也表明在这种条件下，确实【会】增加理解的时间。

(213) 在人类已知的三百多种鲨鱼中，确实【会】攻击人类的只有噬人鲨、白真鲨、大青鲨、乌翅真鲨等十余种，而绝大多数是不主动伤害人的。

2.1.1.1.3.3 陈述句中"的确会"

"的确会"用于陈述句，表明事态是确凿无疑会发生的，可用于转折句，例如：

（214）在人的一生中，的确【会】遇上各种各样的"机遇"，但"机遇"不过是提供了某种条件。

2.1.1.1.3.4 陈述句中"其实会"

"其实会"用于陈述句，表明事态发展的实际情况，可用于转折句，例如：

（215）"新闻就是政治"也是一种危险的"性质说"，听起来很革命，其实【会】把我们的认识引向谬误。

2.1.1.1.3.5 陈述句中"本来会"

"本来会"用于陈述句，强调事态按事理发展的状况，往往用于预转分句，例如：

（216）在动物园里，我们看到有一种极精警凶狠但时时爱走着极卑下的行径的家伙，它的眼睛正是同样的黄，奇异黑色本来【会】唤起人们对于一种尊贵崇高的东西的佩慕，在这里却完全相反，它象征了一种不高明的龌龊的意念，一个可鄙的阴谋。

（217）他是一位年青英俊的专家，我本来倒是挺喜欢他的，要不是他加入了追求我的小伙子行列，并成为其中的第四十一名，我本来【会】很乐意坐他的车……不过，也许倒是——如果没有另外一位最亲爱的人占据了我的心房，那末这个兰奇倒还是挺有趣的。

2.1.1.1.3.6 陈述句中"当然1会"

"当然1会"表示必然发生，大体有二种用法：

（一）"当然1会"用于陈述单句，例如：

(218）当然【会】有困难。

(219）这当然【会】使得他们感到威胁。

（二）"当然1会"用于陈述分句。

第一，有的用于说明因果句，例如：

(220）我的贷款信用一直无懈可击，他们当然【会】在我困难的时候来帮助我。

(221）因为，人的认识能力从来不是凭空产生的，它是历史的产物，是随着社会实践的进步而进步的，这种情况当然【会】影响到人们对于历史的认识。

(222）这些东西当然【会】放在我那里，因为我是女人。

第二，有的用于推断性因果句，例如：

(223）马克思主义既是一门科学，当然【会】随着时代的前进而发展。

第三，有的用于假设句，例如：

(224）假如我曾生活在基督那个时代，那么在他身上应验的预言当然【会】使我非常注意他。

(225）如炮兵能把敌人工事轰垮，扫平地雷和铁丝网，步兵伤亡当然【会】小些。

(226）在有条件使速度增长的情况下，不把生产搞上去，经济发展当然【会】受到损失。

第四，有的用于转折句，例如：

(227）他在异族侵略者蹂躏自己的国土时，当然【会】有激愤，但就是这种激愤，也不表现为闻鸡起舞式的抗争，而是恬然淡泊的明志。

2.1.1.1.3.7 陈述句中"自然会"

"自然会"用于陈述句，表明事态的发生、发展是自然而然的，合乎事理和情理的。

（一）"自然会"用于陈述单句，例如：

（228）能引起人情感喜悦反响的设计（形、色），自然【会】起激励的心理效应。

（229）高生育率和高结婚率的国家，自然【会】有人口的高速增长。

（230）用它演奏的乐曲，自然【会】变化多端，丰富多彩。

（二）"自然会"用于陈述分句。

第一，有的用于并列句，例如：

（231）同时，作为有切肤之痛的反面经验，我们自然【会】在今后的工作中，时时警惕，严密防范类似的东西在任何范围、任何程度上重演。

第二，有的用于解注句，例如：

（232）如果我选择一个六指的人作一个故事的主人公，使他的心灵上有一种经常为了这个多余物的丑恶而痛苦的情感，或者使他因为它而骄傲，这个自然【会】是真实的：六指的人存在着，而且很可能感到别扭，这是个性，因为它被我强调了。

（233）这就是说，棉花的价格，自然【会】因需要的减少而下跌。

第三，有的用于说明因果句，例如：

(234) 因为剧作家是以唯物史观为武器剖析历史的，所以自然【会】在他的作品中表现出对历史的深刻认识。

(235) 经营结果的好坏，马上会影响自己收入的多寡，所以地主自然【会】和佃农协力谋土地收获的增加，以减轻其负担或损害。

(236) 她虽然在看弟妹玩着，其实她所注意的还在介民身上，因为她也觉得介民的神气似乎有些不同了，明慧的她，自然【会】引起注意，所以自然而然地要回头望望。

第四，有的用于推断性因果句，例如：

(237) 人是社会各种矛盾的载体，既然要写人，自然【会】遇到人的复杂性问题。

(238) 农业的性质既是保守的，所以有些学者以为这业务上的习惯，自然【会】使一般农民带着保守的性情，且这保守性往往又使他们成了顽固鄙陋。

第五，有的用于假设句，例如：

(239) 如果DNA发生了改变，自然【会】引起某些相应性状的改变，这就是所谓的变异。

(240) 没有高质量、吸引力的剧目，自然【会】落个"门前冷落车马稀"。

(241) 作家对真理的追求一旦在文学创作中得到实现，自然【会】产生愉悦的情感体验，这就是理智的情感。

第六，有的用于足够条件句，例如：

（242）所以音乐一受了声韵的支配，他自然【会】变成中国旧日那种离不开声韵的诗的附庸，音乐所以会变成中国旧日那种离不开声韵的诗的附庸，就是因为中国旧日的音乐向来都是由那一般无所不通的文人一手包办的缘故。

（243）少年男女一长成，自然【会】有一些疏远。

第七，有的用于转折句，例如：

（244）比如守财奴见到大堆金银财宝自然【会】产生快感，甚至是狂喜，但这决非审美快感（也不是生理快感）。

（245）人们自然【会】想到把自耦合与交耦合两者的优势统一在一起对发展中国家的意义，不过更主要的问题在于这样的耦合子在具体的社会中究竟应该怎样构造。

（三）"自然会"用于主语内成分，例如：

（246）保加利亚的瓦西列夫在《情爱论》中说的"男女之间的好感在一定的场合自然【会】发展为爱情"，也颇有见地。

2.1.1.1.3.8 陈述句中"自会"

"自会"用于陈述句，表示事态自然而然发生，有三种用法：

（一）"自会"用于陈述单句，例如：

（247）对这种分工的利弊得失，历史自【会】评说。

（248）这种不规律、不稳定的情况，大多经过一年半载自【会】转为正常。

（二）"自会"用于分句。

第一，有的用于并列复句，例如：

（249）比这个更好的，是那些在厂里当着股长职员的自己又是有蔗田的人：他们田里的蔗，厂方自【会】出高价收买；一些种坏的蔗，还可当作蔗种卖给糖厂。

（250）汹汹的潮水涌来，蛟龙自【会】翻江倒海；呼啸的长风骤起，猛虎自能仰天长啸，气吞万里。

第二，有的用于连贯句，例如：

（251）就算一时不易理解，但熟悉了它们，留下了记忆，待孩子长大后，自【会】较容易地理解它们。

（252）哦——微笑以后，我就改变了主意，"那么，你慢慢自【会】明白。"

第三，有的用于假设句，例如：

（253）四舅将火头军更四儿叫到内屋，说："店铺的生意衰败了，你小小年纪，前程无量，明日起卷了铺盖先回家住些日子，出了正月什么时候再劳大驾，我自【会】打发人捎个信儿去。"

第四，有的用于足够条件句，例如：

（254）这出戏的喜剧性不用发愁，只要把人物的性格弄出来，人物的喜剧性自【会】水到渠成。

第五，有的用于转折句，例如：

（255）他们像是靠天活着，什么都过得去，痛苦疾病，天也自【会】为他们医好；可是他们不曾想到有这么一天，天也会塌下来。

（三）"自会"用于宾语，例如：

（256）说到此地，现在更有一种秘密是在自己心里蕴藏着的：这即是每当清晨起来，都自【会】有一大阵嘹亮的鸽子们的哨声，从 H 君院子里的天空中传了下来；而且为了这哨声，自己总不免要登时跑了出来，向着天空呆看，呆看，一直以到看不见它们的形影时，才肯罢休。

2.1.1.1.4　陈述句中"会"前邻接意外类语气副词
2.1.1.1.4.1　陈述句中"却会"

"却会"用于陈述句，表示事态的发展有转折，出乎意料。

（一）"却会"用于单句，往往被转折句群套用，例如：

（257）歇卜士先生却【会】说好几国话。

（258）然而，在刮大北风的日子，却【会】出现漫天的暴风雪。

（259）但在这里，却【会】发生一个无法解决的矛盾。

（二）"却会"用于分句，主要有三种复句关系类型：

第一，有的用于转折句，例如：

（260）性格不同，有时会产生隔阂，但更多的却【会】相辅相成，弥补了各自的不足。

（261）水可以为人类造福，但水被污染后却【会】给人类造成灾难。

（262）车间里的机器设计的都很奇特，没有马达带动却【会】自己转，没有熊熊炉火却【会】自己加热。

第二，有的用于容让句，例如：

（263）它虽然自己没眼睛，却【会】借别个的眼睛使用。

（264）机械的改良，虽然可以减低商品的成本，但同时却【会】

相对地减少工人的需要。

第三，有的用于假设句，表示在假设的情况下，发生出乎意料的结论，例如：

（265）因为"取悦"之"悦"也有大有小，大处不悦，小处悦也无用；但是大处悦了，小处若不悦，却【会】把大处之悦打起折扣。

（266）然而，如果与机器、农具等生产资料比较，却【会】发生相对减少的现象。

（267）但若过多、过滥或违反教学规律，一味追求难题，却【会】适得其反。

（三）"却会"用于宾语，例如：

（268）尼采相信，这个虚无主义时期虽然不可避免，却【会】继之以超人的出现。

2.1.1.1.4.2 陈述句中"反而会"

"反而会"用于陈述句，表示事态出乎意料。

（一）"反而会"用于单句，例如：

（269）信号的减少反而【会】影响戏剧的讯息和文本的价值。

（270）例如肿瘤作为人体局部有序的自强化反而【会】危及整体秩序。

（二）"反而会"用于分句：

第一，有的用于转折句，例如：

（271）机构精简了，人员少而精，层次减少了，效率反而【会】

大大提高。

（272）这样做，反而【会】起到"一石激起千层浪"的作用。

（273）但是，化肥施用量超过一定限度，反而【会】引起单位产品物质消耗增加。

第二，有的用于假设句，结果或结论出乎意料，例如：

（274）如果牙刷不清洁，反而【会】给牙齿带来疾病。

（275）这个问题不想则已，一想往往反而【会】糊涂起来。

（276）但是，如果刺激继续下去，效率反而【会】下降，即产生了抑制。

第三，有的用于反转性递进句，进层部分出乎意料，例如：

（277）当土壤溶液的浓度比根毛细胞液的浓度大时，根毛不但不能吸水，反而【会】使细胞液里的水渗到土壤里去。

（278）这样不仅对满足社会需要无益，反而【会】造成社会物质财富的浪费。

有的反逼性递进被说明因果的结果句套用，例如：

（279）夏季中午的光照最强，这时候由于气孔关闭，光合作用不但不能加强，反而【会】下降。

（280）因此，与其弄得太疲倦，不如去睡觉休息，第二天早晨醒来，头脑变得清醒了，记忆效果反而【会】提高。

有的反转性递进被假设的结论句套用，例如：

（281）如果非要强调以消灭敌人，发扬火力为主，不但无益，反而【会】造成自己的重大伤亡。

(282) 如果该调整的不及时调整，日积月累，积重难返，就不仅不能保持物价的稳定，反而【会】由于要偿还的陈年老账太大太多而引起物价的波动。

有的反转性递进被假转套用，例如：

(283) 但是，由于这类活动比较费时，所以，在课堂教学中要有选择，不能用得太多、太滥，否则不但达不到预期的目的，反而【会】影响正常教学任务的完成。

（三）"反而会"用于宾语，例如：

(284) 同时，也应看到，现实客体对作家主体的决定作用，非但不排斥作家主体对现实客体的能动作用，反而【会】给这种能动作用创造充分的条件。

2.1.1.1.4.3 陈述句中"（相）反会"

第一有的用于单句，例如：

(285) 死的符号反【会】妨碍思想的发展。

(286) 这也就说，今天的节食，反【会】影响这人的健康。

第二有的用于反转性递进句，例如：

(287) 所以，如在今天，政府就要实行节制资本，这不但事实上没有资本可供给，而且反【会】妨碍资本的集中，影响工业的发展，亦即延缓民生主义的实现。

(288) 若是教员明明知道考问主要的材料，怕学生都能回答，于是偏偏去考问次要的却是难回答的材料，这种考问不但不能引起理智的诱因，反【会】摧残学生学习的兴趣。

第三有的用于并列句，例如：

（289）水生植物的种子在干燥的条件下，反【会】失去生活力，如果将它们浸在水中，特别是在低温的情况下，就能很好地过冬，保持较长的生活力。

第四有的用于因果句，例如：

（290）也不可强迫孩子，一定要把它吃下去，这样反【会】促使他产生抗拒的情绪。

（291）因此，在没有这么庞大的技工队伍时，不如让它们埋在地下保存为好，（转折）发掘出来而不能及时复原，反【会】糟蹋这些文物。

第五有的用于假设句，例如：

（292）如连万贯家财都要节制，这反【会】妨碍工业的发展的。

（293）赔那辆车要多少钱了，身边一个钱也没有，告诉她吧，没有用，反【会】招一顿骂；我心里回绕着，折腾着：回想起在妈妈身旁的无愁月，凄然地挂下两行泪来。

2.1.1.1.4.4　陈述句中"竟会"

（一）"竟会"用于单句，例如：

（294）不料如彭先生这样一个漂亮人物，竟【会】有些痴气。

（295）竟【会】有这样的事情。

（二）"竟会"用于分句：

第一，有的用于解注句，例如：

（296）尤其是夜晚，有时候竟【会】咳得终夜不能睡着。

（297）刚从噩梦里醒来的张兰根心中还带着余悸，此刻他简直不敢相信这一切会是真的，身边这个娟秀端庄的中学教员，竟【会】愿意和他结合……

第二，有的用于因果复句，例如：

（298）一曲《军港之夜》，竟【会】变得那样多情，就是不懂音乐的人听了，也【会】醉的。

（299）在慌乱西行的漫长旅途中，在外省，他们也许竟【会】得到某些大臣的支持，终将搞出一个什么样的局面来，是很难预料的。

第三，有的用于假设句，例如：

（300）我的手如果保护得不好，这一段时间里，竟【会】发生好几次。

（301）这种人，一旦冲击到私利时，竟【会】变得如此愚蠢。

第四，有的用于转折句，例如：

（302）我故意摆动了一下我的小脚丫，一个那么庞大的对手，竟【会】哆嗦了一下。

（303）这样一条又瘦又病的奶牛，进了他家的牛棚，奶产量竟【会】月月上升。

（三）"竟会"用于宾语内。例如：

（304）我没有想到，我们海洋工程控制中心竟【会】有如此惊慌失措的一天。

（305）我不相信萍这样聪明的人，既然和舜英谈过，竟【会】看不出来。

（306）只是惊异枣树竟【会】有这样好听的声音，又怎么传得那样遥远呢？

（307）他奇怪自己一谈起潜心于其中的医学问题来，竟【会】那么大胆和急不可待。

（308）她抬起头，眼睛里很有一点责备的意思，怪她竟【会】忘记这样重要的事。

2.1.1.1.4.5 陈述句中"竟然会"

"竟然会"用于陈述句，表示事态出乎意料发生，常常用于单句和解注句，例如：

（309）不幸我的私心妄自揣度，竟然【会】变成事实。

（310）他们怎么也没想到，广播匣子里常提到的胡耀邦总书记，今天竟然【会】到他家来作客，和他们这些庄稼汉唠家常。

2.1.1.1.4.6 陈述句中"居然会"

"居然会"用于陈述句，表示事态出乎意料发生，常常用于单句、说明因果句、转折句以及宾语内成分，例如：

（311）以后，以后我那点先天的野蛮的根性磨得将光时，我居然【会】感动于一种醉人伤人的音波。

（312）夜更深了，高强仍是大脑兴奋毫无倦意，对许童童说："我没想那么远，以后【会】是什么样也不知道，但现在我清楚，我为自己高兴，我居然【会】，居然能……"

（313）腊梅没有想到丽华居然【会】说出这样的话来，一时百感交集，竟不知说什么好。

（314）没料到他们居然【会】有，但价格特别高，500克便要30元。

2.1.1.1.4.7　陈述句中"倒会"

"倒会"用于陈述句，表示事态出乎意料发生，主要用于单句、假设句、转折句和宾语内成分，例如：

（315）你倒【会】假戏真做。

（316）如果在写法上都是一个模式，读者读多了，倒【会】觉得味同嚼蜡，失去了它应有的作用。

（317）要是我们不明确这一点，就谈不到刺激群众的生产积极性了，倒【会】过早地刺激地主阶级，反倒给了他们一个分散浮财，加强破坏活动的机会……

（318）瘦猴儿，倒【会】拣轻松，谁叫你捆鱼的？

（319）乌鸦被大伙不分青红皂白地议论，窝了一团火，听喜鹊一说，心想，你倒【会】三面讨好，没好气地说："让我说什么？"

2.1.1.1.5　陈述句中"会"前邻接强化类语气副词

2.1.1.1.5.1　陈述句中"甚至会"

"甚至会"用于陈述句，表示进一步的事态发展。

（一）"甚至会"用于单句，例如：

（320）这些思想和认识如不纠正就不可能创作出为广大人民群众所喜爱的优秀舞蹈作品，甚至【会】发展到脱离为人民服务、为社会主义服务的方向和轨道。

（321）有时观众和评论家甚至【会】将某种意义强加于没有此类意义的动作。

（二）"甚至会"用于分句。主要是用于递进复句的进层句，例如：

（322）这是极不礼貌的，甚至【会】被认为是好强贪吃。

（323）印加人会用多种药用植物治病，甚至【会】使用麻醉剂。

有的"甚至会"的递进复句被并列关系套用，例如：

（324）有效的评价会使人感奋进取；不恰当的"评价"【会】刺伤人的积极性，甚至【会】导致人际关系的恶化，一旦成风，会导致组织涣散和失去群众的信任感。

有的"甚至会"的递进复句被解注关系套用，例如：

（325）又比如动植物中新的品种的出现，都是这些品种在冗长的岁月中随着环境的改变而实行适应的结果，但对新品种某些特性在这一个体或者那一个体来说，终究还是在进行突变；这种突变，有时甚至【会】出现完全新的质态的东西，不光是个别的特性罢了。

（326）但是，随着经济的发展，特别是科学技术和交通运输条件的变化，各种经济条件都有可能发生变化，地区的经济优势也不可能是一成不变的，而是会发生变化的，有的会加强，有的会减弱，有的甚至【会】完全丧失，而出现新的优势。

有的"甚至会"递进句被假设关系套用，例如：

（327）如果被许可方产品粗制滥造，甚至【会】导致吊销商标注册的严重后果。

（328）如果演员在进入角色以后，感情失去理智的控制，那么表演就会失去分寸，甚至【会】产生不堪设想的结果。

（329）不仅如此，如果它混入了流通过程，必然会在不同程度上损害决策、计划、控制的准确度，甚至【会】造成灾难性的后果。

有的"甚至会"的递进复句被说明因果关系套用，例如：

(330) 在农业上，空气太干燥，庄稼容易枯萎，土壤容易干裂；空气太潮湿，收获的庄稼不易晒干，甚至【会】霉烂。

(331) 天主的神意，正把我们引向人类关系的一种新秩序，由于人自己的努力，甚至【会】超乎人的期望，这种人类新关系会导向天主的至高的不可思议的计划之完成。

(332) 改革必然会给人们带来利益，但是，改革要调整和理顺方方面面的利益关系，因此在每一具体步骤中，人们得到的实际利益会有程度上的差异、数量上的多寡和时间上的先后，有些甚至【会】暂时失去一些利益。

有的"甚至会"被足够条件关系套用，例如：

(333) 只要人们在发展经济、提高劳动生产率进程中，还没有创造出能够代替商品经济形式的更高级的经济联系系统，没有更有效的衡量和督促节约社会劳动的新方式，任何企图取消或削弱商品经济形式的理论与实践都不可能获得成功，相反势必会妨碍甚至【会】破坏社会经济的正常发展。

有的"甚至会"的递进复句被目的关系套用，例如：

(334) 当黄金价格波动大时，金商为了保障本身的利益，可能会把买入价及卖出价的差距报得很大，有时甚至【会】相差每盎司数十美元。

有的"甚至会"的递进复句被转折关系套用，例如：

(335) 上述的种内斗争，对于失败的个体来说是有害的，甚至【会】造成死亡，但是，对于种的生存是有利的，可以使同种内生存下来的个体得到比较充分的生活条件，或者使生出的后代能够更优良一些。

(336) 但是垄断使资本家可以通过规定的垄断价格稳拿高额垄断利润，他们甚至【会】人为地阻碍新技术的发明和使用。

有的"甚至会"的递进复句被容让关系套用，例如：

(337) 虽然在一个人的生命过程中主导动机可能改变，甚至【会】发生冲突，但是人们还是普遍认为存在着一个单一的、一元化的终极目标。

(338) 他们尽管也有思想矛盾，也有缺点，甚至【会】犯错误，但无碍于他们对于党和人民的赤胆忠心。

有的"甚至会"的递进复句被无条件让步关系套用，例如：

(339) 可见，面对金银财物，不管拾取后还与不还，总是有人去拾，甚至【会】蜂拥而上的；但是，面对这个弃婴，面对这个正在以啼哭和挥动小手表示不平与抗议的婴儿，人们只是匆匆而过，那一点叹息之声对她来说是无济于事的，她现在最需要的是母亲一样温暖的怀抱，然后是奶水……

有的"甚至会"的递进复句被假转关系套用，例如：

(340) 否则，专业性、技术性太强，必然使报道晦涩费解，甚至【会】大大影响宣传效果。

(341) 不然，收不到效果，甚至【会】给采访工作带来不利的影响。

（三）"甚至会"用于宾语内，例如：

（342）经验表明，离开实践，人的心理活动得不到正常发展，甚至【会】出现畸形。

（343）他知道：此疏上去，一定会触怒皇帝，甚至【会】遭杀身之祸。

2.1.1.1.5.2 陈述句中"毕竟会"

（344）去的去了，毕竟还【会】有人来。

2.1.1.1.6 陈述句中"会"前邻接意中类语气副词

（345）我不喜欢他们的为人，真的；可也没想他们果然【会】失败。

2.1.1.2 陈述句中"会"前间隔语气副词

陈述句中"会"前间隔语气副词主要有六类：申明确认类、估测类、必断类、意外类、机缘类和弱化类语气副词。

2.1.1.2.1 陈述句中"会"前间隔申明确认类语气副词
2.1.1.2.1.1 陈述句中"会"前间隔"显然"

"会"前间隔语气副词"显然"，"会"与"显然"之间的成分有几种情况：

第一，"会"与前"显然"隔有状语，例如：

（346）富贵贫贱的分别，只有阶级社会才有，所以这一段故事显然是进入奴隶社会后才【会】产生，或者是后来剥削阶级篡改过的。

第二,"会"与前"显然"隔有主语、状语,例如:

(347) 的确,人们在作出是否给予帮助的决定之前,有许多事要考虑,尽管有些旁观者看起来似乎很快对紧急的情况作出反应,但很显然,人们在提供帮助之前通常都【会】考虑上述五种情况。

第三,"会"与前"显然"隔有句,例如:

(348) 显然,这种教法不但没有使学生了解多边形定义的精神实质,并且【会】助长学生不注重理解、全靠死背硬记的不良的学习倾向。

第四,"会"与前"显然"隔有句、主语,例如:

(349) 显然,用6个鸡笼剩一只鸡无笼,用7个鸡笼则其中一个笼【会】装不满(少3只鸡)。

第五,"会"与前"显然"隔有句、主语、状语,例如:

(350) 显然,只有当晶格能 U 很大时,生成热才【会】是较大的负值,可形成稳定的晶体。

(351) 显然,吃瘦肉过多,蛋氨酸就【会】增多,同型半胱氨酸相应就【会】增加,因此引起动脉硬化的可能性就大。

2.1.1.2.1.2 陈述句中"会"前间隔"其实"

"会"前间隔语气副词"其实","会"与"其实"之间的成分有几种情况:

第一,"会"与前"其实"隔有主语,例如:

(352) 领导者不易过多地考虑自己的领导角色与地位,不能以为一当了领导者,就同下属不一样了,其实领导者【会】与下属产生共同的情感体验。

第二,"会"与前"其实"隔有主语、状语,例如:

(353) 其实,基建规模过大将【会】带来大上大下的危害性,他们也不是不知道;关于国民经济要协调发展的道理,他们未尝不懂;能源、交通跟不上加工工业发展的苦头,他们不是没有尝过。

(354) 其实"想"总【会】使人"明白"起来。

第三,"会"与前"其实"隔有句,例如:

(355) 这种观点,看起来好像是很彻底的唯物主义观点,好像是在坚决地反对唯心主义,其实用这种观点并不能彻底驳倒唯心主义,反而【会】把实际上并非唯心主义的东西当作唯心主义来批判。

第四,"会"与前"其实"隔有句、状语,例如:

(356) 其实,只要稍加注意,就【会】发现不法商贩在电子秤上玩弄许多花招。

(357) 其实要用录音机记下来,就【会】发现有些人善于运用声音技巧和表情讲话,但所讲的话内容空洞,用词也不准确、不得体,并不像听的人所说那么好。

第五,"会"与前"其实"隔有句、主语、状语,例如:

(358) 其实,只要我们的口腔和消化道没有伤口,即使吃了少量蛇毒,其毒性也【会】被我们消化道里的蛋白酶所破坏。

(359) 其实,他只要看见盼盼,心中就【会】燃起一股欲火,这股火把他炙烤得无比难受，但他控制着自己。

（360）这里的三、四、五是最概括的提法，其实石头有许多面，树枝也【会】伸向很多方面，墨色也是极其微妙多变的。

2.1.1.2.1.3 "会"前间隔"确实"

"会"前间隔语气副词"确实"，"会"与"确实"之间的成分是状语，例如：

（361）如果这种情况继续下去，长江确实早晚有一天【会】变成黄河一样的害河。

（362）就统计基数而言，上年统计基数水平的高低确实对下年的同比发展速度【会】有影响，但从整个经济运行态势看，内在的因素影响还是主要的，如1986年工业发展也呈现了先低后高的变化，但1987年的工业生产却保持持续增长的势头。

2.1.1.2.1.4 "会"前间隔"的确"

"会"前间隔语气副词"的确"，"会"与"的确"之间的成分有两种情况：

第一，"会"与前"的确"隔有句、状语，例如：

（363）的确，语言只有用作交际工具，在交际需要的推动下才【会】不断地发展。

第二，"会"与前"的确"隔有句、主语、状语，例如：

（364）的确，如果不很好地解决这个问题，整个历史唯物主义的大厦就【会】失去坚实的支柱而全部垮台。

2.1.1.2.2 陈述句中"会"前间隔估测类语气副词

2.1.1.2.2.1　陈述句中"会"前间隔"也许"

"会"前间隔语气副词"也许","会"与"也许"之间的成分有四种情况：

第一,"会"与前"也许"之间隔有状语,例如：

（365）他也许就【会】被捕,被囚,被杀,那么她又怎么办呢？

（366）请您原谅,我有男朋友了,也许很快【会】成家。

（367）到了沅州南门城边,也许无意中【会】一眼瞥见城门上有一片触目黑色,因好奇想明白它,一时可无从向谁去询问。

（368）有人也许对这一定义【会】予以质疑。

第二,"会"与前"也许"之间隔有主语,例如：

（369）事过境迁之后,也许事情【会】看得较为清楚些。

（370）若不是这次的偶然事件,也许他们【会】一直默默干下去。

（371）如果我在排《徐九经升官记》的时候,就有现在这样的认识,也许那出戏【会】更有声有色一些。

第三,"会"与前"也许"之间隔有主语、状语,例如：

（372）写了不少的理智话,也许这信又【会】被第二科没收,但我不管他,一定发出。

（373）也许我将来还【会】继续参加自学考试,但绝不是为了一纸文凭。

第四,"会"与前"也许"之间隔有状语、主语,例如：

（374）也许有一天,传统的文房四宝【会】变成书法家的专用工具。

(375) 也许不久我【会】换个工作地方。

第五，"会"与前"也许"之间隔有状语、主语、状语，例如：

(376) 也许不久的将来，在高空飞行的人造卫星将【会】为我们进一步揭开它们的秘密吧！

第六，"会"与前"也许"之间隔有句，例如：

(377) 他们侥幸地想：也许走散了的那五位同学没找到他们三个，【会】到公安部门报案。

第七，"会"与前"也许"之间隔有句、状语，例如：

(378) 也许，再要经过几代音乐家的反复实践，才【会】重新认识到二千五百年前古希腊哲学家赫拉克利特说的："互相排斥的东西结合在一起，不同的音调造成最美的和谐。"

第八，"会"与前"也许"之间隔有句、主语，例如：

(379) 也许澳洲大陆将向北漂移，与印度尼西亚群岛、东南亚半岛连成一片，气候【会】变得干燥，有的动物由于不适应这种环境变化将被淘汰，而幸存下来的动物就和自己的祖先不大一样了。

2.1.1.2.2.2 陈述句中"会"前间隔"或许"

第一，"会"与前"或许"之间隔有状语，例如：

(380) 在水火不入的机器人面前，神话中的孙悟空或许也【会】黯然失色。

(381) 这样做，或许还【会】对那些处在涉世之初的少女有一些裨益。

（382）如果没有什么来扰动它们，看来或许就【会】这样待上一辈子。

第二，"会"与前"或许"之间隔有主语，例如：

（383）讲到这儿，或许有人【会】问：你怎么没提到"马鬃蛇"，用它泡浸的酒不也是有点名气吗？

2.1.1.2.2.3 陈述句中"会"前间隔"似乎"

第一，"会"与前"似乎"之间隔有状语，例如：

（384）如果一个女孩子要继续获取成就，她似乎就【会】缺乏女性的温柔，而如果要保持女性气质，就不能继续获取成就。

（385）人们的观念似乎也【会】像街上的流行色一样不断地变更。

第二，"会"与前"似乎"之间隔有主语、状语，例如：

（386）无论是操场上还是走廊里，更甭提在教室，似乎每个人随时都【会】从衣袋里、书包里弄出一叠贺年片炫耀。

第三，"会"与前"似乎"之间隔有句，例如：

（387）父亲瞟了我一眼，依旧看他的花，似乎跟儿子作解释【会】有损他的自尊似地。

第四，"会"与前"似乎"之间隔有句、状语，例如：

（388）它太纤细了，似乎风一吹，就【会】把它吹折。

（389）目前，已经显露出一种较为普遍的倾向性意见，即似乎一旦实现了股份化（即将现有国营企业改造成股份公司），企业就【会】

获得内在的活力。

2.1.1.2.2.4 陈述句中"会"前间隔"大概"

第一,"会"与前"大概"之间隔有主语,例如:

(390)这大概是由于高氧化态【会】使价层轨道发生强烈收缩,致使与另一组同等收缩的金属原子轨道难以发生重叠或重叠程度很小而不能生成有效的 M-M 键。

第二,"会"与前"大概"之间隔有状语,例如:

(391)它大概在水里才【会】兴风作浪。

(392)翻翻眼下一些报纸杂志,看看充斥于各版面的"名人琐事",您大概也【会】与那位草莽"英雄"所见略同,不满之余也少不得一声长叹:名人放个屁也是香的!

第三,"会"与前"大概"之间隔有句、状语,例如:

(393)我想在我们以前的读者,大概读到这些故事来,都【会】有如读小说一般的兴奋。

2.1.1.2.2.5 陈述句中"会"前间隔"恐怕"

第一,"会"与前"恐怕"之间隔有状语,例如:

(394)木生只有那么点医药知识,自己肚子痛,工作忙时,恐怕也常常【会】采取这个简易治疗法,买几颗仁丹吃。

(395)这一定是那边过来的侦察机,恐怕不久就【会】有轰炸机过来,可见已经迫近了!

第二,"会"与前"恐怕"之间隔有主语,例如:

(396)你对大保只顾不理不睬的,恐怕谢先生【会】动气,当作我们是看不起他。

第三,"会"与前"恐怕"之间隔有主语、状语,例如:

(397)他与绒绣打了整整十五年交道,苦于没有机会创作,即使这时给了他机会,恐怕他也【会】更感到痛苦,因为他不知该画什么,怎样画。

2.1.1.2.2.6 陈述句中"会"前间隔"说不定"

第一,"会"与前"说不定"之间隔有状语,例如:

(398)一场地流水,说不定又【会】把泥土刮走一大半。

(399)孩子,以后还会更冷,说不定马上就【会】下大雪,但是,冬天很快就会过去,一到春天就好了。

第二,"会"与前"说不定"之间隔有主语,例如:

(400)如果不是因为偶然遇上一个人,说不定我们【会】把东西南北四个山坡全部踏遍。

(401)说不定他【会】来大轰炸一次,至少可以扰乱人心。

(402)那可就不一定了,说不定这房子【会】毁掉,要回也回不来了。

第三,"会"与前"说不定"之间隔有主语、状语,例如:

(403)四海,说不定白厂长还【会】开除你的党籍。

(404)雨老是这样下,说不定白浪河里的水,就【会】出岸,也说不定这庄稼,就要受损失。

第四,"会"与前"说不定"之间隔有句,例如:

（405）你还是勤跑着点儿，说不定领导为自己名头上好听，【会】照顾一下你这个模范教师。

第五，"会"与前"说不定"之间隔有句、状语，例如：

（406）如今周炳把心事藏得密密实实地一点不露，说不定哪一天爆炸开来，就【会】闹出大事。

（407）说不定，那五万是他名下的投机资本，在这么好的机会中，【会】把他所损失的一次捞回。

2.1.1.2.2.7　陈述句中"会"前间隔"未必"

（408）当然，老年人喜欢吃荤或酒，未必都【会】闹出像刘姥姥这等洋相，可是过饱或暴饮暴食确是有害无益。

（409）人是要生活的，即使生活已经陷入于无目的无理想的境地，但生存活下去是人类的根本欲求，所以未必便【会】有大批的人来举行集体自杀，还是照样活下去的，此时人是成了生物了。

2.1.1.2.3　陈述句中"会"前间隔必断类语气副词

2.1.1.2.3.1　陈述句中"会"前间隔"必然"

陈述句中"会"前间隔"必然"，"必然"和"会"之间往往有状语，例如：

（410）在科氏力的作用之下，在修止大气中存在任一水平气压分布必然也【会】最后导致满足地转风关系的运动。

（411）从这一根本点出发来看我国的人民民主法制，必然就【会】得出下面几点结论。

2.1.1.2.3.2　陈述句中"会"前间隔"无疑"

第一,"无疑"和"会"之间有状语,例如:

(412) 而查尔顿要是率先发出消息,那他无疑又【会】再次成为新闻界的佼佼者。

(413) 而注意科学与技术的相互关系以及这种相互关系的历史演进,无疑将【会】使我们对科学技术的历史,获得一个更加全面的认识。

第二,"无疑"和"会"之间有句、状语,例如:

(414) 无疑,这样做将【会】给顾客留下友善的印象。

2.1.1.2.3.3 陈述句中"会"前间隔"肯定"

(415) 如果你能想起当年与崔万秋有过往来的人当中,有现在担任党和国家领导职务的人,肯定对你【会】大有好处,只要你说出来,就可以得到极大的照顾。

2.1.1.2.4 陈述句中"会"前间隔意外类语气副词

2.1.1.2.4.1 陈述句中"会"前间隔"竟"

陈述句中"会"前间隔"竟",主要隔有状语,例如:

(416) 可悲得很,比动物智商高得多的人有时竟也【会】重蹈动物们的覆辙。

2.1.1.2.4.2 陈述句中"会"前间隔"竟然"

陈述句中"会"前间隔"竟然",主要隔有状语,例如:

(417) 而小萍也竟然还【会】从人丛中走出来,这一点也叫人似乎不相信。

2.1.1.2.4.3 陈述句中"会"前间隔"却"

第一，陈述句中"会"和"却"隔有状语，例如：

(418) 这老太太虽然在自家还是媳妇，却也【会】当婆。

(419) 走回那位置在田野正中的小站时，天已快黑了，而开往巴黎的火车，却要晚上九点钟才【会】经过那儿。

第二，陈述句中"会"和"却"隔有主语，例如：

(420) 而二、三日疟，却有一部分病人【会】愈后复发。

2.1.1.2.5 陈述句中"会"前间隔醒悟类语气副词

2.1.1.2.5.1 陈述句中"会"前间隔"原来"

（一）"会"和"原来"隔有主语，例如：

(421) 在这时，原来作者所寻觅到的诗意材料【会】起突变，主观感情与客观事物进一步交融起来，形成有诗意的画面。

（二）"会"和"原来"隔有状语，例如：

(422) 原来，导体中有电流的时候，【会】发生一些特有的现象，根据这些现象就可以判定电流的存在。

（三）"会"和"原来"隔有主语、状语，例如：

(423) 我觉得我真的像是醉了，来到草原还没有一个月，我第一次感到原来我这个人也【会】、也有可能变成醉鬼。

（四）"会"和"原来"隔有句、状语，例如：

(424) 原来氦气吸入人体内，也和氮气一样【会】原封不动地被呼出来，而它在高压下的溶解度，却比氮气小得多。

（五）"会"和"原来"隔有句、主语、状语，例如：

（425）原来，炸弹的声浪在空气中传播出去后，如果碰到振动频率相同的物体，这物体也【会】振动起来，这就是物理学上的共振现象。

（六）"会"和"原来"隔有状语、句、状语，例如：

（426）原来，在宇宙当中，在其他的恒星系上，只要条件适合，也【会】产生生命。

2.1.1.2.5.2　陈述句中"会"前间隔"难怪"

（427）原来是这样，难怪我【会】被当作机器人给抓起来。

2.1.1.2.6　陈述句中"会"前间隔弱化类语气副词
陈述句中"会"可以前间隔弱化类语气副词，常用"至少"：
（一）"会"和"至少"隔有状语，例如：

（428）很难设想，失去了其他功能，单一的审美功能还会存在，至少也【会】被架空。

（二）"会"和"至"隔有主语，例如：

（429）据说若是把这亡臣捉到，献给楚王，陈国会得到许多好处……至少，他自己【会】得到许多好处……

2.1.1.2.7　陈述句中"会"前间隔申明确认类语气副词和必断类语气副词

（430）事实上，地球表面并没有完全被海水覆盖，在被陆地所阻隔的区域，无疑仍【会】受到永恒存在的天体引潮力作用。

2.1.1.2.8 陈述句中"会"前间隔申明确认类语气副词和估测类语气副词

（431）自然，这情形使某种人批评起来，也许又【会】说是我在用冷静的方法，进攻女学生的。

2.1.1.3 陈述句中"会"前邻接和间隔语气副词

2.1.1.3.1 前邻接必断类语气副词，前间隔申明确认类语气副词
2.1.1.3.1.1 前间隔"当然"，后邻接"必然"

（432）当然，也毋庸讳言，随着主体意识的自觉和强化，我们的文学观念实际上必然【会】发生较大幅度的调整。

2.1.1.3.1.2 前间隔"当然"，后邻接"一定"

（433）纸文献的产生是一个历史过程，它是在人类文明的一定阶段出现的交流工具，当然也一定【会】在新文明中消亡。

2.1.1.3.1.3 前间隔"自然"，前邻接"不免"

（434）自然，真正去辨别，还不免【会】遇见像是有区别而又不显然的，这怎么处理才合适，留待下面第十四章讨论。

2.1.1.3.2 前邻接估测类语气副词，前间隔申明确认类语气副词

（435）其实，食杨花未必【会】发病，以粪也不能解之。

2.1.1.3.3 前邻接估测类语气副词，前间隔醒悟类语气副词

（436）感到母亲的心没有给紧张的气氛吸引去，还是在我这一

边,就越发觉得母亲爱我的情深,越发觉得安慰,原来在初见母亲时,我仿佛觉得母亲离开我好久,或许【会】把我忘记。

2.1.1.3.4 前邻接、间隔估测类语气副词

(437) 不过我是不赞成此说的,因为诗人是伉俪情笃,时时刻刻要想到老婆,所以如此解释,别的夫妻之间,大概未必【会】如此笃厚,所以他的解释是传扬不开去的。

2.1.1.3.5 前邻接意外类语气副词,前间隔估测类语气副词

(438) 在慌乱西行的漫长旅途中,在外省,他们也许竟【会】得到某些大臣的支持,终将搞出一个什么样的局面来,是很难预料的。

2.1.1.3.6 前邻接必断类语气副词,前间隔强化类语气副词

(439) 但从宗教来说,绝对总【会】有最后的胜利,因为它可以不考虑个人的得失利害。

2.1.1.3.7 前邻接必断类语气副词,前间隔道义类语气副词、必断类语气副词

(440) 就好像他们从来也没有教育过她把一切献给农村;就好像肖潇是必须、必然、必定【会】离开农场似的。

2.1.2 陈述句中"会"后关联语气词

2.1.2.1 陈述句中"会"后邻接语气词

2.1.2.1.1 陈述句中"会"后邻接语气词"的"

"会"后邻接语气词,主要是"的",语委语料库有7条,多用于对话

中，单独成为小句，例如：

(1) 【会】的，不过，这是我爷爷研制出来的，还在试验阶段。

(2) 【会】的，【会】的！

(3) 【会】的，你一定【会】入党的。

有的"会的"充任宾语，例如：

(4) 我想你【会】的，你入党的时候，我对你不好过……玉冬同志，你都能同情一个伪军中队长……我是你的战友、上级，共产党员……饶恕我吧！

(5) 我连忙打断她，"请你放心，我【会】的"。

2.1.2.1.2　陈述句中"会"后邻接语气词"吧"

(6) 她把星星点点的雪花膏揉开，回头问我："你说他真的会帮我么？""【会】吧。"我说。

(7) 他劝道，"她还会再上场？""【会】吧。"

(8) 会回来吗？【会】吧。

2.1.2.1.3　陈述句中"会"后邻接语气词"啊"

(9) 她着迷地倾头凝望雕工细腻的白玉坠子。会带来好运吗？"【会】啊。"

(10) "如果方才受辱的是我的家人，你也会那样替他们挺身抗辩吗？""【会】啊。"

(11) "您大老远来，会累吗？""【会】啊。"

2.1.2.1.4　陈述句中"会"后邻接语气词"呀"

(12)"你家人这个周末会带你去看马戏吗?""嗯,【会】呀。"

2.1.2.2 陈述句中"会"后间隔语气词

2.1.2.2.1 陈述句中"会"后间隔语气词"的"

根据"是"的有无与在会的前后位置,有三种格式:"会……的""会是……的""是会……的"。

2.1.2.2.1.1 "会……的"

"会……的",一般间隔谓词性成分,可以单独成句,形成单句,也可以成活为分句,形成特定的复句关系和格式,从句法位置上又分居前分句、居后分句和居中分句,另外,"会……的"还可以间隔复句,下面分别考察。

(一)有的"会……的"是单句,从间隔的成分来看,大体有十一种:
第一,间隔动词,有的缺省主语,例如:

(13)【会】有的。

(14)【会】去的。

更多的是出现主语,例如:

(15)钱,我【会】用的。
(16)你们【会】吵的。
(17)瑞士银行【会】保密的。

有的既有主语又有修饰语,有的修饰语在主语后,例如:

(18)她也【会】理解的。
(19)这误会不久【会】消灭的。
(20)这个人,总有一天【会】露面的。

有的修饰语在主语前，例如：

（21）以后我【会】帮助你补习文化的。

（22）你呀，早晚你【会】后悔的。

（23）一个强烈的信念鼓舞着他们："总有一天，毛主席、共产党和红军【会】回来的。"

有的在主语前和主语后都出现修饰语，例如：

（24）（痛苦地）将来，将来一切都【会】完的……

第二，间隔动宾结构，更多的是出现主语，例如：

（25）你【会】喜欢他的。

（26）我【会】原谅她的。

有的省缺主语，例如：

（27）【会】有结论的。

有的不仅出现主语，还会在主语前后出现修饰语，在主语前出现连接语，例如：

（28）你将来【会】习惯过单独生活的。

（29）不咬人的狗，被追紧了时，也【会】咬人的。

（30）但是地球的引力【会】改变它的轨道的。

（31）不然，总有一天你【会】明白你的错误的。

第三，间隔状中结构，一般出现主语，例如：

（32）我急忙说，"我们【会】准时到达的。"

(33) 我【会】像你们一样,努力学习的……

(34) 具体的工作,厂长【会】跟你谈的。

有的还出现修饰语,例如:

(35) 这几天,我【会】很忙的。

(36) 在作者更多地想着人民的利益的时候,作品里的思想实质【会】和统治阶级的实际或多或少地脱幅的。

第四,间隔述补结构,一般出现主语和修饰语、连接语,例如:

(37) 总有一天【会】用得着的。

(38) 反正,林子里的树,【总有几棵】【会】死去的。

(39) 就【会】将起军的。

(40) 要不,脚【会】冻坏的。

第五,间隔带状动宾结构,一般出现主语,例如:

(41) 我【会】好好照顾他的。

(42) 将来的事实,【会】给这话作证明的。

(43) 省委若明书记【会】给你来电话的。

有的还出现修饰语,例如:

(44) 从前,他【会】一五一十,全禀告方遁翁的。

第六,间隔述补带宾结构,一般出现主语和修饰语,例如:

(45) 早晚总有一天,老天爷【会】睁开眼睛的。

(46) 一个人在心烦意乱的当中,常【会】做出自己莫明其妙的动作来的。

（47）现在他【会】想起你的。

第七，间隔带状述补结构，一般出现主语，有时还同时出现修饰语，例如：

（48）我【会】把一切安排好的。

（49）对于这一点，以后你们【会】慢慢体会到的。

（50）今天下午我们就【会】把你需要的一切东西送过来的。

第八，带状述补带宾结构，一般出现主语，例如：

（51）精白面粉【会】无偿地从各条公路上运到三团来的。

第九，间隔兼语结构，一般出现主语，有时还同时出现修饰语，例如：

（52）这个投机的心理，【会】使一个人精神日趋颓唐的。

（53）明天比赛，中国队【会】有专人盯住你的。

第十，间隔联动结构，一般出现主语和修饰语，例如：

（54）在空地它【会】扑下来撕拼的。

第十一，间隔联合结构，例如：

（55）现在我总算逃离了虎口，但不知我的命运如何，心里嘀嘀咕咕：这孩子【会】把我熬成汤或是做成小酥鱼的。

（二）有的"会……的"是居前分句，间隔的成分主要是动词、形容词、动宾结构、述补结构、兼语结构、复句等，形成的复句关系主要是并列、解注、连贯、说明因果等，例如：

(56) 那个姑娘她【会】来的,迟早【会】来的……

(57)【会】送来的,可能晚一些。

(58) 阿郎勐,岩坎【会】回来的;今晚不回来,明儿我到蛮佬鲁问去。

(59) 小朋友,你的要求【会】实现的,请把书放回原处,稍等一会儿。

(60) 剧毒药品在阳光下【会】急遽挥发的——你们都【会】中毒身亡!

(61) 可是你别着急,船就【会】安然出门的,也【会】很平稳地沿着那座阻了前路、拔地升起的高山走的,因为那座山,离着你,还远呢。

(62) 不,这样【会】毁了他的,必须把他送回医院!

"会……的"虽然居于前分句,但往往是接续上文而说的,有的用关联词语承接上文,例如:

(63) 然而我【会】回来的,假若有一天,坟头生长了茂盛的青草,沙漠变成了新绿的原野,那时候我会回来,回来看我底纪念碑是否还立在这都市里。

(64) 谁都【会】感到惊讶的,和火炭打交道的人,藏着的小帕儿倒会那样的洁白。

(三) 有的"会……的"是居后分句,形成并列、解注、说明因果、假设、足够条件、假转等复句关系,间隔的成分类型因所处的复句关系的不同而有差异。

1. 有的"会……的"用于并列句后分句,"会"与"的"之间常用动词,例如:

（65）秦台长，这不是梦想，【会】实现的。

（66）他们大约以为我【会】拒绝，【会】哭哭啼啼的。

（67）你【会】同情她的，你也【会】回心转意的，我相信，你是个明白事理的姑娘。

2. 有的"会……的"用于解注句后分句，"会"与"的"之间的间隔成分主要有种：

第一，间隔动词表解注，例如：

（68）（捏紧拳头向天）看着吧，民众是【会】觉悟的，将来总有这么一天！

（69）记得有人说过这样的话，爱孩子，是连母鸡都【会】做的。

第二，间隔动宾结构表解注，例如：

（70）相思病比任何病都厉害呢，它【会】要命的。

（71）这些摊贩都是流氓，【会】动刀子的。

第三，间隔状中结构表解注，例如：

（72）报告国王，我【会】平安回来的。

第四，间隔述补结构表解注，例如：

（73）沉默也像冷风一样，【会】把幸福吹跑的，不要这样沉默，说一句好听的、顶好听的、顶顶好听的话。

第五，间隔带状述补宾结构表解注，例如：

（74）他又笑着盼了她一眼，过分的欢喜【会】把人的感情弄成变态的。

3. "会……的"用于连贯句后分句,"会"与"的"之间的间隔成分大致有七种:

第一,间隔动词表连贯,例如:

(75) 两位辛辛苦苦走一趟,为我们说了这么多的好话,我们一家人都感激你们,这恩惠记在我们心里,记在如梅心里,我们【会】报答的,一定会报答的。

(76) 我走上前去要帮助他,他却摆摆手,"谢谢,这我自己【会】做的。"

(77) 见了你们厂长,我【会】说的。

(78) 叫嘛,叫叫引起他们的注意,等一歇【会】回来的。

有的使用修饰语或连接语,例如:

(79) 她在晒谷子,就【会】来的。

(80) 你好好保重身体吧,下次还【会】见面的。

(81) 他心里有"火",等"火"过去了,就【会】好的。

(82) 一场大雨过后不久,我的精神又【会】好转的。

(83) 那别弄,等干了,一搓,自己就【会】下去的。

(84) 你们好好待它,过几天它【会】习惯的。

第二,间隔动宾结构表连贯,例如:

(85) 你的入党介绍人唐正兴同志,一年前就钻进敌人师部当了伙夫,你去之后,他【会】帮助你的。

(86) 你的新鲜粪尿,浇在稻草上,【会】发热的。

有的使用修饰语、连接语,例如:

（87）"有过，"俞乃英坦诚地说，"这些，我以后都【会】告诉你的。"

（88）到时候也【会】通知你的。

第三，间隔状中结构表连贯，往往出现修饰语、连接语，例如：

（89）六姐的三婆服紧紧裹着身子，分明地显露出脊背上一根根棱棱瘦骨，看样子一脚踏下去，整个胸腔就【会】被踩碎的，能忍心下得去脚？

第四，间隔述补结构，往往使用修饰语、连接语，例如：

（90）给你看样东西，你【会】后悔一辈子的。

（91）他好，他在更远的地方，他现在也是在战斗的中间，将来我们【会】遇到的。

（92）王宫倒了可以重建，一切都【会】好起来的。

第五，间隔带状动宾结构表连贯，往往使用修饰语、连接语，例如：

（93）（拿起日记本，随手翻着）把这给他们看看罢，老师和同学们看了【会】更了解我的。

第六，间隔兼语结构表连贯，例如：

（94）你上去打开信号台铁门，在里边等着，【会】有人叫你的。

（95）蛙女站在船上喊，"说不定刘铁生已经发觉我们逃走，他【会】派人追来的。"

（96）等一下我【会】报告您听的。

第七，间隔联动结构，往往出现修饰语、连接语，例如：

（97）等着吧，你很快就【会】有机会去旅行的。

（98）平时他走进我房里来看见我睡着了时也【会】走前来亲我的脸的。

4. 有的"会……的"用于递进句，往往出现修饰语、连接语，例如：

（99）在集团代表人物和阶级代表人物中个人的例外当然是有的，而且永远【会】有的。

（100）他是县长，我也是团级科长，还【会】向上升的。

5. 有的"会……的"用于说明因果关系，居后表果，形成因果式，"会……的"之间的间隔成分有八种：

第一，间隔动词、形容词表果，例如：

（101）谁都知道你舞蹈跳得好，还开什么舞蹈晚会，你【会】后悔的。

（102）有党，有毛主席，有贫下中农，【会】好的，马上就【会】好起来的。

有的"会"前使用修饰语、连接语，例如：

（103）我很快就【会】好的，你不必挂念我，如果惦着我，【会】使你在开火车时思想开小差，造成事故。

第二，间隔动宾结构表果，例如：

（104）受了多年压迫的东北工人听他说话，受他信任，【会】爱他的。

（105）菌菌是我们的好朋友，它【会】帮助我们的。

有的"会"前使用修饰语,例如:

(106)纸里包不住火,迟早人们【会】看见事实的。

第三,间隔状中结构,往往使用修饰语,例如:

(107)其中月掩星最常见到,而也最便观察,我们有时也【会】偶然不期而注意到的。

(108)但是齐寡妇深信,亮子的心中不是没她,他早晚【会】向她倾吐的。

第四,间隔述补结构表果,例如:

(109)他走到没有玻璃的窗前,指着远山,说:"春天已经来了,冬天留给我们的创伤,【会】医治好的。

有的"会"前使用修饰语,例如:

(110)他反而同情他的侄子,公事太多了,整天都在说话,【会】累垮的。

第五,间隔带状述补结构表果,例如:

(111)梅赛因,我好像真的衰老了,说不上哪一天,【会】突然倒在实验台前的。

(112)胡子总是毛茸茸的又难看又肮脏,这胡子【会】把人脸的美完全破坏的。

第六,间隔带状动宾结构表果,例如:

(113)我们做邻居后,我的女儿交给你了,只要你教好他们,我心中自有数,【会】重重谢你的。

第七,间隔兼语结构表果,例如:

(114) 咱们都不是小孩了,扯谎【会】使人感到脸红的。

第八,间隔联合结构表果,例如:

(115) 僧多粥少,为了到嘴的一口汤汁,没有骨气的饿鬼,都【会】挤破身子碰伤脑袋的。

(116) 那长满蒺藜的星星绝不是好兆头,你【会】有去无还的。

有的"会……的"用于果因式,居后表示原因,间隔成分有七种:
第一,间隔动词、形容词表因,例如:

(117) 过些日子,你们到南山路去瞧瞧吧,那儿【会】有的。

(118) 爹没理妈,爬起,轻手轻脚把正刚的被子塞好,又笑笑说:"不要紧,【会】像的,事在人为。"

(119) 别那么妄自菲薄,你的大作【会】发表的。

(120) (走出店来,试图缓言劝解)四少爷,你是明白人,快回家去,好好养着,【会】好的。

第二,间隔动宾结构表因,例如:

(121) 不过没有关系,旅长【会】有办法的。

(122) 他像是在责怪自己为什么会睡着了,这样,部落的人【会】说他的。

(123) 昨天刘大姐来看我的时候,我嘱咐过刘大姐,您有什么不懂的技术问题,可以随时去找她,她【会】帮助您的。

(124) 我到公司去,公司里【会】有消息的,他解释道。

第三，间隔状中结构表因，例如：

（125）不然，总会听人说起过：开枪时，枪的坐力（往后退的力）顶要当心，弄不好自己【会】仰天跌跤的。

（126）可是你别着急，船就【会】安然出门的，也【会】很平稳地沿着那座阻了前路，拔地升起的高山走的，因为那座山，离着你，还远呢。

第四，间隔述补结构表因，例如：

（127）慢慢来，【会】干好的。

（128）江师长放心，小赵【会】解开的。

（129）放心，您【会】看到的。

第五，间隔带状述补结构表因，例如：

（130）那就麻烦啦，他【会】从医院悄悄溜跑的……

（131）也许应该在这方面指点你，但对你没有好处——因为像你这样美丽的小姐，所有男人都【会】被你迷住的。

（132）以后吃东西，不要太贪吃了，这样【会】把胃搞坏的。

第六，间隔带状述补带宾结构表因，例如：

（133）反正，不能一下子露出很中意，那样，妹娃【会】把尾巴翘上天的。

第七，间隔兼语结构表因，例如：

（134）魔术师安慰他说："别急，我【会】帮你摆脱困境的。"

（135）她担心梁冰融不在，这【会】使她失望万分的。

6. 有的"会……的"用于假设句的结果或结论，"会"与语气词"的"之间的间隔成分主要有十二种：

第一，间隔动词、形容词，例如：

（136）我再也不敢睡着了，一旦睡着，【会】感冒的。

（137）又十分亲切地说，这次理解你们的心意，如退回你们【会】难过的。

有的"会"前使用修饰语、连接语，例如：

（138）有什么事可以按铃，他们听见了就【会】来的。

（139）你要知道，一个外表再美的孩子，不讲礼貌，又娇又骄，谁都【会】讨厌的。

（140）就是爸爸在这儿，他也【会】同意的。

第二，间隔动宾结构，例如：

（141）像"世界统一于物质""一切事物都在运动、发展"这类命题，如果用常识的观念去了解，没有人【会】加以反对的。

（142）马尼耳语："蜜蜂发现我们接近，【会】发动攻击的。"

（143）雷锋同志，你是个好同志，可是你知道，到了部队，身体不好【会】有困难的。

有的"会"前使用修饰语、连接语，例如：

（144）如果不从实际出发，过分相信自己的力量，也【会】出岔子的。

（145）谁要是伤害了其中一个指头，十个指头都【会】感到疼的。

（146）蛙女说得十分恳切，"妈，只要你这样做，以后如果见到阿爸，他也【会】原谅你的。"

第三，间隔状中结构，"会"前往往使用修饰语、连接语，例如：

（147）生活距离一远，两人的情绪和感触也就【会】不同的。

第四，间隔述补结构，例如：

（148）桑树要是失去叶子，【会】活不成的。

（149）金德龙要先找市场，蔡三宝却要先找饭店，说："再不塞点儿人【会】昏过去的。"

（150）莲子，主意得自己拿，做人一辈子，只能爱一回；你要是这一回都不爱，你【会】后悔一辈子的。

（151）你做不上棉衣【会】冻坏的。

有的"会"前使用修饰语、连接语，例如：

（152）归松二爷停住步子，不转睛地看着水面，他知道鱼再不捞上来，大大小小都【会】死光的。

（153）要不是你太心急乱揿按钮，小模糊也【会】干得很出色的。

（154）我如果真的被他杀害了，那他也【会】活不成的。

（155）如果他不是戴着特大号口罩，他的面貌我也【会】记清的。

第五，间隔带状动宾结构，例如：

（156）使用这种极细的激光束照射你们衰老的各个部位，你们【会】很快恢复健康的。

(157) 我给穷人一份，老天【会】给我补十份的。

第六，间隔带状述补结构，例如：

(158) 她已是个没准窝的野鸟了，她既然和姓贾的好起来了，一撺姓贾的，她【会】和他一起飞走的。

(159) 如果你再出什么事，爸妈【会】活活气死的。

有的"会"前使用修饰语、连接语，例如：

(160) 兔子的耳朵非常娇嫩，拎伤了耳根，容易得垂耳病，要是拎不稳摔在地上，还【会】把它摔伤的。

(161) 听周大爷说，如果小棚棚里的温度低于5摄氏度，水浮莲就【会】被冻死的。

第七，间隔述补带宾结构，例如：

(162) 如果没有办法阻住这狂澜，它迟早【会】冲到江南去的。

(163) 而且如果先生的伙食太好了，【会】引起孩子们的反感来的。

第八，间隔兼语结构，例如：

(164) 好吧，你们自己不交代，【会】有人替你们交代的。

(165) 在精神正常的情况下逼迫叶倩倩离婚，然后再和李淑贞复婚，这【会】使夏克明成为众矢之的。

(166) 如果雨水大，地下水位上升，地表【会】有泉出露的。

有的"会"前使用修饰语、连接语，例如：

(167) 如果大家都穿一样的衣服，那再好的花色和款式，也【会】令人乏味的。

第九，间隔连动结构，例如：

（168）还特意地向人家表示，要是逼得太紧，她【会】把小根田出卖了跟老坤跑走的。

（169）领导一个电器部，要是不懂得更新换代商品的技术，顾客【会】抱着坏了的电视机骂大街的。

有的"会"前使用修饰语、连接语，例如：

（170）如果金桔说声有凉的，他也【会】把车一摇调头又走的。

（171）打野外冲呀杀呀，搞得不好就【会】掉队当"俘虏"的。

第十，间隔主谓结构，例如：

（172）老于，你知道，我没有这样的经验和能力，我【会】什么局面也打不开的。

第十一，间隔联合结构，例如：

（173）生活把她娇惯得如此骄纵，这样发展下去，她的可爱的一面也【会】黯淡无光的。

第十二，间隔复句，一般是连贯复句，例如：

（174）企望这种微妙关系有一席之地，打爱情的"擦边球"，友谊【会】退避三舍，导入爱的旋涡的。

（175）所以，实际上金星是地球的"前车"，我们要不及早地意识到这一点，统筹全局、科学地把地球管理好，我们这个活跃着生命的星球，最终也【会】坠入那高温"地狱"，成为第二个火球的。

7. 有的"会……的"用于充足条件句的后分句，间隔成分主要有七种：

第一，有的间隔动词、形容词，往往使用修饰语、连接语，例如：

（176）只要动动脑筋，他要得到的便【会】得到的。

（177）本来，一个十四岁的小姑娘得了病，也不是什么了不起的大事，只要请医生看看，吃点儿药，病就【会】好的。

（178）你的伤还没全好，一吹就【会】疼的。

（179）睡一觉就【会】好的。

第二，有的间隔动宾结构，往往使用修饰语、连接语，例如：

（180）在街上，照例是热闹得厌烦的，这个都市只要天才亮，就【会】翻身的，晚上，虽然好像天亮了，其实是做着大梦的。

（181）只要看过斯图加特演出的《奥涅金》的观众，就【会】相信我的这句话的。

第三，有的间隔状中结构，例如：

（182）工人有铁饭碗，干部有铁交椅、铁乌纱，不须有功，只要无过，铁饭碗里的饭【会】随着生产力的缓慢增长和年头的消磨而一口一口多起来的。

第四，有的间隔述补结构，"会"前往往使用修饰语、连接语，例如：

（183）要是有机会，不论是商店的账席、机关的职员，只要待遇相当，他们便【会】溜走的。

（184）只要心好，别的就都【会】好起来的。

（185）只要能处处尊敬他，关心他，早晚他【会】改变过来的。

第五，间隔述补带宾结构，"会"前往往使用修饰语、连接语，例如：

（186）温度一升高，我们还【会】变成二氧化碳气体的。

第六，间隔联动结构，"会"前往往使用修饰语、连接语，例如：

（187）但是只要被人们看见，人人都【会】出来批评教育他的。

（188）只要他们真的送她"回家看看"，范五伯、曾历海大哥、丁少奎大哥，都【会】想办法救她的。

第七，间隔复句，一般是连贯复句，"会"前往往使用修饰语、连接语，例如：

（189）这些酒店的狭窄阴暗，以及油腻腻的柜台桌凳，要是跑惯了上海的味雅、冠生园的先生们，一看见就【会】愁眉深锁，急流勇退地逃了出来的。

8. "会……的"用于必备条件句的结论、结果句，"会"前一般有关联副词"才"，形成"只有……才会……的"格式，"会"与"的"之间的间隔成分主要是动词、述补结构、带状述补结构等，例如：

（190）只有当它所能借以得到解决的那些物质条件已经存在或至少是已在形成过程中的时候，才【会】发生的。

（191）这种隐藏得很深的喜悦，只有在获得某种巨大成功之后，才【会】有的。

9. "会……的"用于转折句，往往用于后转句，"会"与"的"之间的间隔成分主要是动词、动宾结构、述补带宾结构等，例如：

（192）老爷却说，年纪小的人都是这样，大了就【会】改的。

（193）抗战八年之后，我们又在北京大学相聚，这次分手，将来还【会】见面的。

（194）也许今天是鸽子的，明天我们【会】锻炼成鸿雁的。

10. "会……的"用于容让句，一般用于后让句，"会"前往往有修饰语、连接语，例如：

（195）尽管他抛弃过李淑贞，可李淑贞还是【会】偏向他的。

11. "会……的"用于虚让句，一般用于后让句，"会"前往往有修饰语、连接语，形成"即使……也会……的"，"会"与"的"之间的间隔成分有八种：

第一，间隔动词，例如：

（196）就是自己忍住不说，兄姐也【会】说的。

（197）要是卡珊换成她，别说饿几天，即使去闯龙潭虎穴，他也【会】在所不惜的。

第二，间隔动宾结构，例如：

（198）这也难怪，四面八方都是一样的芦苇，就是本地人也【会】闹糊涂的。

（199）可是，大凡只要有人，即使在那个不堪回首的年代里，戈壁滩的生活也【会】掺杂一些旁的色彩的。

第三，间隔状中结构，例如：

（200）不过就是他们，多少和迟早，也【会】逐渐转变的，戏在结束的时候也这样暗示了我们。

第四，间隔带状动宾结构，例如：

（201）即使他一再使用虚心的礼貌挽留我，我也【会】无情地拒绝这虚伪的盛意的。

第五，间隔述补带宾结构，例如：

（202）哪怕是在人海中，她也一眼【会】找出他来的；她太熟悉他的一举一动了。

第六，间隔带状述补结构，例如：

（203）这样，它即使到了天涯海角，也【会】心甘情愿跑回来的。

第七，间隔兼语结构，例如：

（204）这样才会积极地能动地寻觅诗意，没有"慧眼"，没有这种"拆开来看"的精神，即使是富有诗意的材料撞到你身上，你也【会】让它溜走的。

第八，间隔联动结构，例如：

（205）万一我被捕的话，玉海，你不要忘了我还有几个生死朋友，哪怕是上刀山下油锅，他们也【会】来搭救我的。

12."会……的"用于总让句，一般用于后让句，"会"前往往有修饰语、连接语，间隔成分往往是动词、述补结构，例如：

（206）谁看了她的节目都【会】鼓掌的。

（207）我听人说，兔子只要见血，无论多少，就【会】死去的。

（208）这个野得那么可爱的孩子，任是谁都【会】喜欢上的，何况我们的区队长？

13. "会……的"用于假言逆转句的后分句，"会"前一般使用"否则、不然"等连接语，间隔成分大体有四种：

第一，间隔动词，例如：

（209）我明白这句话包含的意思很多，她是说我的头跌伤了，不能起来，不然伤口【会】痛的。

第二，间隔动宾结构，例如：

（210）我看，他呢，只好随他去；倒是要他，恨在心里，不要露在面上；要不然，【会】吃亏的，我觉得他近来更见恨妹妹。

（211）要来看我，否则我【会】想你们的……

第三，间隔带状述补结构，例如：

（212）刮北风的时候要开南面的窗子，要不，羊子【会】被风呛到的。

（213）要小心，尽量别出声，不然黑熊【会】被惊醒的。

第四，间隔联合结构，例如：

（214）必须重视文化知识学习，重视一般能力的提高，否则的话，过早专业定向，缺乏必要的、相应的文化知识打基础，你们的专业发展到一定阶段就【会】停滞不前的。

（四）有的"会……的"充当居中分句，一般形成并列、连贯关系，例如：

(215) 爸没有死，他会再爱你，他【会】后悔的，他会再回到你跟前。

（五）有的"会……的"间隔复句，一般是紧缩复句，表示条件、连贯等关系，例如：

(216) 不，你【会】霍然一跃就起来的。

(217) 随着政治体制改革的深入，随着观念、心理的转变，我想，"茶杯闹剧"式的表演【会】越来越少的。

（六）"会……的"充当宾语内成分，谓语动词一般为心理动词、言语动词、判断动词等，第一，心理动词的宾语内成分，有的做"想、想到、想着"的宾语内成分，例如：

(218) 我想他【会】好的，一定！

(219) 我是早就想到过终【会】有一天要踏上这道路的。

有的充当"相信"宾语内成分，例如：

(220) 她感到一种说不出的难受，但是她相信不久就【会】好起来的。

(221) 他相信，故乡【会】听的，【会】听的。

(222) 我相信您对它也【会】感兴趣的。

有的充当"认为"宾语内成分，例如：

(223) 他起初认为我【会】失言的，我的到来使他很高兴，我们彼此都赢得了对方的好感。

有的充分"知道、清楚"等宾语内成分，例如：

(224) 静静，我知道你【会】回来的，我就知道有这一天。

（225）她，苏云，作为一个心理学研究员，是很清楚忧郁的心情将【会】给健康带来怎样的危害的。

有的充当"感到、觉得、料着"等宾语内成分，例如：

（226）我预感到 G 也是料着我【会】来的，今天将有一场"好戏"。

（227）他看见我不说话，便也未多说，随便地告辞走了，他令人感到以后他还【会】再来的。

（228）他觉得这个镇子【会】给他几顿饱饭的，【会】留他几宿的。

有的充当"估计"的宾语内成分，例如：

（229）蒋介石原来的估计是日寇【会】紧密配合他共同"剿共"到底的。

第二，言语动词的宾语内成分，例如：

（230）别生气，小宝贝，我敢说，你以后【会】得异嗜症的。

（231）关于大人们的事，现在倒不想再去想了，因为阿英说，到了我们自己做大人的时候就都【会】晓得的。

2.1.2.2.1.2 "是会……的"

从"是会……的"间隔的成分来看，有十一种情况：

第一，间隔谓词，例如：

（232）爸爸是【会】回来的。

（233）只要你不嫌弃人家，对方是【会】同意的。

第二，间隔动宾结构，例如：

（234）她是【会】愿意嫁到我家来的，否则，荷叶当雨伞，我也是撑不起的人！

（235）如果没有宏观的统摄，微观研究是【会】迷失方向的。

（236）你只要听我的话，你是【会】有好处的。

（237）一纯同志，你有没有想过，随便搬畜牧场的蛋，群众是【会】有意见的。

第三，间隔述补结构，例如：

（238）人是【会】变好的。

（239）我们的战士是通情达理的，只要把道理讲清楚，他们是【会】想得通的。

（240）不过假使蕴贞表妹不肯嫁给我，那是【会】弄得一塌糊涂的。

第四，间隔状中结构，例如：

（241）但不管怎样，读者自己所塑造出的典型形象是【会】很满意的。

（242）痛苦，总是【会】渐渐淡漠的。

（243）有些同志，一时爱上了什么，他也不以为怪，他知道这是【会】慢慢地改变的。

第五，间隔带状动宾结构，例如：

（244）物质生活、文化水平、教育质量的低下，是【会】严重影响儿童心理发展的。

· 119 ·

（245）他扪心自问，自己若处在李淑贞位置上的话，也是【会】毫不犹豫地选择赵万和的。

第六，间隔述补带宾结构，例如：

（246）建设小康户是【会】遇到很多困难的，但都可以用自己的力量来解决。

（247）为了回城，嫂嫂是【会】干出这种伤天害理的事来的。

第七，间隔带状述补带宾结构

（248）正如美国原子弹之父奥本海默1954年为《纽约时报》著文所写的"本来布雷格教授是【会】比美国早两年造出原子弹的，只是由于他的一个差错，才使人类免遭一场全面的浩劫"。

第八，间隔联动结构，例如：

（249）他是【会】去找的，尽管阿毛娘传来白洁所说的"嫁个瞎子也不嫁他"的宣言，他同样会去找白洁。

（250）如果没有这个因素，那他是【会】在曹素功遇难后就满腔热忱地去抚慰薛沁芯受伤的心的。

（251）我这脆弱的感情，这不长进的念头，是【会】时时地伸出头来闯祸的。

第九，间隔兼语结构，例如：

（252）自我主义是【会】使自我受挫的，是自己拆自己的台。

（253）但是我又很自然地有一个奇怪念头：我觉得我再也不愿意读你那些文字了，我疑惑那些文字都近于夸饰，而那些夸饰是【会】叫生长在平原上的孩子悲哀的。

(254) 因此，各行业职业人员需求的变动还是【会】引起各类专业学习人数发生变动的。

第十，间隔联合结构，例如：

(255) 因为这些涨价是合理的，必要的，有利于国民经济发展的，所以只要我们认真对待，做到以下几点，广大人民群众是【会】理解的、支持的。

(256) 因此，如果让模棱两可的微妙关系有一席之地，不少中学生是【会】迷茫，造成自我困惑的。

第十一，间隔复句，例如：

(257) 不过组织的时候要特别注意农人们那股子固执性，不然是【会】出力不讨好的。

2.1.2.2.1.3 "会是……的"

这种情况比较少，例如：

(258) 只要他俩都活着，就是天涯海角，终身的离别，也【会】是白头相守、永不相欺的。

(259) 我也不过才二十五的年纪吧，我受尽了人间的苦，我也和我的爱人一样，满以为从此可以好好地努力于事业，但是……我相信，一个善良的人他【会】是同情这种悲哀的。

2.1.2.2.2 "会"后间隔语气词"了"
（一）"会……了"用于单句。这种情况比较少，例如：

(260) 须知对"经典"著作中的片言只语，过时教科书中的那些陈旧观念，已只有迂腐的书生们才【会】向之膜拜了。

（二）"会……了"用于前分句。主要用于并列句、说明因果句，"会"与"了"常间隔动词、带状述补结构，例如：

（261）飞行器上的钟表就【会】完全停止下来了，飞行器上其他一切现象过程，也【会】同时停顿。

（262）老是扯成满月形的弦不久【会】断了，必定有弛张的时候。

（263）那么立刻【会】把我扯的谎揭破了，不知家人陷入在怎样悲惨的情景中了。

（三）"会……了"用于后分句

1. "会……了"用于并列句的后分句，"会"与"了"之间往往间隔动宾结构、述补结构、带状述补结构等，例如：

（264）这样一层盖一层地印在一种类似塑料的底版上，我们在灯下打开看时，就【会】像看动画影片一样了。

（265）等到新的羽毛快长齐了，又继续加强饲喂，到了秋天，鸭子便【会】下蛋了，肌肉也【会】丰满起来了。

（266）因此，冬天自来水管内的水结冰时，【会】把管子胀裂了。

2. "会……了"用于连贯句的后分句，"会"与"了"之间往往间隔动词、动宾结构、状中结构等，例如：

（267）实验中遇到的电路问题，学了电学以后，就【会】明白了。

（268）她赖了这个月，还要赖下个月的，这样，就【会】没完没了地赖下去了。

3. "会……了"用于说明因果句的后分句，"会"与"了"之间往往间隔带状述补结构、联动结构等，例如：

（269）这样养成一种美妙的默契，到演出时，就【会】较完美地按照自己的音乐意图表现出来了。

（270）十四岁了，妈妈高兴时，居然【会】允许他叫他一个人上大街了。

4."会……了"用于假设句的后分句，"会"与"了"之间的间隔成分大致有四种：

第一，间隔动词，例如：

（271）如果你要追求职位，科学就【会】丢了。

（272）如果这步棋走活的话，那全盘棋都【会】活了。

第二，间隔动宾结构，例如：

（273）然而，恐怕事情也只能到此为止，因为再往深处"挖掘"下去，就【会】危及《时代》周刊赖以生存的根基了。

（274）反之，假使他先指定某个学生，然后再发问，其余的学生都不注意而【会】有扰乱秩序的行动了。

第三，间隔状中结构，例如：

（275）啊，你看看吧，可惜半年前你没有看到，如果你跟那时候的一比较，你就【会】不认识了。

（276）假如一个人真的由乞丐变成"路倒尸"，在古典戏中他就【会】连编剧题材的资格也被取消了。

第四，间隔述补结构，例如：

（277）要是敌人在这里打一个埋伏，居高临下，我们就【会】陷在火力网里了。

（278）即使音高的训练，为了赶进度，也没有充分巩固，加以没有结合力度、音色、节奏等方面的培养，所以唱的歌都是"直"的，如果有了其他素质的训练，唱起来就【会】好听多了。

5. "会……了"用于足够条件句的后分句，"会"与"了"之间往往间隔状中结构、述补结构、述补带宾结构、带状述补结构、复句等，例如：

（279）本来，要叫潜水艇再坚固一点也未尝不可以，只要把外壳的钢铁板再加厚一些，它的抵抗力也就【会】更强了。

（280）有些小品，特别是一些它本身容易显出效果的小品，指挥者只要轻轻一带，以他的眼神微微触发，队员们就【会】激动起来了。

（281）上山就滑得爬不上去，下山一松劲就【会】滑到山谷里去了。

（282）打好这场关键的一仗，今后的仗就【会】好打多了。

6. "会……了"用于转折句的后转句，"会"与"了"之间往往间隔述补结构等，例如：

（283）他的声音是响亮的，天真的，好像是从灵魂里发出的闪光，但忽然又【会】变得低低的了。

2.1.2.2.3 "会"后间隔语气词"吧"

陈述句中"会……吧"，用于足够条件句，间隔成分为动宾结构，例如：

（284）提起防空哨，凡是在朝鲜战场上生活过的同志们，都

· 124 ·

【会】感到很亲切吧。

2.1.2.2.4 "会"后间隔语气词"呢"

陈述句中"会……呢",用于假设句、足够条件句的后分句,间隔动宾结构,例如:

(285) 我看你还是坚决一点,久了还【会】出问题呢。

(286) 何止量体温呀,这是一块多用途手表,还能量血压、测脉搏,当你的心跳不正常时,它还【会】报警呢。

2.1.2.2.5 "会"后间隔语气词"哩"

陈述句中"会……哩",用于递进句的后分句,间隔联动结构,例如:

(287) 当我将来长成一株大树,千百种动物都要到我的怀里来游戏,鹰鹫也【会】到我的臂膀上来筑巢哩。

2.1.2.2.6 "会"后间隔语气词"呀"

陈述句中"会……呀",用于假设句的后分句,间隔动宾结构,例如:

(288) 可是生活散漫的缺点不改掉,就【会】掉队呀,对于这一点,支部和工会都没有少帮助过你……

2.1.2.2.7 "会"后间隔语气词"啦"

陈述句中"会……啦",用于连贯句的后分句,间隔动词,例如:

(289) 请摁一下你扶手下面那个按钮,你就【会】明白啦。

2.1.2.2.8 "会"后间隔语气词"的啊"

陈述句中"会……的啊",用于说明因果句的后分句,表原因,间隔动词,例如:

（290）可怜的孩子，你回去罢；你爸爸或许不久就【会】回来的啊。

2.1.2.2.9 "会"后间隔语气词"的吧"

陈述句中"会……的吧"，有的用于解注句的前分句，间隔联动结构，例如：

（291）老鼠都【会】瞅空出来看看景的吧，"蝉噪林逾静，鸟鸣山更幽"，心跳都听得见扑腾呢。

有的用于假设句的后分句，间隔状中结构，例如：

（292）如果他活到今天，看到今天铜官的夜景——那辉煌的灯光、窑光、杂沓浮动的人影、车影，听到那喧嚣的机器、汽笛、琅琅的夜读声……他的诗兴、酒兴，更【会】不可遏止的吧。

2.1.2.2.10 "会"后间隔语气词"的了"

（293）如果说我们的身体能像狮子一样，我想大家该【会】满意的了。

2.1.3 陈述句中"会"前关联语气副词，后关联语气词

2.1.3.1 陈述句中"会"前邻接语气副词，后邻接语气词

2.1.3.1.1 陈述句中"会"前邻接必断类语气副词，后邻接语气词"的"

陈述句中，"会"前邻接必断类语气副词"一定"，后邻接确定语气词"的"，例如：

（1）一定【会】的，上帝祝福你们呢！

(2) 但会的，一定【会】的，他确信。

2.1.3.1.2 陈述句中"会"前邻接申明确认类语气副词，后邻接语气词"的"

(3) "你会不会有一天，不做这节目了?""当然【会】的。"

(4) 终于松开了手，轻声地说："童年，你一定要好好地待雨儿。""我当然【会】的。"

2.1.3.1.3 陈述句中"会"前邻接估测类语气副词，后邻接语气词"的"

(5) "可能性微乎其微!""也许【会】的。"

(6) 你会不会跑掉呢？也许【会】的。

2.1.3.1.4 陈述句中"会"前邻接强化类语气副词，后邻接语气词"的"

(7) 赵括绝对会把赵胜本该承受的一切都转移到儿子赵德身上，绝对【会】的。

(8) 他会的，就凭他多年的政治经验和庚子年的表现，他绝对【会】的。

2.1.3.2 陈述句中"会"前间隔语气副词，后邻接语气词

2.1.3.2.1 陈述句中"会"前间隔估测类语气副词，后邻接语气词"的"

(9) 侵略是人的本性。也许最善良的人也【会】的。

(10) 我希望他会爱上贝思，也许以后他【会】的。

2.1.3.2.2 陈述句中"会"前间隔申明确认类语气副词，后邻接语气词"的"

（11）马屁被人拍多了，偶尔拍一拍神仙姐姐那当然也是【会】的。

（12）"杀了我，否则你会遭到最残酷的报复。"小高道："你放心好了，我当然是【会】的。我正在想要怎样收拾你，好完成你的心愿。"

（13）法官会洞察秋毫，对她深表同情。当然他【会】的。

2.1.3.2.3 陈述句中"会"前间隔估测类语气副词，后邻接语气词"吧"

（14）洗澡不忌讳男人，也许只有傻姑娘才【会】吧。

（15）如果你不习惯的事情换了一个人做，也会难过吗？也许也【会】吧。

2.1.3.3 陈述句中"会"前邻接语气副词，后间隔语气词

2.1.3.3.1 陈述句中"会"前邻接必断类语气副词，后间隔语气词"的"

2.1.3.3.1.1 "一定会……的"

（一）"一定会……的"充当单句。"会"与"的"之间的间隔成分有六种：

第一，间隔谓词，例如：

（16）你妈妈一定【会】高兴的。

第二，间隔动宾结构，例如：

（17）大家一定【会】欢迎你的。

（18）组织上一定【会】帮助解决的。

第三，间隔状中结构，例如：

（19）他高兴地回答说："我一定【会】再来的。"

第四，间隔述补结构，例如：

（20）你一定【会】还清的。

第五，间隔述补带宾结构，例如：

（21）马龙那机灵鬼，一定【会】保护好先生的。

（22）我们一定【会】找着门路的。

第六，间隔兼语结构，例如：

（23）所以这种批评，也一定【会】使批评者失望的。

（24）但读了之后，读者一定【会】有很多怀疑发生的。

（二）"一定会……的"充当前分句，比较少见，语委语料库有1例，用于说明因果句的结果句，形成果因式，例如：

（25）你一定【会】毕业的，过去这几学期，哪一次不是你考第一名。

（三）"一定会……的"充当后分句，形成连贯句、递进句、说明因果句、推断因果句、假设句、足够条件句等。

1."一定会……的"充当连贯句的后分句，间隔带状动宾结构、联动结构、兼语结构等，例如：

（26）你要是开罪巴依的话，你就会倒霉，对你没啥好处；所以，与其那样，倒不如休弃了你的女人，巴依一定【会】给你另娶一个的，而且你就可以不干苦力活儿，享福一辈子……

（27）至于开办学校，待全国解放后，政府一定【会】有统一规划，大力创办的，一定【会】让全国所有的适龄儿童都可以上学读书的，使我们的后代都能成为国家有用的人才。

2. "一定会……的"充当递进句的后分句，间隔谓词、动宾结构等，例如：

（28）但另一方面，孩子们对这些又有一定的兴趣，不管什么时代、什么社会都一定【会】有的。

（29）两位辛辛苦苦走一趟，为我们说了这么多的好话，我们一家人都感激你们，这恩惠记在我们心里，记在如梅心里，我们会报答的，一定【会】报答的。

（30）会的，你一定【会】入党的。

3. "一定会……的"充当说明因果句的后分句，形成因果式，间隔谓词、动宾结构、述补结构、带状动宾结构、兼语结构等，例如：

（31）您不妨可找一些音乐欣赏书刊一读，然后再听，久而久之，您对小提琴音乐的知识和欣赏水平一定【会】提高的。

（32）高干大，你熟人多，你跟我向区长乡长说一说，他们一定【会】解放我的。

（33）欧阳老，您千万不要着急，盗窃犯一定【会】抓到的。

（34）快别闹了，我们一定【会】好好照顾你的。

（35）过几天再告诉你，一定【会】使你高兴的。

4. "一定会……的"充当推断性因果句的后分句,间隔谓词等,例如:

(36) 我可是个明白人,科学研究嘛,得走在生产的前头,当然,既然是研究,也不是所有的都一定【会】成功的。

5. "一定会……的"充当假设句的后分句,间隔成分大致有九种:

第一,间隔谓词,例如:

(37) 要是能带回我们牧场,同学们一定【会】高兴的。

(38) 这自然很好,都喜悦幽静,住在一起一定【会】美满的。

(39) 此刻,如果卢海秀主动一些,勇猛一些,她的"梦"一定【会】醒的,至少在那关键的一刻会醒的。

第二,间隔动宾结构,例如:

(40) 如果你看见了昨天晚上我是如何铺床,今天早晨是如何在厨房里生火,你一定【会】发笑的。

(41) 如果田胡子健在,那一定【会】提供很多有关张学良情况的。

(42) 倘若船家进了菜馆里的厨房,大镬炒虾,大锅煮鸡,那也一定【会】有坍台的时候的。

第三,间隔状中结构,例如:

(43) 无论是谁,要是在法院检察官侦查没有完结,不曾公开宣判有罪无罪之前,想在这女孩子身上捣鬼,比如说把她藏起来,想独占新闻的话,他一定【会】被检举的。

(44) 你老人家另外有好法子想出来,大家一定【会】跟你做的。

(45) 从事物质生产和精神生产的同志们，倘能多来一些"真格儿"的"首创"产品，那人们一定【会】竭诚欢迎的。

第四，间隔述补结构，例如：

(46) 唔，要是能逮住这只稀罕的兔子，把它送给科学家叔叔们研究，他们一定【会】高兴得一蹦三尺高的。

第五，间隔带状动宾结构，例如：

(47) 陛下别发愁，女儿房里有五匹精巧的小马，都是她心爱的，如果让它们去寻找公主，一定【会】很好完成任务的。

第六，间隔带状述补结构，例如：

(48) 喏，这部小说写得真好，你看了也一定【会】被吸引住的。

(49) 它不知道木头牌上写的是什么，如果知道人们在号召"保护老虎"，它一定【会】大哭一通的。

(50) 由他们自己来谈，一定【会】给我们许多启发的。

第七，间隔带状述补宾，例如：

(51) 她说得动听极了，小朋友们，假若你在场，一定【会】深深受到感动的。

第八，间隔兼语结构，例如：

(52) 我真想跑过去看个明白，转念一想不好：爷爷看见了，一定【会】叫我回家的。

第九，间隔联合结构，例如：

（53）如果你自己尚未掌握住这个武器，就坐在屋子里出起办法叫群众照办，那是一定【会】祸国殃民和灾及自己的。

（54）把十匹白土布给他们，他们一定【会】感恩戴德的。

6. "一定会……的"充当足够条件句的后分句，往往间隔谓词、动宾结构、状中结构、带状动宾结构等，例如：

（55）只要让他知道咱们试验的好处了，他一定【会】参加的。

（56）场部里那些多吃多占的官僚们，只要发现自己，一定【会】下毒手的。

（57）只要老老实实干活，你一定【会】有福气的；我也【会】时常照顾你的。

（58）只要他们了解了任务的重要性，一定【会】千方百计地去完成的。

（四）"一定会……的"间隔复句。有的单独成分复句，有的被其他复句套用，例如：

（59）人民最后一定【会】战胜灾难、驾驭山河，把珠江流域（以至于更大的地区）建设起来的。

（60）这又是因为木卫所能投出的黑影太小，如果别的行星上有人观测地球上的日月食，也一定【会】把月食称作食，而日食则不称食的。

（五）"一定会……的"充当宾语。一般充当表示认知的心理动词的宾语，有的充当"想"的宾语，例如：

（61）我想，您一定【会】同意的。

（62）那时我们就想：我们一定【会】胜利的，可是谁也没想到这样快会胜利。

有的充当"相信、坚信"等的宾语，例如：

(63) 我相信，好心的朋友们捡到后，一定【会】送还我的。

(64) 我相信老赵同志一定【会】上去的，和他们站在一块，就会和他们一起看到一个崭新的天地！

有的充当"以为"的宾语，例如：

(65) 他们以为向我发射了一枚重型炮弹，我一定【会】被击倒在地的，谁知我仍只是木木然地望着他们。

有的充当"看"的宾语，例如：

(66) 我看高船长一定【会】想办法的。

2.1.3.3.1.2 "必然会……的"

"必然会……的"常用于说明因果句或者充当宾语，主要间隔述补结构、带状述补结构，例如：

(67) 这个不可抗拒的社会发展的客观规律——生产关系一定要适合生产力性质的规律，早已在现存的资本主义国家中为自己争取开辟道路了，它是迟早必然【会】为自己开辟出广阔道路来的。

(68) 从鉴真对于传戒弘法所持的根本指导思想看来，这一次的停任是必然【会】遇到的，并不足奇，以后他们在经营唐招提寺过程中所遭遇的困难，也和这相同，绝非偶然。

2.1.3.3.1.3 "肯定会……的"

"肯定会……的"常用于假设句的后分句，间隔带状述补带宾结构，例如：

(69) 如果它过早地爬上树去，戈利亚肯定【会】从它那儿抢走香蕉的。

2.1.3.3.1.4 "势必会……的"

"势必会……的"常用于并列句，间隔述补结构，例如：

(70) 这是没有深刻了解政治是经济集中的表现，政治与经济在这个问题上是分不开的，而经济上的对抗也势必【会】反映到政治问题上来的。

2.1.3.3.1.5 "准会……的"

"准会……的"用于假设句、足够条件句、说明因果句的后分句，间隔谓词、带状述补结构、带状述补带宾结构、联合结构，例如：

(71) 它的记忆力不那么强，如果让它去做信使，准【会】是有去无回的。

(72) 只要听到小鸭倌的这个呼唤，准【会】赶快游到鸭倌儿身边来的。

(73) 这里是一条好"鹿道"，马鹿准【会】来的。

(74) 他一身破旧的蓝布短衫裤，光脚板，不能走进光滑地板的跳舞厅，他准【会】给 Boy 轰出来的。

(75) 行了，放它到密林中去吧，它准【会】给我们找到大象的。

2.1.3.3.1.6 "定会……的"

"定会……的"常用于假设句后分句，间隔状中结构，例如：

(76) 见到这样死心塌地地捧自己的戏迷，要是早几天，魏莲生定【会】十分高兴的。

(77) 他定【会】留任的。

2.1.3.3.1.7 "总会……的"

(一)"总会……的"用于单句,例如:

(78) 不过,古代人吃虫总【会】有的。

(79) 潘二先生念这个恩,总【会】格外可怜我们的……

(80) 他们总【会】要觉悟的。

(二)"总会……的"用于前分句,用于解注句、转折句等的前分句,间隔谓词、述补带宾结构等,例如:

(81) 最后,总【会】达到这样的状态,就是相同时间内从液体里飞出去的分子数等于返回液体的分子数。

(82) 在困难的时候,人总【会】想出点办法的,我费了很大的劲儿,才想起了几个不连串的单字,断断续续地说:"阿妈,达?"

(83) 短时走回头路总【会】有的,但是总的目标是向前进的。

(三)"总会……的"用于后分句,主要用于说明因果句、假设句、足够条件句的后分句,间隔谓词、动宾结构、述补结构、述补带宾结构等,例如:

(84) 别着急,总【会】有消息的。

(85) 别难过,总【会】找到你爸爸的。

(86) 白云山来的人说,看天气这两天总【会】下雪的;果然,天上的冻云已经堆集起来了。

(87) 想一想,总【会】有办法的。

(88) 很长时间不撕掉它,总【会】变得一点影儿也没有的。

（89）（向申大嫂）你先别着急，不死他总【会】回来的。

（90）尽管这样，现在它们是害虫，还应该按它们危害的程度论处；将来发现它们的用处，也不要紧，总【会】找出代用品来的。

（四）"总会……的"间隔复句，用于虚拟性让步的后应部分，例如：

（91）但我知道，即使不是我，将来总【会】记起他们，再说他们的时候的。

（五）"总会……的"用于宾语内成分，往往充当想、相信等认知动词的宾语，例如：

（92）我想……我们一直往上飞，总会，总【会】看到的。

（93）他想：凭着我这身力气和这双手，总【会】挣个好日子的。

（94）我相信，总【会】有一部中国的民族和声学出现的。

2.1.3.3.2 陈述句中前邻接估测类语气副词，后间隔语气词"的"

2.1.3.3.2.1 "也许会……的"

"也许会……的"常用于说明因果句、假设句的后分句，间隔动宾结构、带状述补结构、联动结构等，例如：

（95）是，他是爱上了李静淑，她也许【会】爱他的。

（96）这里是很安静的，甚至有些近于荒凉，它们也许【会】安心居住下去的。

（97）假使半夜之后，在薄暗中，远处隐约着一位这样的粉面朱唇，就是现在的我，也许【会】跑过去看看的，但自然，却未必就被诱惑得上吊。

2.1.3.3.2.2 "大概会……的"

"大概会……的"常用于假设句的后分句，间隔谓词等，例如：

（98）但如果他们知道自己的替身在这里享受什么待遇的话，大概【会】暴跳如雷的。

2.1.3.3.2.3 "恐怕会……的"

"恐怕会……的"常用于单句等，间隔谓词等，例如：

（99）由微妙关系带来的微妙结局，恐怕【会】始料未及的。

2.1.3.3.2.4 "说不定会……的"

"说不定会……的"常用于假设句的后分句，间隔联动结构等，例如：

（100）到了十四五岁，乡间的生活完全过厌了，倘不是父亲时常寄小说书给我，我说不定【会】背着母亲私自出门远行的。

2.1.3.3.2.5 "不一定会……的"

"不一定会……的"常用于足够条件句的后分句，间隔动宾结构等，例如：

（101）只要看护得法，不一定【会】有什么不可知的病变的。

2.1.3.3.2.6 "未必会……的"

"未必会……的"常用于假设句的后分句，间隔述补带宾结构等，例如：

（102）他未必【会】去加拿大的。

2.1.3.3.3 陈述句中"会"前邻接申明确认类语气副词，后间隔语气词"的"

2.1.3.3.3.1 "自然会……的"

"自然会……的"常用于说明因果句、足够条件句的后分句，间隔动宾结构、述补带宾结构等，例如：

（103）只要奖杯到了手，李平教练自然【会】选中我们的。

（104）因为妇孺是在那边，而炸弹是自然【会】射不中从一万至一万五千尺的高空中瞄准的目标的。

2.1.3.3.3.2 "自会……的"

"自会……的"常用于足够条件句的后分句，间隔谓词、述补结构等，例如：

（105）你只须高喊两三声，船自【会】来的。

（106）它也不怕跌落水里去，它全身的二万刺毛都是中空的，它好比穿了件救生衣，一到水里，自【会】浮起来的。

2.1.3.3.3.3 "真会……的"

"真会……的"常用于假设句的后分句，常用于联动结构，例如：

（107）丁楠眉头紧皱，她没有想到她的学生会这样"治"孙征，她低估了他们的能量，进而意识到，这些大孩子的思想工作如果简单了事，那他们真【会】变着法儿和你作对的。

2.1.3.3.3.4 陈述句中前邻接强化类语气副词，后间隔语气词"的"

陈述句中，"会"前邻接强化类语气副词"终究"等，后间隔语气词"的"，常用于足够条件句的后分句或充当宾语，往往间隔终带状述补结构、兼语结构等，例如：

（108）假如不响，你不要灰心，要仔细检查改进，只要你耐心并善于利用你的知识，你终究【会】把它弄响的。

（109）因为我坚信，党终究【会】使我的才能发挥出来的，社会主义的祖国总将有朝一日使我的理想实现。

2.1.3.3.3.5 陈述句中前邻接意外类语气副词，后间隔语气词"的"

陈述句中，"会"前邻接意外类语气副词"反""反而"等，后间隔语气词"的"，常用于反转性递进句的后分句，往往间隔动宾结构，例如：

（110）所以，不论从任何方面说来，减低商品原料的费用，都不但不足以推销商品，反而【会】阻止商品的推销。

（111）但由于我的生理条件受到一些限制，就不能生硬地模仿，那样做不但不见好，反而【会】弄糟的。

2.1.3.3.4 陈述句中"会"前邻接必断类语气副词，后间隔语气词"了"

2.1.3.3.4.1 "一定会……了"

（112）若是居在木星第二卫星上的人看第一卫星食木，那一定【会】感到比我们见日食还大的惊奇了。

（113）现在世界上还有几千位专家，忙着研究铝的合金和铝的新用途，那么它的将来一定【会】比现在还重要了。

2.1.3.3.4.2 "准会……了"

（114）他忍受不住河水里那种苦涩和辛辣的滋味，要不是强忍着，准【会】翻肠倒肚了。

2.1.3.3.4.3 "无疑会……了"

（115）如果本末倒置，无疑【会】得出"词是字构成的"的结论了。

2.1.3.3.5 陈述句中"会"前邻接估测类语气副词，后间隔语气词"了"

2.1.3.3.5.1 "也许会……了"

（116）假如列宁今天还在，他也许【会】讲共产主义就是苏维埃政权加电子计算机了，资本主义一定要灭亡，社会主义一定要兴起，这是马克思主义的基本原理。

2.1.3.3.5.2 "或许会……了"

（117）他们从没有瞧见过，然而现在或许【会】得来了……

2.1.3.3.6 陈述句中"会"前邻接申明确认类语气副词，后间隔语气词"了"

2.1.3.3.6.1 "自然会……了"

（118）有识之士的眼光，多是由过去交友中的判断力积淀生成的，久而久之，"慧眼识英雄"，则自然【会】有忧乐与共的伙伴了。

2.1.3.3.6.2 "真的会……了"

（119）实在，赚这种钱也是可怜的，只要瞧瞧姚仁山失色的脸，宋仁轩僵住的嘴角，贾济康呆着的东洋胡子，和陆家祯那双死人样的眼睛，就可知道他们的神经，只要轻轻的弹拨一下，便真的【会】断掉了。

2.1.3.3.7 陈述句中"会"前邻接意外类语气副词，后间隔语气词"了"

2.1.3.3.7.1 "竟会……了"

（120）尤其是当我那父母送我出门时，或者我那辛苦的父亲独自赶了一辆牛车去送我上路，且当离别时看见了父亲独自转去，渐渐消失了的那背影时，我这种感觉就益发地深切，自己丝毫不能抑止自己的感情，竟【会】簌簌地落下泪来了。

2.1.3.3.7.2 "反倒会……了"

（121）你二叔到了这大年纪，只要后人记得他，他在阴间也就平了气；如今你要这样子，他反倒【会】不安了。

2.1.3.3.8 陈述句中"会"前邻接估测类语气副词，后间隔语气词"呢"

（122）是的，我家里说不定【会】发觉了叫人四处找寻，寻到这里来呢。

2.1.3.3.9 陈述句中"会"前邻接意外类语气副词，后间隔语气词"呢"

（123）他们倒还收我的序，当初我怕反【会】妨碍你的书呢。

2.1.3.3.10 陈述句中"会"前邻接意外类语气副词，后间隔语气词"哩"

（124）她似乎不相信医院竟【会】这样对待她哩。

2.1.3.3.11 陈述句中"会"前邻接语气副词，后间隔语气词"吧"

2.1.3.3.11.1 陈述句中"会"前邻接估测类语气副词，后间隔语气词"吧"

（125）"留得青山在，不怕没柴烧"，你们读书人，大概【会】明白这个道理吧。

2.1.3.3.11.2 陈述句中"会"前邻接必断类语气副词，后间隔语气词"吧"

（126）读者定【会】觉得这是一条"新闻"吧，其实却是一条"旧闻"。

2.1.3.3.12 陈述句中"会"前邻接估测类语气副词，后间隔语气词"的吧"

2.1.3.3.12.1 "大概会……的吧"

（127）在她听了我的论调后，还有种新奇的表情，大概【会】觉着清新而又惬意的吧，我可以看出来。

2.1.3.3.12.2 "或许会……的吧"

（128）那些花脚蚊子，为着渴慕着我的几点血液，倘使它们有人样的手，或许【会】来替我开门的罢；可是它们只晓得尖着嘴嗡嗡嗡地。

2.1.3.3.13 "会"前邻接强化类语气副词，后间隔语气词"了的"

（129）一定的具体办法，在一定的条件下才是正确的，在另外条件下就可能【会】不完全正确甚至【会】可能错了的。

2.1.3.4 陈述句中"会"前间隔语气副词，后间隔语气词

2.1.3.4.1 陈述句中"会"前间隔申明确认类语气副词，后间隔语气词"的"

2.1.3.4.1.1 "当然……会……的"

"当然"位于句首，与"会"之间间隔主语、状语、分句等，"会"与"的"之间间隔谓词、述补带宾结构、复句等，例如：

(130) 当然，在前进道路上，总【会】冒出几声噪音、杂音来的。

(131) 当然，我还【会】回来的，离开祖国不是我的愿望。

(132) 当然，如果我要求他，他【会】咬咬牙，再支撑一、二年的。

(133) 我可是个明白人，科学研究嘛，得走在生产的前头，当然，既然是研究，也不是所有的都一定【会】成功的。

2.1.3.4.1.2 "其实……会……的"

"其实"与"会"之间往往间隔分句，包括足够条件句、虚拟性让步句的前分句等，"会"与"的"之间往往间隔动宾结构、带状动宾结构等，例如：

(134) 有些鱼儿有时候来不及躲到水底去冬眠，被冻结在冰块中，看上去好像死了，其实，它们也像那老鼠一样，只要温度上升了，很快就【会】活过来的，你的肚子里就是一条活鱼在作怪呀！

(135) 我遵照他们安排，去照料林丽一家——其实，即使谭天宏没有这样嘱托，我也【会】照料好林丽一家的。

2.1.3.4.1.3 "当然……会……的"

"当然"与"会"之间间隔主语，"会"与"的"之间间隔谓词，例如：

（136）这个，当然我【会】算的，用公式一代不就出来了。

2.1.3.4.1.4 "自然……会……的"

"自然"与"会"之间间隔"是"，"会"与"的"之间间隔述补结构，例如：

（137）是的，我们这样亲密自然是【会】爱起来的。

2.1.3.4.2 陈述句中"会"前间隔必断类语气副词，后间隔语气词"的"

2.1.3.4.2.1 "必然……会……的"

"必然"与"会"之间间隔主语，"会"与"的"之间间隔动宾结构，例如：

（138）但，倘若有无数的作品产生了：倘若有无数的作者在为这而工作着，那么，必然我们是【会】有纪念碑的作品和划时代的作家的。

2.1.3.4.2.2 "一定……会……的"

"一定"与"会"之间间隔副词修饰语，"会"与"的"之间间隔动宾结构，例如：

（139）有两个以上的卫星的行星，一定更【会】有卫星遮蔽卫星的。

（140）我很紧张，他一定又【会】受到围攻的。

2.1.3.4.2.3 "肯定……会……的"

"肯定"与"会"之间间隔"是"，"会"与"的"之间间隔动宾结构，例如：

（141）如果对什么书都持"尽信"的心理，那肯定是【会】上当的。

2.1.3.4.2.4 "无疑……会……的"

"无疑"与"会"之间间隔"是"，"会"与"的"之间间隔动宾结构，例如：

（142）加速山区农业建设，是一场艰巨的斗争，无疑是【会】遇到许多困难的。

2.1.3.4.2.5 "总……会……的"

"总"与"会"之间间隔"还是"，"会"与"的"之间间隔动宾结构，例如：

（143）虽然，职业的权威使诸位主考官不便发出【会】心的微笑，但在他们互相传递的眼神里，总还是【会】寻到一丝信息的。

2.1.3.4.3 陈述句中"会"前间隔估测类语气副词，后间隔语气词"的"

2.1.3.4.3.1 "也许……会……的"

"会"与"也许"之间往往间隔主语、修饰语，"会"与"的"之间往往间隔谓词、述补结构、述补带宾结构，"也许……会……的"常用于单句、解注句的后分句、连贯句的后分句、说明因果句的后分句等，例如：

（144）也许今天是鸽子的，明天我们【会】锻炼成鸿雁的。

（145）孩子们的"病"治好了，也许我的病【会】减轻的。

（146）然而，布克尸体的神秘的失踪，却使这个心地善良的老演员产生了一线希望：布克也许还【会】回来的。

（147）我想着村里如今该是变成了什么模样——在那里，一别十年，也许连一个相识的人也【会】找不到的。

2.1.3.4.3.2 大概……会……的

"会"与"大概"之间往往间隔修饰语，"会"与"的"之间往往间隔谓词，"大概……会……的"常用于连贯句的后分句，例如：

（148）假如从繁华的都市突然降落到这大戈壁中，然后告诉你：这是到了月球，到了火星，你大概也【会】相信的。

2.1.3.4.3.3 说不定……会……的

"会"与"说不定"之间往往间隔主语、修饰语，"会"与"的"之间往往间隔谓词，"大概……会……的"常用于连贯句的后分句，例如：

（149）（小旺下）水芳，我们学校里的同学来参观白龙潭水闸，说不定我们的班主任陈老师也【会】来的。

2.1.3.4.4 陈述句中"会"前间隔醒悟类语气副词，后间隔语气词"的"

陈述句中，"会"前间隔因缘类语气副词，后间隔语气词"的"，如"原来……会……的"，"会"与"原来"之间往往间隔主语、"是"，"会"与"的"之间往往间隔联动结构等，"原来……会……的"用于单句，例如：

（150）原来它们的幼蚁，是【会】吐丝作茧的。

2.1.3.4.5 陈述句中"会"前间隔弱化类语气副词，后间隔语气词"的"

陈述句中，"会"前间隔弱化类语气副词，后间隔语气词"的"，如"至少……会……的"，"会"与"至少"之间间隔修饰语，"会"与"的"之间间隔谓词，"原来……会……的"用于必备条件句的后分句、解注句的后分句，例如：

（151）人类始终只会抱定自己所能够解决的任务，因为我们仔细去看时总可以看出，任务本身，只有当它所能借以得到解决的那些物质条件已经存在或至少是已在形成过程中的时候，才【会】发生的。

（152）此刻，如果卢海秀主动一些，勇猛一些，她的"梦"一定【会】醒的，至少在那关键的一刻【会】醒的。

2.1.3.4.6　陈述句中"会"前间隔申明确认类、估测类两种语气副词，后间隔语气词"的"

（153）自然，这情形使某种人批评起来，也许又【会】说是我在用冷静的方法，进攻女学生的。

2.1.3.4.7　陈述句中"会"前间隔必断类语气副词，后间隔语气词"了"

（154）更其次，从交换范围说，因为随着国际性的生产的发展及帝国主义的武力对外经济侵略的进行，交换范围日益广大，过剩生产品有了销路，所以生产品的数量会日益增大，结果影响到国内的劳动者，使他们增加购买力；这样一来，当然生产力也【会】随着进展了。

（155）紧张因素没有了，自然就不大【会】感到紧张了。

（156）一晒了太阳，用太阳光来治疗，不吃鱼肝油，这病也自然渐渐地【会】好起来了。

(157) 什么时候能再回自贡看看张教练，他一定又【会】笑了。

2.1.3.4.8 陈述句中"会"前间隔估测类语气副词，后间隔语气词"了"

(158) 今天，如果想见到刘伯母，你可以等她，大概不多一会她就【会】回来了。

(159) 广漠的曾飘出芳香的荷田，现在也不见淡红的花朵，向人微笑，点首，隐约呈现衰老的黄叶，大概不久也【会】为人刈割净尽了。

(160) 如果是中国佛塔，大概【会】使人涌起"紫丁香折翠亭亭"的形象；至于缅甸的佛塔，恐怕就【会】烘托着"一朵绛云捧玉京"的神采了。

2.1.3.4.9 陈述句中"会"前间隔因缘类语气副词，后间隔语气词"了"

(161) 这是因为地点对使用语言也有约束作用，超出了它的约束，就【会】出现失真，难怪人们【会】感到不舒服了。

2.1.3.4.10 陈述句中"会"前间隔估测类语气副词，后间隔语气词"吧"

(162) 太阳的可怕，大概是因为它有时【会】使人中暑倒地吧。

(163) 我还想，如果今后形势好了，风气正了，人人都有自己的事情要干，这种下流坯子的无聊把戏，也许就【会】销声匿迹的吧……

· 149 ·

2.1.3.4.11　陈述句中"会"前间隔申明确认类语气副词，后间隔语气词"罢了"

（164）斗争的形式本来就是有时【会】激烈的有时【会】缓和的罢了。

2.1.3.5　陈述句中"会"前邻接、间隔语气副词，后间隔语气词

2.1.3.5.1　陈述句中"会"前邻接必断类语气副词、前间隔申明确认类语气副词，后间隔语气词"的"

（165）当然，在前进道路上，总【会】冒出几声噪音、杂音来的。

2.1.3.5.2　陈述句中"会"前邻接弱化类语气副词、前间隔估测类语气副词，后间隔语气词"的"

（166）我们不能不半带担忧地认为：大众传播在帮助人类的同时，恐怕至少【会】有一些麻烦的。

2.1.3.5.3　陈述句中"会"前邻接估测类语气副词、前间隔弱化类语气副词，后间隔语气词"的"

（167）尹嘉铨一案，朱批中有"狂吠"二字，我常以为尹嘉铨之死，是死于不识时务的，倘他流年亨通，而在皇帝有别种兴趣时进奏，或许一试成功，至少就未必【会】弄到啼笑皆非的。

2.1.3.5.4　陈述句中"会"前邻接申明确认类语气副词、前间隔估测类语气副词，后间隔语气词"呢"

（168）如果你有幸见一见木乃伊，恐怕真【会】对那一颗巴望转世再生的心洒下同情呢。

2.1.3.5.5　陈述句中"会"前邻接必断类语气副词、前间隔意外类语气副词，后间隔语气词"了"

（169）至若假想我们是位于太阳那一方向，却一定【会】看成行星被蚀了。

2.2　疑问句中"会"与语气成分的关联机制

2.2.1　是非问中"会"与语气成分的关联机制

2.2.1.1　是非问中"会"前关联语气副词

2.2.1.1.1　是非问中"会"前邻接语气副词

是非问中，"会"前可以邻接语气副词，主要有四类：意外类、必断类、估测类和反诘类。

2.2.1.1.1.1　是非问中"会"前邻接意外类语气副词

是非问中，"会"前可以邻接意外类语气副词，常用"居然"等，表示对事态感到意外，有反诘的作用，例如：

（1）我几乎有点不相信自己的耳朵了——我，一个小黑人，居然【会】当上堂堂的美国总统？

（2）十年前的中学教师，居然【会】卖卜？

（3）跟新宇那么要好，居然【会】不知道？

2.2.1.1.1.2　是非问中"会"前邻接必断类语气副词

是非问中,"会"前可以邻接必断类语气副词,常用"定"等,例如:

(4) 我想,要是您找准您的位置,定【会】成为一只雄鹰。

2.2.1.1.1.3　是非问中"会"前邻接估测类语气副词

是非问中,"会"前可以邻接估测类语气副词,常用"也许"等,例如:

(5) 对着这瑰丽景象,也许【会】博得你一个无言的赞赏,叹息于宇宙的神奇?

(6) 我的意见,千户长,把那些不愿选您的人们,今晚请到我的家里,给他们预备简单的宴会;再送上几件衣裳,多多少少给上几个钱,也许【会】争取他们到我们这边来,是不是,老夫子?

2.2.1.1.1.4　是非问中"会"前邻接反诘类语气副词

是非问中,"会"前可以邻接反诘类语气副词,常用"难道"等,例如:

(一)"难道会"用于是非问单句,表示反诘,后接成分大致有八种:
第一,后接谓词,例如:

(7) 热你的昏!黄道士亲口告诉我,难道【会】错?

第二,后接动宾结构,例如:

(8) 她记不记得?她难道【会】忘记那个时候?

(9) 难道【会】有别种结局?

第三,间隔状中结构,例如:

（10）乔治大叔同这个百万富翁阿里斯蒂德斯在内心里难道【会】非常不同？

第四，后接述补结构，例如：

（11）老一代创立的传统艺术难道【会】消亡在我们这一代手中？

（12）孟青彪：刁民！暴民！你们难道【会】站在这种人的立场上？

第五，带状动宾结构，例如：

（13）孔夫子的在天之灵，难道【会】不斥责国民党政府的这种行为？

第六，后接述补带宾结构，例如：

（14）这么庞大的纳税人队伍难道【会】交不起10亿元的税？

（15）像东家这般聪明的人，难道【会】想不通这个道理？

第七，后接带状述补结构，例如：

（16）李寻欢难道【会】被藏在这里？

（17）她难道【会】和刘思佳站到一起？

第八，后接兼语结构，例如：

（18）不过老三这么聪明的人，难道【会】让万驼子看见他什么样子？

（二）"难道会"用于前分句。例如：

（19）我难道【会】承认我自己是绣花大盗，天下会有这么笨的人？

（三）"难道会"用于后分句。

第一，用于说明因果句的后分句，例如：

（20）照此逻辑，鸡鸭的寿命不长，人们吃鸡鸭难道【会】减寿？
（21）这个人怎么长得如此面熟，难道【会】是我的朋友？

第二，用于推断性因果句的后分句，例如：

（22）我们许多人都在被焚烧，难道【会】有人从中得益？

第三，用于假设句的后分句，例如：

（23）我若真的偷了人家东西，难道【会】就这么光明正大的摆在屋子里，难道我看来真的这么笨？
（24）这件事要做成功了，难道【会】害他们一家上下不和睦？

第四，用于转折句的后分句，例如：

（25）是你师父亲口说的，难道【会】假？
（26）按说大学生都是知书达礼的人，难道【会】不懂得体育锻炼的重要性？
（27）我在唐人街长大，难道【会】不禁骂？

第五，用于虚让句的后分句，例如：

（28）李寻欢笑得已有些勉强，道："就算不假，但你难道【会】将她们的死活放在心上？"

（四）"难道会"后接复句。例如：

（29）陆小凤道："她难道【会】在这花园里躲起来，而且已躲了好几天?"

2.2.1.1.2　是非问中"会"前间隔语气副词

是非问中,"会"前可以间隔使用语气副词,常用两类:反诘类和估测类。

2.2.1.1.2.1　是非问中"会"前间隔反诘类语气副词

是非问中,"会"前可以间隔使用反诘类语气副词,常用"难道"。"会"与"难道"之间间隔的成分主要有四种:

第一,间隔修饰语,常用"还",例如:

(30) 你难道还【会】不明白?

第二,间隔主语,例如:

(31) 难道这墙壁【会】变戏法?

(32) 难道红萝卜【会】不认识你?

第三,间隔主语、修饰语,例如:

(33) 难道她还【会】来找他?

(34) 难道有关部门,比如涉及这方面的街道、交通管理部门,对此也【会】视而不见?

第四,间隔句、主语、修饰语,例如:

(35) 如梅惊诧地发现自己竟是这样命乖的女人,难道是因为碰到她,他才【会】如此倒霉?

2.2.1.1.2.2　是非问中"会"前间隔估测类语气副词

是非问中,"会"前可以间隔使用估测类语气副词,常用"也许"

"未必"等，例如：

(36) 也许下次你【会】打扮成熊猫来上我的课？

(37) 也许林小姐还【会】晚一点回来？

(38) 今天，她已经向我打开心灵的窗子，也许明天【会】敞开大门？

(39) 人老了，也许都【会】陷入这种窘境？

(40) 未必还【会】是我们共产党？

2.2.1.2　是非问中"会"后关联语气词

2.2.1.2.1　是非问中"会"后邻接语气词

是非问中"会"后可以邻接语气词"吗"，主要有三种情况：

(一) "会吗"单独构成是非问句，例如：

(41) 神父，你也会走吗？【会】吗？

(42) 你总不至于向你妈透露让她难过吧，【会】吗？

(43) 对自己的这些举动，她不太有把握地反复问，这会有一点帮助吗？【会】吗？

(二) "会吗"前加修饰语，单独构成是非问句，例如：

(44) 天知道这个案子还会牵扯出什么样的案情和人物来！还【会】吗？

(三) "会吗"充当谓语，构成是非问句，例如：

(45) 忽然，外文系主任吴达元教授走近前来，悄悄问她："你真的说了那种话吗？"杨绛说："你想吧，我【会】吗？"

(46) 文牧夫妇会以为你赖在钟家，等老太太过世了好分财产呢！

你们【会】吗？会这样想吗？文牧递给她一杯冰冻西瓜汁。

（47）如果我要你跳下去，你【会】吗？

（48）伊丽诺问，"每个人老了都会健忘吗？我也【会】吗？"

2.2.1.2.2 是非问中"会"后间隔语气词

2.2.1.2.2.1 是非问中"会"后间隔语气词"吗"

2.2.1.2.2.1.1 "会……吗"表询问

是非问中，"会"后间隔语气词最常见的是"吗"，表示对发生可能性的询问。大体有几种用法：

（一）"会……吗"直接成单句，例如：

（49）【会】牵涉到什么人吗？

（50）【会】议论她的婚事吗？

（二）"会……吗"充任谓语构成单句。

有的前加主语，后间隔谓词，例如：

（51）人家【会】同意吗？

（52）那一天，【会】来吗？

有的前加主语，后间隔动宾结构，例如：

（53）她【会】爱他吗？

（54）有根，你【会】举手吗？

（55）咱们之间【会】有什么疙瘩吗？

有的前加主语，后间隔状中结构，例如：

（56）成绩【会】继续提高吗？

有的前加主语，后间隔带状述补结构，例如：

(57) 它【会】从油污中自己长出来吗？

有的前加主语，后间隔述补带宾结构，例如：

(58) 他【会】梦见这些时刻吗？

(59) 人家【会】选上我吗？

有的前加主语，后间隔兼语结构，例如：

(60) 地球引力【会】迫使它成为一颗卫星吗？

有的前加修饰语，后间隔兼语结构，例如：

(61) 火化她以后【会】有人来寻她吗？

有的前加主语、修饰语，后间隔谓词、动宾结构、状中结构、述补结构、述补带宾结构、兼语结构等，例如：

(62) 你也常常【会】哭吗？

(63) 我们的老松树，也【会】换一套新大褂吗？

(64) 她也【会】为我激动吗？

(65) 不过，那个女郎又【会】寻上来吗？

(66) 这样还【会】不赔钱吗？

(67) 当火车突然加速时，车厢里的人【会】看到小球运动吗？

(68) 每天只顾对着望远镜看的天文学家，也【会】有闲心来理会什么政治吗？

有的前加主语、连接语，例如：

(69) 但是，爷爷【会】答应我的要求吗？

(70) 你看，不然我们【会】这样宠这个小丫头吗？

有的前加主语、修饰语、连接语，后间隔联动结构，例如：

(71) 那人类还【会】来捕杀我们吗？

(72) 那个杀死卖时装的女孩的凶手【会】来求你吗？

（三）"会……吗"构成后分句，大体有四种情况：

第一，用于解注句后分句，例如：

(73) 李剑雄走后，王莲莲时忧时喜，心头沉重得很，李剑雄【会】变心吗？

第二，用于连贯句后分句，例如：

(74) 那黏液涂在人手上【会】吃掉一块肉吗？

第三，用于说明因果句的后分句，例如：

(75) 那间大厅里的独身的男人一向不容易找到舞伴，因为那既不是营业的舞场，而又女客又少于男客，他们【会】放她过去吗？

(76) 再说师母就是这根独苗，【会】亏待她吗？

第四，用于假设句的后分句，例如：

(77) 如果把火熄掉，弯曲现象还【会】发生吗？

(78) 要是此刻你掉进虎窝，老虎【会】发慈悲放过你吗？

(79) 如果今天你不碰巧看到我，你【会】知道刘知机就是我吗？

有时，用"会……是吗"的用法表示询问，

(80) 爸爸，我们将来总有一天【会】上月球的是吗？

(81) 氢原子就【会】变成能量而消失掉，是吗？"

2.2.1.2.2.1.2 "会……吗"表反诘

有时，"会……吗"表示反诘，对可能性表示怀疑和否定，大体有七种情况：

第一，用否定性修饰语来表示反诘，常用"不是、不也、非得……会……吗"等格式，例如：

(82) 老祖宗说，冷，怕什么，我们不是【会】取火吗？

(83) 敌人不也【会】变换新的进攻手法吗？

(84) 哼，非得人丢了，人死了才【会】有人管、才【会】引起注意吗？

第二，用"会不……吗"表示反诘，例如：

(85) 今天小腰腰要搬走了，你说大腰腰【会】不难过吗？

(86) 人宽厚仁慈，对我们这些人尚且客客气气，你们成了亲家，【会】不照顾你们全家吗？

第三，用"还会……吗"表反诘，例如：

(87) 那母亲还【会】是今天这个样子吗？

(88) 你来看，箭头上涂着些黑色的东西，很明显，这种物质是用来加强箭的杀伤力的，这不是一支毒箭还【会】是别的吗？

(89) 西风啊，冬天已经到来，春天还【会】远吗？

第四，"会……吗"用于转折句后分句表反诘，例如：

(90) 让他将来交给党组织，可是，党组织【会】相信吗？

第五,"会……吗"用于虚让句后分句表反诘,例如:

(91)要发现他直至抓获归案,七天时间是远远不够的,即使万幸,就是抓到了他,他【会】善罢甘休、竹筒子倒豆供出真情吗?

第六,用"你想、你说、你觉着"等引入听话人,让与听人来判断事态的可能性,从而表示反诘,例如:

(92)你觉着你的铁匠爸爸【会】失了你的身份吗?

(93)你在我面前讲这话,你说我【会】伤心吗?

(94)你想,弟弟要在外边安家,娘【会】乐意吗?

第七,用"我怀疑"等引入说话人的质疑性话语表示反诘,例如:

(95)我开始怀疑领航员的报告,这【会】是 B 市吗?

2.2.1.2.2.2 是非问中"会"后间隔语气词"么"

是非问中,"会"后可以间隔语气词"么",表示询问或反诘。

(一)"会……么"表询问,例如:

(96)母亲【会】在那样的地方么?

(97)假如那个姑娘在这儿,【会】这样么?

(二)"会……么"表反诘,往往对不可能发生的事情发问,例如:

(98)官府不出来赈济,将本求利的商家【会】愿意救济穷人么?

(99)我倒请问你,周乡绅【会】比你们怕的神道还要凶么?

2.2.1.2.2.3 是非问中"会"后间隔语气词"吧"

"会……吧"表示对事态发生的可能性的推测,有的用于单句,例如:

（100）那我们北伐成功以后也【会】是那样的吧？

（101）爱国华侨陈嘉庚要选择女婿，消息一传开，立即轰动了南洋群岛，人们纷纷在议论着，揣测着，有的预言："可能【会】选择政界上有作为的人士吧？"

有的用于连贯句后分句，例如：

（102）他自己仿佛有点不好意思，要我扶他趔趄的到耳房里去，在那儿也许他觉得舒心一点，五十个年头身下的土炕【会】印上个血的影子吧？

（103）天黑，星稀，水声凄凉；挤在甲板上纵横的人体里，也【会】有一个归家的梦吧？

有的用于虚让句的后分句，例如：

（104）莫说阿Q患了这病，会引起人们对他更不好的印象，就是肥头长耳，大腹便便的洋行买办之流，得了这病，也【会】影响他、妨碍他向主子们赔笑脸，得不到主子们的欢心吧？

2.2.1.2.2.4　是非问中"会"后间隔语气词"的"

"会……的"用于是非问，例如：

（105）（不解地）什么什么，一切都【会】完的？

2.2.1.2.2.5　是非问中"会"后间隔语气词"呀"

"会……呀"用于是非问，例如：

（106）那人家【会】同意呀？

2.2.1.2.2.6　是非问中"会"后间隔语气词"嘛"

"会……嘛"用于是非问，例如：

(107) 你刚断奶的孩子【会】提词儿嘛?

2.2.1.2.2.7 是非问中"会"后间隔语气词"啦"

"会……啦"用于是非问,例如:

(108) 畜牲,你也【会】想到回来啦?

2.2.1.2.2.8 是非问中"会"后间隔语气词"了吗"

"会……了吗"用于是非问,例如:

(109) 过后她又想:"要是生下来的是个男孩子,我就【会】得好了吗?"

2.2.1.2.2.9 是非问中"会"后间隔语气词"了么"

(110) 他高兴地想:【会】是娜曼死了么?

2.2.1.2.2.10 是非问中"会"后间隔语气词"的吧"

"会……的吧"用于是非问,例如:

(111) 你【会】因此流泪的吧?

(112) 他若想到一个生了病的旅人,今夜会对于风雨寒冷无所畏惧,也【会】傲然微笑的吧?

有时"会"前加"是",形成"是会……的吧",例如:

(113) 瘦弱如我的邓君,在今夜,睡在少了一床棉被作褥子的吊铺的木板上,是【会】觉着不舒服的吧?

2.2.1.3 是非问中"会"前关联语气副词、后关联语气词

2.2.1.3.1 是非问中"会"前邻接语气副词、后邻接语气词

是非问中,"会"可以前邻接语气副词、后邻接语气词,往往是前邻

接必断类语气副词,后邻接语气词"吗",常用格式"一定会吗",例如:

(114) 我一定【会】吗?瞧着我。你不知道吗?

2.2.1.3.2 是非问中"会"前邻接语气副词、后间隔语气词

是非问中,"会"可以前邻接语气副词、后间隔语气词,大体有十二种关联模式。

2.2.1.3.2.1 是非问中"会"前邻接反诘类语气副词、后间隔语气词"不成"

是非问中"会"前邻接反诘类语气副词"难道"等,后间隔语气词"不成",反诘强度较大,例如:

(115) 难道【会】有哪个嚼舌根的说狼是我们放的不成?

(116) 我们公事公办,难道【会】骗你们不成?

2.2.1.3.2.2 是非问中"会"前邻接反诘类语气副词、后间隔语气词"吗"

是非问中"会"前邻接反诘类语气副词"难道"等,后间隔语气词"吗",例如:

(117) 既然生命应该是在条件容许的地方普遍存在的现象,宇宙间难道【会】只有地球上的人类才独具由原始生命进化来的资格吗?

(118) 我心里暗暗在想,难道【会】有贼进来吗?

2.2.1.3.2.3 是非问中"会"前邻接申明确认类语气副词、后间隔语气词"吗"

是非问中"会"前邻接申明确认类语气副词"真的""真"等,后间隔语气词"吗",例如:

(119) 鸣沙山真的【会】发出如雷的吼声吗？

(120) 小家伙翻着一双天真的乌溜溜的眼睛，望一望文书，看一看我，问："叔叔，脑袋真的【会】长得比斗还大吗？"

(121) 蚂蚁是真【会】像我们人类一样跳舞奏乐吗？

2.2.1.3.2.4　是非问中"会"前邻接必断类语气副词、后间隔语气词"吗"

是非问中"会"前邻接必断类语气副词"一定"等，后间隔语气词"吗"，例如：

(122) 患了一定【会】死吗？

2.2.1.3.2.5　是非问中"会"前邻接反诘类语气副词、后间隔语气词"么"

是非问中"会"前邻接反诘类语气副词"岂不是"等，后间隔语气词"么"，例如：

(123) 若是得罪了罗申，等到运动一来，岂不是【会】像父亲被同年哥射去一箭那样，也遭罗申的暗箭么？

2.2.1.3.2.6　是非问中"会"前邻接申明确认类语气副词、后间隔语气词"么"

是非问中"会"前邻接申明确认类语气副词"真"等，后间隔语气词"么"，例如：

(124) 后来他对于我那人心惟危说的怀疑减少了，有时也叹息道，"真【会】这样的么？"

2.2.1.3.2.7　是非问中"会"前邻接必断类语气副词、后间隔语气词"么"

是非问中"会"前邻接必断类语气副词"一定"等，后间隔语气词"么"，例如：

（125）重新选择就一定【会】幸福么？

2.2.1.3.2.8 是非问中"会"前邻接意中类语气副词、后间隔语气词"么"

是非问中"会"前邻接意中类语气副词"果然"等，后间隔语气词"么"，例如：

（126）……一个字，一个普通的字，果然【会】有这么巨大的神力么？

2.2.1.3.3 是非问中"会"前间隔语气副词、后邻接语气词

是非问中，"会"可以前间隔语气副词、后邻接语气词，常用的关联模式是前间隔反诘类语气副词，后邻接语气词"吗"，看两个例子：

（127）谁会和自己过不去？难道我们【会】吗？

（128）你不做吃亏的事，难道我就【会】吗？

2.2.1.3.4 是非问中"会"前间隔语气副词、后间隔语气词

是非问中，"会"可以前间隔语气副词、后间隔语气词，常用的关联模式有十二种。

2.2.1.3.4.1 是非问中"会"前间隔反诘类语气副词、后间隔语气词"不成"

是非问中，"会"可以前间隔反诘类语气副词、后间隔反诘语气词"不成"，例如：

（129）唐宗慈瞥了吴长荣一眼，哈哈一笑，"难道他【会】派个特务在路上干掉我不成？"

（130）难道它【会】说人话不成？

2.2.1.3.4.2　是非问中"会"前间隔反诘类语气副词、后间隔语气词"吗"

是非问中，"会"可以前间隔反诘类语气副词"难道、岂不"等，后间隔语气词"吗"，有的单独成句，例如：

（131）难道这地方【会】穷到这样子吗？

有的用于解注句的后分句，例如：

（132）我忽然想起我在河边看见一条鱼，在没有水的沙滩上挣扎的情景，我难道也【会】跟那条鱼一样，活活地憋死吗？

（133）在一个人人都有可能发生生命沉沦的生存世界，自我的觉醒却要由他我来完成，这种做法本身岂不就【会】造成一种新的或者更加沉重的生命的沉沦吗？

（134）我说："请问，北京街道有一些口水，香港街道上常见到狗拉的大小便，难道口水【会】比狗拉的大小便还脏吗？"

有的用于说明因果句的后分句，例如：

（135）这个新官僚正怀着很大的野心在活动，难道他【会】半途上抛弃他的企图，抛弃他搜刮来的财产，抛弃他新娶的姨太太而自杀吗？

有的用于宾语，例如：

（136）我心想，难道你们【会】负责吗？

2.2.1.3.4.3 是非问中"会"前间隔申明确认类语气副词、后间隔语气词"吗"

是非问中,"会"可以前间隔申明确认类语气副词"当然"等,后间隔语气词"吗",表示反诘,例如:

(137) 当然,当然,陪客还【会】少了你吗?

2.2.1.3.4.4 是非问中"会"前间隔反诘类语气副词、后间隔语气词"么"

是非问中,"会"可以前间隔申明确认类语气副词"难道"等,后间隔语气词"么",表示反诘,例如:

(138) 这一点,难道你还【会】不知道么?

(139) 难道说,被路德叫作"疯子"的哥白尼【会】比上帝的儿子耶稣的话更正确么?

2.2.1.3.4.5 是非问中"会"前间隔必断语气副词、后间隔语气词"吧"

是非问中,"会"可以前间隔必断类语气副词"一定"等,后间隔语气词"吧",表示把握性较大的推测问,例如:

(140) 幸亏池水不停地冲洗着他那健壮、匀称的身躯,不然一定【会】是大汗如雨吧?

2.2.1.3.4.6 是非问中"会"前间隔估测语气副词、后间隔语气词"吧"

是非问中,"会"可以前间隔估测类语气副词"也许"等,后间隔语气词"吧",表示推测问,例如:

(141) 也许在山里【会】佃到一块地吧?

2.2.1.3.4.7　是非问中"会"前间隔反诘语气副词、后间隔语气词"的"

是非问中,"会"可以前间隔反诘类语气副词"难道"等,后间隔语气词"的",表示反诘问,例如:

(142) 难道谁【会】从背上自杀的?

2.2.1.3.4.8　是非问中"会"前间隔反诘语气副词、后间隔语气词"了"

是非问中,"会"可以前间隔反诘类语气副词"难道"等,后间隔语气词"了",表示对事态变化的反诘问,例如:

(143) 难道一个大姑娘【会】蒸发掉了?

2.2.1.3.4.9　是非问中"会"前间隔因缘类语气副词、后间隔语气词"呀"

是非问中,"会"可以前间隔因缘类语气副词"原来"等,后间隔语气词"呀",表示对事态感到惊讶,例如:

(144) 原来你也这么【会】疲劳轰炸呀?

2.2.1.3.4.10　是非问中"会"前间隔反诘语气副词、后间隔语气词"的吗"

是非问中,"会"可以前间隔反诘类语气副词"难道"等,后间隔语气词"的吗",表示反诘问,例如:

(145) 毛主席说:"在我们这样的社会主义国家里,难道有什么有益的科学艺术活动【会】违反这几条政治标准的吗?"

2.2.1.3.4.11　是非问中"会"前间隔反诘语气副词、后间隔语气词"的么"

是非问中,"会"可以前间隔反诘类语气副词"难道"等,后间隔语气词"的么",表示反诘问,例如:

(146) 请你不要误会我是一点感情都没有的人,您辛辛苦苦的,从小到大把我抚养成人,难道我【会】不感激您的么?

(147) 您常常都在关心我的起居衣食,关心我的学业前途,难道我【会】像木石一样一点儿感觉都没有的么?

2.2.1.3.4.12　是非问中"会"前间隔反诘语气副词、后间隔语气词"了么"

是非问中,"会"可以前间隔反诘类语气副词"难道"等,后间隔语气词"了么",表示对事态变化的反诘问,例如:

(148) 难道我就【会】因此疑心起四婶也同林先生有什么关系了么?

(149) 您不这样去做,难道我们就【会】无衣无食不能生活下去了么?

2.2.1.3.5　是非问中"会"前邻接、间隔语气副词,后间隔语气词

是非问中,"会"前邻接语气副词,前间隔语气副词,后间隔语气词,常见的有三种。

2.2.1.3.5.1　是非问中"会"前邻接申明确认类语气副词、前间隔反诘类语气副词,后间隔语气词"吗"

(150) 难道真的【会】有一种超自然的精灵在给我预示着一个先兆吗?

2.2.1.3.5.2　是非问中"会"前邻接意外类语气副词、前间隔反诘类语气副词，后间隔语气词"吗"

（151）难道她竟然【会】幻想着回到封建时代，重当御妹吗？

2.2.1.3.5.3　是非问中"会"前邻接意外类语气副词、前间隔估测类语气副词，后间隔语气词"吧"

（152）一旦小于七年，也许她们竟【会】同仇敌忾起来吧？

2.2.2　正反问中"会"与语气成分的关联机制

2.2.2.1　正反问中"会"前关联语气副词

2.2.2.1.1 正反问中"会"前邻接语气副词

正反问中，"会"可以前邻接正反问类语气副词"是不是、是否"。

（一）正反问中"会"前邻接语气副词"是不是"

正反问中"会"前关联语气副词"是不是"，形成"是不是会……"，常用于单句、说明因果句后分句，例如：

（1）那么，局限于单一情绪的情绪舞，是不是【会】显得单薄而枯燥乏味？

（2）你这样做，是不是【会】使父母很伤心，是不是有点对不起他们呢？

（二）正反问中"会"前邻接语气副词"是否"

正反问中"会"前关联语气副词"是不是"，形成"是否会……"，有的用于单句，例如：

· 171 ·

(3) 每个线圈中是否【会】产生感应电动势？

(4) 当两个容器的温度都下降10℃时，水银滴是否【会】移动？

有的用于说明因果句的后分句，例如：

(5) 比如"老鼠过街，人人喊打"这话是人说的，因为老鼠偷吃了人的粮食，那么，在鼠类的语言当中，是否【会】是"人要过洞，老鼠喊咬"？

有的用于假设句的后分句，例如：

(6) 若使货物加速上升，钢丝绳是否【会】断裂？

(7) 假如穿山甲不是摆在外宾面前，"食客"们是否【会】心安理得地照吃不误？

有的用于宾语，例如：

(8) 您说，这方面的欠缺是否【会】影响我在事业上的发展？

(9) 记者问奥运会是否【会】增加这个比赛项目？

2.2.2.1.2　正反问中"会"前间隔语气副词

正反问中，"会"可以前间隔正反问类语气副词"是不是""是否"。例如：

（一）正反问中"会"前间隔语气副词"是不是"。

正反问中"会"前间隔语气副词"是不是"，有的间隔修饰语，例如：

(10) 而且直到把死人埋葬了以后，廖家是不是还【会】追究起"肇事之人"没有完？

有的间隔主语、修饰语，例如：

(11) 是不是他们也【会】变好起来?

有的间隔句、连接语,例如:

(12) 是不是职工有了本企业的股票就【会】更关心企业?

(二) 正反问中"会"前间隔语气副词"是否"

正反问中"会"前间隔语气副词"是否",常常间隔修饰语,例如:

(13) 智慧生物是否也【会】像地球上许多已绝灭的物种一样,在生存了一段时期以后受到"最后审判"而绝灭?

2.2.2.2　正反问中"会"前后关联语气成分

2.2.2.2.1　正反问中"会"前邻接语气副词,后间隔语气词

正反问中"会"前邻接正反问类语气副词"是不是""是否",后间隔语气词"呢"。

(一) 正反问中"会"前邻接语气副词"是不是",后间隔语气词"呢"

正反问中,"会"可以前邻接语气副词"是不是",后间隔语气词"呢",间隔成分主要是谓词、状中结构、复句等,例如:

(14) 这样说来,工农业产品的"剪刀差"价是不是【会】扩大呢?

(15) 汉语拼音方案采用了拉丁字母,这是不是【会】跟我国人民的爱国感情相抵触呢?

(16) 谁知道,一分钟以后,甚至一秒钟以后,我是不是【会】倒卧在黑暗里,再也爬不起来呢?

(二) 正反问中"会"前邻接语气副词"是否",后间隔语气词"呢"。

正反问中,"会"可以前邻接语气副词"是否",后间隔语气词

"呢",间隔成分主要是动宾结构、述补带宾结构、复句等,例如:

(17)但是是否【会】发生意外呢?

(18)是否【会】震碎一部分药瓶呢?

(19)这样做,她们是否【会】对你好一点,多派点活给你,或者不打你呢?

2.2.2.2.2　正反问中"会"前间隔语气副词,后间隔语气词

正反问中,"会"可以前间隔正反问类语气副词"是不是""是否",后间隔语气词"呢"。

(一)正反问中"会"前间隔语气副词"是不是",后间隔语气词"呢"。

正反问中,"会"可以前间隔语气副词"是不是",同时后间隔语气词"呢",例如:

(20)俗话说:"萝卜快了不洗泥",温泉屯的这个热门货,是不是也【会】掺假呢?

(21)然而,是不是蛰伏的虫类都要在雷声惊动了它们之后才【会】活动呢?

(二)正反问中"会"前间隔语气副词"是否",后间隔语气词"呢"。

正反问中,"会"可以前间隔特指问类语气副词,同时后间隔语气词"呢",例如:

(22)但是这种婚姻,是否又【会】走向杂乱的群婚时代呢?

2.2.2.2.3　正反问中"会"前邻接、间隔语气副词,后间隔语气词

正反问中,"会"可以前邻接意外类语气副词,前间隔特指问类语气副词,同时后间隔语气词"呢",例如:

（23）试想，中国电视事业不是在那种膨胀的空气中匆匆上马，而是稳扎稳打，步步为营，它的发展道路是不是反而【会】更顺利、更便捷一些呢？

2.2.3 正反问中"会不会"与语气成分的关联机制

2.2.3.1 正反问中"会不会"前关联语气副词

2.2.3.1.1 正反问中"会不会"前邻接语气副词

正反问中，"会不会"往往前邻接深究类语气副词"究竟""到底"。

（一）"究竟会不会……"构成正反问，例如：

（1）漓江的两座大坝究竟【会不会】修起？尚无最后定论。

（2）网络经济究竟【会不会】成为泡沫？

（3）这次，究竟【会不会】再发生一次大地震？

（二）"到底会不会……"构成正反问，例如：

（4）生孩子到底【会不会】影响创作？

（5）这里面还有一些爱情故事，但撞击很可怕。那么这个事情到底【会不会】发生？

（6）我们是担心你，担心你这一步真走下去，到底【会不会】后悔？

2.2.3.1.2 正反问中"会不会"前间隔语气副词

正反问中，"会不会"往往前间隔深究类语气副词"究竟""到底"。

（一）"究竟……会不会……"构成正反问，例如：

（7）究竟校园里【会不会】有更多的中学生搞"第二学业"？

· 175 ·

(8) 究竟乔晖【会不会】欣赏我的那份执着？我不知道。

(二)"到底……会不会……"构成正反问，例如：

(9) 不过，我还是想要知道，未来到底我们【会不会】被放入歌曲和故事之中？

2.2.3.2 正反问中"会不会"后关联语气词

2.2.3.2.1 正反问中"会不会"后关联语气词
正反问中"会不会"可以后邻接语气词"呢"，例如：

(10) 如果说崇高会成为一种面具，洒脱和痞子状会不会呢？

2.2.3.2.2 正反问中"会不会"后间隔语气词
2.2.3.2.2.1 正反问中"会不会"后间隔语气"呢"
(一)"会不会……呢"独立构成正反问单句，例如：

(11)【会不会】是别的比较轻的矿呢？
(12)【会不会】把黑锅底揭开呢？

(二)"主语+会不会……呢"构成正反问单句，例如：

(13) 他们【会不会】吃亏呢？
(14) 这事儿【会不会】和卖粮有关呢？
(15) 那【会不会】是海市呢？

(三)"饰连语+会不会……呢"构成正反问单句，例如：

(16) 在我们坚定不移地实行对外开放和大胆进行改革的时候，外部世界的腐朽思想和精神鸦片【会不会】趁机而入呢？

(17) 但【会不会】产生相反的效果呢?

(四)"会不会……呢"用于解注句的正反问后分句,例如:

(18) 他尤其惦记母亲和蒋春绵,她们【会不会】因我而遭到迫害呢?

(19) 他边走,心里边惦念着,雨这么大,张师傅【会不会】淋着雨受凉呢?

(五)"会不会……呢"用于说明因果句的正反问后分句,例如:

(20) 它有这么强大的功能,【会不会】反过来控制人类呢?

(21) 电流能产生磁场,那么,磁场对电流【会不会】有作用呢?

(六)"会不会……呢"构成假设句的正反问后分句,例如:

(22) 姐姐,如果我们救了地球人,那地球人以后【会不会】和我们 W 星人争夺宇宙呢?

(23) 如果这样就会有一个航行的时间问题,【会不会】使他们的青春结束在太空之中呢?

(七)"会不会……呢"用于转折句的正反问后分句,例如:

(24) 苏大麻拉不动我们,但他【会不会】找二流子干呢?

(25) 但是宇宙人倘若有极高的技术水平,他们可以乘坐比地球更高级更先进的宇宙飞船来到地球,自然也需要某种停机场,【会不会】在"十"字记号周围存在这种宇航机场呢?

(八)"会不会……呢"用于宾语,例如:

(26) 于是我又进一步问:桃子和人寿【会不会】有科学的联系呢?

(27) 他在想："试飞【会不会】因此而停止呢？"

(28) 出了炉膛，他想，风压小没有问题，那么压力大了【会不会】渗漏呢？

2.2.3.2.2.2　正反问中"会不会"后间隔语气"啊（呵）"

(29) 孙老，我有这样一个想法，【会不会】地图也出于宇宙人之手啊？

(30) 马拉多纳到底【会不会】来呵？

2.2.3.2.2.3　正反问中"会不会"后间隔语气"呀"

(31) 应副主任，你是个老技术人员了，你看【会不会】是炉盖耐火砖上有什么问题呀？

2.2.3.2.2.4　正反问中"会不会"后间隔语气"了"

(32)【会不会】真让他们给害了？

(33) 他们【会不会】是弄错了？

2.2.3.2.2.5　正反问中"会不会"后间隔语气"了呢"

(34) 那么，天长日久，空气里的氧气【会不会】越来越少，二氧化碳【会不会】越来越多，到头来，人和动物【会不会】活不成了呢？

2.2.3.3　正反问中"会不会"前关联语气副词、后关联语气词

2.2.3.3.1　正反问中"会不会"前邻接语气副词、后邻接语气词

正反问中，"会不会"前邻接深究类语气副词、后邻接语气词

"呢",例如:

(35) 路上行驶的汽车不会由于汽车本身运动状态的突变而引起翻车事故,究竟【会不会】呢?

(36) 不是他怕亏了他亲爱的威廉和我本人,他准会对她们更加慷慨的。他到底【会不会】呢?

2.2.3.3.2　正反问中"会不会"前邻接语气副词、后间隔语气词

正反问中,"会不会"可以前邻接深究类语气副词"究竟""到底"等,同时后间隔语气词"呢"。

(一)"究竟会不会……呢"构成正反问,例如:

(37) 如此下去,蠕虫最后究竟【会不会】到达终点呢?

(38) 不过对于莱因哈特的来说,与她结婚究竟【会不会】幸福呢?

(二)"到底会不会……呢"构成正反问,例如:

(39) 世界上的事只有武力解决最彻底,但用武力得到的东西也容易被武力夺回去……这共产党到底【会不会】胜利呢?

(40) 中山种将其写成是一位非常少见的稀客,说到底【会不会】是位外国人呢?

2.2.3.3.3　正反问中"会不会"前间隔语气副词、后间隔语气词

2.2.3.3.3.1　正反问中"会不会"前间隔深究类语气副词、后间隔语气词"呢"

正反问中,"会不会"可以前间隔深究类语气副词"究竟""到底"等,同时后间隔语气词"呢"。

(一)"究竟……会不会……呢"构成正反问,例如:

(41) 我只能抱着棉被怨叹，究竟下一个男朋友【会不会】很有钱呢？

(42) 究竟他【会不会】去派出所呢？

（二）"到底……会不会……呢"构成正反问，例如：

(43) 到底猴子【会不会】闹出笑话来呢？

(44) 到底明天【会不会】去呢？

2.2.3.3.3.2　正反问中"会不会"前间隔深究类语气副词、后间隔语气词"的呢"

正反问中，"会不会"可以前间隔深究类语气副词"究竟""到底"等，同时后间隔语气词"的呢"，例如：

(45) 好想体验一下这种感觉，到底脚底【会不会】痒的呢？

2.2.4　选择问中"会"与语气成分的关联机制

2.2.4.1　选择问中"会"前关联语气副词

2.2.4.1.1　选择问中"会"前邻接语气副词

选择问中，"会"可以前邻接语气副词，一般用于选择问的前项，大体有三种类型。

2.2.4.1.1.1　选择问中"会"前邻接深究类语气副词

选择问中，"会"可以前邻接深究类语气副词"到底""究竟"等，形成"到底/究竟会……，还是……"的选择问格式，例如：

(1) "老汤"到底【会】丢汤打碗还是东山再起？

2.2.4.1.1.2　选择问中"会"前邻接申明确认类语气副词

选择问中,"会"可以前邻接申明确认类语气副词"真的"等,形成"真的会……还是……"的选择问格式,例如:

(2) 也不知是他真的【会】看相,还是想找个借口恣意品评?

2.2.4.1.1.3　选择问中"会"前邻接特指问类语气副词

选择问中,"会"可以前邻接特指问类语气副词"是不是""是否"等,形成"是不是/是否会……还是……"的选择问格式,例如:

(3) 目前,联合国正与联阵谈判解决人质释放问题,联阵目前是否【会】继续释放,还是提出新的条件?

(4) 各国是否【会】与美国进行核竞赛,还是【会】刚刚相反?

2.2.4.1.2　选择问中"会"前间隔语气副词

选择问中,"会"可以前间隔语气副词,大体有三种类型。

2.2.4.1.2.1　选择问中"会"前间隔深究类语气副词

选择问中,"会"可以前间隔深究类语气副词"究竟""到底"等,大体形成两种格式:

(一)"究竟/到底是会……还是……""究竟""到底"等语气副词和"会"在选择问前项有间隔成分,例如:

(5) 所以问题是,我们把这种社会形态视为北斗星,究竟是【会】促进还是【会】阻碍人类的不断完善?

(二)"究竟/到底……还是会……""究竟/到底"等语气副词在选择问前项,"会"在选择问后项,间隔前项,例如:

(6) 它的"领养子"一旦真的成了独立的"国际人",究竟对自己有益还是对自己礼让三分,还是【会】反目于一旦,"龙蛇争霸"?

2.2.4.1.2.2　选择问中"会"前间隔必断类语气副词

选择问中,"会"可以前间隔必断类语气副词"肯定"等,用于选择问前项,形成选择问格式:"肯定……会……还是……会",例如:

(7) 你出场之前,你觉得观众肯定是【会】认同你,还是内心【会】有那么一点小小的不确定?

2.2.4.1.2.3　选择问中"会"前间隔强化类语气副词

选择问中,"会"可以前间隔强化类语气副词"根本"等,用于选择问后项,形成选择问格式:"……还是根本……会",例如:

(8) 但我在事先不知故事如何发展。那男子会不会向那女子开枪?那女子会不会向那男子开枪?还是根本没有人【会】开枪?

2.2.4.2　选择问中"会"后关联语气词

2.2.4.2.1　选择问中"会"后邻接语气词

选择问中,"会"后邻接语气词的情况很少见,主要是"会"和"不会"肯否选择的时候,后邻接语气词"呢",例如:

(9) 会有奇迹吗?是不会呢?还是不会呢?还是【会】呢?

2.2.4.2.2　选择问中"会"后间隔语气词

选择问中,"会"可以后间隔语气词"吗""呢",常见的有几种格式:

2.2.4.2.2.1　选择问中"会"后间隔语气词"吗"

选择问中,"会"可以后间隔语气词"吗",用于选择前项,主要有四种格式:

（一）"会……吗？还是……"例如：

（10）一个人站在电梯里，忽然怀疑刘招华说的在电梯里遇便衣的那个细节：【会】那么恰巧吗？还是刘招华编了一个故事给我听？

（11）早报记者：打她们之前你【会】害怕吗？还是紧张什么的？

（二）"会……吗？还是……呢？"，例如：

（12）阿裴……怎么如此接近灵珊的生活范围？这，【会】是巧合吗？还是有意的呢？

（三）"会……吗？还是会……呢？"，例如：

（13）听了这个提议，准子会高兴吗？还是【会】心生警戒呢？

（四）"会……吗？还是……会……呢？"，例如：

（14）【会】使得超级大国和小国和平共存吗？还是到最后【会】引发一场大战呢？

（15）现在这样，你【会】难过吗？【会】伤心吗？还是分开【会】好些呢？

2.2.4.2.2.2　选择问中"会"后间隔语气词"呢"

选择问中，"会"可以后间隔语气词"呢"，大体有八种格式：

（一）"会……呢？还是……""会"和"呢"在选择问的前项间隔使用，例如：

（16）某些"大人"见了此联，不知是【会】开颜一笑呢，还是唬起个脸来掉头走开？

（17）你们猜上海网页怎么样？你们觉得它【会】一样呢？还是

应该进步。

（二）"会……呢？还是会……"，"会"和"呢"在选择问的前项间隔使用，选择问的后项也使用"会"，"还是"和"会"邻接，例如：

（18）保存一张复制品【会】使你感到安慰呢，还是【会】伤你的心？

（19）你【会】用一块也有大花的彩色地毯与之相配呢，还是【会】选一块既无色彩又不起眼的地毯？

（三）"会……呢？还是……会……""会"和"呢"在选择问的前项间隔使用，选择问的后项也使用"会"，"还是"和"会"之间有间隔，例如：

（20）是甘道夫【会】找到他的目标呢，还是我们出现的时候【会】发现那座大门已经永远消失了？

（21）到时候你可得先通知我喔！是【会】被雷劈呢？还是陨石【会】栽下来？

（四）"会……呢？还是……呢？""会"和"呢"在选择问的前项间隔使用，选择问的后项用也"呢"，但是不使用"会"，例如：

（22）世界上的人很多，你说，是他一个人【会】衰老呢？还是连我们也要经过这个老患呢？

（23）在要塞内部一百万人以上的将兵，是【会】四散还原为原子呢？还是成为亚空间内永远的流浪者呢？

（五）"……还是会……呢？""会"和"呢"都在选择后项使用，"还是"和"会"邻接，例如：

（24）难道不是外国煽动起来的吗？这到底是最后一次进攻一个小国呢？还是【会】有别的进攻接着来呢？

（六）"（是）会……呢，还是会……呢？" "会……呢"在选择前项和后项同时使用，前项常用"是"，后项用"还是"，都与"会"邻接使用，例如：

（25）如果我们两个到它跟前，它会哭呢，还是【会】笑呢？

（26）你考察女朋友考察得很精细，是【会】让她跑掉呢？还是【会】让她变乖呢？

（七）"会……还是会……呢？"选择前项和后项都使用"会"，"呢"用于选择后项，可以看作前后选项的两个"会"都与句末的"呢"间隔使用，另外"还是"和后项"会"邻接，例如：

（27）她会让个有钱人拐去当小老婆，【还是会】自个拿主意嫁一个自己可心的人呢？

（28）他【会】待在这儿，还是【会】离开呢？

（八）"会……还是……呢？" "会"在选择问的前项使用，"呢"在选择问的后项使用，"会"和"呢"间隔两个选择项，不过从选择问的语法实体来看，又有差别，有的选择问是紧缩复句，例如：

（29）但让我找到这条路的【会】是善良还是邪恶呢？我们唯一的希望就是速度。

（30）如果要你做鲁滨逊，你【会】选第三型还是第二型的朋友做"礼拜五"呢？

有的选择问是离散的复句，例如：

185

(31) 这样一来，进入高等学府的人【会】多起来，还是减少呢？

(32) 他【会】待在这儿，还是【会】离开呢？

有的选择问是句群，这种情况的前项"会"与后项"呢"间隔了句子，例如：

(33) 按书上的说法，明年元月我就开始当妈妈了。【会】生男的？还是女的呢？

以上八种格式中"会"与"呢"的间隔使用情况可以概括为三大类：一是"会"与"呢"在选择前项间隔使用，二是"会"与"呢"在选择后项间隔使用，三是"会"与"呢"间隔两个选择项使用。这三大类的间隔使用有时共同使用。

2.2.4.3 选择问中"会"前关联语气副词，后关联语气词

选择问中，"会"可以前关联语气副词，同时后关联语气词，大体有两种情况：

2.2.4.3.1 选择问中"会"前邻接语气副词，后间隔语气词

2.2.4.3.1.1 选择问中"会"前邻接深究类语气副词，后间隔语气词"呢"

选择问中，"会"可以前邻接深究类语气副词"究竟""到底"等，同时后间隔语气词"呢"，例如：

(34) 但他也担心这种改造究竟【会】给国家带来安定呢，还是进一步的动乱？

(35) 到底【会】是稍微加强的 iPhone4s 还是全新的 iPhone5【呢】？

2.2.4.3.1.2 选择问中"会"前邻接特指问类语气副词,后间隔语气词"呢"

选择问中,"会"可以前邻接特指问类语气副词"是不是、是否",同时后间隔语气词"呢",常用格式:"是不是会……还是……呢?"例如:

(36) 可是,我如果答应管理那所小小的角斗学校,范莱丽雅是不是【会】要求我重新卖身为奴隶,还是仍旧让我做一个自由人呢?

2.2.4.3.2 选择问中"会"前间隔语气副词,后间隔语气词

选择问中,"会"可以前间隔语气副词,后间隔语气词,常见的是前间隔深究类语气副词"到底、究竟"等,后间隔语气词"呢",常用格式:"到底……(是)会……呢,还是……"例如:

(37) 她有点好奇,到底这位三儿子是【会】更像大儿子志宏呢,还是更像二儿子志刚?

2.2.5 特指问中"会"与语气成分的关联机制

2.2.5.1 特指问中"会"前关联语气副词

2.2.5.1.1 特指问中"会"前邻接语气副词

2.2.5.1.1.1 特指问中"会"前邻接深究类语气副词

特指问中,"会"可以前邻接深究类语气副词"到底""究竟"等,例如:

(1) 你们帮助恶魔来杀害自己的母亲,来杀害自己的兄弟,到底【会】得到什么好处?

2.2.5.1.1.2 特指问中"会"前邻接特指问类语气副词

特指问中,"会"可以前邻接特指问类语气副词"怎么""怎""怎

样""咋""哪里""哪儿""哪""为什么""为何""何以"等。

（一）特指问中"会"前邻接特指问类语气副词"怎么"。

"怎么会"表示反诘问，否定事态发生的可能性，"怎么会"的后接成分大致有十一种情况：

第一，"怎么会"无后接成分，单独成句，例如：

（2）啊，怎么【会】？

第二，"怎么会"后接动词，例如：

（3）你怎么【会】来？

有时，后接心理动词，例如：

（4）他怎么【会】腻烦？

（5）他怎么【会】怕？

（6）我惊奇地问队长："这么多的地，少了三棵玉米他们怎么【会】知道？"

第三，"怎么会"后接动宾结构，例如：

（7）这样好的天气，怎么【会】下雨？

（8）咦，老太太怎么【会】晓得我有孩子？

（9）真的，无论从哪一点上讲起来，连你一根脚趾头都比不上，怎么【会】疑心我舍不得她们？

有时，后接"是"字动宾结构，"怎么会是……"，例如：

（10）再说我们从来不吃肉，怎么【会】是杀死你妈妈他们的凶手？

第2章 "会"与语气成分的关联机制

(11) 这怎么【会】是遗传?

有时,后接"有"字动宾结构,"怎么会有……",例如:

(12) 门后面是什么地方,严寒的冬天怎么【会】有花的气息?

(13) 地里怎么【会】有戒指?

有时,后接"知道"类认知动词带宾,例如:

(14) 出于礼貌,我说了声谢谢,问他:"你怎么【会】知道我的生日?"

(15) 你不是鱼,怎么【会】知道鱼的快乐?

第四,"怎么会"后接状中结构,例如:

(16) 在这样的复杂情况下搞选举,他们怎么【会】不关心?

(17) 怎么【会】这样巧?

第五,"怎么会"后接述补结构,例如:

(18) 你怎么【会】出生在这儿?

(19) 金明本能地感到奇怪:崔龙按林丽家的门铃,这个妇女在二楼怎么【会】听见?

(20) 奇怪,怎么【会】消失得这样快,这样突然?

(21) 林丽家门的钥匙,怎么【会】在她的手中?

第六,"怎么会"后接带状动宾结构,例如:

(22) 没有对封建社会的清醒认识和深刻观察,怎么【会】为流传已久的窦娥的故事安排这样一个内涵丰富的结局?

(23) 我怎么【会】没玩过龙灯?

(24) 又怎么【会】恰恰在进攻前二十分钟集中炮群击毁了我军

近百辆坦克？

第七，"怎么会"后接带状述补结构，例如：

（25）红枣儿伸出手指，戳了一下画匠的脑门，"毛主席住在天安门城楼上，怎么【会】只身一人来到荒郊野外？"

第八，"怎么会"后接带述补带宾结构，例如：

（26）她怎么【会】变成这样？

（27）我，才十五岁，怎么【会】当上美国总统？

第九，"怎么会"后接联动结构，例如：

（28）要不是一只大身量的黄鼠狼子，怎么【会】把它咬死拉出窝？

（29）怎么【会】走到这里来？

第十，"怎么会"后接兼语结构，例如：

（30）怎么【会】让一个变节者去与党内党外的一些重要人物经常相处在一起？

（31）塑料小球怎么【会】使小飞蛾如此发狂？

第十一，"怎么会"后接复句，例如：

（32）这个一向活泼、爽朗的姑娘，怎么【会】一反常态，愁容满面？

（二）特指问中"会"前邻接反诘类语气副词"怎"。

特指问中，"会"可以前邻接反诘类语气副词"怎"，表示反诘问。

"怎会"一般需要后接成分，主要是动词、动宾结构、述补带宾结构、联合结构等，例如：

(33) 这两大饮料，怎【会】产生偌大魅力？

(34) 要不是主人主母都能干，十几年中怎【会】挣起这么大家产？

（三）特指问中"会"前邻接反诘类语气副词"怎样"。

特指问中，"会"可以前邻接反诘类语气副词"怎样"，表示反诘问。"怎样会"需要后接成分，常后接动宾结构、带状动宾结构、兼语结构等，例如：

(35) 他们都是所谓高贵的华人，怎样【会】那么恭顺的秉承恶魔的意旨行事？

(36) 又怎样【会】使原有的民族成分被吸收到其他民族中去？

（四）特指问中"会"前邻接反诘类语气副词"咋"。

特指问中，"会"可以前邻接反诘类语气副词"咋"，表示反诘问。"咋会"需要后接成分，常后接联动结构等，例如：

(37) 一摸后颈窝，问姑娘："你……咋【会】到这儿来？"

（五）特指问中"会"前邻接反诘类语气副词"哪里"。

特指问中，"会"可以前邻接反诘类语气副词"哪里"，表示反诘问。"哪里会"一般需要后接成分，常后接接动宾结构、带状动宾结构、联动结构等，例如：

(38) 可是，在这雪地冰天的高原兵站里，哪里【会】有鲜菜？

(39) 关耀看风势，明明是来讹诈的，忙道："这年头儿，三十块钱一担米，广东省也没有这个好价钱，何况我是开米铺的，哪里

【会】向你买米？"

(40) 现在哪里【会】有水吃？

（六）特指问中"会"前邻接反诘类语气副词"哪儿"。

特指问中，"会"可以前邻接反诘类语气副词"哪儿"，表示反诘问。"哪儿会"一般需要后接成分，常后接谓词等，例如：

(41) 是啊，要不是周大娘跟我们说，我们哪儿【会】晓得？

（七）特指问中"会"前邻接反诘类语气副词"哪"

特指问中，"会"可以前邻接反诘类语气副词"哪"，表示反诘问。"哪会"一般需要后接成分，常后动宾结构等，例如：

(42) 这个妖怪不除，世界哪能太平，中国哪【会】有出路？

(43)（故作惊异）怪味，奇怪呀，哪【会】有什么？

（八）特指问中，"会"可以前邻接特指问类语气副词"为什么""为什么会"一般后接成分，大体有十种：

第一，"为什么会"后接谓词，例如：

(44) 为什么【会】下降？

(45) 线圈为什么【会】转动，又为什么不能继续转动下去呢？

有的是后接谓词性代词"如此、这样"等，例如：

(46) 为什么【会】如此？

(47) 想想看，为什么【会】这样？

第二，"为什么会"后接动宾结构，有的后接"出现"带宾结构，例如：

(48) 物体受到光的照射时为什么【会】出现影?

(49) 为什么【会】出现这种现象,怎样消除它?

有的后接"发生、发、生"等带宾结构,例如:

(50) 白光通过棱镜后为什么【会】发生色散?

(51) 铁器为什么【会】生锈?

有的后接"有"带宾语结构,例如:

(52) 它为什么【会】……【会】有那么大的……魔力?

(53) 蝗虫在发育过程中,为什么【会】有蜕皮现象?

另外,还能后接其他一些动宾结构,例如:

(54) 夏天扇扇子,空气的温度并没有降低,为什么【会】感到凉爽些?

(55) 稍停一会儿,黑熊又说,"我为什么【会】进入冬眠?"

第三,"为什么会"后接状中结构,例如:

(56) 铁和木头为什么【会】不一样?

第四,"为什么会"后接述补结构,例如:

(57) 蒸熟的馒头为什么【会】变得疏松多孔?

(58) 即使他勉强做了,为什么【会】做不好?

第五,"为什么会"后接带状动宾结构,例如:

(59) 一桩并不复杂的商标侵权案,为什么【会】如此难以了结?

(60) 在两棵小树之间拴铁丝晾衣物,日子长了,为什么【会】

在拴铁丝的树皮上方形成节瘤？

第六,"为什么会"后接带状述补结构,例如:

(61) 很出乎我们的意外,他为什么【会】这样春天的雪似的忽然消融下来?

第七,"为什么会"后接述补带宾结构,例如:

(62) 如讲"资本积累",可以引导他们思考,为什么【会】造成社会两大对立阶级、贫富两极分化?

第八,"为什么会"后接联动结构,例如:

(63) 为什么【会】单纯用行政手段来领导企业?

第九,"为什么会"后接主谓结构,例如:

(64) 祥林嫂为什么【会】精神失常?

第十,"为什么会"后接联合结构,例如:

(65) 气孔为什么【会】开放和闭合?

(九) 特指问中,"会"可以前邻接特指问类语气副词"为何""为何会"一般后接成分,大体有两种:

1. "为何会"后接动宾结构,例如:

(66) 喝了不熟的豆浆为何【会】中毒?

(67) 贝克尔为何【会】有如此神力?

2. "为何会"后接兼语结构,例如:

（68）为何【会】有大难临头？

（十）特指问中，"会"可以前邻接特指问类语气副词"何以"，"何以会"一般后接成分，大体有两种：

第一，"何以会"后接谓词，例如：

（69）社会行为何以【会】变迁？

第二，"何以会"后接动宾结构，例如：

（70）何以【会】成为老山界唯一的、一年一度的、苗家农历七月半歌会的发源地？

（71）新中国邮票问世最长不过40来年，价格何以【会】像一匹脱缰的野马？

2.2.5.1.2　特指问中"会"前间隔语气副词

2.2.5.1.2.1　特指问中"会"前间隔特指问类语气副词

特指问中，"会"前间隔特指问类语气副词"哪里""哪""为什么""为甚么""何以"等。

（一）特指问中，"会"前间隔特指问类语气副词"哪里""哪"等，间隔副词"还"，形成"哪里/哪还会……"的格式，后面常接"有"字动宾结构、兼语结构等，例如：

（72）那么，在这种残酷的轰炸，加上敌人逃跑时的放火焚烧，哪里还【会】有人存在？

（73）哪还【会】有今天？

（二）特指问中，"会"前间隔特指问类语气副词"为什么"，形成"为什么……会……"的格式，"为什么"与"会"之间的间隔成分大致有六种：

第一，"为什么"与"会"间隔主语，有的"会"后接谓词，例如：

（74）为什么海平面【会】上升？

有的"会"后接动宾结构，例如：

（75）为什么水平运动的物体【会】发生偏向？
（76）为什么斗争的焦点【会】在"个人幸福"的问题上？

有的"会"后接状中结构，例如：

（77）为什么他们【会】那么穷？
（78）为什么我的母亲【会】同别人不一样？

有的"会"后接带状动宾结构，例如：

（79）为什么我【会】把那些晓得表现音的情感的演唱或演奏的人们当作是具有创作能力的艺人？

有的会后接复句，例如：

（80）为什么雕佛像的【会】把木头雕成人形，所贴的金那么薄又用什么方法作成？
（81）为什么小铜匠【会】在一块铜板上钻那么一个圆眼，刻花时刻得整整齐齐？

第二，"为什么"与"会"间隔修饰语，主要是副词"还"、时间词语等，"会"后接状中结构、动宾结构、联合结构等，例如：

（82）在自行车紧急刹车后，轮子不转了，车子为什么还【会】

向前滑动？

（83）有些树木为什么在深秋【会】落叶？

第三，"为什么"与"会"间隔主语、修饰语，修饰语主要是表时间的时间副词、时间名词等，"会"后接动宾结构、述补结构、带状述补结构等，例如：

（84）为什么垄断的、腐朽的、垂死的资本主义在战后【会】获得这么快的发展？

（85）不过我们要问的是，为什么研究的热烈气氛突然【会】高涨起来？

第四，"为什么"与"会"间隔句、修饰语，"会"后接述补结构等，例如：

（86）为什么墨水在纸上很快地变干，而在用盖子盖紧的墨水瓶里【会】保存很久？

第五，"为什么"与"会"间隔句、主语，"会"后接带状动宾结构等，例如：

（87）为什么到了秋季叶子【会】由绿变黄？

第六，"为什么"与"会"间隔句、主语、修饰语，"会"后接带述补结构等，例如：

（88）在图 7-4 中，为什么带电体接触验电器金属棒上端的金属球，金属棒下端的两条金属箔就【会】张开？

（三）特指问中，"会"前间隔特指问类语气副词"为甚么"，形成

"为甚么……会……"的格式，例如：

(89) 另外我可告诉你，为甚么近十年来这海边小都【会】人口渐渐加多？

（四）特指问中，"会"前间隔特指问类语气副词"何以"，形成"何以……会……"的格式，例如：

(90) 在银价上涨，使中国发生货币紧缩的时候，何以中国【会】得着利益？

2.2.5.1.3 特指问中"会"前邻接、间隔语气副词

2.2.5.1.3.1 特指问中"会"前邻接特指问类语气副词、前间隔必断类语气副词

(91) 伏安法测电阻为什么必然【会】有误差？

2.2.5.1.3.2 特指问中"会"前邻接特指问类语气副词、前间隔意外类语气副词

(92) 本该是好端端的革命者的后代，何以竟【会】步高衙内后尘？

(93) 真奇怪，这么大的一座岛屿，一排排高大的建筑物，怎么竟【会】没有一盏灯？

2.2.5.1.3.3 特指问中"会"前邻接深究类语气副词、前间隔特指问类语气副词

(94) 你究竟为什么【会】有那样清晰的思路？

2.2.5.2 特指问中"会"后关联语气词

2.2.5.2.1 特指问中"会"后邻接语气词

特指问中,"会"可以后邻接语气词"呢",特指疑问词"谁"等在"会"前,例如:

(95) 如果你自己都不相信自己,还有谁会呢?

(96) 如果我不为你辩护,孩子,谁会呢?

(97) 你年纪还小,你也不可能会。谁会呢?只有扒手会。

(98) 有人会大喊我的名字么?有谁会呢?

2.2.5.2.2 特指问中"会"后间隔语气词

2.2.5.2.2.1 特指问中"会"后间隔语气词"呢"

特指问中,"会"可以后间隔语气词"呢",特指疑问词在"会"前或在"会"后。

(一)特指问的问点在"会"前。

第一,特指疑问词"谁"在"会"前,有的"谁"和"会"邻接,例如:

(99) 可是他只是一根小小的火柴,离开了火柴盒,谁【会】注意到他呢?

(100) 谁【会】不珍惜这难得的时光呢?

有的"谁"和"会"有间隔修饰语,一般用"又",例如:

(101) 再试想一下,如果热力学第二定律与生物进化论的矛盾仅仅表现在理论形式上,谁又【会】认为这两个理论不相容呢?

(102) 你死,春江市照样是繁华世界,南京路依旧车水马龙,除了你的亲人会为你掉下几滴眼泪,谁又【会】给你一点同情呢?

第二,特指疑问词"什么"在"会"前,例如:

(103) 那么,什么地方的猴子【会】变人呢?

(104) 从常识判断,鲨鱼是被激光杀死的,但这究竟是什么激光器的能量,【会】发出如此强大的光束呢?

(105) 人类在什么时候才【会】去恶从善呢?

第三,特指疑问词"哪些"在"会"前,例如:

(106) 是在哪些情况下,利他行为【会】产生这种消极后果呢?

(107) 哪一年,哪一天,父亲母亲【会】微笑着走到女儿身边来呢?

第四,特指疑问词"几"在"会"前,例如:

(108) 但是,下次的一元人民币几时才【会】有呢?

(二)特指问的问点在"会"后。

第一,特指问词"谁"在"会"后,"谁"往往用作宾语,例如:

(109) 他想,假如那门帘在慢慢地开启,从里面走出来一个人,那【会】是谁呢?

(110) 这样冷的雨夜,厂里我又还没有熟人,【会】有谁来找我呢?

第二,特指问词"什么"在"会"后,"什么"往往用作宾语中心语的定语,例如:

(111) 宇宙之大,无奇不有,在那些更遥远的星星上,还【会】

有些什么呢？

（112）假如你没有当心，将手掌压在图钉尖上，又【会】发生什么情况呢？

第三，特指问词"什么样"在"会"后，"什么样"往往用作宾语中心语或者宾语中心语的定语，例如：

（113）五千万年后，地球【会】是个什么样呢？

（114）这对学生纯洁的心灵将【会】产生什么样的影响呢？

第四，特指问词"什么样子"在"会"后，"什么样子"往往用作宾语中心语，例如：

（115）西勒特其很快浸沉入朦胧的夜色之中，云在迟缓地飘动，明天天气【会】是什么样子呢？

第五，特指问词"何"在"会"后，"何"往往用作宾语中心语的定语，例如：

（116）那么，如果现在这种农村工业快速增长的态势维持不衰，当农村工业在今后我国经济发展中以这种特征成为经济发展的支柱部门之一时，将【会】对整个国民经济结构的现代化带来何种影响呢？

第六，特指问词"怎样"在"会"后，有的"怎样"用作谓语中心语，例如：

（117）比如正在成长中的青少年，他们未来的人生之途将【会】怎样呢？

（118）如果氢气不纯，混有空气（或氧气），点燃时【会】怎样呢？

有的"怎样"用作修饰语，例如：

（119）失去了一个令狐，人们【会】怎样想呢？

（120）高兴的是支部书记对人真好；担心的是，我参加了那个农业社，社里的人将【会】怎样看待我呢？

有的"怎样"用作宾语，例如：

（121）我们设想一下，如果让妻子牺牲自己的事业去保证丈夫完成事业，其结果将【会】是怎样呢？

有的"怎样"用作宾语中的定语，例如：

（122）现在假使扳机开放起来，【会】发生怎样的结果呢？

（123）假设我们把一个足球，对着火炉旋转，那【会】发生怎样的作用呢？

有的"怎样"构成"怎样的"的字短语，用作宾语，例如：

（124）如果是这样的话，结果【会】是怎样的呢？

（125）将来又【会】是怎样的呢？

第六，特指问词"怎么"在"会"后，"怎么"用作修饰语，例如：

（126）一个女孩子贸然闯进人家家里，他【会】怎么看呢？

（127）一个头脑简单的青年看到犯罪后不过如此【会】怎么想呢？

第七，特指问词"怎么样"在"会"后，有的"怎么样"用作谓语中心语，例如：

(128) 如果我也到远方去旅行，那又【会】怎么样呢？

(129) 要有个风吹雨打的，它【会】怎么样呢？

有的"怎么样"用作宾语中的定语，例如：

(130) 退一步讲，他要是把这田塍豆分到户里种的事捅到县里，【会】给自己带来怎么样的后果呢？

第八，特指问词"如何"在"会"后，用作谓语中心语，例如：

(131) 同时，作为经济发展支柱部门的农村工业所带动的国民经济结构又【会】如何呢？

(132) 如果在以上各种情景中，犯了错误的人不将头低下，反而昂首挺胸，那样又【会】如何呢？

第九，特指问词"哪儿"在"会"后，用作宾语，例如：

(133) 这里只有猎人才能找到路，他们【会】走到哪儿去呢？

第十，特指问词"多"在"会"后，用作宾语中的定语，例如：

(134) 两分钟的时间，【会】有多大的作为呢？

2.2.5.2.2.2 特指问中"会"后间隔语气词"呀"

(135) 小花鹿性急地问："魔圈，【会】干什么呀？"

2.2.5.2.2.3 特指问中"会"后间隔语气词"哩"

(136) 反正是社里的东西，糟蹋点谁【会】管这些闲事哩？

2.2.5.2.2.4 特指问中"会"后间隔语气词"的"

· 203 ·

（137）什么【会】完的？

2.2.5.2.2.5 特指问中"会"后间隔语气词"的呢"

特指问中，"会"可以后间隔语气词"的呢"，形成特指问格式："……会怎样的呢"，例如：

（138）现代中国为实现社会主义现代化而对外开放，广州，这些艺术家生活的广州具有特殊的地位，艺术在广州与现代化的关系又【会】怎样的呢？

2.2.5.3 特指问中"会"前后关联语气成分

2.2.5.3.1 特指问中"会"前邻接语气副词，后邻接语气词

2.2.5.3.1.1 特指问中"会"前邻接特指问类语气副词，后邻接语气词"呢"

（139）张小保也满有把握地应和着，嗓子很高："那怎么【会】呢？"

（140）怎么【会】呢？

2.2.5.3.1.2 特指问中"会"前邻接特指问类语气副词，后邻接语气词"啊"

（141）"在羊太傅庙中出手杀死尼摩星的，你想会不会是他？"郭芙道："怎么【会】啊？杨……杨大哥怎会有这等好功夫？"

2.2.5.3.1.3 特指问中"会"前邻接特指问类语气副词，后邻接语气词"的"

（142）他说你刚好在比赛开始之前才到。怎么【会】的？你很早

就从这里离开了。

2.2.5.3.1.4　特指问中"会"前邻接特指问类语气副词，后邻接语气词"的呢"

（143）章亚若的脸刹那间若雪一般惨白：怎么【会】的呢？亚若的耳旁，总响着那清脆的碎裂声。

2.2.5.3.2　特指问中"会"前邻接语气副词，后间隔语气词

2.2.5.3.2.1　特指问中"会"前邻接特指问类语气副词，后间隔语气词"呢"

（一）"会"前邻接"怎么"，后间隔"呢"，从间隔的成分来看，大致有十二种：

第一，"怎么会"与"呢"间隔谓词，例如：

（144）怎么回事，它自己怎么【会】开呢？

（145）"动画小人书"的底版怎么【会】振动呢？

（146）你根本就没下去了解，怎么【会】知道呢？

第二，"怎么会"与"呢"间隔动宾结构，例如：

（147）然而，谭天宏怎么【会】成了"废品公司副经理"呢？

（148）大自然里怎么【会】出现这么奇怪的植物呢？

（149）可我一直也没想透，我怎么【会】犯这样的错误呢？

（150）你们的功劳我们感谢还感谢不尽，怎么【会】伤害你们呢？

有的间隔"是"带宾语，例如：

（151）因为去养牛场提取的不是牛肉就是奶制品，怎么【会】是鲜蛋呢？

（152）怎么【会】是兄弟呢？

（153）批评你两句怎么【会】是整你呢？

有的间隔"有、没有"带宾语，例如：

（154）草原上怎么【会】有火车声呢？

（155）有了这么一些原因，华北的局面怎么【会】没有变化呢？

第三，"怎么会"与"呢"间隔状中结构，例如：

（156）它怎么【会】比狗鼻子还灵呢？

（157）这是什么年头，一个毛孩子就敢惹这么大的祸，老龙王怎么【会】不报应呢？

（158）他们真有点不相信，这么好的手表，怎么【会】免费赠送呢？

（159）我巴不得天天到校，怎么【会】无缘无故地逃学呢？

第四，"怎么会"与"呢"间隔述补结构，例如：

（160）他们怎么【会】吵起来呢？

（161）稻草人怎么【会】动起来的呢？

第五，"怎么会"与"呢"间隔述补带宾结构，例如：

（162）刘宽吃了一惊，这人怎么【会】猜到他的心思呢？

（163）吃这样没有营养的奶水怎么【会】长成胖娃娃呢？

（164）再说，万福怎么【会】干出这事儿来呢？

第六，"怎么会"与"呢"间隔带状动宾结构，例如：

(165) 他怎么【会】对冬尼娅这号人一度产生过那样的热情呢？

(166) 怎么【会】只有十几部影片呢？

第七，"怎么会"与"呢"间隔带状述补结构，例如：

(167) 噢，他怎么【会】把你打死呢？

(168) 我偷偷地看了王强和李辉一眼，莫非他俩真是机器人，要不，怎么【会】给抓进来呢？

(169) 可他怎么【会】突然出现在这里呢？

第八，"怎么会"与"呢"间隔带状述补带宾结构，例如：

(170) 哥哥受的伤那么重，连头骨戳了个酒杯大的窟窿，怎么【会】没有留下伤疤呢？

第九，"怎么会"与"呢"间隔主谓结构，例如：

(171) 说句不科学的话：风伯伯准找个阴凉的地方睡午觉去了，要不怎么【会】一丝儿风也没有呢？

第十，"怎么会"与"呢"间隔兼语结构，例如：

(172) 你要观众看得真，你就要真有这种感情和感觉，不然怎么【会】使观众产生真的感觉呢？

(173) 一粒小小的金属圆珠，怎么【会】使一个人在十分钟之内就昏迷呢？

(174) 怎么【会】有狗上台了呢？

第十一，"怎么会"与"呢"间隔连动间隔，例如：

(175) 他看到这两只大羊很像是自己的，但一想自己的羊明明是在离这里三、四十里地的草原丢失的，怎么【会】到这里来呢？

（176）他们把整个人生搁在爱情里，爱存则存，爱死则死，他们怎么【会】拿爱情做人生的装饰品呢？

（177）唉，真要命，我疯啦，怎么的，怎么，我怎么【会】下这样的毒手鞭打我自己的女儿呢？

第十二，"怎么会"与"呢"间隔复句，例如：

（178）奇怪，堂堂一位著名的科学家，家里的屋门怎么【会】既无锁也无门环，更没留人呢？

（179）国际班机怎么【会】提前到达、又提前起飞呢？

（180）我们怎么【会】向东北行，同时又向西北行呢？

（二）"会"前邻接"怎"，后间隔"呢"，从间隔的成分来看，大致有四种：

第一，"怎会"与"呢"间隔谓词，例如：

（181）怎【会】丢呢？

第二，"怎会"与"呢"间隔动宾结构，例如：

（182）这也难怪，他们怎【会】相信跟自己打了整天的对手就是这么一点点人呢？

第三，"怎会"与"呢"间隔状中结构，例如：

（183）现在青年因为感觉内政外交种种的烦闷，本来就有些失望，再加上关于他们本身学业上的痛苦和挫折，怎【会】不离心离德呢？

第四,"怎会"与"呢"间隔述补结构,例如:

(184) 外孙女的心思,谢鲁氏怎【会】觉不出来呢?

(三)"会"前邻接"怎样",后间隔"呢",从间隔的成分来看,可以间隔述补带宾结构、联动结构等,例如:

(185) 当然你的回答是从身体上长出来的;然而倘再进一步问:身体上怎样【会】长出力气呢?

(186) 叫化子怎样【会】有鸡吃呢?

(四)"会"前邻接"如何",后间隔"呢",从间隔的成分来看,常间隔动宾结构,例如:

(187) 但是,它的教义经过保罗等人的"改造",如何【会】成为各阶层人都能够接受的"安慰"呢?

(188) 我觉得我心里如何【会】具这种卑怯的观念呢?

(五)"会"前邻接"哪里/那里",后间隔"呢",从间隔的成分来看,大致有三种:

第一,"哪里/那里会"与"呢"间隔动宾结构,例如:

(189) 我一辈子看见过千千万万的蝴蝶,还没有碰到过一只有我的巴掌大,哪里【会】有八十斤重的大蝴蝶呢?

(190) 我们都是好朋友,好同学,哪里【会】做这样的事情呢?

(191) 那一个问题——路费便累苦了我,职务还没有到月,薪水自然发不下来,家里呢,每月我的收入仅可以维持家庭的生活,那里【会】有积蓄呢?

第二,"哪里/那里会"与"呢"间隔述补带宾结构,例如:

（192）她后悔自己搞时装表演队了，如果不出这么大的风头，哪里【会】飞来这样的横祸呢？

（193）玩魔术、变戏法在旧社会，一般都认为是走江湖混饭吃的，那里【会】联想到革命和共产党呢？

第三，"哪里/那里会"与"呢"间隔带状述补带宾结构，例如：

（194）自然啰，这种事除了我能记得外，你那里【会】把它放在心上呢？

（六）"会"前邻接问因的语气副词"为什么"，后间隔语气词"呢"，从间隔的成分来看，大致有十二种：

第一，"为什么会"与"呢"间隔谓词，例如：

（195）这样一对经过考验而结成终身伴侣的夫妇，为什么【会】离婚呢？

（196）为什么【会】凉快呢？

（197）那么，种子为什么【会】休眠呢？

（198）弹簧振子为什么【会】振动呢？

第二，"为什么会"与"呢"间隔动宾结构，有的间隔成分是"产生、发生、出现"等动词带宾，例如：

（199）为什么【会】产生这种情况呢？

（200）物体的重量为什么【会】发生变化呢？

（201）为什么【会】出现这奇怪的现象呢？

有的间隔成分是"有"带宾，例如：

（202）可是，这枝看起来普普通通的圆珠笔为什么【会】有这么大本领呢？

（203）蒸气为什么【会】有这么大的力气呢？

有的间隔"是……的"动宾结构，例如：

（204）那么，为什么【会】是这样的呢？

还可以间隔其他动宾结构，例如：

（205）人物为什么【会】成为读者和作者共同注意的中心呢？

（206）不同语境为什么【会】导致不同的逻辑结构呢？

第三，"为什么会"与"呢"间隔状中结构，例如：

（207）冻豆腐的滋味为什么【会】跟豆腐不一样呢？

（208）为什么【会】这么像呢？

第四，"为什么会"与"呢"间隔状述补构，例如：

（209）你为什么【会】记得这么清楚呢？

（210）李百江心里直纳闷：许多国营工厂面临着"吃不饱"和产品滞销，一个大队的企业为什么【会】搞得如此兴隆呢？

第五，"为什么会"与"呢"间隔动宾带补结构，例如：

（211）悲剧本来是令人悲痛的，为什么【会】给人以美感享受呢？

第六，"为什么会"与"呢"间隔述补带宾结构，例如：

（212）北重人为什么【会】迸发出前所未有的生产积极性呢？

· 211 ·

（213）山峰为什么【会】变成这样奇特呢？

第七，"为什么会"与"呢"间隔带状述补结构，例如：

（214）我们今天在这儿开会，感到有说不出的悲痛，因为我们亲爱的兄弟，给帝国主义和他们的走狗打死了……，他们为什么【会】好端端被打死呢？

（215）滤纸为什么【会】自行燃烧起来呢？

第八，"为什么会"与"呢"间隔带状述补带宾间隔，例如：

（216）人类为什么【会】在再现型、写意型艺像之外，还要追求形巧型的艺像呢？

（217）但是，他的感情为什么【会】这么快就发生了变化呢？

第九，"为什么会"与"呢"间隔，例如：

（218）我们普通只知道栗子【会】爆裂由于冷热不匀，但是冷热不匀为什么【会】使栗子爆裂呢？

（219）宏观世界搞的大统一理论为什么【会】使你这位微观世界的质子心烦呢？

第十，"为什么会"与"呢"间隔联合结构，例如：

（220）老腌的鸡蛋为什么【会】变轻变空呢？

第十一，"为什么会"与"呢"间隔主谓间隔，例如：

（221）为什么【会】相差这么大呢？

第十二，"为什么会"与"呢"间隔复句，例如：

（222）那么它为什么【会】因为季节的不同而变化颜色呢？

（七）"会"前邻接问因的语气副词"为何"，后间隔语气词"呢"，从间隔的成分来看，主要是动宾结构、并列结构等，例如：

（223）换而言之，喜、怒、哀、惧、爱、恶、欲、为何【会】炽而荡呢？

（224）为何【会】出现这种情况呢？

（八）"会"前邻接问因的语气副词"以何"，后间隔语气词"呢"，从间隔的成分来看，主要是动宾结构等，例如：

（225）何以【会】出现这种局面呢？

2.2.5.3.2.2 特指问中"会"前邻接深究类语气副词，后间隔语气词"呢"

特指问中，"会"可以前邻接深究类语气副词"究竟""到底"等，后间隔语气词"呢"，从间隔成分来看，主要是动宾结构，例如：

（226）这样不要领导的"民主"，对于工作、对于团结究竟【会】有什么好处呢？

（227）今天，在这小小的畹町边防检查站，"核威慑"再次出现，到底【会】发挥怎样的威力呢？

2.2.5.3.2.3 特指问中"会"前邻接特指问类语气副词，后间隔语气词"啊（呵）"

特指问中，"会"能够前邻接特指问类语气副词"怎么"等，后间隔语气词"啊（呵）"，间隔的成分主要是动宾结构、述补结构、述补带宾结构、联动结构等，例如：

· 213 ·

(228) 你怎么【会】有他的周记啊？

(229) 怎么【会】爬得这样快呵？

(230) 他怎么【会】搞成这个样子啊？

(231) 白老师呀！你怎么【会】到这里来啊？

2.2.5.3.2.4　特指问中"会"前邻接特指问类语气副词，后间隔语气词"呀"

特指问中，"会"能够前邻接特指问类语气副词"哪儿""哪"等，后间隔语气词"呀"，间隔的成分主要是动宾结构、状中结构等，例如：

(232) 哪儿【会】碰那玩意儿呀？

(233) 小李连忙向我解释，"要不，雪山上哪【会】终年积雪不化呀？"

2.2.5.3.2.5　特指问中"会"前邻接特指问类语气副词，后间隔语气词"的"

（一）特指问中，"会"前邻接特指问类语气副词"怎么"，后间隔语气词"的"。

特指问中，"会"前邻接特指问类语气副词"怎么"，后间隔语气词"的"，"怎么会"与"的"之间的间隔成分大致有四种：

第一，"怎么会"与"的"间隔谓词，例如：

(234) 小文……你怎么【会】来的？

(235) 安娜的焦躁不安的心理怎么【会】产生的？

(236) 可她们怎么【会】知道的，布告还没有贴出去呀？

第二，"怎么会"与"的"间隔动宾结构，例如：

(237) 地球怎么【会】发"脾气"的？

· 214 ·

(238) 悟空看得出神，不禁自言自语起来："世界上怎么【会】有这茫茫海洋的？"

第三，"怎么会"与"的"间隔述补带宾结构，例如：

(239) 大江建坝是开发能源的壮举，怎么【会】收到告急信件的？

(240) 怎么【会】变成这样的？

第四，"怎么会"与"的"间隔联动结构，例如：
(241) 我问你，郑克昌是怎么【会】到这里来的？

（二）特指问中，"会"前邻接特指问类语气副词"怎"，后间隔语气词"的"。

特指问中，"会"前邻接反诘类语气副词"怎"，后间隔语气词"的"，"怎会"与"的"之间可以间隔述补结构等，例如：

(242) 上述文顾两先生所藏壁画，如果是唐代的东西，那么怎【会】遗留到今日的，真是奇迹；难道它越过了灭法和变乱而幸存于今日的？

（三）特指问中，"会"前邻接特指问类语气副词"怎样"，后间隔语气词"的"。

特指问中，"会"前邻接特指问类语气副词"怎"，后间隔语气词"的"，"怎会"与"的"之间可以间隔述补带宾结构等，例如：

(243) 我捺住火性说，"我们不谈过去，只说现在，——我问你一句：你怎样【会】碰到了舜英的？"

2.2.5.3.2.6 特指问中"会"前邻接特指问类语气副词，后间隔语气词"了"

特指问中，"会"前邻接特指问类语气副词"怎么"，后间隔语气词"了"，"怎么会"与"了"之间可以间隔动宾结构、状中结构等，例如：

（244）我要不去喊你，怎么【会】知道你去看电影了？

（245）铁轨怎么【会】把他给搅了？

2.2.5.3.2.7 特指问中"会"前邻接特指问类语气副词，后间隔语气词"了呢"

特指问中，"会"前邻接特指问类语气副词"为什么""咋"，后间隔语气词"了呢"。

（一）"为什么会"与"了呢"间隔关联，可以间隔状中结构、述补结构、联动结构等，例如：

（246）就没了，为什么【会】就没了呢？

（247）那么，小萍，你又为什么【会】到这儿来了呢？

（二）"咋会"与"了呢"间隔关联，可以间隔谓词等，例如：

（248）你在马棚偷吃马料，我批评你几句，可并没一个劲地剋你，后来你咋【会】跑了呢？

2.2.5.3.2.8 特指问中"会"前邻接特指问类语气副词，后间隔语气词"的呢"

（一）特指问中"会"前邻接特指问类语气副词"怎么"，后间隔语气词"的呢"，它们的间隔成分大体有六种：

第一，"怎么会"与"的呢"间隔谓词，例如：

（249）那么这次怎么【会】"下岗"的呢？

第二,"怎么会"与"的呢"间隔动宾结构,例如:

(250) 今天,她怎【会】有了听觉的呢?

第三,"怎么会"与"的呢"间隔状中结构,例如:

(251) 你……你怎么【会】不看见的呢?

(252) 反之,在烈火熊熊的火灾现场里,你却会看到一些英勇的消防队员,踏上燃烧着烈火的地板,冲向火焰的中心,他们又是怎么【会】不怕火的呢?

第四,"怎么会"与"的呢"间隔述补结构,例如:

(253) 稻草人怎么【会】动起来的呢?

(254) 我简直有点怀疑自己的眼睛,这个老同志怎么【会】出现在 LED 上的呢?

第五,"怎么会"与"的呢"间隔复句,例如:

(255) 可是我怎么【会】一会儿闻到这种气味,一会儿又闻到那种气味的呢?

第六,"会"后使用"是",形成格式:"怎么会是……的呢?",例如:

(256) 最使我和哥哥感到奇怪的是:银光闪闪的金属——钽,怎么【会】是从蜂蜜中提炼出来的呢?

(二) 特指问中"会"前邻接特指问类语气副词"哪里",后间隔语气词"的呢",它们之间常常间隔谓词,例如:

(257) 我方才不是说过吗,是我用烙铁给她烙的,那里【会】见过的呢？

（三）特指问中"会"前邻接特指问类语气副词"为什么"，后间隔语气词"的呢"，它们之间常常间隔述补结构、主谓结构等，例如：

（258）鸡脚子树的花柄为什么【会】变得这样肥胖，味甜、可吃的呢？

（259）自然既不把同一个模型用两次，为什么【会】子肖其亲的呢？

（260）俗语说的"龙生龙，凤生凤"和"一母生九子，子子不相同"这两句话分明是矛盾的，既然"物生自类本种"的，为什么【会】子子不相同的呢？

2.2.5.3.3 特指问中"会"前间隔语气副词，后间隔语气词

2.2.5.3.3.1 特指问中"会"前间隔特指问类语气副词，后间隔语气词"呢"

（一）特指问中"会"前间隔特指问类语气副词"怎样"，后间隔语气词"呢"，例如：

（261）怎样就【会】出岔子呢？

（二）特指问中"会"前间隔特指问类语气副词"怎的"，后间隔语气词"呢"，例如：

（262）他怎的【会】垂在一个红胸鸟的翅翻上呢？

（三）特指问中"会"前间隔特指问类语气副词"哪里"，后间隔语气词"呢"，例如：

（263）你中了五十万，会自己建造大洋房子住，就不再当二房东

了，你哪里还【会】再替人家买开水，跑湿路呢？

（264）在公司管辖的铁路线两侧，既有我国最有名的自然风景区——芙蓉山国家自然公园，又有世界上最长的铁路隧道——芙蓉山大隧道，吸引着许多人慕名前往，哪里还【会】发愁坐火车的人少呢？

（四）特指问中"会"前间隔特指问类语气副词"为什么"，后间隔语气词"呢"，例如：

（265）为什么人们【会】感到人体是美的呢？

（五）特指问中"会"前间隔特指问类语气副词"为何"，后间隔语气词"呢"，例如：

（266）因为他们既说心统性情，试问为何情发而【会】时常不中节呢？

2.2.5.3.3.2 特指问中"会"前间隔特指问类语气副词，后间隔语气词"的"

特指问中，"会"可以前间隔特指问类语气副词"为什么"等，后间隔语气词"的"，例如：

（267）为什么我们种的稻，【会】得死的？

2.2.5.3.3.3 特指问中"会"前间隔特指问类语气副词，后间隔语气词"的呢"

特指问中，"会"可以前间隔特指问类语气副词"为什么"，后间隔语气词"的呢"，例如：

（268）为什么佛教在印度【会】这么凋零的呢？

（269）有一次想到孙猴子偷桃子的故事时，突然发生了一个问题：为什么桃子和人的寿命【会】联系起来的呢？

2.2.5.3.3.4　特指问中"会"前间隔特指问类语气副词，后间隔语气词"了呢"

（270）在李家屋前的庭院中，站着许多人，男的女的，老的少的都有，乱哄哄地闹成一团，有的人说："李大毛昨天还好好地在澡堂子洗澡，洗完了照例地喝了点酒，为什么今天【会】死去了呢？"

2.2.5.3.3.5　特指问中"会"前间隔深究类语气副词、特指问类语气副词，后间隔语气词"呢"

特指问中，"会"可以前间隔深究类语气副词"究竟"等，又前间隔特指问类语气副词"为什么"等，同时后间隔语气词"呢"，例如：

（271）那么，究竟为什么，苗大娘病危的消息【会】使程济仁不好受呢？

2.2.5.3.3.6　特指问中"会"前间隔特指问类语气副词、意外类语气副词，后间隔语气词"呢"

特指问中，"会"前间隔特指问类语气副词，又前间隔意外类语气副词，同时后间隔语气词"呢"，例如：

（272）这倒又让我奇怪了，在我前面进去的同学不亮，怎么偏偏我进的时候【会】亮呢？

2.2.5.3.4　特指问中"会"前邻接、间隔语气副词，后间隔语气词

有时，特指问中的"会"前可以邻接和间隔不同类型的语气副词，同时后间隔语气词。

2.2.5.3.4.1　特指问中"会"前邻接意外类语气副词、前间隔特指

问类语气副词，后间隔语气词"呢"

特指问中，"会"可以前邻接意外类语气副词"反而""竟"等，前间隔特指问类语气副词"为什么""何以"等，后间隔语气词"呢"，例如：

（273）既然早晚的太阳较远，照理应该小一点，至少也得要与中午的太阳差不多相等，为什么看起来反而【会】大了呢？

（274）然而，令人深思的是，那几百年、上千年前封建王朝的人和事，何以竟【会】在我们今天的社会主义天地里重演呢？

2.2.5.3.4.2 特指问中"会"前邻接申明确认类语气副词、前间隔估测类语气副词，后间隔语气词"呢"

特指问中，"会"可以前邻接申明确认类语气副词"真"等，前间隔估测类语气副词"也许"等，后间隔语气词"呢"，例如：

（275）娘，也许真【会】有这么一天呢？

2.2.5.3.4.3 特指问中"会"前邻接特指问类语气副词、前间隔申明确认类语气副词，后间隔语气词"呢"

特指问中，"会"可以前邻接特指问类语气副词"哪里"等，前间隔申明确认类语气副词"其实"等，后间隔语气词"呢"，例如：

（276）其实没有山哪里【会】有好风景呢？

2.2.5.3.4.4 特指问中"会"前邻接特指问类语气副词、前间隔深究类语气副词，后间隔语气词"的呢"

特指问中，"会"可以前邻接特指问类语气副词"怎么"等，前间隔深究类语气副词"究竟"等，后间隔语气词"的呢"，例如：

· 221 ·

(277) 但是"×涂料"究竟怎么【会】变色的呢？

2.3 感叹句中"会"与语气成分的关联机制

2.3.1 感叹句中"会"前关联语气副词

2.3.1.1 感叹句中"会"前邻接语气副词

2.3.1.1.1 感叹句中"会"前邻接特指问类语气副词

2.3.1.1.1.1 感叹句中"会"前邻接"怎么"

感叹句中，"怎么会"用反问来否定可能性，意思是"不会"，"怎么会"的用法主要有两种：

（一）"怎么会"单独构成感叹单句，例如：

（1）张桂芝好奇地说："怎么【会】！你们家王伟，那可是一表人才！想当年，咱们所里，好几家的姑娘都喜欢他呀！"

（2）怎么【会】！我爹爹不就是为了它将我带到此地来的吗？

（二）"怎么会"充当谓语，构成感叹单句，例如：

（3）"我怎么【会】！"金枝嚷嚷起来，"一人一本难念的经。可恨的，倒是那些男的！……"

（4）金一趟说："我怎么【会】！孩子嘛，他又误会了。"

（5）"那怎么【会】！才，你怎么会相信这样的瞎话！"晓燕怔怔地瞅着戴愉，一字一句痛苦地说。

（三）"怎么会"后接成分构成感叹句，包括单句感叹单句和分句，大概有六种情况：

第一，"怎么会"后接谓词，构成感叹句，例如：

(6) 齐大同："当然属于我们，没有主权，我老齐怎么【会】干！"

(7) 真糟，没有，怎么【会】没有！

第二，"怎么会"后接动宾结构，构成感叹句，例如：

(8) 炮兵多舒服，怎么【会】当步兵！

(9) 怎么【会】是找我！

(10)（诧异）咦，玉凤，你怎么【会】说这个话！

第三，"怎么会"后接状中结构，构成感叹句，例如：

(11) 你们这样无法无天，时局怎么【会】不乱！

(12) 婕，我真不明白你的动作怎么【会】这么优美轻盈！

第四，"怎么会"后接述补结构，构成感叹句，例如：

(13) 好好的孩子怎么【会】变得这个样子！

第五，"怎么会"后接带状动宾结构，构成感叹单句，例如：

(14) 葆生，你放心，人都是我叫来的，怎么【会】跟你抬杠！

第六，"怎么会"后接述补带宾结构，构成感叹句，例如：

(15)（生气地）小华，你，你怎么【会】变成这样！

(16) 两千多年前怎么【会】制造出含铬的化合物！

2.3.1.1.1.2 "会"前邻接"哪里"

"哪里会"通过反问，否定可能性，意思相当于"不会"，例如：

（17）如果没有森林，哪里【会】来这些野兽！

2.3.1.1.2　感叹句中"会"前邻接必断类语气副词

感叹句中，"会"前邻接必断类语气副词，加强必然的判断，必断类语气副词主要有"一定""（一）准""总""必然""必"等。

2.3.1.1.2.1　感叹句中"会"前邻接"一定"

感叹句中，"会"前邻接必断类语气副词"一定"，一般后接成分，构成感叹单句或分句，有的还能充任宾语。

（一）"一定会"后接成分构成感叹单句，例如：

（18）一定【会】有一个大提高！

（19）喀布尔，你一定【会】重新夺回你的自由与和平！

（20）他突然挺起身来："我的'鹰'一定【会】回来！"

（二）"一定会"后接成分构成感叹分句，一般是后分句，大致能形成几种复句关系：

第一，"一定会"后接成分构成连贯句的感叹后分句，例如：

（21）我不要别人的帮助，我觉得身体很好，你们等着瞧吧，到秋天，我一定【会】成为金皇后！

（22）明天何书记来，一定【会】支持我们！

第二，"一定会"后接成分构成假设句的感叹后分句，例如：

（23）假使你们当中有人能把铝变成价格低廉的商品，一定【会】致富！

第三，"一定会"后接成分构成足够条件句的感叹后分句，例如：

（24）我知道，日升在时常常对我这样说过，只要我能守下去，你们会来，你们一定【会】来！

第四，"一定会"后接成分构成容让句的感叹后分句，例如：

（25）它虽然遇险，一定【会】战胜困难回来！

（三）"一定会"后接成分，充当宾语，一般是认知动词、言语动词的宾语，例如：

（26）你的英文很好，我建议你到英国或巴塞尔去，并且相信你一定【会】被录取！"

（27）一位领导同志高兴地说，只要扎扎实实地抓下去，我们"火车头"一定【会】在全国体坛"冒烟"！

2.3.1.1.2.2 感叹句中"会"前邻接"（一）准"

感叹句中，"会"前邻接必断类语气副词"（一）准"，一般后接成分，构成感叹单句或分句。

（一）"（一）准会"后接成分构成感叹单句，例如：

（28）老陈，咱们这一班一准【会】露一鼻子！

（29）久后，准【会】有好事等着！

（二）"（一）准会"后接成分构成感叹分句，一般是假设句、足够条件句的后分句。

第一，"（一）准会"后接成分，充当假设句的感叹后分句，例如：

（30）屋里的空气像是凝结了，谁若是一发"火"，这空气准【会】爆炸！

（31）假如顽皮的青年或者顽皮的姑娘们见了你，准【会】说你是"领带"！

225

第二,"(一)准会"后接成分,充当足够条件句的感叹后分句,例如:

(32) 什么"翻沙换土"呀,"植树造林"呀,照这条路子走,你就准【会】踏在窟窿里头!

2.3.1.1.2.3 感叹句中"会"前邻接必断类语气副词"总"

感叹句中,"会"前邻接必断类语气副词"总",一般后接成分,构成并列句、足够条件句的感叹后分句,或者充当动词宾语。

(一)感叹句中"总会"后接成分,充当连贯句的后分句,例如:

(33) 长夜总有尽头,乱云总【会】消散!

(二)感叹句中"总会"后接成分,充当足够条件句的后分句,例如:

(34) 他想:事业是无止境的,但只要肯起步,只要不舍昼夜地努力,那么,距离那完美的境界总【会】近些、再近些!

(三)感叹句中"总会"后接成分,充当动词的宾语,例如:

(35) 我希望,我的这个申诉能留诸后世,我对周向荣已经不抱幻想了,但我希望,后代【会】为我申冤,历史总要前进的,真理总【会】战胜愚昧!

2.3.1.1.2.4 感叹句中"会"前邻接必断类语气副词"必(然)"

感叹句中,"会"前邻接必断类语气副词"必(然)",一般后接成分,构成单句或说明因果句的后分句。例如:

(36) 在场的观众必然【会】有自己的正确判断!

(37) 革命政府不能不要这些孤儿,这贫儿教养院在革命政府的

· 226 ·

施政方针下必【会】有一个光明的前途!

2.3.1.1.3 感叹句中"会"前邻接申明确认类语气副词

2.3.1.1.3.1 感叹句中"会"前邻接申明确认类语气副词"当然"

感叹句中,"会"前邻接申明确认类语气副词"当然",一般后接成分,构成说明因果句的后分句。例如:

(38) 临出发时,我的心有点忐忑不安,倒不是因为怕这个倔老头给我吃"闭门羹",而是因为玉洁前几天告诉我,她要到省科技情报中心去学习,两个月后才能回来,失去了这么一个理想的"内应",我此次采访当然【会】碰到更大的困难!

2.3.1.1.3.2 感叹句中"会"前邻接申明确认类语气副词"自然"

感叹句中,"会"前邻接申明确认类语气副词"自然",一般后接成分,构成假设句的后分句。例如:

(39) 也许你的想象力稍差,但是如果你今后能少劈纺多修养,你的想象力自然也【会】生长!

2.3.1.1.3.3 感叹句中"会"前邻接申明确认类语气副词"真"

感叹句中,"会"前邻接申明确认类语气副词"真",一般后接成分,构成假设句的感叹后分句,例如:

(40) 我要是老待在您们这儿,真【会】发疯!

(41) 你若是我兄弟,我真【会】揍你!

2.3.1.1.4 感叹句中"会"前邻接估测类语气副词

感叹句中,"会"可以前邻接估测类语气副词,表示对必然发生的事态的估测，常用的估测类语气副词有"也许""或许""说不定"等，一般后接成分，构成分句，充当连贯句、假设句等的后分句。

（一）感叹句中"会"前邻接估测类语气副词，充当连贯句的后分句，例如：

（42）你们试回过头来，或许【会】微微地叹息！

（二）感叹句中"会"前邻接估测类语气副词，充当假设句的后分句，例如：

（43）小青蛙真后悔，不该光顾在稻田里捉虫子，要是早点回来，也许【会】亲眼看见那万恶的凶手！

（44）叫我到后边休息，看不见战斗情况，说不定还【会】急出一身病来！

2.3.1.1.5 感叹句中"会"前邻接意外类语气副词

感叹句中，"会"可以前邻接意外类语气副词，表示对必然发生的事态感到意外，常用的意外类语气副词有"竟""居然"等，一般后接成分，构成转折句的后分句，或者充当动词的宾语。

（一）感叹句中"会"前邻接意外类语气副词，充当转折句的后分句，例如：

（45）整六十岁的人，市日上城还要自己去……生男养女为的是老年吓，骨头竟【会】这样贱！

（二）感叹句中"会"前邻接意外类语气副词，充当动词的宾语，常用的动语有"没想到""谁知道""难以相信"等，例如：

（46）没想到，没有铝，生活中居然【会】遇到这么多麻烦！

(47) 谁知道，你竟【会】等到今朝！

(48) 我并没有放下手里的石头，我难以相信，眼前这个似人似兽的动物，竟【会】是我的哥哥！

2.3.1.2 感叹句中"会"前间隔语气副词

感叹句中，"会"前间隔语气副词主要有三类，一类是反诘类语气副词，常用的是"难道"等，例如：

(49) 老人为小辈人寻媳妇，是天经地义的事，难道我【会】害你！

第二类是估测类语气副词，例如：

(50) 空气在压缩，压缩，仿佛马上就【会】以十倍百倍的能量爆炸！

第三类是强化类语气副词，例如：

(51) 我有点失望，正想转身离开——这时，却有件事把我吸引住了：孟伯伯小心翼翼地捧出件东西来，那姿势，那动作，简直像捧着件什么稀世珍宝，生怕掉地下摔碎了——不，简直像哈口气都【会】把它吹散了似的！

(52) 甚至还【会】有雪崩！

2.3.2 感叹句中"会"后关联语气词

2.3.2.1 感叹句中"会"后邻接语气词

感叹句中，"会"后邻接语气词的情况很少，主要是后邻接语气词

"的",加强必然的断定,例如:

(1)【会】的,【会】的!

2.3.2.2 感叹句中"会"后间隔语气词

感叹句中,"会"后间隔语气词,最常见的是"的",还包括"呢""啊""呀""啦""哪""呐""哩""哟""罗""吧""吗""么""了""的呢""的呀""的吧""的么"等。

2.3.2.2.1 感叹句中"会"后间隔语气词"的"

感叹句中,"会"后间隔语气词"的",可以构成单句、分句

(一)"会……的"构成感叹单句,间隔成分大致有几种:

有的间隔谓词,例如:

(2)爷爷摸着短短的白胡子,笑着回答:"【会】变的!"

(3)我们【会】成功的!

(4)于是,陈胜才难过了,他只是粗声地哼了一气,说了一句:"我【会】注意的!"

有的间隔动宾结构,例如:

(5)他【会】吃亏的!

(6)下次还【会】见面的!

(7)毛主席也【会】看见它的!

(8)有像你这样舍己救人的好青年,也【会】有拾金不昧的好后生的!

有的间隔述补结构,例如:

（9）我【会】挺住的！

有的间隔带状动宾结构，例如：

（10）蔡先生，我们【会】重登宝座的！

有的间隔述补带宾结构，例如：

（11）李萍萍吃惊地睁大了眼睛："那些可怕的宇宙人【会】吃掉你的！"

（12）总有一天你【会】看到北极的照片的！

有的间隔带状述补带宾结构，例如：

（13）那就【会】给党和人民造成损失的！

（14）常鸣，我【会】永远记住你的！

有的间隔联动结构，例如：

（15）我【会】活着出去的！

（二）"会……的"构成感叹后分句。

第一，"会……的"充当解注句的感叹后分句，例如：

（16）"我不善修辞，"她生气地说，"你【会】很快熄灭的！"

（17）没看报纸吗，这，【会】伤害健康的！

（18）好了，你每天守着她，看着她，就像时时咀嚼适口的粮菜，终久【会】生厌腻的！

（19）我们的人还要来，他们会来报仇，【会】来收拾像你这样反动派的！

（20）孩子，再忍耐一下，等汽车开走后，这儿的空气就【会】

清新一点的！

第二，"会……的"充当连贯句的感叹后分句，例如：

（21）好，现在我把它们分开来，你拿一只雌的到你房间里去，隔一【会】儿，这雄蛾就【会】飞到你那儿去的！

第三，"会……的"充当递进句的感叹后分句，例如：

（22）珠珠摇摇头，坚持说："它【会】变的，今晚就【会】变的！"

（23）这种强盗坏子，穷极无路了，投到"三纵"里来，还不是本性难改，迟早会闹出事情来，老百姓遭殃，连"三纵"的名誉都【会】给搅坏的！

第四，"会……的"充当说明因果句的感叹后分句，有的是因果式的表果分句，例如：

（24）不要说这话，老天爷是万能的，自然【会】赐给您的！

（25）小范躺在床上，感动得直流泪，赵经理和师傅们说："睡吧，吃了药，明天就【会】好起来的！"

有的充当果因式的表因分句，例如：

（26）现在正在大鸣大放，党正在整风，处理问题一定要小心谨慎，可不能任着性子胡来，这样【会】出乱子的！

（27）南极、南极，别伤心了，我马上【会】给你看北极的照片的！

（28）别急，请到我们的通天炉里炼炼筋骨吧，它【会】使你变成小钢神的！

(29) 用不着，那【会】误事的！

(30) 不能上车站去，院长【会】找到您的！

第五，"会……的"充当假设句的感叹后分句，例如：

(31) 你要是说谎，我们马上就【会】查清楚的！

(32) 你去衙门里告状，他们【会】把你抓起来的！

(33) 不披披毡【会】凉到的！

(34) 弄不好，它【会】咬你的！

第六，"会……的"充当足够条件句的感叹后分句，例如：

(35) 有什么，是人都【会】干的！

(36) 河北河东的关隘和渡口上的车夫与船手，食宿店铺里的人，甚至卖彩丝以及成衣店里的人，都和咱们派去的人有了联系，只要咱们的队伍一过黄河，他们就【会】起来接应的！

第七，"会……的"充当假转句的感叹后分句，例如：

(37) 冷自管冷，但在我们山上，气温最低，风雪猛烈的时候，可不能揉鼻子摸耳朵，要不，快冻脆的耳朵鼻子【会】被自己揪掉的！

(三) "会……的"充当宾语，动词主要是认知动词，例如：

(38) 呔，我就知道他【会】跑来的！

(39) 我想，它【会】渡过困难，再回来的！

(40) 我绝不相信你那东西【会】弄死人的！

(四) "是会……的"强调式。例如：

(41) 不行啊，依靠你们，是【会】把事情办坏的！

(42) 我现在虽被误解，千百年后，大家是【会】想起我来的！

2.3.2.2.2 感叹句中"会"后间隔语气词"呢"

感叹句中，"会"后间隔语气词"呢"，大体有四种情况：

（一）"会……呢"构成反诘类感叹句，主要格式是"谁会……呢"。例如：

(43) 谁【会】让自己的亲人冒风险呢！

(44) 旁边有位老头儿向他的朋友说，这实在是一句正确的话；然而在这里，谁【会】深远地想出它的意义呢！

(45) 如果真能给小雪找上工作，谁还【会】另眼瞧她这个丈夫呢！

（二）"会怎么样……呢"感叹句，例如：

(46) 小蓝云的心情一下子紧张起来，城市里的人们，该【会】怎样接待我们呢！

（三）"会……呢"构成感叹句，包括单句和分句，例如：

(47) 这还【会】使干部思想上造成苦闷呢！

(48) 周医助，你把娜曼医好了，我们全部落的人都【会】感激你呢！

(49) 邓小平先生，我父亲也是七十六岁了，如果我对他说那是一个衰退的年龄，他【会】给我一巴掌呢！

（四）"会……呢"充当宾语，例如：

(50)（凝思）我很担心她不久就【会】堕落呢！

2.3.2.2.3 感叹句中"会"后间隔语气词"啊（呵）"

感叹句中，"会"后间隔语气词"啊（呵）"，可以单独成句或充当后分句：

（一）感叹句中，"会"后间隔语气词"啊（呵）"构成单句，例如：

（51）邯郸一个两千三百年前赵国的首都，它【会】引起你多少丰富的联想呵！

（52）还【会】拿话损人啊！

（二）感叹句中，"会"后间隔语气词"啊"充当后分句：

第一，充当假设句的而后分句，间隔成分主要是状中结构、联动结构、复句等，例如：

（53）如果我失信，他们【会】如何失望与不满啊！

（54）如果我们敬爱的朱老总还健在，如果他再次视察昭乌达盟的话，不知在这连天碧色的氛围里，【会】挥笔写出多少珠玉般的佳句啊！

第二，充当说明因果句的感叹后分句，间隔动宾结构等，例如：

（55）不能这样啊，这样不行啊，这样【会】产生严重的后果啊！

第三，充当容让句的感叹后分句，间隔动宾结构、带状动宾结构等，例如：

（56）有什么办法呢，年轻的恩爱夫妻就要分别了，虽然是暂时的，那也【会】牵动千丝万缕的难舍难离之情啊！

（57）再过两天，葡萄就可以摘了，今年能收六、七千斤，再加上其他几种水果和蜂蜜、药材，【会】给队里增加多少收入啊！

2.3.2.2.4　感叹句中"会"后间隔语气词"呀"

感叹句中，"会"后间隔语气词"呀"，主要充当后分句：

第一，充当解注句的后分句，间隔动宾结构等，例如：

（58）对，还有纯刚大伯呢，他也【会】帮助我呀！"

第二，充当说明因果句的后分句，间隔动宾结构、带状动宾结构等，例如：

（59）如今于妈妈唯一的命根子突然离开人世，老人【会】受到多大的打击呀！

（60）现在勘探和研究稀有超重元素矿的工作，刚刚开始，这位全站的主心骨突然死去，【会】给工作带来多么大的损失呀！

第三，充当假设句的后分句，间隔动宾结构、带状动宾结构、述补带宾结构、复句等，例如：

（61）大家想一想，如果这样，那就【会】严重影响我们的教学质量呀！

（62）缺个小指头，【会】给学习和生活带来多大的不便呀！

（63）孩子失散了，那八十岁的奶奶要是知道了【会】急成啥样呀！

（64）就是看问题稍微偏激一点，或带点个人的东西，那就【会】差之毫厘，失之千里呀！

第四，充当必备条件句的后分句，间隔动宾结构等，例如：

（65）羌寨人民待客的情意深，酒才【会】醉人心呀！

2.3.2.2.5　感叹句中"会"后间隔语气词"啦"

感叹句中，"会"后间隔语气词"啦"，可以单独成句或充当后分句，

· 236 ·

单句主要间隔谓词、述补结构等，例如：

（66）生产也【会】搞好啦！

（67）到时候，你就【会】明白啦！

有的充当分句，主要是假设句、足够条件句、假转句的感叹后分句，间隔谓词、述补结构等，例如：

（68）要真闹起来的话，看吧，不光牛腿，马腿也都【会】给敲断啦！

（69）但是，只要让我慢慢朝下说，你就【会】明白啦！

（70）喂，同学们，我们还是来选一个室长吧，不然，寝室【会】弄得乱七八糟啦！

2.3.2.2.6 感叹句中"会"后间隔语气词"哪、呐"

感叹句中，"会"后间隔语气词"哪、呐"，主要充当假设句、足够条件句的后分句，间隔动宾结构、带状述补结构等，例如：

（71）我不杀他们，他们就【会】把我折磨死哪！

（72）天然气和石油是好朋友，有天然气的地方，底下就【会】有石油呐！

2.3.2.2.7 感叹句中"会"后间隔语气词"哩"

感叹句中，"会"后间隔语气词"哩"，主要充当连贯句、假设句的后分句，间隔动宾结构、带状动宾结构、带状述补带宾结构等，例如：

（73）等到水把它冲上岸，它【会】在那儿长成一棵高大的椰子树哩！

（74）弄不好还【会】不要你哩！

· 237 ·

（75）地球是圆的，照这么说，你们兄弟俩总有一天还【会】见面哩！

2.3.2.2.8 感叹句中"会"后间隔语气词"哟"

感叹句中，"会"后间隔语气词"哟"，主要充当假设句的后分句，间隔状中结构等，例如：

（76）人家听了【会】怎么想哟！

2.3.2.2.9 感叹句中"会"后间隔语气词"罗"

感叹句中，"会"后间隔语气词"罗"，主要充当递进句的后分句，间隔状中结构等，例如：

（77）你的那位奥赛罗要是生起气来，不但【会】把你，也【会】把我宰罗！

2.3.2.2.10 感叹句中"会"后间隔语气词"吧"

感叹句中，"会"后间隔语气词"吧"，主要充当单句或假设句的后分句，间隔动宾结构、带状述补带宾结构等，例如：

（78）试想想吧，这样的地方，一旦遇雨、山洪暴倾之时，【会】是个什么样子吧！

（79）也许不久的将来，在高空飞行的人造卫星将【会】为我们进一步揭开它们的秘密吧！

2.3.2.2.11 感叹句中"会"后间隔语气词"吗、么"

感叹句中，"会"后间隔语气词"吗、么"，形成反诘类感叹句，主要充当单句或假设句、推断性因果句的后分句，间隔谓词、动宾结构、述补结构、带状述补带宾结构等，例如：

(80) 我走过去, 拿起书, 原来是雪莱诗选, 翻开的那一页写着: "冬天已经来了, 春天还【会】远吗!"

(81) 还【会】有我们天王么!

(82) 我怕什么, 一个妇道人家, 推不动车, 搬不动货, 还【会】把我拉了去么!

(83) (其实是风凉话) 叫这种道士去求雨, 雨【会】落下来么!

2.3.2.2.12 感叹句中"会"后间隔语气词"了"

感叹句中, "会"后间隔语气词"了", 感叹事态的必然变化, 主要充当连贯句、假设句、足够条件句的后分句或者充当宾语:

第一, 充当连贯句的后分句, 例如:

(84) 她说: "今天是点松明灯, 明天就【会】点电灯了!"

(85) 司机叔叔对技术员说: "给玉米也施用根瘤菌肥料, 让它们也像大豆那样与根瘤菌生活在一块, 它们就【会】丰产了!"

第二, 充当假设句的后分句, 例如:

(86) 你们再往前走, 就【会】看到那地方了!

(87) 但当慨叹也不能表达的时候, 就要唱起歌来了, 如果唱歌也还不能表达的话, 不知不觉就【会】手也舞起来了, 脚也跳起来了!

第三, 充当足够条件句的后分句, 例如:

(88) 只要你瞧见他们那种怪亲热的样儿, 那您就【会】晓得他们是已经有了什么样的一种关系了!

(89) 等我能耕作父亲所领的那样多的田地的时候, 一家就【会】幸福了!

第四，充当宾语，例如：

（90）吓，真是看不出，老五【会】变成另外一个人了！

（91）（面色苍白，但却异常镇静的）喜多先生，想不到我们现在，就在这间屋子里，【会】又碰见了！

2.3.2.2.13 感叹句中"会"后间隔语气词"的呢"

感叹句中，"会"后间隔两个语气词"的呢"，主要充当说明因果句的后分句，间隔述补结构等，例如：

（92）耶娃，伤心什么，眼泪【会】流干的呢！

2.3.2.2.14 感叹句中"会"后间隔语气词"的呀"

感叹句中，"会"后间隔两个语气词"的呀"，主要充当单句、说明因果句、足够条件句的后分句，间隔谓词、动宾结构、述补结构等，例如：

（93）艾克将军噙着雪茄走到地图边，"什么事情都【会】发生的呀！"

（94）能够骗得住报馆，便也骗得住民众——因为报纸是最【会】骗民众的呀！

（95）只要温度升高了，他就【会】醒过来的呀！

2.3.2.2.15 感叹句中"会"后间隔语气词"的吧"

感叹句中，"会"后间隔两个语气词"的吧"，主要充当解注句、说明因果句的后分句，间隔谓词、联动结构等，例如：

（96）唔，真的，千户长【会】帮助的吧！

（97）像这样一位几十年不曾见过的民主自由教育家，这样的就被独裁者给迫死了，总有一天【会】有人和蒋介石算账的吧！

2.3.2.2.16 感叹句中"会"后间隔语气词"的么"

感叹句中,"会"后间隔两个语气词"的么",表示反诘类感叹,主要充当连贯句的后分句,间隔联动结构等,例如:

(98) 现在善祥兼女馆的团帅你又是馆中的总稽查,她不是常常都【会】到你府上去请教的么!

2.3.3 感叹句中"会"前关联语气副词,后关联语气词

2.3.3.1 感叹句中"会"前邻接语气副词,后邻接语气词

感叹句中,"会"前邻接语气副词,后邻接语气词,主要有三种情况:

2.3.3.1.1.1 反诘类感叹句

"会"前邻接特指问类语气副词"怎么""怎""哪里""哪"等,后邻接语气词"呢",形成反诘类感叹句。有的单独成句,例如:

(1) 方怡捏捏邱洁如的脸说:"怎么【会】呢!谁让我是你姐姐呢!谁都有幼稚的时候。"

(2) 妈妈苦笑了一下:怎么【会】呢!你爸对你最好!

(3) "怎么【会】呢!"卢任高声喊道。

有的作谓语,构成感叹句,例如:

(4) 那怎么【会】呢!蟋蟀都恋原配的,何况咱们是结发夫妻。

有的做后分句,例如:

(5) 将我可怜的小狼敲击声与别人混淆起来,怎么【会】呢!就是有一千个人敲,外祖母也辨别得出来呀!

(6)"哪里，哪里【会】呢！在香港的时候，我就对雁雁讲，如果我有幸到清河投资建厂，完全要感谢她呢！"

有时，兼有反问和感叹语气，例如：

(7) 对塞缪尔·格里菲思来说，一开头怎么也无法理解，或是相信克莱德竟会做出这等事来。怎么【会】呢！?

2.3.3.1.1.2　必断感叹句

"会"前邻接必断类语气副词"一定、肯定"等，后邻接语气词"的"，形成必断感叹句。有的单独成句，例如：

(8)"一定【会】的！一定【会】的！"母亲哆嗦了一下回答他，重重地叹了口气，向周围看了看。

有的充当后分句，例如：

(9)"我们会得到援助的，一定【会】的！"将军用手按住腹部，声音坚定不移："告诉他们，必须坚持住，停下来就意味着死亡。"

(10) 这种不信任，这种草率会给两人带来不幸。是的，肯定【会】的！于是芭贝特小小地教训了他一番。

有的充任谓语，构成感叹句，例如：

(11)"他一定【会】的！"甘道夫笑着说："不知道是不是萨鲁曼命你们在吃完大餐之后，分心替他看看门的呢？"

(12) 它复活了，它带着箭伤缓缓地站起来，重新飞上蓝天，展翅翱翔。会的，它一定【会】的！

(13) 李燕北道："你一定【会】的！"

有的充当宾语，带有感叹语气，例如：

（14）"我相信他一定【会】的！"山姆说："他可真是个厉害的老家伙！"

2.3.3.1.1.3 确认类感叹句

"会"前邻接申明确认类语气副词"当然"等，后邻接语气词"的"，形成确证感叹句。例如：

（15）"你当然【会】的！"孟加拉烟火大声嚷道，"实际上，你是我所遇到的最感情用事的人。"

2.3.3.2 感叹句中"会"前间隔语气副词，后邻接语气词

感叹句中"会"前间隔估测类语气副词，后邻接语气词"的"。例如：

（16）我……或许我【会】的！

（17）也许有一天【会】的！

（18）恐怕他【会】的！

2.3.3.3 感叹句中"会"前邻接语气副词，后间隔语气词

2.3.3.3.1 感叹句中"会"前邻接必断类语气副词，后间隔语气词"的"

2.3.3.3.1.1 感叹句中"一定会……的"

（一）"一定会……的"构成单句，例如：

（19）李喜林斩钉截铁地："我们一定【会】回来的！"

（20）对吃富户的歪风一定【会】狠狠打击的！

（二）"一定会……的"构成后分句。

1. 用于说明因果句的后分句，有的是因果式的后分句表果，例如：

（21）闪电想：对了，问问大地吧，它接触的东西最广，经历的事儿最多，一定【会】告诉我的！

有的是果因式的后分句表因，例如：

（22）党支部书记鼓励薇薇："好好干，前途是光明的，你爸爸的问题，一定【会】搞清楚的！"

（23）这多好呀，以后好好干，人们一定【会】欢迎我的！

（24）伯母，你老人家尽管放心，我一定【会】带回好消息的！

2. 用于足够条件句的后分句，例如：

（25）只要把这些家伙投到火炉里，那白银一定【会】重见天日的！

（三）"一定会……的"充当宾语内成分，例如：

（26）这不仅仅是我一个人的愿望，也是举国上下的愿望，我相信，咱们大家这一愿望一定【会】实现的！

（四）"是一定……的"。例如：

（27）对于苏大麻犯的这些罪行，我们是一定【会】找他清算的！

2.3.3.3.1.2 感叹句中"准会……的"

"准会……的"用于假设句的后分句，表示感叹，例如：

（28）只有那位曾给她当过班主任的白晋蒲老师，至今还深为惋惜说："一个多好的孩子，要是有个条件好点儿的家庭，准【会】很有出息的!"

（29）现在要是同学们知道，这只"出色"的狼狗原是个铁皮家伙，那准【会】笑掉牙的!

2.3.3.3.1.3 感叹句中"总会……的"

"总会……的"用于感叹句，可以构成单句或充当说明因果句的后分句，例如：

（30）我们总【会】再回来的!

（31）我想请你们两位一起拍，三架照相机，总【会】有一架把精彩镜头拍到手的!

（32）（走去排解）不要争吵，真理总【会】战胜的!

2.3.3.3.2 感叹句中"会"前邻接强化类语气副词，后间隔语气词"的"

"绝对会……的"用于感叹句，可以构成单句，形成"是绝对……的"格式，例如：

（33）唯有武官的棋，是绝对【会】留给子孙后代的!

2.3.3.3.3 感叹句中"会"前邻接必断类语气副词，后间隔语气词"呢"

感叹句中，"会"前可以邻接必断类语气副词"真"，后间隔语气词"呢"，例如：

（34）你的力气真大呀，如果是一个人的手腕，真【会】教你砸断呢!

2.3.3.3.4 感叹句中"会"前邻接必断类语气副词，后间隔语气词"呐"

(35) 我一直要活到三百岁, 将来, 我一定【会】有几百个孩子呐!

2.3.3.3.5 感叹句中"会"前邻接特指问类语气副词, 后间隔语气词"呢"

感叹句中, "会"前可以邻接特指问类语气副词"怎么、怎、哪里"等, 后间隔语气词"呢", 形成反诘类感叹句。

2.3.3.3.5.1 感叹句中"怎么会……呢"

(一)"怎么会……呢"构成感叹单句, 有的直接独立成单句, 例如:

(36) 怎么【会】不记得呢!

有的充任单句的谓语, 例如:

(37)（对申大）混蛋, 自己退的租子, 怎么【会】说不清呢!

(38) 我怎么【会】忘记呢!

(二)"怎么会……呢"构成感叹后分句。

1. "怎么会……呢"构成递进句的感叹后分句, 例如:

(39) 没有办法, 只好忍耐, 本来, 如今的野生动物就少了, 更何况这骄阳底下, 怎么【会】有动物出来呢!

2. "怎么会……呢"构成说明因果句的感叹后分句, 例如:

(40) 你又没伤着骨头, 怎么【会】成废人呢!

3. "怎么会……呢"构成假设句的感叹后分句, 例如:

(41) 王鼎三对陈山同志说: "这样不行, 你们得派几位文化同志来, 给我们教育教育, 弟兄们闲着没事, 怎么【会】进步呢!"

4. "怎么会……呢"构成转折句的感叹后分句,例如:

(42) 初一、初二我是在别的学校上的,初三才转到现在的学校,你怎么【会】知道呢!

5. "怎么会……呢"构成假转句的感叹后分句,例如:

(43) 蔡三宝立即把帽檐拉拉低,他担心有那么几个人是认识他的,要不然怎么【会】老是盯着他看呢!

(44) 看到这情景,我心里暗暗地埋怨:"都怪那则广告写得不明白,要不,怎么【会】引起这场风波呢!"

2.3.3.3.5.2 感叹句中"怎会……呢"

"怎会……呢"可以用于反诘类感叹句,往往用于说明因果句的后分句,例如:

(45) 我真笨,怎【会】想不起一种常用的肝功能检查——磺溴酞钠试验呢!

2.3.3.3.5.3 感叹句中"哪里会……呢"

"怎会……呢"可以用于反诘类感叹句,往往用于假设句的后分句,例如:

(46) 那年头,穷人家死了人,连买棺材的钱都没有,家里又没有什么东西可以变卖的;向人借吧,除了财主家的高利贷,穷人家哪里【会】有钱借给别人呢!

2.3.3.3.4 感叹句中"会"前邻接特指问类语气副词,后间隔语气词"啊、呵"

— 247 —

（47）这个毛躁的小伙子，哪儿【会】当丈夫呵！

（48）我怎么【会】这样的啊……玉冬同志！

2.3.3.3.5 感叹句中"会"前邻接特指问类语气副词，后间隔语气词"呀"

"怎么会……呀"可以用于反诘类感叹句，往往构成单句或假转句的后分句，例如：

（49）怎么【会】没有呀！

（50）别客气，主要是他老人家的力量，不然怎么【会】这样顺利呀！

2.3.3.3.6 感叹句中"会"前邻接特指问类语气副词，后间隔语气词"啦"

"怎么会……啦"可以用于反诘类感叹句，往往构成转折句的后分句，例如：

（51）小孙孙用手抱了抱这棵大树的树干，"我都抱不过来哩，这么大的树，怎么【会】死啦！"

2.3.3.3.7 感叹句中"会"前邻接必断类语气副词，后间隔语气词"吧"

"总会……吧"可以表示估测性感叹，构成转折句的后分句，例如：

（52）正如中西医结合，虽然困难不少，但互相学习，总【会】有收获吧！

2.3.3.3.8 感叹句中"会"前邻接估测类语气副词，后间隔语气词"吧""未必会……吧"可以表示估测性感叹，往往构成单句，例如：

（53）（诚恳）事实未必【会】那么严重吧！

2.3.3.3.9 感叹句中"会"前邻接意外类语气副词，后间隔语气词"了""竟会……了"可以表示意外性感叹，可用于宾语，例如：

（54）唉，没有想到竟【会】是我输了！

2.3.3.3.10 感叹句中"会"前邻接必断类语气副词，后间隔语气词"的呀"

"难免会……的呀"可以表示必断性感叹，往往构成说明因果句的后分句，例如：

（55）有了梦，难免【会】有梦呓的呀！

2.3.3.3.11 感叹句中"会"前邻接反诘类语气副词，后间隔语气词"的么"

"难道会……的么"可以表示反诘类感叹，往往构成说明因果句的后分句，例如：

（56）你周先生上桥的时候，这里桥上桥下都是我们村里人；你周先生难道【会】不晓得他们个个都是来拆桥的么！

2.3.3.4 感叹句中"会"前间隔语气副词，后间隔语气词

2.3.3.4.1 感叹句中"会"前间隔估测类语气副词，后间隔语气词"的"

常见的格式是"说不定……会……的"，表示估测性感叹，例如：

（57）杨传德假装没有看到他伸出来的手，只是淡淡地说："说不定我们还【会】再见面的！"

· 249 ·

2.3.3.4.2 感叹句中"会"前间隔估测类语气副词,后间隔语气词"呢"

2.3.3.4.2.1 "说不定……会……呢"用于感叹句

(58) 若我再"扮演"下去,说不定过几天又【会】冒出个什么"小老头"来呢!

(59) 说不定茂林回来也【会】入王文那社呢!

2.3.3.4.2.2 "也许……会……呢"用于感叹句

(60) 你换上胶的鞋子吧,我们立刻出去玩;也许雨天的风景,【会】比晴天更有风致呢!

(61) 也许还【会】由之诞生一篇篇学术论文来呢!

2.3.3.4.2.3 "大概……会……呢"用于感叹句

(62) 他想,大概乡下的老鼠【会】变戏法呢!

2.3.3.4.2.4 "恐怕……会……呢"用于感叹句

(63) 恐怕又【会】发生工潮呢,黑丽!

2.3.3.4.3 感叹句中"会"前间隔申明确认类语气副词,后间隔语气词"呢"

(64) 其实哪有一个堂堂为人民服务的干部【会】到他家去住呢!

(65) 当然,这以后,谁还【会】向朱逢博和她父母提起"音乐"两字,去自讨没趣呢!

2.3.3.4.4 感叹句中"会"前间隔特指问类语气副词,后间隔语气词"呢"

（66）回去了，哪儿还【会】出来补考呢！

2.3.3.4.5 感叹句中"会"前间隔估测类语气副词，后间隔语气词"哩"

（67）一个说："可不是吗，他一遇高热就变脆，碰上低气温，说不定还【会】害病丧命哩！"

2.3.3.4.6 感叹句中"会"前间隔估测类语气副词，后间隔语气词"吧"

（68）爷爷迟疑了一下，不愿意太使小孙孙扫兴了，就顺着小孙孙的话说，"也许，当我们不在这儿的时候，森林【会】有它自己的王国吧！"

2.3.3.4.7 感叹句中"会"前间隔必断类语气副词，后间隔语气词"啊"

感叹句中"会"可以前间隔必断类语气副词"难免"等，后间隔语气词"啊"，例如：

（69）固然，有关"气味研究"的记忆分子是从秦林博士脑里传递到她脑里来了，却难免也【会】夹带着其他的记忆分子啊！

2.3.3.4.8 感叹句中"会"前间隔申明确认类语气副词，后间隔语气词"啊"

（70）啊，人生的道路上，真是【会】遇到许多自己意想不到的事情啊！

2.3.3.4.9 感叹句中"会"前间隔估测类语气副词，后间隔语气词"的吧"

（71）也许将来【会】这样的吧！

本章小结

一 陈述句中"会"与语气成分的关联机制

陈述句中"会"前邻接语气副词主要有六类：必断类、估测类、申明确认类、意外类、强化类和意中类语气副词。

陈述句中"会"前间隔语气副词主要有六类：申明确认类、估测类、必断类、意外类、醒悟类和弱化类语气副词，另外还可以同时间隔两种语气副词，主要有两种：（1）前间隔申明确认类和必断类语气副词；（2）前间隔申明确认类和估测类语气副词。

陈述句中，"会"前邻接、间隔语气副词主要有七种格式：（1）前邻接必断类语气副词，前间隔申明确认类语气副词；（2）前邻接必断类语气副词，前间隔强化类语气副词；（3）前邻接必断类语气副词，前间隔道义类语气副词、必断类语气副词；（4）前邻接、间隔估测类语气副词；（5）前邻接估测类语气副词，前间隔申明确认类语气副词；（6）前邻接估测类语气副词，前间隔醒悟类语气副词；（7）前邻接意外类语气副词，前间隔估测类语气副词；

陈述句中"会"后邻接的语气词主要有四个："的""吧""啊"和"呀"。

陈述句中"会"后间隔的语气词主要是"的"，还有"了""吧""呢""哩""呀""啦""的啊""的吧""的了""了的"。

第 2 章 "会"与语气成分的关联机制

陈述句中"会"前邻接语气副词、后邻接语气词,后邻接的语气词基本都是"的",同时前邻接的语气副词主要有四类:必断类、申明确认类、估测类和强化类语气副词。

陈述句中"会"前间隔估测类的时候,后邻接语气词"的""吧";前间隔申明确认类语气副词,后邻接语气词"的"。

陈述句中"会"前邻接语气副词,后间隔语气词。后间隔的语气词主要有六个:的、了、呢、哩、吧、的吧。后间隔语气词"的"的时候,前邻接的语气副词主要有三种:必断类、估测类和申明确认类语气副词。后间隔语气词"了"的时候,前邻接的语气副词主要有四种:必断类、估测类、申明确认类和意外类语气副词。后间隔语气词"呢"的时候,前邻接的语气副词主要有两种:估测类和意外类语气副词。后间隔语气词"哩"的时候,前邻接的语气副词主要是意外类语气副词。后间隔语气词"吧"的时候,前邻接的语气副词主要是估测类和必断类语气副词。后间隔语气词"的吧"的时候,前邻接的语气副词主要是估测类语气副词。

陈述句中"会"前间隔语气副词,后间隔语气词。后间隔的语气词主要是:的、了、吧、罢了。后间隔语气词"的"的时候,前间隔的语气副词主要有五种:申明确认类、必断类、估测类、弱化类,以及同时间隔申明确认类和估测类语气副词。后间隔语气词"了"的时候,前间隔的语气副词主要有三种:必断类、估测类和醒悟类。后间隔语气词"吧"的时候,前间隔的语气副词主要是估测类语气副词。后间隔语气词"罢了"的时候,前间隔的语气副词主要是申明确认类语气副词。

陈述句中"会"前邻接、前间隔语气副词,后间隔语气词主要是:的、呢、了。后间隔语气词"的"的时候,前邻接和间隔语气副词的格式主要有三种:(1)前邻接必断类语气副词、前间隔申明确认类语气副词;(2)前邻接弱化类语气副词、前间隔估测类语气副词;(3)前邻接估测类

· 253 ·

语气副词、前间隔弱化类语气副词。后间隔语气词"呢"的时候，前邻接申明确认类语气副词、前间隔估测类语气副词。后间隔语气词"了"的时候，前邻接必断类语气副词、前间隔意外类语气副词。

二　疑问句中"会"与语气成分的关联机制

（一）是非问中"会"与语气成分的关联机制

是非问中，"会"前可以邻接语气副词，主要有四类：意外类、必断类、估测类和反诘类。

是非问中，"会"前可以间隔使用语气副词，常用两类：反诘类和估测类。

是非问中"会"后可以邻接语气词"吗"。

是非问中"会"后间隔语气词主要是："吗""么""吧""的""呀""嘛""啦""了吗""了么""的吧"。

是非问中，"会"可以前邻接语气副词、后邻接语气词，往往是前邻接必断类语气副词，后邻接语气词"吗"，常用格式"一定会吗"。

是非问中"会"前邻接语气副词、后间隔语气词主要有八种格式：(1) 前邻接反诘类语气副词、后间隔语气词"不成"；(2) 前邻接反诘类语气副词，后间隔语气词"吗"；(3) 前邻接必断类语气副词，后间隔语气词"吗"；(4) 前邻接申明确认类语气副词，后间隔语气词"吗"；(5) 前邻接反诘类语气副词，后间隔语气词"么"；(6) 前邻接必断类语气副词，后间隔语气词"么"；(7) 前邻接必断类语气副词，后间隔语气词"么"；(8) 前邻接意中类语气副词，后间隔语气词"么"。

是非问中"会"前间隔语气副词、后邻接语气词，常用的关联格式是前间隔反诘类语气副词，后邻接语气词"吗"。

是非问中，"会"可以前间隔语气副词、后间隔语气词，常用的关联格式有十二种：（1）前间隔反诘类语气副词、后间隔语气词"不成"；（2）前间隔反诘类语气副词、后间隔语气词"吗"；（3）前间隔申明确认类语气副词、后间隔语气词"吗"；（4）前间隔反诘类语气副词、后间隔语气词"么"；（5）前间隔必断语气副词、后间隔语气词"吧"；（6）前间隔估测语气副词、后间隔语气词"吧"；（7）前间隔反诘语气副词、后间隔语气词"的"；（8）前间隔反诘语气副词、后间隔语气词"了"；（9）前间隔因缘类语气副词、后间隔语气词"呀"；（10）前间隔反诘语气副词、后间隔语气词"的吗"；（11）前间隔反诘语气副词、后间隔语气词"的么"；（12）前间隔反诘语气副词、后间隔语气词"了么"。

是非问中，"会"前邻接语气副词，前间隔语气副词，后间隔语气词，常见的有三种：（1）前邻接必断类语气副词、前间隔反诘类语气副词，后间隔语气词"吗"；（2）前邻接意外类语气副词、前间隔反诘类语气副词，后间隔语气词"吗"；（3）前邻接意外类语气副词、前间隔估测类语气副词，后间隔语气词"吧"。

（二）正反问中"会"与语气成分的关联机制

正反问中，"会"可以前邻接正反问类语气副词"是不是""是否"。

正反问中，"会"可以间隔正反问类语气副词"是不是""是否"。

正反问中"会"前邻接正反问类语气副词"是不是""是否"，后间隔语气词"呢"。

正反问中，"会"可以前间隔正反问类语气副词"是不是""是否"，后间隔语气词"呢"。

正反问中，"会不会"往往前邻接深究类语气副词"究竟""到底"。

正反问中，"会不会"往往前间隔深究类语气副词"究竟""到底"。

正反问中"会不会"可以后邻接语气词"呢""啊（呵）""呀""了""了呢"。

正反问中,"会不会"前邻接深究类语气副词、后邻接语气词"呢"。

正反问中,"会不会"可以前邻接深究类语气副词"究竟""到底"等,同时后间隔语气词"呢"。

正反问中"会不会"前间隔深究类语气副词、后间隔语气词"呢"或"的呢"。

(三) 选择问中"会"与语气成分的关联机制

选择问中"会"前邻接语气副词主要有三类:深究类、申明确认类和特指问类语气副词。

选择问中,"会"可以前间隔语气副词,大体有三种类型:深究类、必断类和强化类语气副词。

选择问中"会"可以后邻接语气词"呢"。

选择问中,"会"可以后间隔语气词"吗""呢"。

选择问中"会"可以前邻接深究类或特指问类语气副词,后间隔语气词"呢"。

选择问中"会"可以前间隔深究类语气副词"到底""究竟"等,后间隔语气词"呢"。

(四) 特指问中"会"与语气成分的关联机制

特指问中"会"前邻接的语气副词主要有两种:深究类和特指问类语气副词。

特指问中"会"前间隔的语气副词主要是特指问类语气副词。

特指问中"会"前邻接、间隔语气副词主要有三种格式:(1) 前邻接特指问类语气副词、前间隔必断类语气副词;(2) 前邻接特指问类语气副词、前间隔意外类语气副词;(3) 前邻接深究类语气副词、前间隔特指问类语气副词。

特指问中,"会"可以后邻接语气词"呢"。

特指问中,"会"可以后间隔语气词"呢""呀""哩""的""的呢"等。

特指问中"会"前邻接特指问类语气副词,后邻接语气词包括"呢""啊""的""的呢"。

特指问中"会"前邻接特指问类语气副词,后间隔语气词"呢""啊(呵)""呀""的""了""了呢""的呢"。当特指问中"会"后间隔语气词"呢"的时候,还可以前邻接深究类语气副词。

特指问中"会"前间隔特指问类语气副词,后间隔语气词包括"呢""的""的呢""了呢"。

特指问中"会"后间隔语气词"呢"的时候,可以同时前间隔特指问类和意外类语气副词。

特指问中"会"后间隔语气词"呢"的时候,可以前邻接、间隔语气副词,主要有三种:(1)前邻接意外类语气副词、前间隔特指问类语气副词;(2)前邻接申明确认类语气副词、前间隔估测类语气副词;(3)前邻接特指问类语气副词、前间隔申明确认类语气副词。

特指问中"会"后间隔语气词"的呢"的时候,可以前邻接特指问类语气副词、前间隔深究类语气副词。

三 感叹句中"会"与语气成分的关联机制

感叹句中"会"前邻接的语气副词主要有五种:特指问、必断类、申明确认类、估测类和意外类语气副词。

感叹句中,"会"前间隔语气副词主要有三类:反诘类、估测类和强化类语气副词。

感叹句中,"会"后邻接语气词的情况很少,主要是后邻接语气词"的",加强必然的断定。

感叹句中,"会"后间隔语气词,最常见的是"的",还包括"呢"

"啊""呀""啦""哪""呐""哩""哟""罗""吧""吗""么""了""的呢""的呀""的吧""的么"等。

感叹句中"会"前邻接语气副词，后邻接语气词，主要有三种：(1) 前邻接特指问类语气副词，后邻接语气词"呢"；(2) 前邻接必断类语气副词，后邻接语气词"的"；(3) 前邻接申明确认类语气副词，后邻接语气词"的"。

感叹句中"会"前间隔估测类语气副词，后邻接语气词"的"。

感叹句中"会"前邻接语气副词，后间隔语气词，主要有 13 种：(1) 前邻接必断类语气副词，后间隔语气词"的"；(2) 感叹句中"会"前邻接强化类语气副词，后间隔语气词"的"；(3) 前邻接必断类语气副词，后间隔语气词"呢"；(4) 前邻接必断类语气副词，后间隔语气词"呐"；(5) 前邻接特指问类语气副词，后间隔语气词"呢"；(6) 前邻接特指问类语气副词，后间隔语气词"啊、呵"；(7) 前邻接特指问类语气副词，后间隔语气词"呀"；(8) 前邻接特指问类语气副词，后间隔语气词"啦"；(9) 前邻接必断类语气副词，后间隔语气词"吧"；(10) 前邻接估测类语气副词，后间隔语气词"吧"；(11) 前邻接意外类语气副词，后间隔语气词"了"；(12) 前邻接必断类语气副词，后间隔语气词"的呀"；(13) 感叹句中"会"前邻接反诘类语气副词，后间隔语气词"的么"。

感叹句中"会"前间隔语气副词，后间隔语气词，主要有九种：(1) 前间隔估测类语气副词，后间隔语气词"的"；(2) 前间隔估测类语气副词，后间隔语气词"呢"；(3) 前间隔申明确认类语气副词，后间隔语气词"呢"；(4) 前间隔特指问类语气副词，后间隔语气词"呢"；(5) 前间隔估测类语气副词，后间隔语气词"哩"；(6) 前间隔估测类语气副词，后间隔语气词"吧"；(7) 前间隔必断类语气副词，后间隔语气词"啊"；(8) 前间隔申明确认类语气副词，后间隔语气词"啊"；(9) 前间隔估测类语气副词，后间隔语气词"的吧"。

第3章 "不会"与语气成分的关联机制

3.1 陈述句中"不会"与语气成分的关联机制

3.1.1 陈述句中"不会"前关联语气副词

3.1.1.1 陈述句中"不会"前邻接语气副词

3.1.1.1.1 陈述句中"不会"前邻接必断类语气副词

3.1.1.1.1.1 陈述句中"一定不会"

陈述句中,"不会"可以前邻接必断类语气副词"一定",有的"一定不会"充当单句内谓语的修饰语,后接动宾结构、带状述补结构等,例如:

(1) 爷爷一定【不会】想到,今天他的后面竟多了一个小警卫员。

(2) 但是,他们一定【不会】比一个飞蛾想得更多。

有的"一定不会"充当并列句前分句的谓语的修饰语,后接动宾结构等,例如:

· 259 ·

（3）我们的教师队伍一定【不会】辜负党和人民的殷切厚望，一定能进一步发扬为人师表的优良传统，创造出更加光辉的业绩。

有的"一定不会"充当说明因果句前分句的谓语的修饰语，后接动宾结构等，例如：

（4）同样，我们用讲抽象理论的方法对小学低年级儿童进行政治思想教育，一定【不会】有多少效果，因为他们还没有掌握那些高深的道德概念，当然无法理解抽象的道德理论。

有的"一定不会"充当假设句的后分句的谓语的修饰语，后接谓词、动宾结构、述补结构等，例如：

（5）如果结构安排不当，情节松散，戏剧演出的效果一定【不会】好。

（6）但我们若是理解了上述马克思关于可变资本的界说，一定【不会】有这样浅薄的误解。

（7）反之，如果是太阳遮住月球，我们一定【不会】注意到。

有的"一定不会"充当足够条件句的后分句的谓语的修饰语，后接动宾结构等，例如：

（8）到那儿只要把情况一说，白家父子一定【不会】亏待自己，说不定马上就会给个一官半职的，到那时谁还回来受这窝囊气。

有的"一定不会"充当宾语内的谓语的修饰语，一般是认知动词的宾语，例如：

（9）中央相信，各级组织的干部和党员，一定【不会】辜负党和人民的重托。

（10）我们推想到猫和狗在野的时代吃的状态一定【不会】相同。

3.1.1.1.1.2 陈述句中"不会"前邻接必断类语气副词"势必"

陈述句中，"不会"可以前邻接必断类语气副词"势必"，"势必不会"可以充当虚让句后分句中谓语的修饰语，例如：

（11）我们知道，即使是同一个人，在不同时间的说话还存在一些细微的差别，何况不同的人，他们在发同一个音位的音或者说同样一句话时，其语音模式势必【不会】完全一样，而只能是大致相似。

3.1.1.1.1.3 陈述句中"肯定不会"

第一，"肯定不会"充当并列句后分句中谓语的修饰语，例如：

（12）使这种损招儿的肯定是极少数人，大多数穿皮衣服的人肯定【不会】这么干。

第二，"肯定不会"充当假设句后分句中谓语的修饰语，例如：

（13）如果技术上的需要不多，提出的课题也很少，那么科学发展的速度肯定【不会】快。

（14）令而不行，禁而不止，工作肯定【不会】搞好。

第三，"肯定不会"充当说明因果句后分句中谓语的修饰语，例如：

（15）因此，在运动员、保健工作者和中学教师作为宣传者身份的那三个组里，人们事先就肯定【不会】听到特别有趣而又重要的东西，"果然不出所料"，有些人抱怨说白白浪费了他们的时间，对是中学教师，运动员这一身份所作宣传的评价是，语言贫乏、枯燥和沉不住气，"一望而知，他很少在大庭广众之中演讲"。

第四,"肯定不会"充当宾语内谓语的修饰语,例如:

(16) 等到我觉着你肯定【不会】来了的时候。

3.1.1.1.1.4 陈述句中"总不会"

第一,"总不会"充当并列句前分句中谓语的修饰语,例如:

(17) 人的思想总【不会】那么一般齐,再好的事,开头也会有人不通。

(18) 德育内容、德育要求等总【不会】停留在一个水平上,总会不断地有所发现,有所发明,有所创造,有所前进。

第二,"总不会"充当解注句前分句中谓语的修饰语,例如:

(19) 总【不会】有一个作品,本来没有红线,而需要我们替作者硬加上去,这是不可思议的事。

第三,"总不会"充当转折句前分句中谓语的修饰语,例如:

(20) 十年的囚刑总【不会】磨蚀了我的意志,不过残毒的待遇,身体却是不容易抵抗的……

第四,"总不会"充当说明因果句后分句中谓语的修饰语,例如:

(21)(这是因为人类由实践活动所构成的社会环境太复杂了)加以人类底企图常是因应环境刺激而发动,所见未必广远,总【不会】事先把应有的来果一一预察得到,意外的收获,无意遗漏,自亦很多。

第五,"总不会"充当假设句后分句中谓语的修饰语,例如:

(22) 我们把这样的两条线段都向两方延长，它们总【不会】相交。

(23) 若无农民从乡村中奋起打倒宗法封建的地主阶级之特权，则军阀与帝国主义势力总【不会】根本倒塌。

第六，"总不会"充当足够条件句后分句中谓语的修饰语，例如：

(24) 如今我之对于知识却可怜到连这一线的希望也完全断绝了；我已经了然看透自己的本领，所以只要我不发狂，我总【不会】相信自己将来还有亲手造成一架飞机，或亲手发明一切的关于电子和原子的秘密的一天。

(25) 小心一点，总【不会】出毛病。

第七，"总不会"充当容让句后分句中谓语的修饰语，例如：

(26) 例如汉宋明清历代知识分子与当代政府虽有冲突，而士大夫总【不会】彻底效忠于民众；马丁·路德虽为宗教革命底提倡者，而到了农民自动起来反抗教会时，他又震慄起来而大声责骂暴徒了。

第八，"总不会"充当总让句后分句中谓语的修饰语，例如：

(27) 但不管他是亚列斯妥德或是亚里奥斯妥，反正都是诗人总【不会】错。

3.1.1.1.2　陈述句中"不会"前邻接估测类语气副词

3.1.1.1.2.1　陈述句中"也许不会"

第一，"也许不会"充当单句内修饰语，例如：

(28) 也许【不会】有这样的蠢人。

第二,"也许不会"充当解注句前分句内修饰语,例如:

(29) 也许【不会】忘记中国大哲学家杨朱,他和希腊哲人爱璧寇罗斯同是放纵派的鼻祖。

第三,"也许不会"充当说明因果句前分句内修饰语,例如:

(30) 接关系时,也许【不会】像平常那样,因此千万不要急躁、大意,有困难就给组织写信。

(31) "这个你也许【不会】知道,因为不是医师",名师仿佛洞见了我的内心似地说,"现在你且分辨一下咳嗽的种类吧"。

第四,"也许不会"充当转折句前分句内修饰语,例如:

(32) 水草稠密的溪流,你也许【不会】想到这是多冷的漠北,但是,这正是「友邦」从我们手中夺去的兴安岭,那儿洗浴的便是我们底"友邦"人。

第五,"也许不会"充当说明因果句后分句内修饰语,例如:

(33) 乌龟妈妈,别着急,她也许【不会】伤害你的孩子……

第六,"也许不会"充当宾语内足够条件句后分句内修饰语,例如:

(34) 这几个人心想,只要快去快回,也许【不会】被察觉。

3.1.1.1.2.2 陈述句中"大概不会"

第一,"大概不会"充当单句内修饰语,例如:

(35) 有人嘴里在小声祷告着:"大概【不会】有危险……"

第二,"大概不会"充当转折句后分句内修饰语,例如:

（36）在闹矛盾的时候，有的台或许会骂它一声"利欲熏心"，但是大概【不会】给它带上"以势压人"的帽子。

第三，"大概不会"充当宾语内修饰语，例如：

（37）但假如我们说酒的滋味全在于一点兴奋的刺激，或者麻痹的陶醉，那我想大概【不会】错得很远。

3.1.1.1.2.3　陈述句中"似乎不会"

陈述句中，"不会"可以前邻接估测类语气副词"似乎"，可以充当并列句、转折句前分句内修饰语，例如：

（38）从佛教雕刻艺术的发展过程来看，此期绘画似乎【不会】出现佛陀本身的可视形象，而是以与雕刻相同的象征性表现手法相替代。

（39）从全民所有制企业内部来看，似乎【不会】影响财政分配，但实际上并不存在完全不影响财政分配的价格变动。

3.1.1.1.2.4　陈述句中"或许不会"

陈述句中，"不会"可以前邻接估测类语气副词"或许"，可以充当假设句后分句内修饰语，例如：

（40）要是没有我累着你，你或许【不会】苦到这样。

3.1.1.1.3　陈述句中"不会"前邻接强化类语气副词

3.1.1.1.3.1　陈述句中"反正不会"

第一，"反正不会"可以充当单句内修饰语，例如：

（41）反正【不会】因了我而拖累着学校。

第二,"反正不会"可以充当说明因果句后分句内修饰语,例如:

(42) 反正【不会】太迟。

第三,"反正不会"可以充当转折句后分句内修饰语,例如:

(43) 余立毅说:"巡逻、放哨、串寨子,反正【不会】让你们休息。"

3.1.1.1.3.2 陈述句中"终究不会"
"终究不会"可以中充当折句前分句内修饰语,例如:

(44) 历史终究【不会】永远停滞不前;而历代的反动统治者只能给历史长河投几块石头,增加一些漩涡而已。

3.1.1.1.3.3 陈述句中"根本不会"
第一,"根本不会"充当单句内修饰语,例如:

(45) 我说,"因为我根本【不会】缝纫"。

第二,"根本不会"充当结果句所套递进句的前分句内修饰语,例如:

(46) 所以当她结婚以后,根本【不会】做任何家务,更谈不上烧饭做菜。

第三,"根本不会"充当并列句后分句内修饰语,例如:

(47) 不会的,根本【不会】影响我的学习。

第四,"根本不会"充当说明因果句后分句内修饰语,例如:

(48) 可她,从本质意义上讲,是极端利己主义的,她根本【不会】设身处地地从别人的角度考虑问题。

第五,"根本不会"充当虚让句后分句内修饰语,例如:

(49) 况且即使工人握有几张股票,也根本【不会】改变自己的经济地位。

第六,"根本不会"充当定语内修饰语,例如:

(50) 这"无论对于双方或对于社会都成为幸事","只有根本【不会】思考或根本不懂马克思主义的人,才会由此得出结论说:……离婚自由有什么用"。

第七,"根本不会"充当宾语内修饰语,例如:

(51) 她是个男扮女装的特务,根本【不会】生育,两个孩子是搞特务活动的掩护,到包头教书是为了离苏修近些,进行长期潜伏。

(52) 张雷断定,这个小玩艺根本【不会】向外发射无线电信号,肯定不是什么"电子间谍"。

3.1.1.1.3.4 陈述句中"并不会"

第一,"并不会"充当单句内修饰语,例如:

(53) 保护被批评者的这些权利,并【不会】影响新闻单位的威望。

(54) 所以游山玩水,对他们来说,并【不会】得到苦楚的遭遇。

(55) 一个体力健壮的人,他的脑力并【不会】非常虚弱。

第二,"并不会"充当并列句前分句内修饰语,例如:

(56) 事情的发展正是如此,当抽象逻辑思维逐步发展起来以后,

· 267 ·

其他两种思维形式并【不会】被抽象逻辑思维取代，而是继续向纵深发展。

（57）人们欣赏一座城市雕像，并【不会】耗损雕像，也不需要掏钱付款。

第三，"并不会"充当解注句前分句内修饰语，例如：

（58）但当恶霸地主黄世仁被枪毙时，我们并【不会】像里普斯所说的那样因"他身上同样具备人的价值"而报以一份同情。

第四，"并不会"充当递进句前分句内修饰语，例如：

（59）因此，当有些国家上当以后，它并【不会】给那么多钱，而且还要听它的话。

第五，"并不会"充当说明因果句前分句内修饰语，例如：

（60）这并【不会】使她心中的达子贬值，她不那么世俗。

（61）但如果改变他的自然环境和社会环境，尤其后者，他的本能底进化就要起突变，本能较低的人会因与环境斗争和适应环境而迅速加高，追及原在那种环境中的人，不过反面并不相同，本能已达到高度发展的跑到原始的不利的自然环境里去，并【不会】因而退化，因为人意识地造成的社会环境已能支配自然环境。

第六，"并不会"充当转折句内修饰语，例如：

（62）宙斯并【不会】发怒——并【不会】如他平日似的那末容易发怒——但他也【不会】为这一席话所感动。

（63）并【不会】有害处，但多吸是可怕的。

（64）所以，保障离婚自由并【不会】使家庭关系瓦解，反而会使社会主义的婚姻家庭关系得到改善和巩固。

第七,"并不会"充当并列句后分句内修饰语,例如:

(65)因为外界之刺激于我们,只是使我们身体上发生一种变动而已,这种变动只是自然的变动,并【不会】含有什么意义。

(66)不完备的象形彝文,主要是由他们拿来写经占卜用的;多数彝人并【不会】用。

第八,"并不会"充当说明因果句后分句内修饰语,例如:

(67)人们在长期实践中形成的这些教育因素,是人类长期积累的共同财富,它并【不会】随着社会制度改变立即改变,而是要从多方面吸收养料,逐渐地发展变化。

第九,"并不会"充当假设句后分句内修饰语,例如:

(68)假如我们又看到这位穿着时髦,风流潇洒的英俊青年正在公共汽车上掏人钱包时,油然而生厌恶作呕的感受,并【不会】因他那漂亮的脸蛋,时髦的穿着而消除。

第十,"并不会"充当转折句后分句内修饰语,例如:

(69)许多工蚁结成小队去拉树叶来缝合,可是长成的蚁,并【不会】吐丝,它们怎样能够缝合树叶呢?

第十一,"并不会"充当容让句后分句内修饰语,例如:

(70)听这首协奏曲,虽有点委屈了本来大可炫技的长笛与竖琴,你并【不会】嫌音符少了。

(71)尽管大家认为美国是一个很会搞市场的国家,但也有很多厂家并【不会】搞市场。

（72）他们虽然住居在个旧，但他们并【不会】开矿，在这里开矿的，多是石屏建水人，所以个旧有"石屏建水人的殖民地"之称。

第十二，"并不会"充当宾语中小句内修饰语，例如：

（73）他这样办，是想告诉我，这种油墨并【不会】真正消失，当图画从纸上消失以后，只要把画放在黑暗的地方，过三五分钟，再碰到光线它又会显现出来。

3.1.1.1.3.5 陈述句中"绝对不会"

第一，"绝对不会"单独充当分句，例如：

（74）不，也绝对【不会】。

（75）不，绝对【不会】，人一离开就锁门，这是我多年来养成的严格的工作习惯。

第二，"绝对不会"充当说明因果句分句中谓语的修饰语，例如：

（76）至于马，那真要不得，非但小得可怜，而且萎靡地好似要抽大烟，可也有好处：脾气小，容易骑，在马背上绝对【不会】翻跟斗，所以朱自清先生等对于此道兴致很好，时常在海关道上逢到他骑着马奔驰往返。

第三，"绝对不会"充当假设句后分句中谓语的修饰语，例如：

（77）怪孩子情不自禁地拍着巴掌大声说，"一只小小的昆虫，居然能够生产并且发射化学炮弹，如果不是亲眼看见，我绝对【不会】相信。"

第四,"绝对不会"充当足够条件句后分句中谓语的修饰语,例如:

(78) 同时我阿姨她们也都知道言姐姐和白云先生已经分手,她们对言姐姐同情,也对我放心,所以,我的早出晚归,只要告诉一声:"我陪言姐姐,我看她排戏吊嗓",就一切"派司",我家里的人绝对【不会】想到我会跟言姐姐学"坏"。

3.1.1.1.3.6　陈述句中"绝不会"

第一,"绝不会"充当并列句分句中谓语的修饰语,例如:

(79) 例如,律师在向当事人提供法律咨询时,只会考虑体现在立法文件中和判例(英美法系)中的规则,而绝【不会】去探讨和追溯这些法律规则的道德基础,也【不会】引用正义、公平、平等等价值观念。

第二,"绝不会"充当假设句后分句中谓语的修饰语,例如:

(80) 他不拔掉他,推倒他,绝【不会】使他心里痛快。

(81) 无论什么人,离开勤奋自学,都不会成功,即使进入了高等学校,或什么更好的学习场合、学习机会,若本人不勤奋,不能超出一般学员的自学,创造性地学习,也绝【不会】成才。

第三,"绝不会"充当足够条件句后分句中谓语的修饰语,例如:

(82) 其实我们蛇,不管有毒的还是没毒的,只要你们不招惹我们,我们绝【不会】无缘无故袭击你们的,就是挨了咬,只要治疗得法也不会出危险的。

第四,"绝不会"充当转折句后分句中谓语的修饰语,例如:

(83) 她在神秘中，精神比平常更受感动；绝【不会】想到在一刻之前，她是个病人。

3.1.1.1.3.7 陈述句中"绝不会"

第一，"绝不会"充当单句中谓语的修饰语，例如：

(84) 聪明的戏曲体系，决【不会】拘泥于任何定规成套而作茧自缚。

第二，"绝不会"充当并列句分句中谓语的修饰语，例如：

(85) 四凤忠诚地恋爱周萍，幻想同他结成合法婚姻，但是在她面前横卧着两个她所不知的难以逾越的障碍，一是蘩漪决【不会】坐视周萍同四凤的所谓爱情发展下去，事实上，她一直暗中监视着事情的进展。

(86)【不会】，决【不会】看错。

第三，"绝不会"充当连贯句后分句中谓语的修饰语，例如：

(87) 一味禁止，对于孩子们的思想、言论、行动，甚至于表情都加以严格的限制，终日给以冷遇或呵斥，甚而至于打扑，使他畏葸退缩，仿佛一个奴才，一个傀儡，然而父母却美其名曰"听话"，自以为是教育的成功，待到放他外面来，则如暂出樊笼的小禽，他决【不会】飞鸣。

(88) 像以架子花脸应工的李逵、窦尔敦，当他们膀子张开如弓形那么有劲，腰部、胸部挺直如松树那样坚实时，立刻就给人以精神振作，孔武有力的感觉，绝【不会】与衰派老生、儒巾小生的神态混同起来。

第四,"绝不会"充当递进句后分句中谓语的修饰语,例如:

(89) 敌人决【不会】甘心丢掉垭口,更不会轻易放弃退路。

第五,"绝不会"充当假设句后分句中谓语的修饰语,例如:

(90) 我还错误地认为戴笠若不死,国民党决【不会】败得这样惨;我自己也【不会】落到这种地步。

(91) 最好的例子就是幼稚园和小学的教师,因为他们的学生,正在社会化的初期,他们若发现一个学生是好动的,决【不会】命令他静静地坐下,而一定给予适当的工作。

(92) 但是,大蝎决【不会】说实话,设若我去求他;等他来找我吧。

第六,"绝不会"充当说明因果句后分句中谓语的修饰语,例如:

(93) 大哥的为人禀性你该明白,他对这些年的浮夸、虚报恨透了,他也决【不会】答应那种伪君子的做法。

(94) 毛泽东同志指出,帝国主义的寿命【不会】很长了,他们做尽了坏事,全世界一切受压迫的人民决【不会】饶恕他们。

(95) 在周萍的心目中,四凤是个下人,他决【不会】同她结合,待欢娱享尽,他就要抛弃四凤远走高飞。

第七,"绝不会"充当容让句后分句中谓语的修饰语,例如:

(96) 毕业后,他即将赴任,工作条件很好;家庭关系融洽;他性格开朗,虽作风放荡,也决【不会】因此而出走……但却活无音讯,死无尸体。

第八,"绝不会"充当宾语内谓语的修饰语,例如:

· 273 ·

(97) 我深信您决【不会】忘怀我的丈夫,虽然他死了;同时也就不会忘怀他的遗族。

(98) 你们不要以为他们决【不会】吃粪,当然不会叫你们吃粪,但是我告诉你们,他们的风俗习惯,为我们所憎恶的,他们一定要我们跟从他们,例如剃发梳辫子,也就和要我们吃粪差不多。

3.1.1.1.3.8 陈述句中"万万不会"

(99) 但是,《歌罗西书》的作者万万【不会】想到有关耶稣——"神""人"的问题竟会在公元四世纪下半叶至五世纪时,成为东派教会内部,以及东、西两派教会之间激烈争论的神学问题。

3.1.1.1.4 陈述句中"不会"前邻接申明确认类语气副词
3.1.1.1.4.1 陈述句中"当然不会"

有的"当然不会"充当单句中谓语的修饰语,后接谓词、动宾结构、状中结构等,例如:

(100) 这种倒行逆施当然【不会】成功。

(101) 当然【不会】那样傻。

有的"当然不会"充当并列句的前分句中谓语的修饰语,后接动宾结构等,例如:

(102) 当然【不会】是农民,而只能是那统治全国的皇帝。

(103) 在从来没有见闻过馄饨担的人,当然【不会】起这感想;我原是为了预先知道而能作如是想的。

(104) 他当然【不会】在家里;在街上找人和海里摸针大概一样的无望。

有的"当然不会"充当因果式的说明因果句的前分句中谓语的修饰语，后接谓词、动宾结构等，例如：

（105）教会势力对此当然【不会】甘心，他们采取各种手段迫害大学里的学者和教授，焚毁他们的著作以至于把他们投入监狱，一些大学也转而为教会所管辖和控制。

（106）张作霖当然【不会】接受这种唱对台戏的要求，"乃电袁请中央调节"。

有的"当然不会"充当转折句前分句中谓语的修饰语，后接动宾结构、状中结构、兼语结构等，例如：

（107）我牛全德当然【不会】黑朋友，可是你就不会碰见别人么？

（108）一般的产品当然【不会】那么复杂，但道理是一样的。

（109）你们不要以为他们绝不会吃粪，当然【不会】叫你们吃粪，但是我告诉你们，他们的风俗习惯，为我们所憎恶的，他们一定要我们跟从他们，例如剃发梳辫子，也就和要我们吃粪差不多。

有的"当然不会"充当连贯句后分句中谓语的修饰语，后接动宾结构等，例如：

（110）宽宽的马路旁，高高的绿树下，摆着一个又一个的摊摊，当然【不会】有什么广告、招牌之类，卖什么全凭吆喝。

有的"当然不会"充当说明因果句后分句中谓语的修饰语，后接谓词、动宾结构、述补结构、带状动宾结构等，例如：

（111）其实中国地大物博，与平教会有同样认识的当然【不会没有，我说的话原是以我的孤陋寡闻为限。

（112）啊，这目光是那样的熟悉，他俩也同我一样，当然【不会】是机器人。

（113）我是个医生，当然【不会】缺少手中的听诊器。

（114）也许可以替自己辩护说，这是一个专门的科学报告，一般人当然【不会】懂得。

（115）秦晋双方这样没有诚意，对盟约当然【不会】坚持长久，秦伯回国立即背盟。

（116）要测量人体承受了多大的放射量，最方便的是把真人直接放在放射物旁——可是我们不是希特勒分子，当然【不会】那样做。

（117）力等于零，因而力矩等于零的时候，当然【不会】对物体有转动作用。

有的"当然不会"充当假设句后分句中谓语的修饰语，后接动宾结构、带状动宾结构、联动结构等，例如：

（118）最后一点是因人在人之间不了解而发生的错误，人人求学的能力，各有不同，不知不觉中发展与兴趣也互异，若勉强或指定某人去学他没有兴趣或能力不够的学问，当然【不会】有好的成效。

（119）男子设若也觉得圣人与禽兽的脸全欠些白润，他们当然【不会】那么没羞没耻，他们必定先顾脸面，而后再去瞎胡闹。

（120）抱着这样的观点，当然【不会】去正视社会问题，更不会尽力去解决社会问题。

有的"当然不会"充当推断性因果句后分句中谓语的修饰语，后接动宾结构等，例如：

（121）他既然有那么许多钱，当然【不会】是一个傻子。

有的"当然不会"充当容让句后分句中谓语的修饰语，后接状中结构等，例如：

(122) 她虽这么想着，当然【不会】真的一一提问，只是抓住一个问题。

3.1.1.1.4.2 陈述句中"自然不会"

第一，"自然不会"充当单句内谓语的修饰语，例如：

(123) 在上班聊天、看报正常化的时候做做难题，自然【不会】触犯天条。

(124) 我们的文艺学研究自然【不会】在这些困难面前却步。

"自然不会"充当并列句前分句中谓语的修饰语，例如：

(125) 我自然【不会】出卖她，自己也吃得满口溢香。

(126) 这个季节自然【不会】看到荷花了，湖心有一层薄薄的冰，湖边依然是清清的水。

(127) 她自然【不会】给我们介绍，也就笑着从我面前走过去，走了五六步她又回过头来，而且又向她挽着的人说了些什么就上船了，划向她的家。

第三，"自然不会"充当说明因果句后分句中谓语的修饰语，例如：

(128) 其所以特为明了的缘故，是因为太阳是个发光体，而月亮是个不发光体，以不发光体遮发光体，又兼月的视径与日的视径差不多等大的情形下，可以把我们的光的泉源，完全截断，我们自然【不会】不注意到。

(129) 这样，由于简略了一些故事性的具体情节，而只是一些比

· 277 ·

较抽象、枯燥的交代，再配上庄重色彩的风格，人们自然【不会】思想溜号，【不会】被其他内容夺走注意力，"杀却心猿意马，斩断妄想尘劳"，而精力集中于教义中去。

（130）这些见解是原则性的，自然【不会】有错。

（131）这位老先生当了"祈请使"，当真的向元朝政府要求保存宋朝皇帝，结果自然【不会】有什么下文。

第四，"自然不会"充当假设句后分句中谓语的修饰语，例如：

（132）如果不是蒲松龄身为布衣，处于受人揶揄的社会地位，他自然【不会】对贪官墨吏产生强烈的憎恨，也就【不会】以笔做匕首，去刺贪又刺虐了。

（133）我们该知道，我们不接触那件事情，就自然【不会】有兴趣，你要干那件事情，你才有兴趣。

第五，"自然不会"充当推断性因果句后分句中谓语的修饰语，例如：

（134）他既看得分明，自然【不会】受别人的诱惑，因此十分放心；并且对于素蒂的芥蒂也就完全消灭，便笑笑不再说了。

3.1.1.1.4.3 陈述句中"显然不会"

（135）对于如此不同形式的运动，虽然支配大气运动的基本方程都是一样的，但是其中起主要作用的因子显然【不会】相同。

（136）这种王府相传下来的摆架子的、落后的、费而不惠的老办法，显然【不会】有利于加强阿哥、格格们的营养。

3.1.1.1.4.4 陈述句中"的确不会"

（137）他知道，这一定是什么秘密的勾当，一般的老百姓，的确

【不会】知道其中的究竟，所以他并没有实行他的威吓。

3.1.1.1.5 陈述句中"不会"前邻接意外类语气副词

3.1.1.1.5.1 陈述句中"却不会"

陈述句中"不会"可以前邻接意外类语气副词，主要是"却"，"却不会"大致有几种用法：

第一，"却不会"充当单句内修饰语，例如：

(138) 不过旅行家自己，却【不会】觉得有什么异样。

第二，"却不会"充当并列句分句内修饰语，例如：

(139) 然而在冬天，小冰晶却【不会】融化，它还在下落的途中不断吸附周围的水汽，使自己愈长愈大。

第三，"却不会"充当转折句后分句内修饰语，例如：

(140) 袁庚不喜欢唯唯诺诺的人，对这种不同意见不一定会接受，却【不会】计较。

(141) 外国某些商店无人售货，却【不会】失盗，也是靠信息网络化监督。

(142) 她的根在泥土里伸展着，却【不会】吸收养料，但觉得好像在长出什么东西。

(143) 只是你表叔晓得了，却【不会】答应你，将来邦娃子长大了，说不定还会杀死你的，我是为你好啊！

第四，"却不会"充当容让句后分句内修饰语，例如：

(144) 尽管这光辉时时受着吹打，但却【不会】熄灭，永远不会熄灭。

(145) 但现在我们就发现眼睛的一个特性：手掌虽然能够遮了人，眼睛却【不会】误认手掌比人大。

(146) 如果其他因素（如良种、施肥）是限制增产主要因素时，增加灌水量，虽然导致了作物总需水量的增加，却【不会】收到增产的效益。

3.1.1.1.5.2 陈述句中"倒不会"

(147) 在日里的余时，已经有限，公园和电影的场所，尽足消磨；晚上很早睡觉，因此倒【不会】觉得有『度日如年』之苦。

3.1.1.2 陈述句中"不会"前间隔语气副词

3.1.1.2.1 陈述句中"不会"前间隔申明确认类语气副词

3.1.1.2.1.1 陈述句中"当然……不会"

第一，"不会"与"当然"间隔修饰语"就"，例如：

(148) 失去了欣赏价值的戏曲当然就【不会】有人愿意看。

第二，"不会"与"当然"间隔修饰语"也"，一般用于说明因果句的后分句，例如：

(149) 没有冲突，就没有"戏"，当然也【不会】有戏剧。

(150) 院子不大，房屋也不怎么宽敞，当然也【不会】多么讲究。

(151) 乡间的时代，总是落到城市后边，在城市里已经闹得不可开交的大小家庭问题的时候，在乡村好像漫不经心似的，家家还是爷爷奶奶孙孙女女大嫂子四妹子的团团过着，春子的婆家，当然也【不会】例外。

第三,"不会"与"当然"间隔修饰语"也就",例如:

(152) 总之,这一年桃树没有开花,当然也就【不会】结果。

第四,"不会"与"当然"间隔修饰语"更",例如:

(153) 无产阶级的文化政策,当然更【不会】放任自流。

第五,"不会"与"当然"间隔方位短语,例如:

(154) 这些树木,这些刚萌芽的花草,还有这把椅子——"当然工厂里【不会】有这样一把椅子,【不会】等待人去坐,【不会】空着,也【不会】让它霉掉!"

第六,"不会"与"当然"间隔主语,例如:

(155) 当然,责任【不会】是单方面的。

(156) 当然,捉住他的人【不会】要他脑袋,而是拿出条子,脸上堆笑,嘴里淌蜜。

第七,"不会"与"当然"间隔主语和修饰语"也",例如:

(157) 当然,别的木匠也【不会】让步。

第八,"不会"与"当然"句、主语和修饰语"更",例如:

(158) 当然,此时人类不可能完全停止对自然的探索,技术的发明创造更【不会】绝对地终止。

3.1.1.2.1.2 陈述句中"自然……不会"

第一,"不会"与"自然"间隔主语,表示在特定条件下理所当然会产生某种结果,例如:

（159）他沉吟地，眼光望住空中，"自然，思想相同，脾气也合得来的朋友，【不会】只有一二个，可是我此刻感到特别亲切的一位，因为曾有一个时期，我和他患难相共！"

（160）秦朝历时仅仅十五年，自然留下的印章数量【不会】多，而有些印章，尚不能完全脱离战国印的遗风。

（161）设若不是在这种环境之下，自然我【不会】想到这个，但是环境既是如此，我不能不作个准备——死了便是死了，活着的总得吃迷叶！

第二，"不会"与"自然"间隔句，表示在特定条件下理所当然会产生某种结果，例如：

（162）自然，这如果下的设想，完全是空话，【不会】有事实来证明，但我们以行星代月球，

3.1.1.2.2 陈述句中"不会"前间隔必断类语气副词

陈述句中"不会"可以前间隔必断类语气副词"一定"，可以间隔修饰语"也"，例如：

（163）不会吧，人一定也【不会】死得很多。

3.1.1.2.3 陈述句中"不会"前间隔估测类语气副词
3.1.1.2.3.1 陈述句中"也许……不会"

第一，"不会"与"也许"间隔时间词语修饰语，例如：

（164）也许不久之后【不会】那样忙，因为吴教授对于青草的试验，快告一段落啦。

第二，"不会"与"也许"间隔主语，例如：

（165）也许你【不会】想到，这家公司并没有飞机，用于航运旅客的是七架巨大的齐伯林飞艇。

（166）方女士起初以为秀珍听错了，也许这个消息【不会】真确，现在她说是她的爸爸说的，那末这个消息是千真万确的了。

第三，"不会"与"也许"间隔主语、修饰语，例如：

（167）也许，像你这样的人，命定【不会】有宁静的生活。

第四，"不会"与"也许"间隔句，例如：

（168）三间大学的电报，家里还没知道，报告了父亲母亲，准使他们高兴，他们高兴头上也许心气宽和【不会】细密地追究盘问。

3.1.1.2.3.2 陈述句中"大概不会"

陈述句中"不会"前间隔估测类语气副词"大概"，往往间隔修饰语"也"，例如：

（169）她大概也【不会】说。

（170）渐渐地我甚至于忘记了光明，我以为那小小的监房里就是光明的地方，其他自由地方的光明所在大概也【不会】同那里有多大的差异——我完全忘记了对于光明的记忆了！

3.1.1.2.3.3 陈述句中"恐怕……不会"

第一，"不会"与"恐怕"间隔修饰语，例如：

（171）……这不是冤枉话，设若你在同学家早得了手，早挨着了那两个女子的边，恐怕那天也【不会】发疯……唉！

（172）要不是选拔队长，我恐怕和你一样，至今都【不会】理解他。

第二,"不会"与"恐怕"间隔主语、修饰语,例如:

(173)身旁的叶倩倩睡得很熟,夏克明算计过了,由于前几晚没有睡好的缘故,今晚即使在叶倩倩的耳边打雷,恐怕她也【不会】醒。

3.1.1.2.4　陈述句中"不会"前间隔强化类语气副词

3.1.1.2.4.1　陈述句中"根本……不会"

陈述句中"根本……不会"一般间隔修饰语"就",例如:

(174)她沉默了半晌,又道:"征云,如果换成了今天的我,我根本就【不会】出来。"对于人的感觉来说,根本就【不会】觉得它的存在。

3.1.1.2.4.2　陈述句中,"不会"可以前间隔强化类语气副词"到底",一般间隔修饰语主语,例如:

(175)反正人数已经不多,就是被几个猫兵围困住,到底我【不会】完全失败。

3.1.1.2.4.3　陈述句中"反正……不会"

陈述句中"反正……不会"一般间隔修饰语主语,例如:

(176)反正他【不会】这么早就死去。

3.1.1.3　陈述句中"不会"前邻接、间隔语气副词

陈述句中,"不会"可以前邻接强化类语气副词,同时前间隔申明确认类语气副词,例如:

（177）当然，改变自身罹患精神病症的易感素质并【不会】轻松，需要在长期的、痛苦的磨砺中慢慢改变，这种磨砺包含社会环境的影响、教育、熏陶和自身的长期实践与塑造。

3.1.2 陈述句中"不会"后关联语气词

3.1.2.1 陈述句中"不会"后邻接语气词

3.1.2.1.1 陈述句中"不会"后邻接语气词"的"

第一，"不会的"单独成单句，例如：

(1) 他说："【不会】的。"

(2) 【不会】的，指导员。

第二，"不会的"单独成分句，反复使用，例如：

(3) ……不会，【不会】的。

(4) 【不会】的，【不会】的。

(5) 舅舅笑了："【不会】的，【不会】的。"

(6) 不会，【不会】的，我的孩子。

第三，"不会的"单独成分句，重复使用，后分句语气加强成感叹，例如：

(7) 【不会】的，【不会】的！

第四，前加"是"，构成"是不会的"，例如：

(8) 以后还是【不会】的。

第五,"不会的"单独成句,后附加语气副词,例如:

(9)【不会】的,当然!

第六,"不会的"单独成前分句,后续语句补充说明具体内容,例如:

(10)【不会】的,【不会】是检举你的。

(11)【不会】的,根本【不会】影响我的学习。

(12)你放心,阿郎勐,【不会】的,蛮格鲁不会这样的,岩坎会回来的。

第七,"不会的"单独成前分句,后续语句解释说明原因,例如:

(13)【不会】的,事实上不会这样凑巧,不是同乡,不是同学,哪里有认识的机会!

(14)【不会】的,我们昨天还在一起呢。

(15)【不会】的,同餐的有十个人,他们都没有发病,而且我也还是好好的,并不曾病。

第八,"不会的"单独成前分句,后续语句顺承说其他相关内容,例如:

(16)桃花说:"【不会】的,蜜蜂是我们的好朋友,她一定会来的!"

(17)宣,你【不会】的,你安心养病吧,母亲说。

(18)【不会】的,拿来吧!

第九,"不会的"单独成后分句,对承前简省强调"不会",例如:

(19)(闻言非常失望地长叹一声)唉,我真幼稚,早应该知道你是不会答应我的,【不会】的。

(20) 不,老师不会批错的,【不会】的……

第十,"不会的"单独成后分句,充实前分句"不"的单用否定,例如:

(21) 不,【不会】的,老师。

(22) 他的脑中竟会闪出这样一个疑问,"不,【不会】的。"

(23) 不,【不会】的,她已经答应同我一起去阿坝了。

第十一,"不会的"单独成后分句,解注前分句的实际意义,例如:

(24) 做梦娶媳妇,【不会】的。

3.1.2.1.2　陈述句中"不会"后邻接语气词"了"

第一,"不会了"单独成单句,例如:

(25) 古应春说:"雷老爷在这里人生地不熟,再遇到那么一条吓坏人的狗,不是生意经。""你怎么联络法?""那当然。""【不会】了。"悟心答说,"我保险不会再遇到。"

第二,"不会了"分句重复使用,例如:

(26) "【不会】了,【不会】了。"老人又凄惨地哭起来。

第三,"不会了"充当前分句,例如:

(27) "【不会】了,哪还会去做那种傻事?"吴敏不好意思起来,头一直俯着。

(28) 王喜说:"【不会】了,把羊吃光了,上哪儿去找肥料,没有了肥料田里的庄稼就长不好。"

(29) "那他还会说我们的!""【不会】了,你这人好笨哪!孙主任留咱们到一点多对吗？"

（30）张无忌见她如此痴情，不忍叫她伤心，低声道："【不会】了，他不会打你骂你了。"

第三，"不会了"前带时间词语等修饰语，形成单句或分句，例如：

（31）噢，不会，现在【不会】了。

（32）永远【不会】了。

（33）她心里清楚她后天不会跟他走的，大后天，大大后天，都【不会】了。

（34）圣·约翰没有结婚，现在再也【不会】了。

（35）看来这场战斗已经分出胜负了，可惜我们输了，不过下次可就【不会】了。

（36）怀念故乡、怀念故乡，所以乡愁变成了很重要的一个感觉。可是现在【不会】了，你跟故乡的关系朝发夕至，电话也可以打通，什么方式都可以联络。

第四，"不会了"充当谓语，例如：

（37）他搂着她说："我【不会】了。从这回之后，再不会去跟人瞎举拳头了。"

（38）"我错了，我向你道歉，我【不会】了。"

第五，"不会了"前带主语、修饰语，形成单句或分句，例如：

（39）不会的。我现在【不会】了。

（40）小人怎会不认得大爷你呢？上次小人有眼无珠，这次再也【不会】了，只不过，大爷你这两年来的确老了许多。

第六,"不会了"充当认知动词等的宾语,例如:

(41) 我想【不会】了,我们之间现在什么都没有了,连吵架的可能性也没有了。

3.1.2.1.3 陈述句中"不会"后邻接语气词"吧"

陈述句中,"不会"后邻接语气词"吧","不会吧"往往单独成句,回应,例如:

(42)【不会】吧……

(43)【不会】吧,老会计算计好几次,大概还剩一千多嘛!

(44)【不会】吧,在我生命垂危的时候,我是被一个不肯露名的中国人输了血才救活的呀?

(45)【不会】吧,人一定也不会死得很多。

3.1.2.1.4 陈述句中"不会"后邻接语气词"的吧"

陈述句中,"不会"后邻接语气词"的吧","不会的吧"可以单独成单句或分句,或者充任谓语,例如:

(46)"我总觉得,大概是因为我跟夫人很熟悉,所以他才对我多方关照的。"

"不会的吧。"

"不,是真的。"

(47)【不会】的吧,钟老昨天还是那么健康,那么结实。

(48) 他又想,那【不会】的吧,有什么呢!只写过一次信,见过两次面,谈了一谈。

3.1.2.2 陈述句中"不会"后间隔语气词

3.1.2.2.1 陈述句中"不会"后间隔语气词"的"

3.1.2.2.1.1 "是不会……的"

（一）"是不会……的"用于单句。从句法成分来看大致有六种情况：

第一，"是不会……的"充任谓语，前有主语，后接谓词、动宾结构、联动结构等，例如：

（49）只有一个量改变而其他两个量都不改变的情况是【不会】发生的。

（50）我是【不会】黄的。

（51）有志敢登攀者是【不会】回心的。

（52）我后来的这个妈，是【不会】烙馍的。

（53）好好参加生产的人，是【不会】出来要饭的……

第二，"是不会……的"充任谓语，前有主语和修饰语，后接谓词、动宾结构、带状动宾结构等，例如：

（54）我们的这个立场，任何时候也是【不会】动摇的。

（55）这种填空现象，写文章一般是【不会】有的。

（56）在这种情况下，生搬硬套地来学习，是【不会】有多大收获的。

（57）毋庸置疑，一个对人生价值缺乏正确的看法、胸无大志、缺乏理想的人，在科学事业上是【不会】大有作为的。

第三，"是不会……的"充任谓语，前有主语和连接语，后接带动宾结构、状动宾结构等，例如：

（58）但是转动的物体，轴是【不会】得侧倒的。

（59）而核武器是【不会】单单放过它们的。

第四，"是不会……的"充任谓语，前有主语、修饰语、连接语，后接动宾结构等，例如：

（60）因此他所讲应该是【不会】失实的。

（61）不过，从我身上你是【不会】占到便宜的。

（62）但是，对于那些消耗能源和原材料过多、当前又不急需的加工工业，减下来是【不会】伤筋动骨的。

第五，"是不会……的"前无主语，有修饰语，后接状中结构、述补结构等，例如：

（63）根据我们日常的生活经验，是【不会】怀疑上述这些现象的。

（64）也只有在对老百姓的纪律上不吃败仗的军队，——我以前也听见有谁这样说过——在真正的敌人面前是【不会】不胜利的。

第六，"是不会……的"前无主语，有修饰语、连接语，后接述补带宾结构等，例如：

（65）此外，导弹进行操练时是【不会】装上核弹头的。

（二）"是不会……的"用于前分句，从复句关系看大致有五种：
第一，用于并列句前分句，例如：

（66）人们在认识道德现象、进行道德评价和考虑采取什么态度时，是【不会】无动于衷的，而总会产生种种情感上的体验。

（67）铁在空气里是【不会】燃烧的，那么，铁在氧气里能不能发生燃烧现象呢？

（68）那战火冶炼的生命，是【不会】变色和枯竭的，硝烟中热得沸腾的血液，还在你周身汹涌奔流啊！

（69）一个没有学术自由的国家，科学是【不会】发达的，必然是落后。

（70）这是【不会】泯灭的，也不可能泯灭的。

（71）菱姐是【不会】生气的，也不敢声张，只是涨红了脸逃走。

（72）小玫是【不会】看上他的，不会！

（73）这种心境，没有挨过饿的人是【不会】懂的……先生，这种生活我们已经过了五年了。

第二，用于解注句前分句，例如：

（74）但它的出色的思想是【不会】过时的，这就是：把总星系作为一个产生、发展和消亡的整体进行研究；将基本粒子、化学元素的演化同总星系的整体演化密切联系起来。

第三，用于连贯句前分句，例如：

（75）但飞飞是【不会】轻易向困难投降的，她又鼓足全身的力气重新飞上了天空……

第四，用于因果句前分句，有的用于因果式前分句表因，例如：

（76）因为赵太爷是【不会】错的，所以，"错在阿Q"！

（77）印度的人民，是富有智慧的人民，在艺术上，是【不会】忘记它的优秀传统的，因此发生了文艺复兴运动。

（78）去年我们刚拿到博士学位，新宇又被选中去参加一项太空医学试验，这样的机会他是【不会】放过的，所以就拖下来了。

有的用于果因式前分句表果，例如：

（79）尤其是在做夜班的时候，打瞌睡是【不会】有的，因为野兽一般的铁的暴君监视着你。

（80）代表商人利益的吕不韦，对于秦国所推行的商鞅政策中有关统一的各种措施，包括统一度量衡制在内，是【不会】反对的，因为这些措施也是符合商人利益的，是便利商人所经营的商业发展的。

（81）老刘是【不会】要这笔钱的，只要他身体好，他这个人就是想为国家多做点工作。

第五，用于倒置的容让句前分句，例如：

（82）当真想吃一顿"饭"的人，是【不会】光顾这宝贝摊儿的，虽然它也有什么"猪油菜饭"之类。

（三）"是不会……的"用于后分句，从复句关系看大致有十种：

第一，用于并列句后分句，例如：

（83）他说，前些日子，有个别人挑拨知识分子同党的关系，他们的目的是绝对不能得逞的，知识分子是【不会】上他们的当的。

（84）但惟其如此，时人对于非商人的囤积行为所有的责难，这只是一种道德或形式上的批评，在经济或本质上，是【不会】有影响的。

第二，用于解注句后分句，例如：

（85）而思想懒惰，或骄傲自满，不肯多方面去思考，不肯多方面去接触，如同自己掩盖自己眼睛一样，掩着眼睛练是【不会】开窍的。

· 293 ·

（86）不过，一天当中，体温的变化相差不大，一般是【不会】超过一度的。

第三，用于说明因果句后分句，有的用于因果式后分句，例如：

（87）当鱼雷因风浪或其他原因改变方向时，因为无外力矩的作用，回转仪的转动轴是【不会】改变方向的。

（88）由于合理的必要的涨价是在较长时期中有计划安排的，平均每年上涨的幅度是【不会】很大的，对价格总水平的影响更【不会】是很大的。

（89）为什么猜她年在二十以上，这却很有理由，因为以她演奏的程度，至少经过八年以上的练习，所以年龄是【不会】十分轻的。

（90）你是一只会捉兔子的鹰，我洪那比亚是【不会】放你走的。

（91）天国有一个永久的乐园，那里时时刻刻是春天，住在里边，是【不会】看到一片焦黄的叶子的。

有的用于果因式后分句表因，例如：

（92）总之，你们不要怕，政策是【不会】变的。

第四，用于假设句后分句，例如：

（93）但是如果确有其事，人们的记忆是【不会】消灭的。

（94）小杨，你要是知道我内心的沉痛，你是【不会】责怪我的。

（95）比如一块石头从山上滚下来，碰着一块石头，就立刻发出火花，倘若它只碰着一块石头的影子，那是【不会】发出火花的。

（96）你若不是这种处境，我是【不会】来的。

（97）若没有"明修栈道"之举，是【不会】取得"暗渡陈仓"之功的。

（98）假如你没有碰到什么值得高兴的事情，也没有看到什么有趣的东西，你是【不会】发笑的。

第五，用于足够条件句后分句，例如：

（99）只要不夹带着冰雹，瓜田是【不会】受到损害的。

（100）只要我们做好准备，他们的阴谋是【不会】得逞的。

（101）在农村常有这种情况，就是一户富了几户跟，几户富了带全村，只要有了小康样板户，发展起来是【不会】太慢的。

第六，用于必备条件句后分句，例如：

（102）除非将来赤道上再起个剧烈的变化，而帝国主义也撤去了界限森严的篱笆，马来人的生活方式是【不会】变化的。

第七，用于转折句后分句，例如：

（103）一点不错，他们就是逼着画家们交代后台，画家们是【不会】屈服的。

（104）你也可以花一些时间，在这里面浏览，找找你要买的书，不过，他们的书，是【不会】像摊上那么贱卖的。

第八，用于容让句后分句，例如：

（105）虽然，艺术标准不可避免地要带有各个时代的各个阶级的美学理想、审美趣味的烙印，但是，凡属从人类文学创作实践中总结提炼出来的，具有真知灼见的艺术标准，在基本的方面，是【不会】违背文学的规律的。

（106）尽管社会主义在实践中，在前进的道路上难免会有曲折和反复，然而人类社会发展的这个总趋势是【不会】改变的。

第九，用于虚让句后分句，例如：

（107）哪怕当面骂人呢，该骂的是【不会】见怪的。

（108）即使你的决定和我相反，我的主张是【不会】变的。

（109）但在这样的山林里，这样的人群中吃着这种饭菜，其味无穷，便是拿任何豪华宴席，我也是【不会】交换的。

第十，用于总让句后分句，例如：

（110）看来不管怎样说，你都是【不会】相信的。

（111）一旦通过反复地练习、排练，把人物的自我感觉结合自己的条件，变成演员的自我感觉，这时就可以随着人物的不同规定情境，不同的舞台要求，行动也就有所变化了，但不论怎么变，这个基本的自我感觉是【不会】变的。

（四）"不会……的"用于前后分句，往往用于并列句前后分句，例如：

（112）有志气的青年，是【不会】迷恋小家庭的"幸福"，而忘记社会主义和人类解放的重任的；是【不会】沉醉于爱情的"意义"，而虚度年华、庸碌度过一生的。

（113）但是，像刘成仁这样的领导当地人民革命、依靠当地人民革命的负责干部，对那些革命家庭的光荣历史，是【不会】淡忘的，对他们的崇尚感情是【不会】淡薄的。

（五）用于宾语内，一般是认知动词、言语动词的宾语内，例如：

（114）我想我来当国王，大家是【不会】有意见的。

（115）不，爸，他是我的朋友，我可以给他证明，我相信他是【不会】干这样的事的。

(116) 这使他俩感到，按照市场规律，适当搞一点竞争是【不会】有什么坏处的。

(117) 我们知道，这个时候马鹿是【不会】来的。

(118) 我敢说，一个对一切都感到心满意足的人，是【不会】产生真正的创作动机的。

3.1.2.2.1.2 "是……不会……的"

第一，"是"与"不会"间有修饰语，主要是表示时间的词语，如"永远（也）、从来（也）、任何时候都"，例如：

(119) 在当时以为这些气体是永远【不会】液化的，把它们称为"永久气体"。

(120) 三十多年过去了，人的相貌发生了很大的变化，然而豺狼的本性是永远也【不会】改变的。

(121) 可是"神龙见首不见尾"，它是从来【不会】全部露出来的，那就只有从它的爪牙、鳞甲等等去表现。

(122) 语言要素的自然发展是使语言趋于分化，但分化是从来也【不会】进行到底的，因为这会使语言不适宜于作为人们的交际工具而失去存在的价值。

(123) 我们的这个立场是任何时候都【不会】动摇的。

第二，"是"与"不会"间有主语、修饰语，修饰语主要是表示时间的词语，如"永远（也）、从来（也）、任何时候都"，例如：

(124) 这是他永远【不会】忘记的。

第三，"是"与"不会"间有句、饰连语，例如：

(125) 这苦衷除了我懂得以外，我的那些胡子朋友是做梦也永远

【不会】知道的。

（126）被剥削者对剥削者是只会有宽大，而【不会】有过火的；今天群众即令杀了他，那也是报仇雪恨；对他来讲是恶贯满盈应得的结果。

（127）如果满脑子坏思想，是无法学好也【不会】遵守好婚姻法的。

3.1.2.2.1.3 "不会……的"前无成分

"不会……的"往往单独成句，可以充当解注句、说明因果句的后分句，或者宾语内说明因果句后分句。"不会"与"的"间隔谓词、动宾结构等，例如：

（128）电报早已采用微波传真，【不会】错的。

（129）每年这个时候，鲸鱼拖儿带女从赤道水域赶来赴宴，它们吃得饱饱的，【不会】伤害我们的。

（130）起先我以为放牛是小事情，【不会】出岔子的。

3.1.2.2.1.4 "主语+不会……的"

第一，有的单独成单句，例如：

（131）他【不会】轻易放弃的。

第二，有的充当说明因果句的后分句，例如：

（132）不过陆子潇像配不过她，她【不会】看中他的。

第三，有的充当足够条件句的后分句，例如：

（133）第一次听见这样的呼声的人一定以为这位老先生已经是老得像一段毛竹根了，但一看见人，就没有一个【不会】惊奇不止的。

第四，有的充当宾语，例如：

（134）我看，教授和原助教两个人中间【不会】有什么的。

（135）那自然，不过这里的事，我想他【不会】知道的。（宾语内成分）

（136）当然，那时对你我是熟悉的，也深知你【不会】犯罪的。（宾语内成分）

3.1.2.2.1.5 "饰连语+不会……的"。

第一，充当并列句后分句，"不会"前常用饰连语"也"例如：

（137）谁的意见也不会成为定论，谁的文章也【不会】成为经典的。

第二，充当递进句后分句，"不会"前常用饰连语"更、而且"等，例如：

（138）社会主义者就是在完全的社会主义变革时也不想剥夺、不能剥夺并且【不会】剥夺小农的。

第三，充当假设句后分句，"不会"前常用饰连语"也"，例如：

（139）（领悟地）你不要想得太多嘛，铁翎不是那种无情无义的人，更何况还有玫玫呢，再说夏舒茵真若通情达理，也【不会】不重新考虑的，关键在你呀，小薇。

（140）还有呢，他要是讨个小老婆，为是生儿子，大家也【不会】这么见神见鬼的。

第四，充当足够条件句后分句，"不会"前常用饰连语"也"等，例如：

(141) 就是挨了咬,只要治疗得法也【不会】出危险的。

第五,充当容让句后分句,例如:

(142) 我还伏在那儿,若是金锁儿不回声,我虽这么要求,也【不会】去的。

第六,充当虚让句后分句,"不会"前常用饰连语"也"、时间词语、介宾短语等,例如:

(143) 即使不成功,对身体也【不会】有很大影响的。

(144) 就是船长在船上,也【不会】同意你装的。

(145) 焦大哥,你不必着急要把我支使了走,要吵也【不会】这会吵的。

(146) 我,死也【不会】忘记的。

(147) 就是勉强做下去将来也【不会】有好结果的。

第七,"饰连语+不会……的"充当宾语,例如:

(148) 然而,我对她并没有爱情,不仅现在没有爱情,我想永远也【不会】有的,那么,什么是我的幸福呢?

3.1.2.2.1.6 "主语+饰连语+不会……的"

第一,"主语+饰连语+不会……的"单独成为单句,例如:

(149) 这些问题都【不会】漏掉的。

(150) 一点也【不会】含糊的。

(151) 稍有社会科学常识的人,都【不会】相信这种荒诞的新闻的。

第3章 "不会"与语气成分的关联机制

第二,"主语+饰连语+不会……的"充当解注句前分句,例如:

(152)任何一个社会都【不会】是孤立存在的,它们或与周围的社会发生友好和交换的关系,或是发生敌对和竞争的关系。

第三,"主语+饰连语+不会……的"充当递进句前分句,例如:

(153)另一种人刚好相反,即使是被迫得硬着头皮学习的时候,一有玩乐机会,他就立即呼啸而去,至于在平常的日子里,他更从【不会】主动去学习什么的(书本也好,手艺也好),但是如果打扑克,却可以熬到三更半夜,乐不可支。

第四,"主语+饰连语+不会……的"说明因果句后分句,例如:

(154)念时虽然手有动作,但不能照诗意来做,因为她根本不懂诗意,只是乱做乱动一番,好在坐在暗中,韩琦仲也【不会】看到她的动作的。

(155)别难过,小腰腰,我们永远【不会】忘掉你的。

(156)再或者……我想不讲了,这些都【不会】丝毫有效的。

第五,"主语+饰连语+不会……的"充当假设句后分句,例如:

(157)可是,话又说回来了,如果在浮山那条小路上出现任何一个人,也会引起歹徒们的怀疑,他们也【不会】行动的。

(158)留下,我受不了,您也【不会】有好日子过的。

(159)是呀,谁要开除我师傅党籍,全厂师傅都【不会】通过的。

(160)如果不是伟大的中国共产党,我永远【不会】有这样的觉悟的。

第六,"主语+饰连语+不会……的"充当足够条件句后分句,例如:

(161) 这些措施在一定时期内是收到一些效果的,但只要贵族奴隶主对人民的压榨、剥削一天不停止,人民的反抗就一天【不会】中止的,因此迫使统治阶级不能不在积极利用和控制这方面多着想。

第七,"主语+饰连语+不会……的"充当虚让句后分句,例如:

(162) 每个人的指纹不同,所以,即使我们这些外来人把手伸进花丛里,那"潜入桥"也【不会】浮上水面的。

(163) 不过得过几天才能准你走;目下正是吃紧的时候,我答应上边也【不会】答应的。

(164) 光线显得更暗了,这不仅是在傍晚,大约在这样的深度,就是在太阳明亮的中午,光线也【不会】很明亮的。

第八,"主语+饰连语+不会……的"充当宾语内因果句后分句,例如:

(165) 因为当代的量子色动力学认为,夸克是通过交换虚胶子产生的一种强作用力而彼此束缚在强子中的,它们永远【不会】变成自由夸克的,这叫"夸克幽禁"。

3.1.2.2.1.7 "饰连语+主语+不会……的"

"饰连语+主语+不会……的"可以充当并列句前分句,例如:

(166) 这次,我【不会】善罢甘休的,非打破砂锅查到底不可……

3.1.2.2.1.8 "饰连语+主语+饰连语+不会……的"

第一,"饰连语+主语+饰连语+不会……的"充当说明因果句后分句,例如:

（167）何士捷这样想的时候，他就以为他遇到的困难，不论谁在他的地位上，也会遇到；因此，一个局外人，无论如何【不会】了解这些问题的。

第二，"饰连语+主语+饰连语+不会……的"充当假设句后分句，例如：

（168）不，不，孩子，外表再美，脑子里缺少善良的"种子"，那谁也【不会】喜欢的。

第三，"饰连语+主语+饰连语+不会……的"充当转折句后分句，例如：

（169）四围一看，天地竟浑圆得像一只盒子，没有别的船，只有我们这一只，船尾画着一条长长的水纹——水纹就是这只船的踪迹，但这踪迹也【不会】长远的，就会消灭了，当它再换一条航线的时候。

第四，"饰连语+主语+饰连语+不会……的"充当宾语内总让句或足够条件句后分句，例如：

（170）那黑晶晶的放光的眼睛，似乎在宣布说：无论什么男人都【不会】从这里跑掉的。

（171）我相信只要有着这小孩，妻以后任何事情都【不会】想做的。

3.1.2.2.2 陈述句中"不会"后间隔语气词"了"

（一）"是不会……了"。大致有三种情况：

第一，"主语+是不会……了"。

（172）这出闹剧是【不会】重演了。

第二，"饰连语+是不会……了"，例如：

（173）老张不来也没有什么，今天晚上，无论如何是【不会】有兔子、獾和那偷瓜的贼了。

第三，主语+饰连语+是不会……了

（174）看来交通船小，抗风力不大，如果海上奔走、呼号的大北风不减弱，交通船在几天内是【不会】来了。

（二）"是……不会……了"。例如：

（175）这种革命的贯彻，不论民族资产阶级主观认识怎样，是只能助长国际社会主义的力量，而【不会】助长国际资本主义的力量了，至少是对国际社会主义有利是更多于对国际资本主义有利了。

（三）"饰连语+不会……了"。大致有七种情况：

第一，用于单句，例如：

（176）她怜悯地说："真的，宣，以后【不会】再吵架了。"

（177）当我们认识了这种可变性后，就【不会】再将戏曲看作是静止的、不可变的艺术了。

第二，用于递进句的后分句，例如：

（178）就【不会】有以后二、四方面军在甘孜的会合，更【不会】有一、二、四方面军在陕北的大会合了。

第三，用于假设句的后分句，例如：

(179) 如果最初接触这一"事实"的记者，能在听到别人提供的情况之后，到现场去作一番必要的调查，也就【不会】发生这样失实的报道了。

(180) 有一天，爸没来，大同学也在开会，玉梅和另一个女同学阎英秀陪着许静等呀等，许静越等越着急，眼泪汪汪地说："我要有一双好脚，就【不会】麻烦别人了……"

(181) 此刻以群倒分外地羡慕起他来，如果牺牲在对敌斗争的战场上，便【不会】再有今天的无尽的烦恼了。

(182) 要是我胆子果真大，也就【不会】被人拦住了。

(183) 我说："在鄂都烧掉了约两百多支枪，放走了约五百俘虏，如早知道这里有地下党，就【不会】烧掉了。"

(184) 比较起来说吧，如果我是你，那你也会自然而然地说我是好人了，就【不会】当着面"不对"，背着还是一个"不对"地责备我了！

(185) 若是冒进了，韦书记就【不会】答应我们办农业合作社，也【不会】把李仁同志派来了。

第四，用于说明因果句，有的用于因果式的前分句，例如：

(186) 总之，节目里再【不会】看到她了，我的心骤然感到一阵疼痛。

有的用于因果式的后分句表果，例如：

(187) 可是因为要同别人发生关系，所以在事实上，我们便养成了好些善的习惯，在其发生的时候，【不会】带有脏腑中之快乐方面的动作了。

(188) 同时，这种制度是应该由简到繁由易到难逐步推行的，因此实行起来，便【不会】感到很困难了。

（189）为此，平时应十分重视心理训练，特别是赛前训练，要力求做到"练习像比赛""比赛像练习"，比赛时就【不会】过分紧张了。

（190）后来，中国科学院就颁布了化学元素新的读音，把这个字改念成"钽"，发音跟"坦克"的"坦"一样，这样就【不会】跟"氮"相混了。

第五，用于足够条件句后分句，例如：

（191）你要想学字不忘，把注音符号学会再学字就【不会】忘了。

（192）不懂英语的华人，一到这里也就【不会】再有语言方面的困难了。

（193）可是，你只要了解了他们发炮的过程，也就【不会】有什么怀疑了。

第六，用于转折句后分句，例如：

（194）又使人联想到荷包牡丹，那颜色比它红，而且有最美的形体：像古昔少女所佩戴的荷珠，可惜今日【不会】再有甚么可比方了。

第七，用于假转句后分句，例如：

（195）让我再向 O 君道一个歉，就是我知道他太晚，否则【不会】有这么一回事了。

（196）因为，说实在的，对一项新的科学发现，真正能懂的内行是很少的，不然，就【不会】被称为"发现"了。

（四）"主语+饰连语+不会……了"。大致有八种情况：

第一，"主语+饰连语+不会……了"构成单句，例如：

（197）天呀，看样子他永远【不会】忘掉我了。

（198）那被杀的女孩更【不会】求你了。

（199）初春的脚步在这里也【不会】停留很久了。

（200）在工厂里的工人再也【不会】把手制的货品看作艺术品了。

第二，"主语+饰连语+不会……了"用于并列句后分句，例如：

（201）要是组织上已有交代，她就应该亮出接头暗号来；新特委也【不会】为了寻找我，而像只无头苍蝇那样到处乱闯了；再说，她要是知道我的真正身份，在我面前便【不会】如此失却理智，感情放肆到如此地步了。

第三，"主语+饰连语+不会……了"用于连贯句后分句，例如：

（202）"烧火老者"（一种粗皮的小花鱼）顶可厌，学"鳑杆儿"的吃法，但不那样调皮，一连几下，浮子便永远【不会】再动了。

（203）太阳晒得太热了，管道里的水气把热吸收进去，储存起来，气温就【不会】那么高了。

（204）一回爸爸问她为什么喜欢花，她说："花一开，春天就来了，我就【不会】再冻烂手脚了。"

第四，"主语+饰连语+不会……了"用于说明因果句，有的用于果因式前分句表果，例如：

（205）走资派再也【不会】来保护你们了，他们早已被我们打倒在地再踏上一只脚永世不得翻身了。

有的用于因果式后分句表果，例如：

（206）他在嘴里念了一句，想到软绵绵的那件驼绒袍子裹住自己，全身的骨头差不多都要酥解起来——说不定将来还可以做皮袍子哩，玉红那小丫头再【不会】像现在这么瞧不起我了。

（207）陛下应宽其小过，赏其辛勤，她们就【不会】有怨言了。

（208）我们重点提倡创作，却不排斥写生画，这就【不会】陷入片面性了。

（209）为了子孙后代能在地球上继续生息下去，人类一定要合理地控制自己的活动，这样，到了下个世纪冬天就【不会】消失了。

（210）这样一来，潜水员的血液就【不会】沸腾了。

（211）等到了夜晚，四周的温度降低了，我们这儿的温度还比较高，就把热再慢慢地放出去，气温也就【不会】降得太快了。

（212）那是我的过去，那是因为我没遇上你，现在有了你，我对任何女人都【不会】感兴趣了。

第五，"主语+饰连语+不会……了"用于假设句后分句，例如：

（213）如果再遇到去年的沥涝和前几年的干旱，我们就【不会】那么被动了。

（214）要是你这个漂亮姑娘去，那几个属兔子的就【不会】跑了。

（215）（天真的）如果是拖拉机，我就【不会】这样大意了。

（216）山民的话说明了一个道理，如果没有科学的捕捉方法，动物园里就【不会】有如此多的珍禽异兽了。

（217）如果没有我，她们可能永远【不会】重逢了。

第六,"主语+饰连语+不会……了"用于足够条件句后分句,例如:

(218) 待在我的肚子里,你就【不会】累了。

第七,"主语+饰连语+不会……了"用于倒置的必备条件句前分句,例如:

(219) 我父亲再也【不会】要我了,除非我能再回去结婚!

第八,"主语+饰连语+不会……了"用于容让句后分句,例如:

(220) 听这首协奏曲,虽有点委屈了本来大可炫技的长笛与竖琴,你并【不会】嫌音符少了。

(五)"饰连语+主语+饰连语+不会……了"。

第一,用于单句,例如:

(221) 这下子,这对好兄弟再也【不会】分开了。

第二,用于并列句前分句,例如:

(222) 今后你永远【不会】离开工厂了,跟从前不同的是,变成了工厂的主人。

第三,用于递进句后分句,例如:

(223) 在这个时期以前,无政治组织之需要,更【不会】有所谓政治思想了。

第四,用于说明因果句,有的用于说明因果句果因式的前分句表果,例如:

（224）到那时，你们就【不会】这么嘴硬了，因为你们也是受害者，机器人的自尊心有时比生物人还要强。

有的用于说明因果句因果式后分句表果，例如：

（225）现存的猴子既是经过若干变化而来的，当然和它们的远祖大大儿不同，而它们所处的环境也和那可以变人的时候的环境大大儿不同，现在，猴子就【不会】变人了。

（226）是有趣是笑话，却是眼泪编成的，往后咱们就【不会】走那条绝道了。

第五，用于假设句后分句，例如：

（227）如果在火炉和物体之间放一块木板，木板会被烤热，而物体就【不会】被烤热了。

（228）张三吃了这一次亏，以后他就可能【不会】那样努力干了；李四呢，他也许会发生这样一种错觉："少做一点，不也和张三评一样多的工分、得一样多的钱吗？"

（229）假如政府发公债都是用在振兴工业上，那末金融界和实业界的关系就【不会】像目前那样彼此不相关，专在利息上打算了。

（六）"不会……了"用于宾语。有的充当心理动词的宾语，例如：

（230）心里想：这下再【不会】放过你了。

（231）尽管我知道，那熟悉的脚步声再也【不会】叩响我的耳膜了，可我还是等待，等待。

（232）当墙上的挂钟指到十二点三十分时，我才真正明白他【不会】来了。

（233）唯有武官，只要他一起飞，你就会感到他一直向宇宙深处奔去，再也【不会】回来了。

有的充当言语动词的宾语，例如：

(234) 现在，我可以说，那样的悲剧【不会】再重演了。

(235) 所以有人说将来可能使铅变成金，那时金就【不会】怎样可贵了。

(236) 不少人都在私下议论着：黄国雄这一去再也【不会】回来了！

3.1.2.2.3 陈述句中"不会"后间隔语气词"吧"

（一）"不会……吧"用于单句，有的前无成分，例如：

(237)【不会】那么巧合吧。

有的前加饰连语，例如：

(238) 但愿【不会】有后一种情况吧。

有的前有主语和饰连语，例如：

(239) 我们私人之间，该【不会】有成见吧，啊？

（二）"不会……吧"用于前分句。

第一，用于解注句前分句，例如：

(240) 太阳公公，你【不会】不知道吧，中秋节就是崇拜我的节日。

第二，用于因果句前分句，例如：

(241)（走到杨光面前，颤抖着声音）杨光，【不会】是真的吧，我进外贸公司……

（三）"不会……吧"用于后分句。

第一，用于并列句后分句，例如：

（242）纸是在汉代就有了，笔该是早于纸的；墨的应用，也【不会】迟多少吧；砚呢，在最后；但与笔墨，却有着极密切的关系。

第二，用于说明因果句后分句，例如：

（243）五十二岁，是个不坏的年纪，还是个未定局的年龄呢，不能说是胸无大志吧，不能说是【不会】韬光养晦吧，这就是才能，这就叫作三年不飞一飞冲天，三年不鸣一鸣惊人！

（244）何况，未来的这次地震仅有6.5级，而我们这个城市的建筑设计一般可以抵抗7级以上的地震，【不会】有什么大的损失吧。

第三，用于假设句后分句，例如：

（245）假如你做先生，也【不会】把我怎么样吧。

3.1.2.2.4 陈述句中"不会"后间隔语气词"啦"

陈述句中，"不会"可以后间隔语气词"啦"，可用于假设句、推断性因果句后分句，或者做宾语，例如：

（246）如果妈妈知道我的奇遇就【不会】责备我啦。

（247）敌人这一下来，我看再【不会】到北边去啦。

（248）老赵，你想过没有，地球再也【不会】长出土地来啦，让大批山地荒着，你不心痛！

3.1.2.2.5 陈述句中"不会"后间隔语气词"呢"

陈述句中，"不会"可以后间隔语气词"呢"，往往用于假设句后分句，例如：

(249) 一个事情在开始时不顺当，其结果也【不会】好呢。

3.1.2.2.6 陈述句中"不会"后间隔语气词"的了"

陈述句中，"不会"可以后间隔语气词"的了"，有的单独成句，例如：

(250) ……【不会】回来的了……去年王……王家伯伯也……也是给他们抓……抓去，到现在还没有……有回……回哩。

有的前加主语或饰连语成句，例如：

(251) 她【不会】帮助我们把这些扁嘴巴赶跑的了。

(252) 所以在一般街上人的眼里，在他的比他小得多的同学小鬼眼里，他只不过是一个小江北，一个下贱的小江北，再【不会】比这个多些的了。

(253) 陈最良是个老而且穷的村学究，迂腐到了极点，教书行医度日，自念老死牖下，毕生【不会】有好日子的了。

有时，"不会"前加"是"，与句末的"的了"呼应，例如：

(254) 光线是【不会】好的了，但是来吃豆腐浆油条的脚色，有没有光亮，倒不在乎。

(255) 其实我们相处的日子也不会多了，我看我这个病是【不会】好的了。

(256) 但过不了一会，我又把它摸出来，再望望窗外，我看见天乌黑，路上的树影已辨不清的时候，我知道她是【不会】来的了。

(257) 他们自然又改变口吻向你说：今年的温度真变得奇怪，到了六月气候还在冰点以下，这座山显见得是【不会】融化的了。

3.1.2.2.7 陈述句中"不会"后间隔语气词"了吧"

第一，用于单句，例如：

（258）这下政委该【不会】拒绝了吧。

（259）是啊，他该【不会】生病了吧。

（260）这会儿你【不会】奇怪了吧。

（261）这一次，您再也【不会】像过去那样让我失望、伤心了吧。

第二，用于说明因果句前分句表果，例如：

（262）【不会】久了吧，差不多有一个月了。

第三，用于说明因果句后分句，例如：

（263）你现在可明白我的处境了吧，此刻你【不会】再讽刺揶揄我了吧，偏偏他的现役女友会是尹白。

第四，用于推断性因果句后分句，例如：

（264）但既然是思想，我想再浓烈一点，再冷峭一点，【不会】就不是思想了吧。

第五，用于假设句后分句，例如：

（265）如果某一姓氏的人们，只和自己同血统的宗亲兄妹结婚（世界上也有极少数落后民族这样做了），看来该【不会】血统外流了吧，但是那样做，结果又招致畸形病的发展，以至于种族的衰亡。

（266）如果中国的男女运动员都在这次比赛中创造佳绩，你【不会】感到惊奇了吧。

（267）可他自己又不敢单枪匹马地登门造访，便去央告徐伯贤，如有这位体面的大经理一同前去看望金枝，八成也就【不会】吃闭门羹了吧。

（268）但你若能体贴我多年一片诚心，便【不会】如此拘于形式了吧。

第六，用于转折句前分句，例如：

（269）中国今天的爱乐者【不会】再满足于《音乐入门》那样的读物了吧，但他们总还是指望有人导游。

第七，用于宾语，例如：

（270）我相信你【不会】认为资料搜集到此为止了吧。

（271）这呼喊声是男人发出的，还是女人发出的，您能肯定，【不会】弄错了吧。

（272）不过，现在我想你【不会】这么说了吧，告诉我现在你打算怎么说。

（273）母亲大概以为，人已经死了，最后一次拿抚恤金应该【不会】被克扣了吧。

3.1.3　陈述句中"不会"前关联语气副词、后关联语气词

3.1.3.1　陈述句中"不会"前关联语气副词、后关联语气词

3.1.3.1.1　陈述句中"不会"前邻接语气副词、后邻接语气词

3.1.3.1.1.1　陈述句中"不会"前邻接必断类语气副词、后邻接语气词"的"

（一）陈述句中"不会"前邻接必断类语气副词"绝对"，后邻接语气词"的"。

（1）照一般情形论，年年丰收，是绝对【不会】的。

（2）一般男人绝对【不会】的，找人来介绍，可是谁会介绍你呢？

（3）在另一个世界里，人们不会因为一个人提出了问题，就把他处死的，绝对【不会】的。

（4）你给我找麻烦？绝对【不会】的。你好好地休息一段时间，就没事了。

（二）陈述句中"不会"前邻接必断类语气副词"绝"，后邻接语气词"的"。

（5）不，费克斯先生，绝【不会】的。我们只是把她送到香港她的一个亲戚家里。

（6）你们以为我会把它兑换成现金吗？绝【不会】的。

（7）"我当然向他们保证绝【不会】的，"他机灵地说。

（三）陈述句中"不会"前邻接必断类语气副词"决"，后邻接语气词"的"。

（8）你是绝不会懊悔你所做的事情的，菲利普，决【不会】的。

（9）她当然不会恨他。决【不会】的；恨早就消了。

（10）他绝不会后悔的，决【不会】的。

有时候，"绝不会……的"前加"是"，与句末语气词"的"呼应，加强断定，例如：

（11）但我们完全信得过他，无中生有，厚诬他心目中的"中兴名臣"，那是决【不会】的。

（12）这是决【不会】的，夫人，因为这是只雄蛙。

（13）不，我是决【不会】的。

（四）陈述句中"不会"前邻接必断类语气副词"当然"，后邻接语气词"的"。

（14）狄米特律斯当然【不会】的，先生；即使你帮着她也不要紧。

（15）我知道它不会持续太久，它不会的，当然【不会】的。

（五）陈述句中"不会"前邻接必断类语气副词"肯定"，后邻接语气词"的"。

（16）"这肯定【不会】的。"周一铁笑着说。

（17）我苦笑着说："哦，这个……上当肯定【不会】的，就是觉得鉴定费太高了。"

（18）怎样才能使这种怀疑一切的观点显得无足轻重呢？她是不会为这种观点分耗精力的，肯定【不会】的，但是也不会马上抛弃这种观点。

3.1.3.1.1.2 陈述句中"不会"前邻接强化类语气副词、后邻接语气词"的"

陈述句中，"不会"可以前邻接强化类语气副词"根本"，后邻接语气词"的"，例如：

（19）五爷想过李老三没吃正劲也只是想个开头就不想了，李老三是支书，支书是干好事的人怎会干这种坏事，想着根本【不会】的不能的。

（20）根本【不会】的，恰恰相反，亲爱的朋友！恰恰相反！她会很感动的……

3.1.3.1.1.3 陈述句中"不会"前邻接申明确认类语气副词、后邻接语气词"的"

陈述句中,"不会"前邻接申明确认类语气副词"其实",后邻接语气词"的",例如:

(21) 如果大家都不工作怎么办,其实【不会】的,因为你虽然只有10万,但还是比别人多。

3.1.3.1.1.4 陈述句中"不会"前邻接意外类语气副词、后邻接语气词"的"

陈述句中,"不会"前邻接意外类语气副词"倒",后邻接语气词"的",例如:

(22) 这倒【不会】的。

3.1.3.1.1.5 陈述句中"不会"前邻接必断类语气副词、后邻接语气词"了"

(一) 陈述句中"不会"前邻接必断类语气副词"当然",后邻接语气词"了"。例如:

(23) 店员答道:"当然【不会】了,它会一直沉下海底去。"

(24) 崔恺:我觉得当然【不会】了,因为不同的环境建筑师有不同的处理方式,而且首先是应该尊重环境,实际上我现在也在做一个长安街上的项目。

(25) "啊!当然【不会】了,"火箭嚷道,"我只是个过路人,一位有名望的客人。"

(26) 不,一定不会有什么歌谣了。当然【不会】了,因为魔戒将会被发现,世界上就不会再有歌谣了。

（27）"不，当然【不会】了，"杰斯塔瑞斯顺口回答，一边依旧在搜索著袍子的口袋。

（二）陈述句中"不会"前邻接必断类语气副词"决"，后邻接语气词"了"。例如：

（28）但是，他绝不会再犯那个错误了。决【不会】了，绝不会了……

3.1.3.1.1.6 陈述句中"不会"前邻接估测类语气副词、后邻接语气词"了"

陈述句中，"不会"可以前邻接估测类语气副词"大概、恐怕"等，后邻接语气词"了"，例如：

（29）"哦，恐怕【不会】了，她被安排到原来亚瑟提起过的另外一个地方去了。"

（30）回任大概【不会】了。

3.1.3.1.1.7 陈述句中"不会"前邻接估测类语气副词、后邻接语气词"吧"

陈述句中，"不会"可以前邻接估测类语气副词"大概、恐怕"等，后邻接语气词"吧"，例如：

（31）这个，我想大概【不会】吧。这么稀罕的游客来的话，我丈夫肯定会对我说的。

（32）"我们没听说。大概【不会】吧。"他说。

（33）试问，在欧洲的大街小巷，如果一个本国人穿了一件仿冒名牌产品，欧盟各个国家的警察或相关管理人员会不会将他们的衣服没收并处以罚款，甚至将他送上法庭呢？恐怕【不会】吧。

3.1.3.1.2　陈述句中"不会"前间隔语气副词、后邻接语气词

3.1.3.1.2.1　陈述句中"不会"前间隔必断类语气副词、后邻接语气词"的"

陈述句中,"不会"可以前间隔必断类语气副词"当然",后邻接语气词"的",例如:

(34) 我并不是说喝了十二太保会小产,那当然是不会的,不过,我总觉得那碗药有点不对劲,也许是那只碗不大清洁吧!否则我【不会】这样的。

3.1.3.1.2.2　陈述句中"不会"前间隔强化类语气副词、后邻接语气词"的"

陈述句中,"不会"可以前间隔强化类语气副词"反正",后邻接语气词"的"。例如:

(35) 谁想改悔就让他改悔去吧,反正我是【不会】的。

3.1.3.1.2.3　陈述句中"不会"前间隔意外类语气副词、后邻接语气词"的"

陈述句中,"不会"可以前间隔意外类语气副词"却",后邻接语气词"的"。例如:

(36) 对那些统治利益集团的人,愿上帝宽容他们吧!但我却是【不会】的,因为我不是上帝。

3.1.3.1.2.4　陈述句中"不会"前间隔估测类语气副词、后邻接语气词"吧"

陈述句中,"不会"可以前间隔估测类语气副词"大概",后邻接语气词"吧",例如:

（37）尤里安是有一定的目的，所以才到地球上来，不过他连一次都未曾想到要再回地球，以后大概也【不会】吧。

3.1.3.1.3 陈述句中"不会"前邻接语气副词、后间隔语气词

3.1.3.1.3.1 陈述句中"不会"前邻接必断类语气副词、后间隔语气词"的"

（一）陈述句中"不会"前邻接必断类语气副词"当然"，后间隔语气词"的"。例如：

（38）你当然【不会】自己承认的，因为让你来顶替他的时候，他已把什么都输入了你的电脑里。

（39）而且我们还未有和他们合作成功，当然【不会】停止敌对行为的。

（二）陈述句中"不会"前邻接必断类语气副词"绝对"，后间隔语气词"的"。例如：

（40）人民觉得报纸的报道与他们距离遥远或并不热衷解答他们急切要求解答的东西，那么，报纸的真实性在客观上是绝对【不会】被承认的。

（41）小音音听老师说过，兔子是没有声带的，所以它的嗓子里是绝对【不会】发出声音来的。

（42）因为a粒子的质量比电子的质量约大7400倍，它与电子的相撞犹如高速行进的炮弹与一只麻雀相撞，是绝对【不会】改变其方向的。

（三）陈述句中"不会"前邻接必断类语气副词"决"，后间隔语气词"的"。例如：

（43）那真性情已经涸干到半滴不存的心腔，是决【不会】知道自愧、自省的，反而见了这美丽的少女，埃娥，时而战栗，时而哭，时而骂，时而愤怒的种种姿态，而感到醉心。

（44）（忙说）陛下，李逆虽然如此猖狂，关外吴三桂诸将决【不会】放过李逆的。

（45）不管怎样，她是决【不会】来照管女儿的。

（四）陈述句中"不会"前邻接必断类语气副词"一定"，后间隔语气词"的"。例如：

（46）一定【不会】错的。

（47）不，不，决计没有，一定【不会】有的。

（48）这句话你从前听了一定【不会】相信的，可是你现在该相信了吧。

（49）我毫不悲伤，我早已认识了我的命运……我一定【不会】使阿部君和同志们失望的。

（五）陈述句中"不会"前邻接必断类语气副词"肯定"，后间隔语气词"的"。例如：

（50）根据她和他之间以前的感情，如果没有第三者的介入，他的性格是肯定【不会】变得如此蛮横粗暴的。

（51）对于这种脱离信码的讯息，你肯定【不会】拒绝接受的。

（52）芳芳内疚地说："都怪我借了魔盒，如果魔盒在你身边，她肯定【不会】离婚的。"

（六）陈述句中"不会"前邻接必断类语气副词"自然"，后间隔语气词"的"。例如：

(53) 要出去，自然【不会】躲开的。

（七）陈述句中"不会"前邻接必断类语气副词"总"，后间隔语气词"的"。例如：

(54) 虽然生着翅子，还能营营，总【不会】超过战士的。

(55) 田虽然不是你自己种，种你田的人，总【不会】瞒你的。

(56) 富翁带着微笑说道："你们不用着急，我的财产，你们各人要用多少就用多少，总【不会】用完的。"

(57) 的确，尽管乌云盖顶，但是，曙色总【不会】在东方绝迹的。

（八）陈述句中"不会"前邻接必断类语气副词"断"，后间隔语气词"的"。例如：

(58) 以后，清帝又在狡猾的英军炮轰大沽口后惊慌失措，屈膝求和，对坚拒夷敌的虎门守军拒发援兵，致使弹尽援绝，那么珠江口外这一道雄关天堑，断【不会】轻易陷于敌手的。

(59) （步至陆母前叩头）阿娘，我知道你是会高兴的，你的儿子断【不会】辱没我的父亲，断【不会】辱没我的两位母亲的。

（九）陈述句中"不会"前邻接必断类语气副词"断然"，后间隔语气词"的"。例如：

(60) 但是，就是她下了令，珍妃也是断然【不会】接受的。

(61) 就以"倚着闲窗数落花"来说，要是倚窗人不是蓄着满腔心事，依着窗儿，在出神地追思，断然【不会】感到数落花的风趣的，要只在机械地"一，二，三，四……"地数着落花而心无所寄，怕数不到半分钟就要烦厌吧。

3.1.3.1.3.2 陈述句中"不会"前邻接强化类语气副词、后间隔语气词"的"

陈述句中,"不会"可以前邻接强化类语气副词"并",后间隔语气词"的",例如:

(62) 你假若在旁边你会看到我那时的脸色并【不会】好看的。

3.1.3.1.3.3 陈述句中"不会"前邻接估测类语气副词、后间隔语气词"的"

陈述句中,"不会"可以前邻接估测类语气副词"也许""大概""恐怕"等,后间隔语气词"的",例如:

(63) 看,他在这儿,这么瘦弱,也许【不会】长寿的。

(64) 她……也许【不会】认出我的。

(65) 把新闻报道写得像《西游记》《封神榜》那样天上人间、虚无缥缈,大概【不会】有的。

(66) 父亲记念着玥瑢夜里受冷,说它恐怕【不会】想到他会搬到那样冷落的地方去的。

3.1.3.1.3.4 陈述句中"不会"前邻接估测类语气副词、后间隔语气词"吧"

(一) 陈述句中"不会"前邻接估测类语气副词"大概",后间隔语气词"吧"。例如:

(67) 我的一生大概【不会】真的爱谁吧。

(68) 从北大学生踊跃往听季教授讲国学的情况看来,他的期望大概【不会】落空吧。

(69) 没有梧桐树,不落金凤凰,那是传说。鹤大概【不会】非樟树不栖吧。

(70) 只看他没有官衔的粗布制服，大概【不会】怀疑他的话吧。

(71) 你大概【不会】否认我这些话吧。

(二) 陈述句中"不会"前邻接估测类语气副词"也许"，后间隔语气词"吧"。例如：

(72) 也许【不会】有人告知他这个消息吧。

(三) 陈述句中"不会"前邻接估测类语气副词"恐怕"，后间隔语气词"吧"。例如：

(73) 那样的事情太好了，恐怕【不会】实现吧。

3.1.3.1.3.5 陈述句中"不会"前邻接必断类语气副词、后间隔语气词"吧"

(74) 我想，总【不会】是奶奶生气，鼻子来不及出气，把一股子气憋在嘴巴里吧。

(75) 到过欧洲的人，总【不会】不知道 Tokay 酒和 Goulash（一种以辣椒粉加蒜头煮成的肉，和薯或粉块食之）吧。

3.1.3.1.3.6 陈述句中"不会"前邻接必断类语气副词、后间隔语气词"了"

(76) 既然是霍乱，打了盐水针，总【不会】有生命危险了。

(77) 我已经能够不把失眠的责任归罪于月亮了，这是十分足以自豪的，因为由此可以推想到对于一切事情，总【不会】再怨天尤人了，但是这仅仅是表示了我们的年龄老大而已。

(78) 你当然【不会】想这些了，你是过来人嘛！

(79) ……不行，全暴露了……丹妹肯定【不会】再爱我了……

要么咬咬牙，挺住它……不，这又太惨了！

3.1.3.1.3.7　陈述句中"不会"前邻接估测类语气副词、后间隔语气词"了"

（80）不过经过近数月来的反右倾鼓干劲整风学习，绝大多数的参加者都从实际中体会到彻底改造资产阶级世界观，完全树立无产阶级世界观的重要性和迫切性的时候，公开拒绝创作农村艺术片的人大概【不会】很多了。

3.1.3.1.3.8　陈述句中"不会"前邻接必断类语气副词、后间隔语气词"的吧"

陈述句中，"不会"可以前邻接必断类语气副词，后间隔语气词"的吧"。例如：

（81）此时的罗严塔尔并不知道这一件事，不过就算他知道，也一定【不会】相信命运是公正的吧。

（82）这些地方肯定【不会】在乎什么北京户口的吧，他们有许多老总都是"外地人"嘛。

（83）不过常识这种东西本来就很难用在希莉丝身上，加上她知道欧鲁森缺乏感情因素，因此才确定绝对【不会】发生什么的吧。

（84）总【不会】是那家伙自己印的或竟是偷来的吧。

（85）她总得从什么地方进来！总【不会】是穿墙进来的吧。

（86）总之，人总【不会】永远不幸的吧。

（87）不讲什么虚无的话，说他是一个爱国主义者总是【不会】错的吧。

（88）芝泉说阁下畅晓军事，善于谋略，请你亲率劲旅，痛剿逆匪，想必【不会】推辞的吧。

3.1.3.1.3.9　陈述句中"不会"前邻接估测类语气副词、后间隔语气词"的吧"

陈述句中，"不会"可以前邻接估测类语气副词，后间隔语气词"的吧"。例如：

（89）如果推理下去，自己也应该是早就同杏花村旅店这种阴暗的处所有瓜葛了，梅花的哥哥大概【不会】无缘无故地站在她窗前的吧。

（90）那样死了的话，保险公司大概【不会】认为我是自杀的吧。

3.1.3.1.3.10　陈述句中"不会"前邻接估测类语气副词、后间隔语气词"了吧"

陈述句中，"不会"可以前邻接估测类语气副词"大概""也许""大约""恐怕"，后间隔语气词"了吧"。例如：

（91）真是金石可镂，这位黛安女士，如果不是不食人间烟火的金童玉女，此刻大概【不会】再犹豫了吧。

（92）有四位刑警先生也和我们一起行动，这样一来，六对一，我想大概【不会】让他跑掉了吧。

（93）这种恋爱也许【不会】再有了吧。

（94）高慕娟这位女市委书记、女市长的作为正符合党中央总书记的要求，在少应酬方面，她大约【不会】再感到难了吧。

（95）他似乎不忍心让这个好心而又执拗的姑娘失望，除此，恐怕【不会】再有什么别的因素了吧。

3.1.3.1.3.11　陈述句中"不会"前邻接必断类语气副词、后间隔语

· 327 ·

气词"了吧"

陈述句中,"不会"可以前邻接必断类语气副词"总""决"等,后间隔语气词"了吧",例如:

(96) 有了这样一个美人儿做你的舞伴,我想你总【不会】不跳了吧。

(97) 你老人家总【不会】再要我招出年纪来了吧。

(98) 希罗和玛格莱特大概也已经把贝特丽丝同样捉弄过啦;现在这两匹熊碰见了,总【不会】再彼此相咬了吧。

(99) 那个18岁性好冒险的大阪人,怕是决【不会】活着重返日本列岛了吧,谁都这么想。

3.1.3.1.3.12　陈述句中"不会"前邻接弱化类语气副词、后间隔语气词"了吧"

(100) 从今晚起会有二、三次,金泰在跟我们一起的晚餐会上,至少【不会】每隔30分钟,要去呕吐一次了吧。

3.1.3.1.4　陈述句中"不会"前间隔语气副词、后间隔语气词

3.1.3.1.4.1　陈述句中"不会"前间隔必断类语气副词、后间隔语气词"的"

(一)"当然……不会……的"。大体有三种格式:

第一,"当然是不会……的",例如:

(101) 掌握最高权力(当然也包括最高惩罚权)的人当然是【不会】惩罚自己的。

(102) 据她说,上个月,她和她的丈夫就到了这里,曾经到部里

找我——那当然是【不会】找到的；听她的口气，他们正在谋事，还没有头绪。

（103）却都不知道，这样的演出，当然是【不会】感动人的。

第二，"当然……是不会……的"，例如：

（104）当然，作为一个医生，他是【不会】计较这些的。

（105）当然，用太阳来测定方向是【不会】错的。

（106）当然，车头是【不会】朝着碰碰碰酒家的，而是抵达半山白宫。

（107）他说，当然，从宏观控制上对不同企业是【不会】一刀切的。

第三，"当然+句+主语+不会……的"，例如：

（108）当然，光是这么看，你【不会】信服的。

（二）"自然……不会……的"。例如：

（109）你当然想不到，谁都以为我过得这么好的日子，生活又这样富裕，自然是什么问题都【不会】有的。

3.1.3.1.4.2　陈述句中"不会"前间隔估测类语气副词、后间隔语气词"的"

（一）"大概……不会……的"，例如：

（110）新近搬了一次家，院里又巧有两棵树，一棵是桑树，一棵是柏树，但全不高，就是春天和秋天，大概也【不会】有野鸟来的。

（111）无论用什么来形容大戈壁的荒凉，大概都【不会】过分的。

（112）如果不是目睹，或者剖开它的腹腔，取出野兔来，大概谁也【不会】相信是它干的。

（二）"大约……不会……的"，例如：

（113）大约他知道这里是这样纷乱，【不会】再回陶村去的。

（三）"似乎……不会……的"，例如：

（114）似乎这对矛盾的主次位置是【不会】转化的。

（四）"恐怕……不会……的"，例如：

（115）看你装得多像啊，要不是你的工作证落到了我的手里，恐怕你是【不会】承认的。

（116）我看这几天就少教他们两课书吧，反正天气热得很，孩子们又顽皮，读书，恐怕他们是【不会】起劲的，索性让他们多去玩玩也好。

3.1.3.1.4.3 陈述句中"不会"前间隔强化类语气副词、后间隔语气词"的"

（117）反正落在人家手里，是【不会】有安全感的。

（118）看到了火车站上热闹的情形，真是谁也【不会】相信农村的破产，和社会经济的崩溃的。

3.1.3.1.4.4 陈述句中"不会"前间隔意外类语气副词、后间隔语气词"的"

（119）经过这种热处理的花籽，外表和没经过处理的花籽几乎一模一样，却是怎么也【不会】发芽的。

3.1.3.1.4.5 陈述句中"不会"前间隔估测类语气副词、后间隔语气词"的吧"

（一）"大概……不会……的吧"，例如：

（120）安夫绝不让她逃脱。倘使完事之前逃掉，初江一定会向她父亲告状；倘使完事之后，她大概对谁也【不会】说出去的吧。安夫最爱读都市无聊的杂志常出现的"被征服"的女子自白之类的东西。

（121）我的确是个圣骑士，不过也只到去年为止，现在的我只是个受雇于弗雷姆的佣兵，所以我再怎么说，菲安娜公主大概也是【不会】接受的吧。

（122）也许改作科学论文是【不会】遇到这种困难的吧，可我写的又并不是科学论文。

（二）"恐怕……不会……的吧"，例如：

（123）真正草根的照片恐怕是【不会】有人给曝光的吧。

（124）老祖宗的一个名字，带出如许财富又惹出如许事端，这恐怕是4000年前的杜康先生【不会】想到的吧。

（三）"兴许……不会……的吧"，例如：

（125）那笑声、那语声，是那么独特和美妙，一时竟煽起我无谓的嫉妒心。这位姑娘兴许至死也【不会】失去这优美的声音的吧。

3.1.3.1.5 陈述句中"不会"前邻接、间隔语气副词、后间隔语气词

3.1.3.1.5.1 陈述句中"不会"前邻接必断类语气副词、前间隔意外类语气副词，后间隔语气词"的"，例如：

（126）老实对您说吧，我自己也并不是一个怎样兴高采烈的乐观主义者，我并不曾相信过将来的知识会替人生解决一切根本的问题；并且恰好和这相反，我一向便认定"生命"之产生只是宇宙间的一幕最大的悲剧，无论我们这一批两条腿的怪物怎样夸大自己的进化，他的结局却是断断【不会】很圆满的。

3.1.3.1.5.2　陈述句中"不会"前邻接强化类语气副词、前间隔确认类语气副词，后间隔语气词"的"，例如：

（127）当然，改变自身罹患精神病症的易感素质并【不会】是轻松的，需要在长期的、痛苦的磨砺中慢慢改变，这种磨砺包含社会环境的影响、教育、熏陶和自身的长期实践与塑造。

3.1.3.1.6　陈述句中"不会"前邻接必断类语气副词、后邻接语气词"的"，后间隔语气词"了"

陈述句中，"不会"可以前邻接必断类语气副词，后邻接语气词"的了"，例如：

（128）这证明他是决【不会】的了。

3.2　疑问句中"不会"与语气成分的关联机制

3.2.1　是非问中"不会"与语气成分的关联机制

3.2.1.1　是非问中"不会"前关联语气副词

3.2.1.1.1　是非问中"不会"前邻接语气副词

是非问中，"不会"可以前邻接反诘类语气副词"难道"，构成反问，例如：

(1) 他说："会出现第二次，难道【不会】出现第三次？"

(2) 那么人吃了这种酒难道【不会】中毒？

(3) 你不见我，难道【不会】想念我？

3.2.1.1.2 是非问中"不会"前间隔语气副词

是非问中，"不会"可以前间隔反诘类语气副词"难道"，构成反问，例如：

(4) 难道公孙大娘今天根本就【不会】来？

(5) 你难道从来【不会】说谎？

(6) 老熊既然能提前给龚跃进家放进了这么多炸药，难道就【不会】再给自己留下一些炸药？

3.2.1.2 是非问中"不会"后关联语气词

3.2.1.2.1 是非问中"不会"后邻接语气词

3.2.1.2.1.1 是非问中"不会"后邻接语气词"吗"

(7) 有人伤害过你——你或许会保留一张照片提醒你。你【不会】吗？

(8) 要是媚兰死了，你很快就会沾辱的，你说【不会】吗？

(9) "让我说出来吧，我受不住。让我全说出来罢！"你【不会】吗？你会的，即使在一个后辈面前你也会的啊！

3.2.1.2.1.2 是非问中"不会"后邻接语气词"吧"

(10) 没什么，【不会】吧？

(11) 要判这么久？不会吧？我听说不是10年就是8年，怎么到你这成18年了？

(12) 什么？陆家自己找上门来？不会吧？

(13) 传你拍写真呢！【不会】吧？

3.2.1.2.1.3　是非问中"不会"后邻接语气词"的吧"

"不会的吧"单独构成是非问句，例如：

(14)【不会】的吧？上午我还见到刘燕了。

3.2.1.2.2　是非问中"不会"后间隔语气词

3.2.1.2.2.1　是非问中"不会"后间隔语气词"吗"

是非问中，"不会"可以后间隔语气词"吗"，大体有几种情况：

（一）"不会……吗"用于单句，例如：

(15) 爷爷，您【不会】把它从林子里搬出去吗？

(16) 可是，这束火把永远【不会】熄灭吗？

(17) 蝙蝠大哥，你睡着的时候，【不会】摔下来吗？

（二）"不会……吗"用于连贯句的前分句，例如：

(18) 作为助手，您【不会】跟海斯博士商量商量吗，给他打个电话试试？

（三）"不会……吗"用于并列句后分句，例如：

(19) 你不要老仰着脸睡，你【不会】侧着身子偏着头，换换姿势吗？

(20) 像你这条汉子，除掉磕头、求爹爹、告奶奶，就【不会】想别的法子吗？

（四）"不会……吗"用于连贯因果句后分句，例如：

（21）阿公、大哥，您们俩没有窝窝，睡觉的时候，【不会】着凉吗？

（22）将军，可是E镇后防空虚，德军【不会】来捅一把吗？

（23）大象用鼻子吸水，【不会】呛到肺里去吗？

（24）在中国的地方，建起外人的租界，服从外人的统治，这种现象【不会】有点使我难受吗？

（五）"不会……吗"用于足够条件句后分句，例如：

（25）比如你们冬天来了，为了看看雪景，只要你们不怕累，【不会】到梯云山馆、森玉笏、半山亭、西山晴雪去吗？

（六）用于宾语内小句，例如：

（26）你以为敌人就【不会】轰炸保定吗？

（27）你以为白小姐有了朋友就【不会】这样吗？

（28）老社长："我说占武，你就【不会】让她干点别的工作吗？"

3.2.1.2.2.2　是非问中"不会"后间隔语气词"么"

（29）哦吼哦吼，接二连三的嗥叫，告诉你那是一只饿狼或是一匹饥狐的时候，喂，伙计，你的头皮【不会】发胀么？

（30）我牛全德当然【不会】黑朋友，可是你就【不会】碰见别人么？

3.2.1.2.2.3　是非问中"不会"后间隔语气词"吧"

是非问中，"不会"可以后间隔语气词"吧"，大体有几种情况：

· 335 ·

(一)"不会……吧"单独成是非问句,例如:

(31)【不会】有意外吧?

(32)(惶然)【不会】像你所想的那样吧?

(33)【不会】打败仗吧?

(34)武装的巡捕,迈着沉重的步子,从门外面走过去……【不会】扣留你吧?

(二)"饰连语+不会……吧"构成是非问句,例如:

(35)【不会】是检举你吧?

(三)"主语+不会……吧"构成是非问句,例如:

(36)她【不会】拒绝吧?

(37)船长同志,我带来了一位小客人,你【不会】责怪吧?

(38)博士,这里面的气泡【不会】是一枚枚炸弹吧?

(39)我买的真是蜜饯啊,你【不会】以为我放了毒吧?

(40)她们【不会】想到有一对初生幼翅的小鸟,在另一个世界里学着飞翔吧?

(41)钟敬民,你是班长,以上这些议论,你【不会】没有听到吧?

(42)幸而这是梦,他无力地嘘了一口气,"你【不会】丢了我走开吧?"

(四)"(主语)+该不会……吧"构成是非问句。例如:

(43)我们私人之间,该【不会】有成见吧,啊?

(44)老郭,你该【不会】笑我怯懦吧?

（45）她该【不会】把我当成另一种人吧？

（46）伙计们听陈嘉庚这么一说，个个疑惑不解："陈先生该【不会】开这样的玩笑吧？"

3.2.1.2.2.4 是非问中"不会"后间隔语气词"的"

（一）"不会……的"用于是非问句，例如：

（47）不会对爱情认真，也【不会】对爱情持久的？

（48）碰不上野的，你【不会】打家的？

（49）出去【不会】回来的？

（二）"是不会……的"用于是非问句，例如：

（50）世上的女人又有几个是【不会】装模作样的？

（51）所以，非瑞克西亚人是【不会】死的？

（52）如果允许它再度成为权力政治或者是军事中枢的话，是【不会】为人类带来任何好处的？

（三）"不会……的"用于宾语内，例如：

（53）连保鲜纸都会过期，我开始怀疑，在这个世界上，还有什么东西是【不会】过期的？

（54）她也知道，不论是哥哥还是父亲都【不会】拒绝救济贫困的农民的？

（四）"不会……的，是吗？"，例如：

（55）你【不会】这样对你父亲说的，是吗？

3.2.1.2.2.5 是非问中"不会"后间隔语气词"了吗"

（56）如前的盛会从此销声匿迹、再也【不会】出现了吗？

（57）咱们也苦着点，灶王爷不是就【不会】挑眼了吗？

（58）如果不结婚，男人就【不会】受到伤害了吗？

（59）你【不会】再回城里了吗？

（60）根据自己的体验，用注音符号一天可以学几百字，把注音符号学完再学字，不是就【不会】忘记了吗？

3.2.1.2.2.6　是非问中"不会"后间隔语气词"了么"

（61）那么，世界上【不会】再有笨蛋了么？

3.2.1.2.2.7　是非问中"不会"后间隔语气词"了吧"

（一）"不会……了吧"用于是非问句，例如：

（62）这是从哪来的？不是我吧？【不会】又来了吧？

（63）【不会】是那个家伙回来了吧？

（64）粮食运那么远去干吗？人家北方人不也种粮食吗？【不会】弄错了吧？

（二）"主语+（饰连语）+不会……了吧"用于是非问单句，例如：

（65）大王，你的形貌【不会】一下子就变了吧？

（66）你以后【不会】把我甩了吧？

（67）你【不会】再轻生了吧？

（68）像您这样一位事业有成、家庭美满的人再【不会】有什么忧虑和痛苦了吧？

（三）"（主语)+(饰连语)+不会……了吧"用于是非问分句，例如：

（69）现已冬去春来，努尔哈赤该【不会】再推辞了吧？

（70）现在，无论出现什么样的情况，【不会】再有人抢购彩电、冰箱了吧？

（71）可这儿的书比新华的多，【不会】都没了吧？

（72）一部电视机经过孙悟空在老君炉般的考验后，出现在用户面前一般【不会】有事了吧？

（73）你经过千难万险、千锤万击的锤炼，今后【不会】再想到轻生了吧？

（74）你现在【不会】把我丢弃了吧，是不是？

（三）"（应）该不会……了吧"用于是非问分句，例如：

（75）先生，您半个小时前刚发过一封和这一样的电报，该【不会】是搞错了吧？

（76）这回该【不会】有意见了吧？

（77）按自然规律轮回，别说再过一百年，几十年内应该【不会】再降临如此恶水了吧？

3.2.1.2.2.8　是非问中"不会"后间隔语气词"的吧"

（一）"不会是……的吧"构成是非问句，例如：

（78）【不会】是少东家想不开，自己上吊的吧？

（79）你【不会】是来找我借银子的吧？

（80）老兄【不会】是来抓我的吧？

（81）你该【不会】是从地下钻进来的吧？

（82）【不会】也是涮过我们的吧？

（二）"是（……）不会……的吧"构成是非问句，例如：

（83）他是永远【不会】忘记那个女人的吧？

（三）"主语+不会……的吧"构成是非问句，例如：

（84）这个家，还有你病重的妈妈，都得由你一个人来照顾，你【不会】放弃你的学业的吧？

（85）我这么晚回去，他【不会】生气的吧？

（86）你【不会】想再留级的吧？

（87）可是您【不会】给他送去的吧？

（88）凯里先生以前从未学过画，开头还得有劳您多多点拨，您【不会】嫌麻烦的吧？

（四）"主语+该不会……的吧"构成是非问句，例如：

（89）你不见他，俺要见他一面，你该【不会】反对的吧？

（90）当然，我在骗你了，你该【不会】害怕的吧？

（五）"不会……的吧"充当宾语，例如：

（91）她不禁在心中说着，该【不会】是自己害他变成这样的吧？

（92）青红，我想，你总可相信小孩子是【不会】说假话的吧？

3.2.1.2.2.9　是非问中"不会"后间隔语气词"了的吧"

（93）那水势就是再大，该也是【不会】被冲走了的吧？

3.2.1.3　是非问中"不会"前关联语气副词、后关联语气词

3.2.1.3.1　是非问中"不会"前邻接语气副词、后邻接语气词

3.2.1.3.1.1　是非问中"不会"前邻接必断类语气副词、后邻接语气词"吗"

（94）"你认为我会变心吗？"

"一定【不会】吗？"

"不一定。"

3.2.1.3.1.2　是非问中"不会"前邻接反诘类语气副词、后邻接语气词"吗"

（95）小天狼星一定不希望我那样，不是吗？而且，生命总是太短暂……想想波恩夫人和艾米琳？万斯她们……可能下一个就是我了，难道【不会】吗？

（96）魔鬼的代理人也许是血肉之躯呢，难道【不会】吗？

3.2.1.3.1.3　是非问中"不会"前邻接估测类语气副词、后邻接语气词"吧"

（97）这是个金银财宝？恐怕【不会】吧？稀世之宝名画古玩？也不像。

3.2.1.3.2　是非问中"不会"前间隔语气副词、后邻接语气词

这种情况很少见，只发现一例，是"不会"前间隔估测类语气副词"好像"，后邻接语气词"吧"，例如：

（98）出了什么大事儿吗？是不是，不过她这年龄好像也【不会】吧？

3.2.1.3.3　是非问中"不会"前邻接、间隔语气副词、后邻接语气词

这种情况很少见，只见到一例，是"不会"前邻接和间隔必断类语气副词，后邻接语气词"吗"，例如：

· 341 ·

（99）哦，你真的绝【不会】吗？

3.2.1.3.4　是非问中"不会"前邻接语气副词、后间隔语气词

3.2.1.3.4.1　是非问中"不会"前邻接反诘类语气副词、后间隔语气词"吗"

（100）看到我们有些领导干部，在花钱上这样随意，这样"大方"，他难道【不会】担心自己捐赠的钱也会被如此这般地吃掉一半吗？

3.2.1.3.4.2　是非问中"不会"前邻接必断类语气副词、后间隔语气词"么"

（101）黄一牛半信半疑地望着县委书记，问："政策真的【不会】变么？"

3.2.1.3.4.3　是非问中"不会"前邻接必断类语气副词、后间隔语气词"吧"

（一）"想必不会……吧"用于是非问句，例如：

（102）这些想必【不会】是赃银吧？

（103）曹大人你是刑部尚书，想必【不会】对此案弃之不顾吧？

（104）要是我出来证明是有这等怪事的，你在莱柯格斯的有钱的亲戚，想必【不会】很高兴吧？

（二）"肯定不会……吧"用于是非问句，例如：

（105）他肯定【不会】支持和教唆犯罪吧？

（106）平常你的手还做别的吗？比如说一般的家务事肯定【不会】做吧？

（三）"总不会……吧"用于是非问句，例如：

（107）就算小孩子不晓得什么，那末大人总【不会】什么都不晓得吧？

3.2.1.3.4.4　是非问中"不会"前邻接估测类语气副词、后间隔语气词"吧"

（一）"大概不会……吧"用于是非问句，例如：

（108）你大概【不会】生卡尔松的气吧，妈妈？

（109）工务主任的话大概【不会】错吧？

（110）我在这儿的时候，别人大概【不会】进来吧？

（111）我——我想你大概【不会】把我送到卡拉蒙身边吧？

（112）大哥你大概【不会】看我像块石头吧？

（二）"也许不会……吧"

（113）也许【不会】这么快吧？

（114）洋人也许【不会】管这样的小事吧？

3.2.1.3.4.5　是非问中"不会"前邻接必断类语气副词、后间隔语气词"了吗"

（115）你肯定【不会】再要孩子了吗？

3.2.1.3.4.6　是非问中"不会"前邻接必断类语气副词、后间隔语气词"了吧"

（一）"总不会……了吧"用于是非问句，例如：

（116）我们之间有着生生世世化解不了的深仇大恨，你总【不会】连我也忘了吧？

（117）吵得那么凶，现在又一声不响，总【不会】飞出去了吧？

（118）你总【不会】是替乔家向爹借银子来了吧？

（二）"一定不会……了吧"用于是非问句，例如：

（119）下回在街上碰到我，您一定【不会】同我打招呼了吧？

（三）"想必不会……了吧"用于是非问句，例如：

（120）另外，注意不让他碰她身体的任何地方，想必【不会】出什么问题了吧？

3.2.1.3.4.7　是非问中"不会"前邻接估测类语气副词、后间隔语气词"了吧"

（121）要是你现在生活得很愉快，你大概【不会】再想到孙悦和孩子了吧？

（122）喂，过去跟你一起玩的那个讨厌的小胖子这回大概【不会】来了吧？

3.2.1.3.4.8　是非问中"不会"前邻接必断类语气副词、后间隔语气词"的吧"

（一）"总不会……的吧"用于是非问句，例如：

（123）首先，你的熟人总【不会】无缘无故地来向你提要求的吧？

（124）他总【不会】单纯为了演讲或嘲笑他才到街上来的吧？

(二)"一定不会……的吧"用于是非问句,例如:

(125) 呐,你一定【不会】拒绝我的吧?

(126) 你们一定【不会】想是我把他害死的吧?

3.2.1.3.4.9　是非问中"不会"前邻接估测类语气副词、后间隔语气词"的吧"

(127) 说此书立意在警醒嫖界中人,作者大概【不会】反对的吧?

(128) 我把你的"蹄子"拎起来,用我的刀子划几下你大概【不会】觉得疼的吧?

(129) 如果是剑与剑的战斗的话,那个国王大概【不会】输给任何人的吧?

3.2.1.3.5　是非问中"不会"前间隔语气副词、后间隔语气词

3.2.1.3.5.1　是非问中"不会"前间隔反诘类语气副词、后间隔语气词"吗"

(130) 虫子吃了会死,难道对人【不会】有害吗?

(131) 男子们为了醋劲不惜用利诱威迫手段把我们压制得服服帖帖,难道我们就【不会】吃醋,使他们也天天忙着而不知忙些什么,一切事业都做不成功吗?

3.2.1.3.5.2　是非问中"不会"前间隔反诘类语气副词、后间隔语气词"了"

(132) 大帅的年纪还很轻,别的夫人难道就【不会】替大帅生儿子了?

（133）难道她【不会】发现你失踪了？

3.2.1.3.5.3　是非问中"不会"前间隔估测类语气副词、后间隔语气词"吧"

（一）"大概……不会……吧"，有的"大概"与"不会"之间有主语，例如：

（134）爸爸准备给他一个副总经理的位置，帮助潘家兄弟几个管理企业，大概他【不会】嫌地位低吧？

有的"大概"与"不会"之间有饰连语，例如：

（135）我想两位大概都【不会】不知道这是什么吧？

（136）她大概也【不会】没告诉您吧？

（137）银假面听不到这些话，就算听到了，他大概也【不会】放在心上吧？

（138）他已经到了上学的年龄了，但却由于生活贫困而无法上学，他大概还【不会】说英语吧？

（139）对他来说，只要他活着，大概就【不会】忘记今天的事吧？

（140）假设有什么危险的突发事件的话，他大概也【不会】有什么失望的感觉吧？

有的"大概"与"不会"之间有主语、饰连语，例如：

（141）街上看着好像什么事也没有了，大概日本人也【不会】再闹到哪里去吧？

（142）愿意去跟个她真喜爱的人——这在早年间几乎是不能有的——大概黑子也绝【不会】是这个人吧？

3.2.1.3.5.4 是非问中"不会"前间隔反诘类语气副词、后间隔语气词"的吗"

(143) 过着遗世独立的生活，难道你这人【不会】寂寞，不会【孤独】的吗？

3.2.1.3.5.5 是非问中"不会"前间隔必断类语气副词、后间隔语气词"的吧"

(144) 当然你是【不会】怂恿这样一个低级骗子的吧？

(145) 当然，想来你也【不会】认为你自己跟自我欺骗全没瓜葛的吧？

3.2.1.3.5.6 是非问中"不会"前间隔反诘类语气副词、后间隔语气词"了吗"

(146) 不过，难道他就【不会】用别的方法把情报送出去了吗？

(147) 以前是主战派，难道这回他就【不会】动摇变成投降派了吗？不可能。

(148) 难道【不会】是有人在半夜里把它给拖走了吗？

(149) 彭眉胥先生，您带我回去，难道我就【不会】是现在的我了吗？

(150) 难道说格里菲思家再也【不会】给他更多的照顾了吗？

3.2.1.3.5.7 是非问中"不会"前间隔估测类语气副词、后间隔语气词"了吧"

(151) 如果打破了誓约，守护神大概以后都【不会】保护我们了吧？

(152) 假使没有这一场说不清想不清的风雨袭击，这一场悲剧也许就【不会】发生了吧？

（153）到这时候，作者的心里对初恋生涯恐怕该【不会】再有创痛的感受了吧？

3.2.1.3.5.8 是非问中"不会"前间隔必断类语气副词、后间隔语气词"了吧"

（154）我们想，这总该是超于物外的诗人境界了吧？这总该【不会】得罪了什么人了吧？

3.2.2 正反问中"不会"与语气成分的关联机制

3.2.2.1 正反问中"不会"前关联语气副词

3.2.2.1.1 正反问中"不会"前邻接正反问类语气副词

（1）他是不是【不会】再回来？

（2）原来是一人一故事啊，那是不是【不会】拖到十集？

（3）李怜花若靠近你爹，他是不是【不会】怀疑？

3.2.2.1.2 正反问中"不会"前间隔语气副词
3.2.2.1.2.1 正反问中"不会"前间隔正反问类语气副词

（4）是不是我代替他参加你就【不会】再为难他？

（5）如果我不开那一枪的话，是不是这场战争就【不会】打起来？

（6）如果彼此的信任还在，是不是就【不会】走到最后那一步？

（7）她是不是从来【不会】主动送给你首饰？

（8）这些单纯天真的快乐，是不是从此都【不会】再在她脸上显现？

3.2.2.1.2.2 正反问中"不会"前间隔正反问类、申明确认类语气副词

（9）永远不败的司马超群，是不是真的永远都【不会】被人击败？

3.2.2.1.3 正反问中"不会"前邻接、间隔语气副词

3.2.2.1.3.1 正反问中"不会"前邻接强化类、前间隔正反问类语气副词

（10）若不是因为阡在抗金联盟，吟儿是不是也根本【不会】在意盟主这个位置？

3.2.2.1.3.2 正反问中"不会"前邻接申明确认类、前间隔正反问类语气副词

（11）如果真的有人开口反对，王上是不是真的【不会】强迫联盟？

（12）不停地惹麻烦给你收拾，试探你是不是真的【不会】对他放手？

3.2.2.1.3.3 正反问中"不会"前邻接必断类、前间隔正反问类语气副词

（13）如果当初景善接受你的求婚，你是不是肯定【不会】和智友结婚？

3.2.2.2 正反问中"不会"前关联语气副词、后关联语气词

3.2.2.2.1 正反问中"不会"前邻接正反问类语气副词、后邻接语气

词"了"

（14）是不是【不会】再像回之前那样了？是不是【不会】了？

3.2.2.2.2　正反问中"不会"前间隔正反问类语气副词、后邻接语气词"了"

（15）如果没有太阳是不是就【不会】了？

3.2.2.2.3　正反问中"不会"前邻接语气副词、后间隔语气词

3.2.2.2.3.1　正反问中"不会"前邻接正反问类语气副词、后间隔语气词"了"

（16）是不是【不会】再暖和了？

（17）你还欠我的是不是【不会】还了？

3.2.2.2.3.2　正反问中"不会"前邻接正反问类语气副词、后间隔语气词"呢"

（18）等他变长大了，他是不是【不会】再这样围着妈妈转呢？

（19）你们的言论是不是【不会】这么偏激呢？

3.2.2.2.3.3　正反问中"不会"前邻接正反问类语气副词、后间隔语气词"啊"

（20）它们是不是【不会】变质啊？

3.2.2.2.3.4　正反问中"不会"前邻接正反问类语气副词、后间隔语气词"了啊"

（21）我是有多慢半拍，三生真好看，堂堂是不是【不会】再做了啊？

第 3 章 "不会"与语气成分的关联机制

3.2.2.2.4　正反问中"不会"前间隔语气副词、后间隔语气词

3.2.2.2.4.1　正反问中"不会"前间隔正反问类语气副词、后间隔语气词"了"

(22) 是不是你以后【不会】再走了？

(23) 如果没有这门亲事，是不是就【不会】有这些烦心事了？

3.2.2.2.4.2　正反问中"不会"前间隔正反问类语气副词、后间隔语气词"呢"

(24) 倘若自己能做出点成绩来，老爹是不是就【不会】那么反感她从商呢？

(25) 有朝廷的人严密地监护着，你说，是不是谁都【不会】相信呢？

3.2.2.2.4.3　正反问中"不会"前间隔正反问类语气副词、后间隔语气词"啊"

(26) 小二，你是不是欺我【不会】饮酒啊？

3.2.2.2.4.4　正反问中"不会"前间隔正反问类语气副词、后间隔语气词"呀"

(27) 是不是他确实【不会】武功呀？

3.2.2.2.4.5　正反问中"不会"前间隔正反问类语气副词、后间隔语气词"啦"

(28) 那如果不是我的院子，是不是关少侠就【不会】手下留情啦？

**3.2.2.2.4.6　正反问中"不会"前间隔正反问类语气副词、后间隔

· 351 ·

语气词"了呢"

(29) 如果世间没有神魔，只有人类，那么，是不是就【不会】有遗憾了呢？

(30) 当年我若是让那个青楼的女人进门，是不是就【不会】有今天了呢？

3.2.2.2.4.7 正反问中"不会"前间隔正反问类语气副词、后间隔语气词"了啊"

(31) 没关系的，我是不是就【不会】感觉疼了啊？

3.2.2.2.4.8 正反问中"不会"前间隔正反问类语气副词、后间隔语气词"了呀"

(32) 万幼宗还没来，如果再不来是不是就【不会】来了呀？

3.2.3 选择问中"不会"与语气成分的关联机制

选择问中，"不会"与语气成分的关联模式大体有三种：（一）后邻接语气词；（二）后间隔语气词；（三）前间隔语气副词、后间隔语气词。

3.2.3.1 选择问中"不会"后邻接语气词

(1) 大叔会不会叫我去吃饭呢，会，不会，会还是【不会】呢？

3.2.3.2 选择问中"不会"后间隔语气词

选择问中，"不会"可以后间隔语气词"呢"，主要有三种格式：
第一，"不会……呢"用于选择问前项，例如：

(2) 先生这不敢让云珠久等之语，是说【不会】让云珠等得太久呢，还是说要云珠不能久等，尽可他嫁？

(3) 我是【不会】去呢，还是不回去呢？

(4) 是像古典世界的情形那样，王朝原则绝对【不会】影响一个人的内心情感，还是像西方的情形那样，王朝原则是实际存在的，以至需要六代受过教育的人们去打倒他们心内的东西呢？

第二，"不会……呢"用于选择问后项，例如：

(5) 将来的时间流向会如何变化呢？还是【不会】变呢？

(6) 它是会播还是【不会】播呢？

第三，"不会……呢"用于选择问先后项，单一选项重复问，例如：

(7)【不会】迟到呢？【不会】迟到呢？还是【不会】迟到呢？

3.2.3.3　选择问中"不会"前间隔语气副词、后间隔语气词

选择问中，"不会"可以前间隔深究类语气副词"到底"，后间隔语气词"呢"，例如：

(8) 我今天到底是会被听，还是【不会】被听呢？

3.2.4　特指问中"不会"与语气成分的关联机制

3.2.4.1　特指问中"不会"前关联语气副词

3.2.4.1.1　特指问中"不会"前邻接特指问类语气副词

3.2.4.1.1.1　特指问中"不会"前邻接语气副词"为什么"

(一) "为什么不会"构成特指问句，例如：

（1）陆小凤道："不管是谁杀了他，都绝不会是西门吹雪。"老实和尚道："是谁杀了他？"陆小凤叹了口气，道："我并没有说是他们杀了张英风。"

老实和尚道："为什么【不会】？"

（二）"为什么不会……"构成特指问句，例如：

（2）制种田出现异常现象，为什么【不会】从科学种田上去考虑？

（三）"饰连语＋为什么不会……"构成特指问句，例如：

（3）当飞机航行于茫茫云海或月色之中时，为什么【不会】迷失方向？

（四）"主语＋为什么不会……"构成特指问句，例如：

（4）作用力和反作用力为什么【不会】相互平衡？

（5）地球上的物体为什么【不会】因为地球的自转而被抛到宇宙空间中去？

3.2.4.1.1.2 特指问中"不会"前邻接语气副词"怎么"

（一）"怎么不会"构成特指问句，例如：

（6）李亚说："怎么【不会】？奶粉月饼药都能作假，酒未必不会。

（7）申大夫："怎么【不会】？我们按兵不动，庞涓无所顾忌，定会全力攻城。"

（8）怎么【不会】？五千块钱数目可不小呢。

（二）"怎么不会……"构成特指问句，例如：

（9）一间屋子里养了这许多人，受着两个主人支配，怎么【不会】发生争闹？

（10）怎么【不会】出岔子？在这年月，谁敢拍拍胸口，说不出岔子？

（11）怎么吃了这么久这么多的肉，怎么仍是死气沉沉地【不会】强盛起来、奋发起来？

（三）"主语+怎么不会……"构成特指问句，例如：

（12）你去割他的小手小脚，他怎么【不会】痛？

3.2.4.1.2 特指问中"不会"前间隔特指问类语气副词

特指问中，不会"前往往语气副词"为什么"，大体有三种情况：

（一）"为什么+主语+不会……"构成特指问句，例如：

（13）为什么消费驱动模式【不会】改变？

（14）为什么蜘蛛【不会】困在自己的网中？

（二）"为什么+饰连语+不会……"构成特指问句，例如：

（15）为什么鸟在睡觉时，【不会】从栖息的树枝上摔下来？

（16）你若真是个人，为什么永远【不会】累？

（三）"为什么+主语+饰连语+不会……"构成特指问句，例如：

（17）为什么韩哲永远【不会】认得她？

（18）王大爷养了只乖乖狗，却从来不帮狗洗澡，为什么这只狗仍【不会】生跳蚤？

3.2.4.1.3 特指问中"不会"前邻接、间隔语气副词

特指问中，"不会"可以前邻接意外类语气副词，同时前间隔特指问类语气副词"为什么"，例如：

（19）小毛喜欢运动，有一天他在摄氏 38 度高温大太阳下做很激烈的运动，为什么也居然【不会】流汗？

3.2.4.2 特指问中"不会"后关联语气词

特指问中，"不会"后关联语气词的时候，主要是后间隔语气词"呢"，例如：

（20）为什么害怕呢？谁【不会】做错呢？
（21）这个世上又没有长生不老药，谁【不会】老呢？

3.2.4.3 特指问中"不会"前关联语气副词、后关联语气词

3.2.4.3.1 特指问中"不会"前邻接特指问类语气副词、后邻接语气词"呢"

3.2.4.3.1.1 特指问中"不会"前邻接语气副词"为什么"、后邻接语气词"呢"

（22）肖蓝玉既然将玉笛交给了他，一定也会将梅花手帕交给他，为什么不会呢？

（23）杂货铺掌柜既可以，也应该对此表示一点儿同情心，乐于给他指明出路。为什么不会呢？那压根儿还谈不上是什么真正犯罪的行为呀。

3.2.4.3.1.2 特指问中"不会"前邻接语气副词"怎么"、后邻接语气词"呢"

（24）怎么会呢？兔死狐悲，同病相怜，惺惺相惜！

（25）"怎么不会呢？"刘东北刚要开口，娟子又道，"千万别跟我说是因为你跟别人不一样——"

3.2.4.3.2　特指问中"不会"前邻接特指问类语气副词、后间隔语气词"呢"

3.2.4.3.2.1　特指问中"不会"前邻接语气副词"为什么"、后间隔语气词"呢"

（一）"为什么不会……呢"用于特指问句，例如：

（26）即便前天的抢粮，被登云制止了，要是我们的政策不对，为什么【不会】出现新的闹事呢？

（27）既然有一见如故，为什么【不会】有一见钟情呢？

（二）"主语+为什么不会……呢"用于特指问句，例如：

（28）这些炽热的气体，为什么【不会】向四面八方飞散逃逸呢？

（29）你为什么【不会】想别的办法来对付敌人呢？

（三）"饰连语+为什么不会……呢"用于特指问句，例如：

（30）对我的回答，为什么【不会】在我的书里选出两行呢？

（四）"饰连语+主语+为什么不会……呢"用于特指问句，例如：

（31）她节省、操劳，为丈夫牺牲自己的时间、劳力、心情和愿望，那末他为什么【不会】对她做出同样的事来呢？

3.2.4.3.2.2　特指问中"不会"前邻接语气副词"怎么"、后间隔语气词"呢"

（32）每逢这个世界底儿朝天的时候，首先消失的就是他这样的人，怎么【不会】这样呢？

（33）一个老……年纪比你大的人，怎么【不会】懂得比你多呢？

3.2.4.3.3　特指问中"不会"前间隔语气副词、后间隔语气词

特指问中，"不会"可以前间隔语气副词"为什么"，同时后间隔语气词"呢"，大体两种情况：

（一）"为什么+主语+不会……呢"用于特指问句，例如：

（34）这差别为什么人家【不会】了解呢？

（35）为什么一只桌子、一条凳子【不会】生出力气来呢？

（36）我几乎冲口而出说："你不会明白的。"但是转念一想：为什么他【不会】明白呢？

（37）老詹养了一只狗，并且从来不帮狗洗澡，为什么狗【不会】生跳蚤呢？

（二）"为什么+饰连语+不会……呢"用于特指问句，例如：

（38）陆小凤道："你为什么从来也【不会】脸红呢？"

3.3　感叹句中"不会"与语气成分的关联机制

3.3.1　感叹句中"不会"前关联语气副词

3.3.1.1　感叹句中"不会"前邻接语气副词

3.3.1.1.1　感叹句中"不会"前邻接必断类语气副词

感叹句中，"不会"可以前邻接必断类语气副词"决然"等，例如：

(1) 如果按照常规，恐怕不盖它一堆公章，不画上一串圈圈，不等个三年五载，决然【不会】放行！

(2)（指倪毅）他决【不会】行凶！

3.3.1.1.2　感叹句中"不会"前邻接强化类语气副词

感叹句中，"不会"可以前邻接强化类语气副词"并"等，例如：

(3) 但是春天也并【不会】如我们想象的那样好！

3.3.1.2　感叹句中"不会"前间隔语气副词

感叹句中，"不会"往往可以前间隔估测类语气副词，例如：

(4) 这种荒谬绝伦现象，也许我们的后代【不会】相信！

3.3.1.3　感叹句中"不会"前邻接、间隔语气副词

感叹句中，"不会"可以前邻接强化类语气副词，同时前间隔估测类语气副词，例如：

(5) 但是，这事情我得考虑一下，或许并【不会】这样严重！

3.3.2　感叹句中"不会"后关联语气词

3.3.2.1　感叹句中"不会"后邻接语气词

3.3.2.1.1　感叹句中"不会"后邻接语气词"的"

(1)【不会】的！

(2) 实心眼的摄影师说："放心，【不会】的！"

(3)（停了一下后，又像对自己，又像对应文倩）不，【不

会】的!

(4)【不会】的,【不会】的!

(5)(走到他面前去,含着泪安慰他)不,不,你【不会】的!

3.3.2.2　感叹句中"不会"后间隔语气词

3.3.2.2.1　感叹句中"不会"后间隔语气词"的"

(一)"不会……的"构成感叹句,例如:

(6)【不会】有的!

(7)【不会】放过它们的!

(二)"是不会……的"构成感叹句,例如:

(8)人民的鲜血是【不会】白流的!

(9)你是【不会】准确回答的!

(三)"主语+不会……的"构成感叹句,例如:

(10)有这样的团长,我们【不会】吃亏的!

(11)小孩没注意,一屁股坐到了地上,但却紧紧地抱着苏东的脚,嘴里不住地叫着:"先生,您谈您的,我【不会】耽搁您的功夫的!"

(12)要不你【不会】对小龙这样无动于衷的!

(13)爸爸,我没说错吧,妈妈【不会】让您难堪的!

(14)我是一个老太婆,他们【不会】把我怎么样的!

(15)虎妈妈说,"你放心,我们【不会】久留的!"

(16)大冰山摇头晃脑地答道:"我【不会】忘记的!"

(四)"饰连语+不会……的"构成感叹句,例如:

（17）人家大寨是拼上命硬斗出来的呀，你想舒舒服服学大寨，永远也【不会】学好的！

（18）葛树贵着急地说，"共产党员嘛，只要人民需要，填大海、下龙潭也【不会】皱眉的！"

（五）"主语+饰连语+不会……的"构成感叹句，例如：

（19）我生生死死也【不会】离开的！

（20）她柔声说："那么，你放心，我一辈子也【不会】离开你的！"

（21）到时候，你也脱不了身，敌人也【不会】饶恕你的！

（六）"主语+不会是……的"构成感叹句，例如：

（22）她被这个字眼吓坏了，浩野【不会】是当真的！

3.3.2.2.2 感叹句中"不会"后间隔语气词"了"

（一）"不会……了"构成感叹句，例如：

（23）【不会】再有一个太平的春天和秋天给他过了！

（二）"主语+不会……了"构成感叹句，例如：

（24）那样的日子【不会】有了！

（25）真有条例，这天下也【不会】乱了！

（三）"饰连语+不会……了"构成感叹句，例如：

（26）赣江，造福于人民，再【不会】有泪的成分了！

（27）黄国雄这一去再也【不会】回来了！

· 361 ·

（四）"主语+饰连语+不会……了"构成感叹句，例如：

（28）虽然我要死了，可我现在很踏实，咱们再也【不会】让人戳脊梁骨了！

（29）我终生【不会】再娶了！

3.3.2.2.3 感叹句中"不会"后间隔语气词"吧"

（一）"不会……吧"构成感叹句，例如：

（30）【不会】记错吧！

（31）刘成摇摇头说："【不会】那样容易吧！"

（二）"主语+不会……吧"构成感叹句，例如：

（32）老陈【不会】出岔子吧！

（33）但是家里【不会】等你着急吧！

（三）"不会是……吧"构成感叹句，例如：

（34）喔，【不会】是野兽的眼睛吧！

（35）【不会】是炸桥吧！

（四）"该不会……吧"构成感叹句，例如：

（36）在这次抗战当中，连这个学校也搬了家，那么我的母校该【不会】成为一缕残痕吧！

3.3.2.2.4 感叹句中"不会"后间隔语气词"呀"

（37）这一刀，我一辈也【不会】忘记呀！

（38）要是真能有那么一天，七天不吃我也【不会】想到饿呀！

3.3.2.2.5　感叹句中"不会"后间隔语气词"的啊（呵）"

（39）那亡国奴的生活，他是永远【不会】忘记的啊！

（40）巴河，【不会】有多少人知道这么个地方的呵，这么个小地方！

3.3.2.2.6　感叹句中"不会"后间隔语气词"的呀"

（41）糟糕，那家伙是【不会】凫水的呀！

3.3.2.2.7　感叹句中"不会"后间隔语气词"的吧"

（42）这就好说了，你【不会】忘记你是怎么来到这个世界的吧！

（43）不过，我心里在暗暗地好笑，这玩意该【不会】轮着我来戴的吧！

3.3.2.2.8　感叹句中"不会"后间隔语气词"了啊（呵）"

（44）假若你们读者，对于这类案件，不感觉得有兴趣，不爱看的话，那末我们也就用不着张罗，【不会】登载这些新闻了呵！

3.3.2.2.9　感叹句中"不会"后间隔语气词"了吧"

（45）现在你该【不会】作弄这些可怜的小东西了吧！

（46）该【不会】是出什么事了吧！

3.3.3　感叹句中"不会"前关联语气副词、后关联语气词

3.3.3.1　感叹句中"不会"前邻接语气副词、后邻接语气词

感叹句中，"不会"可以前邻接必断类语气副词、后邻接语气词"的"，例如：

(1) 绝对【不会】的!

3.3.3.3 感叹句中"不会"前邻接语气副词、后间隔语气词

3.3.3.3.1 感叹句中"不会"前邻接必断类语气副词、后间隔语气词"的"

(2) 饭馆里绝对【不会】有的!

3.3.3.3.2 感叹句中"不会"前邻接估测类语气副词、后间隔语气词"的"

(3) 我们就这样在一起生活,恐怕【不会】太幸福的!

3.3.3.3.3 感叹句中"不会"前邻接估测类语气副词、后间隔语气词"了"

(4) 也许【不会】太久了!

3.3.3.3.4 感叹句中"不会"前邻接必断类语气副词、后间隔语气词"吧"

(5) 射箭搭救您的果是神猴,我们远道而来,想必【不会】加害我们吧!

(6) 马玉海急忙说:"我们总还【不会】那样愚蠢吧!"

(7) 爱护我的人,总【不会】是坏人吧!

3.3.3.3.5 感叹句中"不会"前邻接估测类语气副词、后间隔语气词"吧"

(8) 至于一把手,大概【不会】太久了吧!

3.3.3.3.6 感叹句中"不会"前邻接强化类语气副词、后间隔语气词"呢"

(9) 一打呵欠，眼里就出泪……我这个人呀，才【不会】哭呢！

3.3.3.3.7 感叹句中"不会"前邻接强化类语气副词、后间隔语气词"的呢"

(10) 他才【不会】听你的呢！

3.3.3.3.8 感叹句中"不会"前邻接强化类语气副词、后间隔语气词"的了"

(11) 简直【不会】再回我这里来的了！

3.3.3.4 感叹句中"不会"前间隔语气副词、后间隔语气词

3.3.3.4.1 感叹句中"不会"前间隔特指问类语气副词、后间隔语气词"啊"

(12) 当一个人为了自己的祖国，奋斗了将近一辈子，眼看胜利在望了，怎么【不会】奋力去干，去为自己的祖国效力啊！

3.3.3.4.2 感叹句中"不会"前间隔感叹类语气副词、后间隔语气词"啊"

(13) 我们真是太【不会】享受旅行之乐趣的人呵！

3.3.3.4.3 感叹句中"不会"前间隔估测类语气副词、后间隔语气词"吧"

(14) 李太太大概还【不会】忘记去年今天是什么时候吧！

本 章 小 结

一 陈述句中"不会"与语气成分的关联机制

陈述句中"不会"前邻接语气副词主要有五类：必断类、估测类、强化类、申明确认类和意外类语气副词。

陈述句中"不会"前间隔语气副词主要有四类：申明确认类、必断类、估测类和强化类语气副词。

陈述句中，"不会"可以前邻接强化类语气副词，同时前间隔申明确认类语气副词。

陈述句中"不会"后邻接语气词"的"，后间隔语气词"吧"。

陈述句中"不会"后间隔的语气词主要有七个：的、了、吧、啦、呢、的了、了吧。

陈述句中"不会"前邻接语气副词、后邻接语气词主要有七种关联格式：（1）前邻接必断类语气副词、后邻接语气词"的"；（2）前邻接强化类语气副词、后邻接语气词"的"；（3）前邻接申明确认类语气副词、后邻接语气词"的"；（4）陈述句中"不会"前邻接意外类语气副词、后邻接语气词"的"；（5）前邻接必断类语气副词、后邻接语气词"了"；（6）前邻接估测类语气副词、后邻接语气词"了"；（7）前邻接估测类语气副词、后邻接语气词"吧"。

陈述句中"不会"前间隔语气副词、后邻接语气词主要有四种关联格式：（1）前间隔必断类语气副词、后邻接语气词"的"；（2）陈述句中"不会"前间隔强化类语气副词、后邻接语气词"的"；（3）前间隔意外类语气副词、后邻接语气词"的"；（4）前间隔估测类语气副词、后邻接语气词"吧"。

陈述句中"不会"前邻接语气副词、后间隔语气词主要有十二种关联格式：(1) 前邻接必断类语气副词、后间隔语气词"的"；(2) 前邻接强化类语气副词、后间隔语气词"的"；(3) 前邻接估测类语气副词、后间隔语气词"的"；(4) 前邻接估测类语气副词、后间隔语气词"吧"；(5) 前邻接必断类语气副词、后间隔语气词"吧"；(6) 前邻接必断类语气副词、后间隔语气词"了"；(7) 前邻接估测类语气副词、后间隔语气词"了"；(8) 前邻接必断类语气副词、后间隔语气词"的吧"；(9) 前邻接估测类语气副词、后间隔语气词"的吧"；(10) 前邻接估测类语气副词、后间隔语气词"了吧"；(11) 陈述句中"不会"前邻接必断类语气副词、后间隔语气词"了吧"；(12) 前邻接弱化类语气副词、后间隔语气词"了吧"。

陈述句中"不会"前间隔语气副词、后间隔语气词，主要有五种关联格式：(1) 前间隔必断类语气副词、后间隔语气词"的"；(2) 前间隔估测类语气副词、后间隔语气词"的"；(3) 前间隔强化类语气副词、后间隔语气词"的"；(4) 前间隔意外类语气副词、后间隔语气词"的"；(5) 前间隔估测类语气副词、后间隔语气词"的吧"。

陈述句中"不会"前邻接必断类语气副词、前间隔意外类语气副词，后间隔语气词"的"；前邻接强化类语气副词、前间隔确认类语气副词，后间隔语气词"的"。

陈述句中"不会"前邻接必断类语气副词、后邻接语气词"的"、间隔语气词"了"。

二 疑问句中"不会"与语气成分的关联机制

(一) 是非问中"不会"与语气成分的关联机制

是非问中，"不会"可以前邻接反诘类语气副词"难道"。
是非问中，"不会"可以前间隔反诘类语气副词"难道"。

是非问中"不会"后邻接语气词"吗、吧"。

是非问中"不会"后间隔语气词"吗""么""吧""的""了吗""了么""了吧""的吧。"

是非问中"不会"后邻接语气词"的",后间隔语气词"吧"。

是非问中"不会"前邻接语气副词、后邻接语气词有三种关联格式:(1)前邻接必断类语气副词、后邻接语气词"吗";(2)前邻接反诘类语气副词、后邻接语气词"吗";(3)前邻接估测类语气副词、后邻接语气词"吧"。

是非问中"不会"前间隔估测类语气副词,后邻接语气词"吧"。

是非问中"不会"前邻接语气副词、后间隔语气词主要有九种关联格式:(1)前邻接反诘类语气副词、后间隔语气词"吗";(2)前邻接必断类语气副词、后间隔语气词"么";(3)前邻接必断类语气副词、后间隔语气词"吧";(4)前邻接估测类语气副词、后间隔语气词"吧";(5)前邻接必断类语气副词、后间隔语气词"了吗";(6)前邻接必断类语气副词、后间隔语气词"了吧";(7)前邻接估测类语气副词、后间隔语气词"了吧";(8)前邻接必断类语气副词、后间隔语气词"的吧";(9)前邻接估测类语气副词、后间隔语气词"的吧"。

是非问中"不会"前间隔语气副词、后间隔语气词主要有七种关联格式:(1)前间隔反诘类语气副词、后间隔语气词"吗";(2)前间隔反诘类语气副词、后间隔语气词"了";(3)前间隔估测类语气副词、后间隔语气词"吧";(4)前间隔必断类语气副词、后间隔语气词"的吧";(5)前间隔反诘类语气副词、后间隔语气词"了吗";(6)前间隔估测类语气副词、后间隔语气词"了吧";(7)前间隔必断类语气副词、后间隔语气词"了吧"。

是非问中"不会"前邻接和间隔必断类语气副词,后邻接语气词"吗"。

（二）正反问中"不会"与语气成分的关联机制

正反问中"不会"可以前邻接正反问类语气副词。

正反问中"不会"前间隔正反问类语气副词。

正反问中"不会"前间隔正反问类、申明确认类语气副词。

正反问中"不会"前邻接、间隔语气副词大致有三种关联格式：（1）前邻接强化类、前间隔正反问类语气副词；（2）前邻接申明确认类、前间隔正反问类语气副词；（3）前邻接必断类、前间隔正反问类语气副词。

正反问中"不会"前邻接正反问类语气副词、后邻接语气词"了"。

正反问中"不会"前间隔正反问类语气副词、后邻接语气词"了"。

正反问中"不会"前邻接正反问类语气副词、后间隔语气词"了""呢""啊""了啊"。

正反问中"不会"前间隔正反问类语气副词、后间隔语气词"了""呢""啊""呀""啦""了呢""了啊""了呀"。

（三）选择问中"不会"与语气成分的关联机制

选择问中"不会"与语气成分的关联模式主要有两种：（1）后间隔语气词"呢"；（2）前间隔深究类语气副词，后间隔语气词"呢"。

（四）特指问中"不会"与语气成分的关联机制

特指问中"不会"与语气成分的关联模式主要有六种：（1）特指问中"不会"前邻接特指问类语气副词；（2）特指问中"不会"前间隔特指问类语气副词；（3）特指问中，"不会"可以前邻接意外类语气副词，同时前间隔特指问类语气副词；（4）特指问中，"不会"后关联语气词的时候，主要是后间隔语气词"呢"；（5）特指问中"不会"前邻接特指问类语气副词、后邻接语气词"呢"；（6）特指问中"不会"前邻接特指问类语气副词、后间隔语气词"呢"。

三 感叹句中"不会"与语气成分的关联机制

感叹句中"不会"前邻接语气副词主要有两种：必断类和强化类语气副词。

感叹句中，"不会"往往可以前间隔估测类语气副词。

感叹句中，"不会"可以前邻接强化类语气副词，同时前间隔估测类语气副词。

感叹句中"不会"后邻接语气词"的"。

感叹句中"不会"后间隔语气词包括"的""了""吧""呀"。

感叹句中"不会"后邻接语气词语气词"的"的时候，可以同时间隔语气词"啊（呵）、呀、吧"；后邻接语气词"了"的时候，可以同时间隔语气词"啊（呵）、吧"等。

感叹句中"不会"前邻接语气副词、后间隔语气词主要有八种格式：（1）前邻接必断类语气副词、后间隔语气词"的"；（2）前邻接估测类语气副词、后间隔语气词"的"；（3）前邻接估测类语气副词、后间隔语气词"了"；（4）前邻接必断类语气副词、后间隔语气词"吧"；（5）前邻接估测类语气副词、后间隔语气词"吧"；（6）前邻接强化类语气副词、后间隔语气词"呢"；（7）前邻接强化类语气副词、后间隔语气词"的呢"；（8）前邻接强化类语气副词、后间隔语气词"的了"。

感叹句中"不会"前间隔语气副词、后间隔语气词主要有三种格式：（1）前间隔特指问类语气副词、后间隔语气词"啊"；（2）前间隔感叹类语气副词、后间隔语气词"啊"；（3）前间隔估测类语气副词、后间隔语气词"吧"。

第 4 章 "可能"与语气成分的关联机制

4.1 陈述句中"可能"与语气成分的关联机制

陈述句中,"可能"与语气成分大体有三类关联:(一)"可能"与前语气副词关联;(二)"可能"与后语气助词关联;(三)"可能"与前语气副词和后语气助词关联。

4.1.1 陈述句中"可能"前关联语气副词

陈述句中,"可能"可以与前语气副词关联,包括邻接关联、间隔关联及其二者的共用。

4.1.1.1 陈述句中,"可能"前邻接语气副词

4.1.1.1.1 陈述句中"可能"前邻接估测类语气副词

常见的有"也许、大概、或许"等,例如:

(1)也许【可能】,抗旱备荒不是一两千台水车能解决的事。

(2)"你以为能逃出我姐妹所布下的陷阱?""很难说,也许【可能】。"

(3) 看他的样子,大概【可能】只有 17 岁这样而已。

(4) 如果没有那攻击之爪和加速手套,结果或许【可能】不一样。

4.1.1.1.2　陈述句中"可能"前邻接弱化类语气副词

常见的有"起码"等,例如:

(5) 压岁钱增多,对孩子来说并不是什么好事,起码【可能】产生这样几种后果:一是养成乱花钱、大手大脚的不良习惯;二是助长了一些孩子本身已染有的坏毛病,如抽烟、喝酒等;三是养成从小依赖父母、虚荣心强、好攀比的心理。

4.1.1.1.3　陈述句中"可能"前邻接申明确认类语气副词

常见的有"当然、本来"等,例如:

(6) 因而,在观众与舞台的审美关系中,本来【可能】产生的两种"心理距离",也就只剩下了一种"心理距离",即观众与角色之间的"心理距离"。

(7) 夏大女噙着泪说的话,为这次本来【可能】闹得不可开交的分配遗物,定下了一个很好的基调。

(8) 当然【可能】有。

4.1.1.1.4　陈述句中"可能"前邻接意外类语气副词

这类语气副词较为常用,常见的有"却""反而""倒"等。"却可能"主要用于转折、让步的后分句。有时,对比不同人或事物的行为状况,上文有的述实或估测,下文用"却可能"形成反转性推测,例如:

(9) 在同一"机遇"上,有人可能做出可歌可泣的事,有人却【可能】做出遗恨千古的事。

（10）正如牛仔装，他穿了英俊潇洒，充满活力，而你穿了却【可能】滑稽可笑，因为你更适合穿西装。

有时，对不同阶段的状况估测，形成反转，例如：

（11）这些场面最初是散散落落不相连贯的，它们还构不成一个完整的故事，但在未来的戏剧构思中，它们却【可能】成为作者设计某段情节的目标，成为舞台形象中一些发光的支柱。

"却可能"有时用于容让句的后转分句，例如：

（12）比如由一个学习差，平时受到同学议论的学生来主持某些集体活动，尽管这位同学有一定的组织能力，但其他同学却【可能】因有反感情绪而使活动失去了吸引力。

"反而可能"常用于反逼性递进的后分句或转折后分句，例如：

（13）比如，在同事之间，一个人想用哈腰的方式来讨好对方，结果，不但难以得到预想的效果，反而【可能】会使对方产生厌恶之感。

"倒可能"常用于对照或在假设、原因的前提下引出意外的结果，例如：

（14）她这人倒【可能】是正直而热心的，只是她听到的女人的诉苦太多了，看到的眼泪太多了！

（15）如果强忍着不哭，倒【可能】会憋出病来。

（16）它具有直觉的特点，因而在某种意义上说，倒【可能】是对社会、时代一种最全面的把握。

4.1.1.1.5　陈述句中"可能"前邻接强化类语气副词

4.1.1.1.5.1　陈述句中"甚至可能"

"甚至可能"用于进层的状况，提出推测，常用于假设、条件的结果，例如：

（17）如果施大爷不走，我们本该踢得更好，甚至【可能】夺取冠军。

（18）他也许会成为"种田状元"，甚至【可能】因田种得出色而当上科技上的真状元。

（19）电路中的电流如果过强，导线会过热，设备会损坏，甚至【可能】引起火灾。

以上例子都是假设的结果用"甚至可能"进一步估测。

（20）一本电子书籍可以存储数百部小说，你只要写出书名，其内容就会显现在屏幕上，甚至【可能】帮你朗读。

上一例是条件的结果，用"甚至可能"进一步估测。

4.1.1.1.5.2　陈述句中"完全可能"

"完全可能"表示对可能性有十足的把握。有的单独成句，例如：

（21）完全【可能】。

有的是用于假设、条件或推断的结果，例如：

（22）只要我能吃饱，我完全【可能】成为海喜喜那样魁梧、剽悍、粗豪、放到哪儿都能干的多面手。

（23）他只要进过一次照相馆，他的相片就完全【可能】落在别人手里。

有的用于分述另外的可能情况。例如：

（24）他说得活灵活现，但是，除了他说的时间和小王沏茶的时间似乎吻合以外，其他的一切完全【可能】只是他的幻觉。

4.1.1.2 陈述句中"可能"前间隔语气副词关联

4.1.1.2.1 陈述句中"可能"前间隔申明确认类语气副词

常见的有"当然""其实""显然"等。

4.1.1.2.1.1 陈述句中"当然……可能"

有时，"当然"与"可能"间隔其他副词，常间隔"很""也"等副词状语，例如：

（25）当然，很【可能】，在这个比赛项目中"东风"有一个值得骄傲的运动员参加。

有的，"当然"与"可能"间隔主语，例如：

（26）当然不同的语言【可能】有不同的词类。

（27）当然，这个形象【可能】与写作主体所塑造出的应该是个什么样子形象会相差很远，甚至面目皆非。

有的"当然"与"可能"间隔主语和状语，例如：

（28）当然，电子吸收光子的能量后【可能】向各个方向运动，有的向金属内部运动，并不出来。

（29）当然，在资本主义社会，个别资本家也【可能】发生侵犯整个资产阶级利益的违法犯罪行为，并受到国家法律的制裁，但这只是极个别的情况，而且从根本上说，是资产阶级国家为了维护资产阶级的整体利益而采取的权宜之计。

有的"当然"与"可能"间隔小句，常常间隔无条件让步小句，形成"当然，无论……都可能……"的句式。例如：

(30) 当然，词和词素、词和词组这些不同的语言单位的具体成员间，不论在语言历时的演变中或共时的变化里，都【可能】相互转化。

4.1.1.2.1.2　陈述句中"其实……可能"

(31) 其实，很【可能】并非"先见之明"，不过是"马后炮"。

其实，这种病在哪一种类似的情况下都【可能】爆发的。

4.1.1.2.1.3　陈述句中"显然……可能"

(32) 显然，当那个"固定"点的位置在直线上变动时，这个概率就【可能】变化。

4.1.1.2.1.4　陈述句中"自然……可能"

(33) 这自然也【可能】不为熟悉《红楼梦》的读者所接受，但我却认为，不妨允许编导者做一次大胆的探索，以弥补这部未完成杰作中的遗憾。

4.1.1.2.2　陈述句中"可能"前间隔强化类语气副词常见的是前间隔"甚至、反正"等

4.1.1.2.2.1　陈述句中"甚至……可能"

"甚至"前间隔，有的是前间隔"也""还""都"等状语，例如：

(34) 其中固然有不正之风问题，也有一般违法问题，甚至也【可能】有触犯刑律的问题。

（35）心嘲笑着你的愚蠢，甚至还【可能】在微笑的背后，在忌妒你、骂你。

有的"甚至"前间隔主语、小句与副词状语，例如：

（36）活动室的布置过于繁杂，环境过于喧闹，甚至教师的服饰过于奇异，都【可能】影响幼儿的注意，使他们不能把注意集中于应该注意的对象上。

4.1.1.2.2.2 陈述句中"反正……可能"

陈述句中"反正……可能"中可以间隔小句和状语，例如：

（37）他甚至觉得眼前这个结局很自然；反正今天不发生，明天就【可能】发生。

4.1.1.2.3 "可能"前间隔估测类语气副词

4.1.1.2.3.1 "也许……可能"

（38）也许，还【可能】发生更坏的情况。

（39）如果一个人，缺乏激情，也许开音还【可能】勉强，也说不定，但不能演歌剧。

4.1.1.2.3.2 "似乎……可能"

（40）这场紧接着用〔六幺令〕牌子，将张继保及其随从人役送上，音乐的节奏和舞台气氛是非常和谐的，这就给台下的观众一种感觉，似乎张继保也【可能】认下老夫妇。

4.1.1.2.3.3 "好像……可能"

（41）看样子老姜头有70多岁，走起路来一摇一晃，好像随时都

【可能】摔倒。

4.1.1.2.3.4 "恐怕……可能"

（42）恐怕没有内在的艺术上的联系，很【可能】含有另外的宗教意义。

4.1.1.2.4 "可能"前间隔意外类语气副词

"可能"前可以间隔意外类语气副词"却"。例如：

（43）当中，它要绕过很多岛屿——人烟稠密、受到大工业污染的岛屿，却很【可能】在那些刚刚露出水面的珊瑚礁上停留——对于太平洋上的这些珊瑚礁，它无疑是相当熟悉的，但是它仍然十分谨慎。

4.1.1.3 陈述句中"可能"前邻接、间隔语气副词

陈述句中"可能"可以前邻接、间隔语气副词，主要是前间隔意外类语气副词与前邻接强化类语气副词，常用格式："却……甚至可能"，例如：

（44）比方说，使头脑风暴持续两个小时或一个半小时，则最后半小时就可能出现寥寥无几的或极为罕见的新思想或新观念，可是它们却是较为深刻的甚至【可能】是有助于解决问题的思想或观念。

4.1.2 陈述句中"可能"后关联语气词

4.1.2.1 陈述句中"可能"后邻接语气词

4.1.2.1.1 陈述句中"可能"后邻接语气词"的"

陈述句中，"可能"与后语气词的邻接关联，主要是与语气词"的"后邻接关联，句法表现主要有四种：

第一,"【可能】的"单独成句,例如:

(1)【可能】的。

第二,"【可能】的"用于谓语,例如:

(2) 佛教在印度受摧残而衰落,也很【可能】的。

第三,"【可能】的"用于后分句或后分句的谓语,主要是假设后分句,例如:

(3) 可是如果经过多次提取"蚀肉刺激素",也【可能】的。

(4) 那么欲在一个作品找出它所表现的时代,这在现在就【可能】的。

第四,形成"是【可能】的"强调格式。国家语言文字工作委员会语料库中,"是【可能】的"共有34例。

有的单独成句,例如:

(5) 是【可能】的。

有的"是【可能】的"充任单句的谓语,例如:

(6) 回答是【可能】的。

(7) 这在积雨云中是【可能】的。

(8) 光合作用在密跃层中进行也是【可能】的。

有的"是【可能】的"用于因果关系的结果句,基本格式为"因此/所以……是【可能】的",例如:

(9) 由于日本帝国主义的侵略,改变了国内阶级关系的状况,改变了革命与反革命营垒的状况，总的趋势是反革命营垒进一步分化削弱，革命营垒进一步壮大，因此建立广泛的抗日民族统一战线是【可能】的。

有的"是【可能】的"用于必要条件后分句，基本格式为"只有……（才）是【可能】的"，例如：

（10）只有确实把我们农村工作的全副精力来尽这样的努力，四、五年内使西北农业生产水平在大体上提高半倍，是【可能】的。

（11）要使人的活动彻底从重力的束缚中解放出来，只有当仅仅耗费很少的能量甚至不耗费能量，就能把重力抵消的时候，才是【可能】的。

有的"是【可能】的"用于充分条件后分句，基本格式为"只要／一旦……是【可能】的"，例如：

（12）由于世界多极化趋势的发展，只要各国人民共同努力，世界和平是可以维护的，争取一个较长时期的国际和平环境是【可能】的。

（13）这种刺激成了惯性，一旦中止，肠胃感到不舒服，因而生病，那是【可能】的。

有的"是【可能】的"用于其他条件句的结论，格式有"按照／当……是【可能】的"，例如：

（14）这位科学家回答，按照现在各国超导研究这种你追我赶、纪录日新的势头，在常温下实现超导是【可能】的。

有的"是【可能】的"用于假设后分句，基本格式为"如果……是【可能】的"，例如：

（15）如能在甘蔗生长期内浇上几遍水，亩产五、六吨不成问题，亩产达到七、八吨甚至十吨也是【可能】的。

（16）如果消失比较少，错误的发现和纠正都是【可能】的。

有的"是【可能】的"用于转折句，基本格式为"但是……是【可能】的"，例如：

（17）儿童初入学时，注意力还不十分稳定，但是对一个事物保持10～15分钟的注意还是【可能】的。

有的"是【可能】的"，"可能"前有程度副词"很"，形成"是很【可能】的"的格式，例如：

（18）像这样的解释，拿来运用在韩信身上是很【可能】的。

4.1.2.1.2　陈述句中"可能"后邻接语气词"了"

语气词"了"，一般称为"了2"，兼具事态助词和语气助词的作用，既表示事态的变化，又表示确认的语气。"可能"后邻接语气词"了"的情况很少，而且此时的"可能"也很容易看作形容词。语委语料库中，陈述句用"【可能】了"有一例，例如：

（19）所以知觉的格式若被正当引起以至于原来无关紧要之点现在都成为我们所用以领会整个图形的要点，那末问题的解决便立即【可能】了。

4.1.2.2　陈述句中"可能"后间隔语气词

4.1.2.2.1　陈述句中"可能"后间隔语气词"的"

陈述句中，"可能"与后语气词"的"间隔关联，大体有三种格式：

第一,"可能……的",例如:

(20) 今天你采访我,我【可能】感到为难的。

(21) 你将来【可能】也会有的。

(22) 他想,卢秀云是个"上海滩上兜得转的人",也【可能】为他找到一个能潜水打捞的人的。

第二,"是可能……的",例如:

(23) 老刘所说的情形是很【可能】发生的。

(24) 郭小林曾经听见老师说过,在某些大铁矿的附近,是【可能】出现这种现象的。

第三,"【可能】是……的"。有的"【可能】是……的"中,"是"后是动词性词语,例如:

(25) 小胖子和小眼镜一齐说,他俩【可能】是一起去的。

(26) 角石和鹦鹉螺【可能】也是根据同样的原理在海里升降的。

有的"【可能】是……的"中,"是"后是主谓结构,往往表示事物形成的缘由或事物的性状特点,例如:

(27) 大桥离开国境线不远,又是为国防需要建造的,很【可能】是敌人破坏的。

(28) 这种流量的下降【可能】是星云外的星际介质的吸收造成的。

有的"【可能】是……的"中,"是"后是分句联结,主要是因果、目的关系,例如:

(29) 这一次,【可能】就是因为这个而故意飞过去的。

（30）这【可能】是为了适应各民族之间交往的方便，才作了这样的改变的。

（31）但话又得说回来，教授当时【可能】是为了推谢组稿，无意泄露出的。

4.1.2.2.2　陈述句中"可能"后间隔语气词"了"

从结构层次来看"可能……了"比较适合分析为："可能［……了］"，"可能"对于事态的变化进行推测。试比较：

（32）他【可能】来。

（33）【可能】他来。

（34）他【可能】来了。

（35）【可能】他来了。

前两例，用"可能"对"他来"的未然事态进行推测，句法语义层次应该为："可能［他来］"。后两例，用"可能"对"他来了"的已然事态进行推测，句法语义层次应该为："可能［他来了］"。

陈述句中，"可能"与"了"的间隔关联"可能……了"，国家语言文字工作委员会语料库共有64例，其中用来推测已然的事态的有48例，用来推测未然的事态的有12例，用来推测反事实条件的结果的有4例。

第一，"可能……了"用于推测已然的事态。"可能……了"管辖的语法实体比较多样，有的是动词，主要是表示状态变化的动词，例如：

（36）时间太长了【可能】忘了。

（37）有一队犯人，【可能】是收工了，队伍很整齐，都穿着灰棉袄。

有的"可能……了"管辖的是动宾结构，例如：

（38）一熬两熬，好容易熬到了"民国"年代，新泮肚里想，今

· 383 ·

番【可能】有苗头了。

有的"可能……了"管辖的是述补结构，例如：

（39）这话【可能】说过头了。

有的"可能……了"管辖的是状中结构，例如：

（40）很多在美国适用的市场技巧，在中国【可能】就不适用了。

（41）伊文思估计，克里特迷宫【可能】被火山灰掩埋了，于是他决定在这里进行发掘。

有的"可能……了"管辖的是带状动宾结构，例如：

（42）连他在美国的女儿、女婿，也都忖度爸爸【可能】长居美国了。

（43）敌人【可能】把她当作本地的老百姓或一般土匪强盗了，所以用这种虚张声势的办法。

有的"可能……了"管辖的是带状述补结构，例如：

（44）固然，瞎撞有时候也【可能】碰巧撞对了，可是这样的机会究竟太少了。

有的"可能……了"，管辖的是连动式，例如：

（45）邓龙方从海关的宿舍出来，直奔海关楼，在查私科的办公室里却不见杨宝生的影子，他下了楼，在门口犹豫了一下，估摸这小伙子【可能】回宿舍里闹情绪哭鼻子去了。

有的"可能……了"管辖主谓结构，例如：

(46)【可能】你也听说了,顾向文把水库的事闹得满城风雨。

(47)【可能】他误会了,马上改口说:"过去我们走的道路不同,今天总算是殊途同归,都在共产党领导下为人民服务了!"

(48)【可能】各种因素混到一起了,杨日昌像大梦初醒,他望着玉冬泪水洗面的脸,两手搀着她的腋窝向上扶。

有的"可能……了"管辖复句,例如:

(49)因为原子核非常小,如果铀块的体积不够大,中子从铀块中通过时,【可能】还没有碰到铀核就跑到铀块外面去了。

有的"可能……了"中含有已然的时间词语,如"已经、早、早已、原来、没有、之前"等,例如:

(50)由此,考古学家推测,大约九百万年以前的古猿【可能】已经具有说话的能力了。

(51)那天,你也在场,还有郑淼和周亦俊,不过你们【可能】早已忘了。

(52)这几年外面糖不好买,他【可能】有好几年没吃着糖了。

(53)因此,【可能】早在明万历年间从国外引进番薯新品种之前,我国就有土生土长的番薯了。

有的在假设的事实前提下,推测已然发生的事实,例如:

(54)如果真是这样,林学武很【可能】已与纳德勃见过面了,他一定能回忆得出纳德勃的外貌。

(55)要是有一天,它忽然老实了,不爱动了,那就【可能】是生病了。

第二,"可能……了"用来推测未然的事态。有的"可能……了"用于表示将要发生或未来发生的事情,例如:

(56) 今天学会了,明天【可能】又忘了。

(57) 科学在发展,到二十一世纪,那时,我【可能】又要落后了。

有的"可能……了"用于假设、条件、虚拟性让步的结果或结论,例如:

(58) 如果不在两边路口摆上点东西,鸭群就【可能】走到岔路上去了。

(59) 这种法律,只要看看便【可能】颤抖了,但偏偏有这许多文墨之士,竟摇身一变为大逆。

(60) 没搞懂的数学公式,往往难以记住,即使今天记住了,过几天又【可能】忘记了。

第三,"可能……了"用于推测反事实条件的结果,例如:

(61) 要不是他把我按住,我【可能】要一个筋斗摔下去了。

(62) 如果没有我,她们【可能】永远不会重逢了。

有的"可能"后加"是",构成"【可能】(就)是……了",加强判断。例如:

(63) 他【可能】是忘了。

(64)【可能】是被虫蛀空了,【可能】是生病了,也【可能】是太老了。

(65) 如果注意了口腔卫生还有口臭,那就【可能】是有什么毛病了。

4.1.2.2.3　陈述句中"可能"后间隔语气词"吧"

(66) 老何【可能】有些特殊情况吧。

(67) 你【可能】不知道吧，金属的理论强度是目前金属实际强度的数百倍。

4.1.2.2.4　陈述句中"可能"后间隔语气词"呢"

(68) 人家【可能】还羡慕我呢：下乡不算太远，不用干农业活，每月还有工资二十六元；这二十六块钱的工资，我拿了十年。

(69) 你别轻看你这个子儿，很【可能】是两种人、两种思想注意的焦点呢。

4.1.2.2.5　陈述句中"可能"后间隔语气词"啦"

(70) 叫他好几声都没答应，【可能】跟我有意见啦。

4.1.3　陈述句中"可能"前关联语气副词、后关联语气词

4.1.3.1　陈述句中"可能"前邻接语气副词、后邻接语气词

4.1.3.1.1　陈述句中"可能"前邻接强化类语气副词、后邻接语气词"的"

(1) 在生命起源中，从无机物合成有机物的化学过程，是完全【可能】的。

(2) 既然古人也有音位直觉，音素虽异而感觉上是同一音位，也是完全【可能】的。

4.1.3.1.2　陈述句中"可能"前邻接必断类语气副词、后邻接语气词"的"

(3) （凝思，然后热烈地）不，我想是一定【可能】的。

387

4.1.3.2 陈述句中"可能"前间隔语气副词、后间邻接语气词

4.1.3.2.1 陈述句中"可能"前间隔估测类语气副词、后间邻接语气词"的"

（4）也许，这是【可能】的。

（5）这样处理也许是【可能】的。

4.1.3.2.2 陈述句中"可能"前间隔强化类语气副词、后间邻接语气词"的"

（6）所以他当时在场亲见，完全是【可能】的。

（7）甚至于这一个完全压服了那一个也是【可能】的。

4.1.3.3 陈述句中"可能"前邻接语气副词、后间隔语气词

4.1.3.3.1 陈述句中"可能"前邻接强化类语气副词"甚至"，后间隔关联语气副词"的"

（8）其生活方式、思维方式、行为方式及其内容等都可能是与社会上的多数人有较大距离，甚至【可能】是格格不入的，因此也寻求以适应社会生活的。

（9）据《中国古代报纸探源》作者黄卓明考证，明代报房"京报"应是明代末期的产物，甚至【可能】就是天启年间创始的。

4.1.3.3.2 陈述句中"可能"前邻接确认类语气副词"确实"，后间隔关联语气副词"吧"

（10）如果编辑部与广告部平时沟通不多的话，确实【可能】出现这种情况吧。

4.1.3.4 陈述句中"可能"前间隔语气副词、后间隔语气词

陈述句中,"可能"有时前有语气副词间隔关联,后有语气词间隔关联。大体有两种情况:

4.1.3.4.1 陈述句中"可能"前间隔申明确认类语气副词、后间隔语气词"的"

陈述句中,"可能"前间隔申明确认类语气副词"其实""当然",后间隔关联语气词"的",例如:

(11) 其实,这种病在哪一种类似的情况下都【可能】暴发的。

(12) 当然,这种情况是【可能】发生的,应当防止。

4.1.3.4.2 陈述句中"可能"前间隔强化类语气副词、后间隔语气词"了的"

陈述句中,"可能"前间隔强化类语气副词"甚至",后间隔语气词"了"和"的",例如:

(13) 一定的具体办法,在一定的条件下才是正确的,在另外条件下就可能会不完全正确甚至会【可能】错了的。

4.2 疑问句中"可能"与语气成分的关联机制

4.2.1 是非问中"可能"与语气成分的关联机制

4.2.1.1 是非问中"可能"前间隔估测类语气副词

(1) 如果当时你没有进无线的训练班,也许你们之间【可能】会

是另外一个结果？

4.2.1.2 是非问中"可能"后关联语气词

4.2.1.2.1 是非问中"可能"后邻接语气词

是非问中,"可能"后邻接的语气词主要是"吗""么",用于反问,所反问内容在上文。有的"可能吗"直接作谓语反问主语内容,或做附加问,例如：

(2) 留我五千元【可能】吗？

(3) 可见这画是好画,诗是好诗,但是这竹子立根于"破岩"之中,要让竹"咬定青山不放松",【可能】吗？

有的"可能吗"充任"这""那"的谓语,"这""那"回指上文所反问的内容,例如：

(4) 那是神话,未必可靠,然而毕竟给人心中留下一丝美好的希望,地上的牛女在迷茫的夜月下,无时不在盼望相会,诗人也无时不在盼望回归,但是,这【可能】吗？

(5) 要是我们拒创造基础而不谈,光想在方法上能有所建树,或产生出奇迹,这【可能】吗？

有的单独成句,反问内容在上文。有时"可能么"用于宾语,例如：

(6) 假如我有十万个铜元,心里认定一个,要你拣它出来,朋友你觉得【可能】么？

4.2.1.2.2 是非问中"可能"后间隔语气词

是非问中,"可能"后间隔的语气词主要是"吧""吗""么""了"等。

4.2.1.2.2.1 是非问中"可能"后间隔语气词"吧"

(7) 我想，蚂蚁打仗【可能】就是摔跤吧？

(8) 五床是什么人，你【可能】不知道吧？

4.2.1.2.2.2 是非问中"可能"后间隔语气词"吗"

"可能"后间隔语气词"吗"，"可能……吗"可用于询问或反问，所问内容在"可能"与"吗"之间，例如：

(9) 我再请示请示：做完了这一批，还【可能】再多做吗？

(10) 你【可能】告诉我吗？

前两例是是非问，后一例是反问。

4.2.1.2.2.3 是非问中"可能"后间隔语气词"了"

(11) 那么说，它就【可能】是来自宇宙中的客人了？

(12) 一会，有人说，现在【可能】到达小亚细亚上空了？

4.2.1.3 是非问中"可能"前关联语气副词，后关联语气词

4.2.1.3.1 是非问中"可能"前间隔反诘类语气副词，后邻接语气词"吗"

(13) 他以为官府没有了，是吧？难道没有官府【可能】吗？不然抢东西的人那就会更多了。

(14) 他，他是个杀人凶手！难道这【可能】吗？

4.2.1.3.2 是非问中"可能"前邻接语气副词，后间隔语气词

4.2.1.3.2.1 是非问中"可能"前邻接反诘类语气副词，后间隔语气词"吗"

(15) 在财产一律公有的地方，帝国的这种不安定状态、这类周期性的盛衰难道【可能】发生吗？

4.2.1.3.2.2 是非问中"可能"前邻接估测类语气副词，后间隔语气词"吧"

(16) 大概【可能】卖到两千万吧？

4.2.1.3.3 是非问中"可能"前间隔估测类语气副词，后间隔语气词"吧"

(17) 也许这里【可能】蕴含着某种值得深思的哲理吧？

4.2.2 正反问中"可能"与语气成分的关联机制

4.2.2.1 正反问中"可能"前关联语气副词

4.2.2.1.1 正反问中"可能"前关联语气副词
4.2.2.1.1.1 正反问中"可能"前邻接正反问类语气副词

(1) 乐振天呢，他是不是【可能】知道？
(2) 实行这种"节余有奖"的办法，是否【可能】发生该用好药不用，以致延误病情的情况？

4.2.2.1.1.2 正反问中"可能"前间隔正反问类语气副词

(3) 转发是不是就可能免费受赠一份？
(4) 慢慢延伸一点一点的错开来，崎岖蔓延中是不是也【可能】再次相交？
(5) 叶开这一走，是不是还可能回到她身边来？

4.2.2.1.1.3 正反问中"可能"前邻接申明确认类语气副词、前间隔正反问类语气副词

(6) 是不是你们真【可能】会有那种想法?

4.2.2.1.2 正反问中"可能"前关联语气副词、后关联语气词

4.2.2.1.2.1 正反问中"可能"前邻接正反问类语气副词、后邻接语气词"呢"

(7) 一个概念,如果把它视同一种境界奇高的武功是不是【可能】呢?

(8) 这是否【可能】呢?

4.2.2.1.2.2 正反问中"可能"前邻接正反问类语气副词、后间隔语气词

4.2.2.1.2.2.1 正反问中"可能"前邻接正反问类语气副词、后间隔语气词"呢"

(9) 这件事情是不是【可能】是医疗事故呢?

(10) 这些资料是不是【可能】牵扯到别的潜在的活动呢?

(11) 你觉得,这女人和男人的感情,在某种程度上,是不是【可能】超越一切呢?

4.2.2.1.2.2.2 正反问中"可能"前邻接正反问类语气副词、后间隔语气词"啊"

(12) 如果自己把九级仙丹给炼制出来,这些人是不是【可能】给自己吓到心脏病爆发啊?

4.2.2.1.2.2.3 正反问中"可能"前邻接正反问类语气副词、后间

隔语气词"了呢"

（13）他们是不是【可能】在十二月七日之前就已去新加坡了呢？

（14）那么是不是【可能】他已经有更长得多的时间没有进食了呢？

4.2.2.1.2.3　正反问中"可能"前间隔正反问类语气副词、后间隔语气词

4.2.2.1.2.3.1　正反问中"可能"前间隔正反问类语气副词、后间隔语气词"呢"

（15）那我们是不是就【可能】顺着这个线索摸一摸呢？

（16）他是不是也【可能】很会下毒呢？

4.2.2.1.2.3.2　正反问中"可能"前间隔正反问类语气副词、后间隔语气词"了呢"

（17）如果他们把收入中更多一点钱积累起来用于真正的投资，那么，他们是不是也【可能】会成为百万富翁了呢？

（18）如果不是他的女儿，是不是就【可能】被开除了呢？

4.2.2.1.2.4　正反问中"可能"前邻接语气副词、前间隔正反问类语气副词、后间隔语气词

4.2.2.1.2.4.1　正反问中"可能"前邻接申明确认类语气副词、前间隔正反问类语气副词、后间隔语气词"了"

（19）与对方的合作是不是真的【可能】结束了？

4.2.2.1.2.4.2　正反问中"可能"前邻接意外类语气副词、前间隔正反问类语气副词、后间隔语气词"呢"

（20）有时候真叫他无法忍受，然而太急于发掘真相，是不是反而【可能】因为冲得太快而扭曲了事实呢？

4.2.3 正反问中"可（能）不可能"与语气成分的关联机制

4.2.3.1 正反问中"可（能）不可能"前关联语气副词

4.2.3.1.1 正反问中"可（能）不可能"前邻接深究类语气副词

（1）返老还童到底【可不可能】？

（2）看看她到底【可不可能】返到家中？

（3）自己到底【可不可能】面对？

4.2.3.2 正反问中"可（能）不可能"前关联语气副词、后关联语气词

4.2.3.2.1 正反问中"可（能）不可能"前邻接深究类语气副词、后邻接语气词"呢"

（4）尤里安在想，要推选一个领导人到底【可不可能】呢？

4.2.3.2.2 正反问中"可（能）不可能"前间隔深究类语气副词、后间隔语气词"呢"

（5）既然愈来愈多的人不相信爱情，到底爱情【可不可能】是永恒的呢？

4.2.4 选择问中"可能"与语气成分的关联机制

4.2.4.1 选择问中"可能"后间隔语气副词

4.2.4.1.1 选择问中"可能"后间隔语气副词"呢"

(1) 它是缺乏新的生存条件,还是【可能】不适应这些条件呢?

4.2.4.1.2　选择问中"可能"后间隔语气副词"了"

(2) 难道他们开过了"红十月"号?还是【可能】已经把她击毁了?

4.2.5　特指问中"可能"与语气成分的关联机制

4.2.5.1　特指问中"可能"前关联语气副词

特指问中,"可能"前邻接语气副词主要是前邻接疑问代词"怎么、如何",表示反问,语委语料库中,"怎么可能"13例,"如何可能"2例。有的单独出成句,反问上文,例如:

(1) 那晚,我们是不欢而散的,怎么【可能】……蒋老师,我要和钟兆斌对质,当面对质!

有的"怎么/如何可能"直接做谓语,反问主语所指上文,例如:

(2) 当我们听到一位好友突然遭遇不幸的消息时,通常会怀疑这一消息的真实性:"这怎么【可能】?"

(3) 对人来说,外在客体尚且要从人的角度来理解,那么,从外在客体的角度去规定人、说明人又如何【可能】?

(4) 康德把调和经验主义和理性主义作为自己的主要任务之一,于是他提出了一个重要问题:"先天综合判断如何【可能】?"

有的"怎么/如何可能"作状语,述谓部分是肯定形式,例如:

(5) 病怎么【可能】治好?

（6）如果真的不能互通信息，那末你怎么【可能】知道除了你自己这个世界以外别的世界的存在？

有的"怎么/如何可能"作状语，述谓部分是否定形式，例如：

（7）你把个人利益放在集体利益之上，国家计划之上，这样怎么【可能】不影响别人，不妨碍别人？

4.2.5.2 特指问中"可能"后关联语气词

特指问中，"可能"后关联语气词，主要是后间隔语气词"呢"，有的表示询问，例如：

（8）总共【可能】有多少例智慧生物呢？

（9）在我们国家里，农民经济【可能】而且应当按什么道路发展呢？

有的表示反问，例如：

（10）他依如往常热情地接待我，双臂老远向我张开，他的甜言和悦人的微笑像春天柔和东风般地接踵而至，但，我【可能】接受什么呢！

4.2.5.3 特指问中"可能"前关联语气副词，后关联语气词

4.2.5.3.1 特指问中"可能"前邻接语气副词，后邻接语气词

特指问中，"可能"前邻接特指问类语气副词，后邻接语气词"呢"，语委语料库有四例，都是"这怎么【可能】呢？"，对上文所指进行反问，质疑其实现的可能性，例如：

(11) 怪孩子的两只眼睛瞪得像核桃一样大，"这，这怎么【可能】呢？"

4.2.5.3.2 特指问中"可能"前邻接语气副词，后间隔语气词

特指问中，"可能"前邻接特指问类语气副词，后间隔语气词"呢"，语委语料库有15例，都是"怎么可能……呢"，表示反问，述谓成分有的是肯定形式，有的是动词，例如：

(12) 试想，如果连对方有没有可供交换的剩余产品都不知道，交换的行为怎么【可能】发生呢？

(13) 如果不是他参加了革命，如果不是他成了革命干部，如果不是他担负了一定的领导职责，这样的奇迹怎么【可能】发生呢？

有的是动宾结构，例如：

(14) 仪器也可能出误差，怎么【可能】是杨春春进了中间那个金属柜呢？

(15) 在小小的地区以内怎么【可能】迷失方向呢？

有的是状中结构，例如：

(16) 小凤有点不相信亮亮真会那么做，说："你，你别蒙我了，他怎么【可能】这样写呢？"

有的是带状动宾结构，例如：

(17) 我们怎么【可能】从认识世界的角度去创作典型环境中的典型性格呢？

(18) 如果社会科学的真理，对各阶级一视同仁，它怎么【可能】只供一定阶级应用呢？

有的是复句形式，例如：

（19）如果商品经济形式没有内在的计划性要求，只有自发性，完全排斥计划，那么，它怎么【可能】在社会主义公有制经济中长期地顽强存在，并作为社会主义经济有计划发展的运转形式而发挥作用呢？

有时"怎么可能……呢"用于反问否定形式，例如：

（20）结果是戏中的（剧中人物之间的）矛盾冲突，反而被戏外的（扮演者——演员之间的）矛盾冲突所淹没，或至少被它所干扰，这个演出所应该完成的社会作用，还怎么【可能】不被破坏呢？

4.3　感叹句中"可能"与语气成分的关联机制

4.3.1　感叹句中"可能"前关联语气副词

4.3.1.1　感叹句中"可能"前邻接语气副词

4.3.1.1.1　感叹句中"可能"前邻接估测类语气副词

（1）我们当初分手时，已将今天这一切，预列在内，就是老夫也许【可能】会失手！

（2）这两位先生也许【可能】听懂几句！

4.3.1.1.2　感叹句中"可能"前邻接意外类语气副词

(3) 他一个人查下去也就算了，带上李令月却【可能】出大麻烦！

(4) 许多看来无意义的举动，却【可能】含有很深的意义！

4.3.1.1.3　感叹句中"可能"前邻接强化类语气副词

(5) 因为有考试，因为有指标，甚至【可能】还会有下岗！

(6) 一旦闪存盘在连接电脑发生短路，甚至【可能】烧毁！

4.3.1.1.4　感叹句中"可能"前邻接申明确认类语气副词

(7) 他是小方医生的朋友，您当然【可能】认识他！

(8) 小妹都成了一个男人的妻子，大妹当然【可能】更早一些结婚！

4.3.1.2　感叹句中"可能"前间隔语气副词

4.3.1.2.1　感叹句中"可能"前间隔估测类语气副词

(9) 如果他有所作为也许结果【可能】不同！

(10) 也许那时候一切都【可能】改变！

4.3.1.2.2　感叹句中"可能"前间隔意外类语气副词

(11) 但做兄弟的大王，却只可能是兄弟中的一个人！

(12) 以神之力故猛不可挡，却也【可能】泛滥成灾！

(13) 异路之人如此言甘，却多半【可能】心苦！

4.3.1.2.3　感叹句中"可能"前间隔申明确认类语气副词

(14) 他入江追击九命妖童，可能是故作姿态，其实他也【可能】

随后跟踪上山！

(15) 不开放的反而成了怪物，其实对的【可能】是少数人！

4.3.1.2.4 感叹句中"可能"前间隔强化类语气副词

(16) 京九铁路年底全线铺通有绝对把握。甚至还【可能】再提前一点！

(17) 这是幻想！甚至还【可能】是出卖！

(18) 你是个聪明人，跟着我干，可以让你永葆青春，甚至还【可能】让你获得永恒的生命！

4.3.2 感叹句中"可能"后关联语气词

4.3.2.1 感叹句中"可能"后邻接语气词"吧"

(1) "可能吧！"我回答。

(2) 我挠挠头，说："可能吧！"

(3) "可能吧！"女皇慷慨地笑了。

4.3.2.2 感叹句中"可能"后间隔语气词

"可能"后间隔语气词，语气词主要有"的""呢""吧""呵""哪""呐""呀""啦""哩"等，语委语料库共有19例，其中"可能"后间隔"的"4例，"可能"后间隔"呢"5例，"可能"后间隔"吧"2例，"可能"后间隔"呐"2例，"可能"后间隔"哪"1例，"可能"后间隔"呵"1例，"可能"后间隔"呀"1例，"可能"后间隔"啦"2例，"可能"后间隔"哩"1例。

4.3.2.2.1 感叹句中"可能"后间隔语气词"的"

(4) 因为他们仍然是【可能】在爱着的!

(5) 原小姐,你将来总有一天会结婚做母亲;你也【可能】有这种经验的!

(6) 在那高高的山上,在那密密的林子里,在那些从来没有人去过的地方,【可能】还会有恐龙的!

4.3.2.2.2 感叹句中"可能"后间隔语气词"呢"

(7)【可能】还要越搞越大呢!

(8) 要耐心,奇迹【可能】在后头呢!

(9) 据科学工作者分析,这中间【可能】有着某种天然的联系呢!

4.3.2.2.3 感叹句中"可能"后间隔语气词"吧"

(10) 悬锤偏离了,这一带的地底下【可能】是石油吧!

4.3.2.2.4 感叹句中"可能"后间隔语气词"呵"

(11) 陈翔深情地说:"小文,那很【可能】是我生命中的最后一句话呵!"

4.3.2.2.5 感叹句中"可能"后间隔语气词"哪"

(12) 现在,他【可能】正在听哪!

4.3.2.2.6 感叹句中"可能"后间隔语气词"呐"

(13) 原来是牙齿战士的最凶恶的敌人——变形链球菌已侵入了

我的嘴巴,要不马上消灭它们,我的牙齿战士就【可能】要全军覆没呐!

(14) 这一带真【可能】埋藏着石油呐!

4.3.2.2.7 感叹句中"可能"后间隔语气词"呀"

(15) 难道他们不懂得,即便是一个具有鲁滨逊般坚强意志的人,也【可能】因饱经苦难而缺乏自信心呀!

4.3.2.2.8 感叹句中"可能"后间隔语气词"啦"

(16) "停经片"【可能】运走啦!

(17) 大家来看看,【可能】有水啦!

4.3.2.2.9 感叹句中"可能"后间隔语气词"哩"

(18) 谁知他紧接着又把脖子一拧,没头没脑地来了一句:"出齐苗还【可能】碱死哩!"

4.3.3 感叹句中"可能"前关联语气副词,后关联语气词

4.3.3.1 感叹句中"可能"前邻接语气副词,后邻接语气词

4.3.3.1.1 感叹句中"可能"前邻接感叹类语气副词,后邻接语气词"了"

(1) 太【可能】了!太【可能】了!

(2) 可能,太【可能】了!

4.3.3.1.2 感叹句中"可能"前邻接感叹类语气副词,后邻接语气词"啦"

(3) 那太【可能】啦。

4.3.3.1.3　感叹句中"可能"前邻接特指问类语气副词，后邻接语气词"呢"

（4）项少龙失声道："这怎么【可能】呢！"

（5）我的天啊，难道刚刚说的话，他都听见了不成？这怎么【可能】呢！

（6）你看咱们俩这个样子，怎么【可能】呢！

（7）祁连山道："那怎么【可能】呢！两个人能吊起几千斤！"

4.3.3.1.4　感叹句中"可能"前邻接特指问类语气副词，后邻接语气词"啊"

（8）陈老师，这怎么可能啊！

（9）黄蓉更加感到不可思议了，这怎么【可能】啊！

（10）难道吃了我的地瓜条会变疯？可是，可是这怎么【可能】啊！

（11）按照我的说法，那他不就是喜欢我吗？怎么【可能】啊！！

4.3.3.1.5　感叹句中"可能"前邻接估测类语气副词，后邻接语气词"吧"

（12）鹏爷的两个女人被人说最近像变了一个人！有吗？大概【可能】吧！

4.3.3.2　感叹句中"可能"前邻接语气副词，后间隔语气词

4.3.3.2.1　感叹句中"可能"前邻接强化类语气副词，后间隔语气词"呢"

(13) 斐儿根本不需要他的帮忙，甚至【可能】还在背地里笑他笨呢！

(14) 等会儿的场面可是惨不忍睹，甚至【可能】是血肉模糊呢！

4.3.3.2.2 感叹句中"可能"前邻接估测类语气副词，后间隔语气词"呢"

(15) 要不是那个忍不住的喷嚏，她大概【可能】看到全部呢！

4.3.3.2.3 感叹句中"可能"前邻接意外类语气副词，后间隔语气词"呢"

(16) 换成是别人，也许口中不说，可是心里却【可能】在算计着你呢！

4.3.3.2.4 感叹句中"可能"前邻接申明确认类语气副词，后间隔语气词"呢"

(17) "矫情"俩字跟你压根不沾边，其实【可能】连话都不定乐意和你说呢！

4.3.3.2.5 感叹句中"可能"前邻接特指问类语气副词，后间隔语气词"呢"

(18) 这么好地天气，怎么【可能】下暴雨呢！

(19) 我怎么【可能】不了解他呢！

(20) 小孙孙不服气，"我觉得有，怎么【可能】没有童话呢！"

4.3.3.2.6 感叹句中"可能"前邻接估测类语气副词，后间隔语气词"吧"

(21) 珍惜眼前人这也许【可能】激发孩子的奋发图强吧！

（22）我看不清她脸上的表情，只是突觉自己这句话有点突兀，她也许【可能】没听见吧！

（23）大概【可能】应该在扬州吧！

4.3.3.2.7　感叹句中"可能"前邻接估测类语气副词，后间隔语气词"了吧"

（24）就是沦为有钱人的奴仆来说，也许他给他们打造的这个未来【可能】算是最好的一种结局了吧！

4.3.3.2.8　感叹句中"可能"前邻接意外类语气副词，后间隔语气词"而已"

（25）刚才如果是拼命，民女必无幸理，娄老师却【可能】仅负微伤而已！

4.3.3.3　感叹句中"可能"前间隔语气副词，后间隔语气词

4.3.3.3.1　感叹句中"可能"前间隔强化类语气副词，后间隔语气词"呢"

（26）如果你给漂亮的服务员提提八哥的名字，甚至还【可能】会给你打得粉碎性骨折呢！

（27）这样不仅不利于炼丹，甚至还【可能】降低丹药的品质呢！

（28）假如我活得够久的话，甚至也【可能】看到曾孙呢！

4.3.3.3.2　感叹句中"可能"前间隔意外类语气副词，后间隔语气词"呢"

（29）只是，殷佑然待她这样好，却也【可能】为她招来不少麻烦呢！

(30) 尽管蒲松龄和孔尚任并不相识，但他们却很【可能】在这大明湖之滨碰过头呢！

4.3.3.3.3 感叹句中"可能"前间隔申明确认类语气副词，后间隔语气词"呢"

(31) 其实你【可能】还比我老上几岁呢！

4.3.3.3.4 感叹句中"可能"前间隔意外类语气副词，后间隔语气词"啊"

(32) 国内部队的换装就已经不是十分紧迫的事情了，而我们东海舰队却随时【可能】要面临一场激烈而残酷的战争啊！

4.3.3.3.5 感叹句中"可能"前间隔申明确认类语气副词，后间隔语气词"呀"

(33) 当然，还有——本地居民普遍偏高的血压，和超声波也【可能】有直接的关系呀！

4.3.3.3.6 感叹句中"可能"前间隔估测类语气副词，后间隔语气词"吧"

(34) 也许我【可能】错过了一个好男人吧！
(35) 也许从服装上的打扮【可能】看出人的共性东西吧！

4.3.3.3.7 感叹句中"可能"前间隔估测类语气副词，后间隔语气词"了"

(36) 而有些人想见的却永远【可能】见不到了！

4.3.3.3.8 感叹句中"可能"前间隔估测类语气副词，后间隔语气

词"了吧"

(37) 如果我早早结婚，大概也【可能】有这么大的孩子了吧！

本章小结

一 陈述句中"可能"与语气成分的关联机制

陈述句中"可能"前相邻的语气副词主要有五类：估测类、弱化类、申明确认类、意外类和强化类语气副词。

陈述句中"可能"前间隔的语气副词主要有四类：申明确认类、强化类、估测类和意外类语气副词。

陈述句中"可能"可以前邻接、间隔语气副词，主要是前间隔意外类语气副词与前邻接强化类语气副词。

陈述句中"可能"后邻接语气词主要是"的"和"了"。

陈述句中"可能"后间隔语气词主要有"的""了""吧""呢"和"啦"。

陈述句中"可能"前邻接强化类或必断类语气副词、后邻接语气词"的"。

陈述句中"可能"前间隔估测类或强化类语气副词、后邻接语气词"的"。

陈述句中"可能"前邻接强化类语气副词"甚至"，后间隔语气副词"的"；前邻接确认类语气副词"确实"，后间隔关联语气副词"吧"。

陈述句中"可能"前间隔语气副词、后间隔语气词主要有两种格式：（1）前间隔申明确认类语气副词、后间隔语气词"的"；（2）前间隔强化类语气副词、后间隔语气词"了的"。

二 疑问句中"可能"与语气成分的关联机制

（一）是非问中"可能"前间隔估测类语气副词

是非问中，"可能"后邻接的语气词主要是"吗""么"。

是非问中，"可能"后间隔的语气词主要是"吧""吗""么""了"等。

是非问中"可能"前间隔反诘类语气副词，后邻接语气词"吗"。

是非问中"可能"前邻接语气副词，后间隔语气词大致有两种格式：（1）是非问中"可能"前邻接反诘类语气副词，后间隔语气词"吗"；（2）前邻接估测类语气副词，后间隔语气词"吧"。

是非问中"可能"前间隔估测类语气副词，后间隔语气词"吧"。

（二）正反问中"可能"与语气成分的关联机制

正反问中"可能"前邻接正反问类语气副词。

正反问中"可能"前间隔正反问类语气副词。

正反问中"可能"前邻接申明确认类语气副词、前间隔正反问类语气副词。

正反问中"可能"前邻接正反问类语气副词、后邻接语气词"呢"。

正反问中"可能"前邻接正反问类语气副词、后间隔语气词包括"呢、啊、了呢"。

正反问中"可能"前间隔正反问类语气副词、后间隔语气词主要是"呢、了呢"。

正反问中"可能"前邻接、间隔语气副词、后间隔语气词主要有两种关联格式：（1）前邻接申明确认类语气副词、前间隔正反问类语气副词、后间隔语气词"了"；（2）前邻接意外类语气副词、前间隔正反问类语气副词、后间隔语气词"呢"。

正反问中"可(能)不可能"与语气成分的关联模式主要有三种：(1)前邻接深究类语气副词；(2)前邻接深究类语气副词、后邻接语气词"呢"；(3)前间隔深究类语气副词、后间隔语气词"呢"。

(三)选择问中"可能"与语气成分的关联机制

选择问中"可能"与语气成分的关联模式主要是后间隔语气词，包括两种格式：(1)后间隔语气副词"呢"；(2)后间隔语气副词"了"。

(四)特指问中"可能"与语气成分的关联机制

特指问中"可能"与语气成分的关联模式主要有四种：(1)前邻接特指问类语气副词，主要"怎么、如何"；(2)后间隔语气词"呢"；(3)前邻接特指问类语气副词，后邻接语气词"呢"；(4)前邻接特指问类语气副词，后间隔语气词"呢"。

三 感叹句中"可能"与语气成分的关联机制

感叹句中"可能"前邻接语气副词主要有四类：估测类、意外类、强化类和申明确认类语气副词。

感叹句中"可能"前间隔语气副词主要有四类：估测类、意外类、申明确认类和强化类语气副词。

感叹句中"可能"后邻接语气词主要是"吧"。

感叹句中"可能"后间隔语气词主要有"的""呢""吧""呵""哪""呐""呀""啦""哩"等。

感叹句中"可能"前邻接语气副词，后邻接语气词主要有五种格式：(1)前邻接感叹类语气副词，后邻接语气词"了"；(2)前邻接感叹类语气副词，后邻接语气词"啦"；(3)前邻接特指问类语气副词，后邻接语气词"呢";（4）前邻接特指问类语气副词，后邻接语气词"啊"；（5）前邻接估测类语气副词，后邻接语气词"吧"。

感叹句中"可能"前邻接语气副词，后间隔语气词主要有八种格式：（1）前邻接强化类语气副词，后间隔语气词"呢"；（2）前邻接估测类语气副词，后间隔语气词"呢"；（3）前邻接意外类语气副词，后间隔语气词"呢"；（4）前邻接申明确认类语气副词，后间隔语气词"呢"；（5）前邻接特指问类语气副词，后间隔语气词"呢"；（6）前邻接估测类语气副词，后间隔语气词"吧"；（7）前邻接估测类语气副词，后间隔语气词"了吧"；（8）前邻接意外类语气副词，后间隔语气词"而已"。

感叹句中"可能"前间隔语气副词，后间隔语气词主要有八种格式：（1）前间隔强化类语气副词，后间隔语气词"呢"；（2）前间隔意外类语气副词，后间隔语气词"呢"；（3）前间隔申明确认类语气副词，后间隔语气词"呢"；（4）前间隔意外类语气副词，后间隔语气词"啊"；（5）前间隔申明确认类语气副词，后间隔语气词"呀"；（6）前间隔估测类语气副词，后间隔语气词"吧"；（7）前间隔估测类语气副词，后间隔语气词"了"；（8）前间隔估测类语气副词，后间隔语气词"了吧"。

第5章 "不可能"与语气成分的关联机制

5.1 陈述句中"不可能"与语气成分的关联机制

5.1.1 陈述句中"不可能"前关联语气副词

5.1.1.1 陈述句中"不可能"前邻接语气副词

5.1.1.1.1 陈述句中"不可能"前邻接强化类语气副词

"不可能"可以前邻接强化类语气副词,常用"根本""绝对""绝""决""简直""几乎""甚至""并"。

5.1.1.1.1.1 陈述句中"根本不可能"

(一)"根本不可能"用于分句

第一,"根本不可能"用于因果句分句,主要用于因果式表果分句,例如:

(1) 她的心早已属于夏克明,因此根本【不可能】接受赵万和的求婚。

(2) 定额太高,根本【不可能】完成。

（3）我是说他根本【不可能】跳下去，他已经快要进入睡眠状态了。

第二，"根本不可能"用于假设后分句，例如：

（4）列宁认为，社会主义经济的特点是建立在大生产基础上的联合劳动，是由整个社会有计划地调节生产和分配，如果没有科学的计算，缺乏严格的监督，则根本【不可能】组织社会主义的经济。

（5）在洛克菲勒家族的根据地纽约州竞选连任共和党联邦国会参议员，得不到这个家族的支持，根本【不可能】取胜。

（6）否则，在舞台上各行其是，没有统一的构思，没有完整的艺术形象，就根本【不可能】表达出完整统一的"演出思想"。

第三，"根本不可能"用于转折后分句，例如：

（7）资产阶级也曾标榜过平等，但在生产资料私人占有的制度下从未实现过也根本【不可能】实现，只有在社会主义条件下，人民真正成了生产资料的所有者、国家和社会的主人之时，方能真正实现。

（8）这是因为我国刑法中所规定的犯罪都是人的有意识的行为，而法人本身根本【不可能】进行有意识的犯罪活动。

（二）"根本不可能"用于宾语，例如：

（9）我们可以肯定地回答说，这根本【不可能】。

（10）始终费解的是，您在信中谈到我们根本【不可能】有共同理想和情操。

（三）"根本不可能"用于定语，例如：

（11）现在我国工业生产的水平同发达的资本主义国家相比，尽管还有相当大的差距，但是以上情况足以说明，我国社会主义制度的建立这一伟大的社会变革，大大解放了生产力，使我们能在"一穷二白"的基础上，取得旧中国根本【不可能】的伟大成就。

5.1.1.1.1.2 陈述句中"绝（对）不可能"

陈述句中"绝（对）不可能"大致有五种用法：

（一）"绝（对）不可能"单独成句，例如：

（12）这个意外的镜头，使看电视的黎丽惊得目瞪口呆："不可能，绝【不可能】，那不是我！"

（二）"绝（对）不可能"充当单句的谓语，例如：

（13）这绝对【不可能】。

（三）"绝（对）不可能"用于分句，大致有四种复句关系：

第一，"绝（对）不可能"用于解注句，例如：

（14）在美术研究中有的是可取的，有的也许不可取，有的观点正确，有的观点不怎么正确，或正确与谬误交织在一起，也有的可能是谬误的，这正像自然科学研究一样，绝【不可能】企求一次试验、一个报告穷尽一切道理，允许人试验、也允许人失败，更允许人在多次的试验过程中获取进步。

第二，"绝（对）不可能"用于因果句的结果句，例如：

（15）这个绝对【不可能】是独立的实体，因为如果它是独立的，则人们就不能认识它了。

第三，"绝（对）不可能"用于假设句的结果句，例如：

（16）如果只是便利殖民地的资本主义化，而阻碍宗主国的帝国主义自身之经济利益的同化作用，势必将被禁止而绝对【不可能】，这就是殖民地半殖民地之资本主义化的同化的最大限度。

第四，"绝（对）不可能"用于转折句，例如：

（17）名人，特别是文体名人，之所以有名，当然有其过人之处，但也就是那么一两点罢了，绝【不可能】"滴滴香浓"如力神咖啡。

（四）"绝（对）不可能"用于宾语，例如：

（18）马克思早就指出：关于人的现象是一种非常复杂的现象，绝【不可能】由任何一门科学来包办地加以研究。

（19）但同样确信无疑的是，这些影响绝【不可能】有对动物的影响那样大，而且它同环境因素一起对人发生交互作用，因而显得更为复杂。

（20）当然，我们也并不认为在这种情境中，青年男女战士的心中就绝【不可能】有爱情的闪念，但应当表现出它的合理性。

（21）气得胡子直翘，说放大镜再神通广大，也绝【不可能】将世间一切东西都放大10倍。

（五）"绝（对）不可能"用于定语，例如：

（22）但是，要掌握住另一种舞蹈的风格，也不是绝对【不可能】的事，通过对这个舞蹈的深入了解和不断地习惯于这个舞蹈的动作规律，也就是说，不断地练习，是可以掌握的。

5.1.1.1.1.3 陈述句中"绝不可能"

（一）"绝不可能"用于单句，例如：

(23) 我们的戏曲遗产中绝【不可能】完全是精华。

(24) 所以，这些人绝【不可能】轻易就范。

(二)"绝不可能"用于分句大致有几种复句关系：

第一，"绝不可能"用于并列句，可前可后，例如：

(25) 我们绝【不可能】在一个早晨就把所有的工作都开展起来，也不能突击一阵就算完事。

(26) 在他们看来，只有能够设想的东西，才是能够存在的，不能够设想的东西，绝【不可能】存在。

(27) 在人类的遗传密码中，只能储存低等生物、动物和人本身的信息，绝【不可能】储存超人类智能的信息。

第二，"绝不可能"用于解注句，例如：

(28) 我们对于工业和农业、社会主义的工业化和社会主义的农业改造这样两件事，绝不可以分割开来和互相孤立起来去看，绝【不可能】只强调一方面，减弱另一方面。

(29) 文字改革是关于全国人民和子孙后代的一件大事，这件事绝【不可能】三天两天就可以成功，而需要经过一定的步骤。

第三，"绝不可能"用于递进句，例如：

(30) 在这个时期里"除了部落内部发生的交换以外，绝【不可能】有其他的交换，而且，即使是部落内部的交换，也是一种例外的现象"。

第四，"绝不可能"用于因果句，一般是因果式的果句，例如：

(31) 他绝【不可能】忘记我的生日，我和他整整相识了七年，我们俩在一起度过了多少个快乐的日子啊！

第五，"绝不可能"用于转折句，例如：

（32）我们绝【不可能】完全地做到这一点，但是，全面性的要求可以使我们防止错误和防止僵化。

（33）大家都懂得，新闻标题是要靠事实说话的，然而一条标题又绝【不可能】把所有的事实都统统挤在一起。

第六，"绝不可能"用于容让句，例如：

（34）美学虽然号称研究美的科学，但只研究美学而不研究社会背景和文艺创作的实况，就绝【不可能】搞通美学，那就会成为不懂文艺作品的文艺理论家或空头美学家。

（35）尽管分说结构的优越性很突出，但是绝【不可能】在任何情况下都只用分说结构而把合说扔在一边。

（三）"绝不可能"用于宾语，例如：

（36）理论研究表明，在广义相对论的框架下，这个奇点是"真正的"奇点，绝【不可能】通过数学变换将它消除掉。

5.1.1.1.1.4 陈述句中"简直不可能"

（37）几年前有人说，简谱记合唱曲简直【不可能】，就是模仿线谱记合唱曲的方法，音符记准了，也是不方便弹唱的。

5.1.1.1.1.5 陈述句中"几乎不可能"

（38）"语言杂交"只是一种极端的情况，几乎【不可能】出现在文明的国家，但在一定的语言和社会条件下却并不是不可想象的。

5.1.1.1.1.6 陈述句中"甚至（于）不可能"

（39）在某些交际场合中，个人甚至于【不可能】构成自己的独特的风格。

（40）那么，绝大部分不具备苏南发展条件，甚至【不可能】发展乡镇企业的农村，剩余劳动力的出路何在呢？

5.1.1.1.1.7 陈述句中"并不可能"

（41）在大多数情况下，病原物的寄生方式并【不可能】划分如此清楚。

（42）但马克思所说的经济危机既是整个社会生产过剩的危机，因此也并【不可能】经常在资本主义社会内出现，而只可能在间隔一定时期后，周期性地出现。

5.1.1.1.2 陈述句中"不可能"前邻接申明确认类语气副词

陈述句中，"不可能"可以前邻接申明确认类语气副词，常用"显然""当然""自然""自""本来"等。陈述句中"不可能"前邻接申明确认类语气副词大致有几种用法：

（一）用于某种条件或情境下，申明结果，例如：

（43）在小小的卫星上面，当然【不可能】做到这些。

（44）以自然规律来说明受社会规律支配的社会现象，自然【不可能】得出正确的结论。

（二）用于因果关系，有的用于申明结果。例如：

（45）因为我的日语程度很浅，又加上彼此的性格都好沉默，所以我们每天畅谈阔论自【不可能】，就是在极度要表示自己情感的时候，也很少吐露出几句完整的语句来。

（46）可是，世上本无恶魔，人们自然【不可能】遇上，但信道教者往往把行路的平安归之于咒法和符箓，这就是其生命力所在的秘密。

有的用于表明原因，例如：

（47）从此，我自然【不可能】再爱她了，我开始恨她，也和别的同学一样，每当她走过时，便拼命喊叫红小兵大队宣教委员的名字："哎哎，黄卫平，哎哎，黄卫平"，同学们都说他们两个"好"。

（48）本文自【不可能】对所有校勘中提出的问题逐一讨论，只从中抽出三个有典型意义的问题略加阐发。

（三）用于假设的结果或结论，例如：

（49）如果一个健康牛群中不存在能够传播双芽焦虫的蜱的话，当然【不可能】发生本病。

（四）用于转折的预转，例如：

（50）科学法的制定自然【不可能】直接改变、影响自然和社会的客观规律及其自然历史过程，但却可以有效控制和组织以探索自然、社会内在奥秘为目的的科学研究活动，包括它的规模和组织形式。

（五）用于无条件让步，例如：

（51）符箓与咒不管道士们如何吹得无花乱坠，当然【不可能】有真正的功效，但却流传久远、运用广泛，其"灵验"的原因实际源于人们一种心理上的自我安慰。

5.1.1.1.3　陈述句中"不可能"前邻接意外类语气副词

陈述句中,"不可能"前邻接意外类语气副词,常用"却",一般用于转折,例如:

(52) 他们之中蕴藏着才华,却【不可能】每个人都能有她这样的机会来展现。

(53) 它为认识论提供了决定论,为方法论提供了思辨逻辑,为知识论提供了绝对真理,为道德论提供了本体论……然而却【不可能】为人生提供任何精义。

有时,用于因果的结果内部,有所转折,例如:

(54) 所以普通花火中所用的火药,用在短时期飞行的小火箭上可以,要达到横渡大西洋的理想,却【不可能】。

(55) 后来教过几年书,日本鬼子到豫西时,我书也教不成了,生活很苦,那时想参加革命,却【不可能】。

5.1.1.1.4　陈述句中"不可能"前邻接弱化类语气副词

陈述句中,"不可能"前很少邻接弱化类语气副词,常用"至少",例如:

(56) 如果沿用习惯的称呼,把对方称作"罪犯"或者"年轻的罪犯",那么尽管也是符合于事实的,但很可能引起对方的对立情绪、戒备心理,至少【不可能】使他们感动得流下热泪。

5.1.1.1.5　陈述句中"不可能"前邻接必断类语气副词

陈述句中,"不可能"前很少邻接弱化类语气副词,常用"必然",例如:

(57) 因为,为财政而膨胀通货,必然【不可能】有标准,必然要成为滥发纸币。

5.1.1.1.6 陈述句中"不可能"前邻接估测类语气副词

陈述句中,"不可能"前邻接或然类语气副词,常用"似乎",例如：

(58) 似乎【不可能】。

5.1.1.2 陈述句中"不可能"前间隔语气副词

5.1.1.2.1 陈述句中"不可能"前间隔申明确认类语气副词

陈述句中,"不可能"可以前间隔申明确认类语气副词,常用"当然""自然""显然"。

5.1.1.2.1.1 陈述句中"当然……不可能"

（一）"当然……不可能"用于单句,例如：

(59) 当然,在现代社会,高校【不可能】完全脱离政府的宏观管理。

(60) 当然,我们现在【不可能】也不必要随心所欲地搬家。

（二）"当然……不可能"用于分句,大致有六种复句关系：

第一,用于并列句,例如：

(61) 当然,生产企业把产品卖给消费者【不可能】这么简单,一次就卖给消费者,中间可能要经过很多步骤。

(62) 当然,任何一项技术都【不可能】同时全部满足上述条件,只能根据本国本地区的具体经济、社会条件以及所要达到的目标择优考虑。

第二,用于递进句,例如：

(63) 当然，此时人类【不可能】完全停止对自然的探索，技术的发明创造更不会绝对地终止。

第三，用于说明因果句，例如：

(64) 当然，院校招生人数有限，【不可能】人人都能入学。

(65) 她当然也【不可能】不努力去迁就小主人的偏食，小主人爱吃什么就经常做什么。

第四，用于推断性因果句，例如：

(66) 它既然始终不能形成统一的组织，当然也就【不可能】把建立政权的问题提到日程上来。

第五，用于假设句，例如：

(67) 如果谁要是把文学批评的标准抽象化，谁就必然脱离文学批评的实际，就不可能解决任何问题，当然也就【不可能】完成文学批评的任务。

(68) 当然，如果不是教授直言不讳的自我暴露，他还【不可能】有这种正常而又超常的想法。

第六，用于转折句，例如：

(69) 当然，我们只能对它们做些定性的描述，而【不可能】做进一步的理论分析。

(70) 当然，自主性和意志力比较强的人，可以不完全受环境所左右，但也【不可能】完全摆脱环境的影响。

5.1.1.2.1.2 陈述句中"自然……不可能"

（71）人们自然也【不可能】有要求建立国家的需要，国家是阶级矛盾不可调和的产物。

（72）自然这种算法只能得到一种近似值，【不可能】完全准确；但是，有胜于无。

5.1.1.2.1.3　陈述句中"显然……不可能"

（73）很显然，这个法规【不可能】强制执行。

（74）抗战建国的大业，如果没有占人口半数的妇女来参加，成功显然是【不可能】。

5.1.1.2.1.4　陈述句中"其实……不可能"

（75）其实，火的发现、使用，文字的发明，都【不可能】是一个人的功绩，而是人类在长时期的实践中共同的创造。

5.1.1.2.1.5　陈述句中"实在……不可能"

（76）这里，我不愿意，实在是【不可能】，说出我看到母亲的棺材被人抬动时的心痛。

5.1.1.2.2　陈述句中"不可能"前间隔强化类语气副词

（77）那是几年以后了，准许我看他们介绍的书，但是没有笔和纸无法做笔记，所以想搞点研究甚至写读书笔记都不可能……

5.1.1.2.3　陈述句中"不可能"前间隔弱化类语气副词

"不可能"前间隔弱化类语气副词，"至少……不可能"，而且"不可能"前往往有副词"还"，表示在特定的条件下进行推测，例如：

· 423 ·

（78）至少在迄今为止的历史条件下，还【不可能】具备人们的活动目的与客观规律运动过程全面吻合的条件。

（79）据国际能源专家们预计，至少在今后20—30年内，以矿物燃料为主体的能源消费结构还【不可能】发生根本性的改变。

5.1.1.2.4　陈述句中"不可能"前间隔意外类语气副词

"不可能"前间隔意外类语气副词，主要是"却"，表示【不可能】发生事实的转折。

（80）如果大家稍微多点"人才学"，少有点私心，人尽其才，咱们国家肯定会是另外一个样子，但道理极简单清楚，实际中却永远【不可能】。

5.1.1.2.5　陈述句中"不可能"前间隔必断类语气副词

"不可能"前间隔必断类语气副词，主要是"无疑""毫无疑问"，表示必然推断不可能发生某种情况。

（81）毫无疑问，作家【不可能】只凭刹那的灵感和冲动来进行创作。

（82）这样，无疑就【不可能】有坚强的党性原则，甚至还会丧失党性。

5.1.1.2.6　陈述句中"不可能"前间隔估测类语气副词

"不可能"前间隔估测类语气副词，常用"恐怕……不可能"推测不可能发生的事，例如：

（83）每种方法恐怕都【不可能】说明、解决总体各个层次、各个侧面、各种不同情况下的一切问题。

5.1.1.2.7 陈述句中"不可能"前间隔申明确认类、强化类语气副词

陈述句中,"不可能"有时前间隔两种语气副词,申明确认类、强化类语气副词,常用"当然……毕竟……不可能",例如:

(84) 当然,人类最初的语言毕竟不会也【不可能】与今天的语言相同。

5.1.1.3 陈述句中"不可能"前邻接、间隔语气副词

5.1.1.3.1 陈述句中"不可能"前邻接、间隔强化类语气副词

"不可能"前间隔和前邻接语气副词都是强化类,大体有三种格式:

第一,"甚至根本不可能",例如:

(85) 如果目标已经达到,并还有能够朝着更高的目标发展的潜力,或者原定的管理目标实现的可能性极小,甚至根本【不可能】实现,在这类情况下,就需要我们对目标和工作作重新考虑和相应的调整。

第二,"根本就不可能",例如:

(86) 我国宪法根本就【不可能】维护私有财产制度,而是自始至终贯彻着消灭私有财产的精神。

(87) 在买的阶段,如果货币资金不能买到必要的生产资料,转化为生产资金,使用价值和价值的生产根本就【不可能】进行。

第三,"甚至连……也不可能",例如:

(88) 如果没有在思想中构成一个假想过程的形象以及对这个过

程的想象、联想，不用说理想实验，甚至连简单的现实实验也【不可能】设计出来。

（89）如果经济管理混乱，企业管理混乱，那么即使有新的原料和新的设备，它们也难以发挥应有的效率，即使经济中和企业中有众多的技术人员，甚至有出色的科学研究人员，他们也【不可能】发挥自己之所长，做出巨大的成绩来。

5.1.1.3.2 陈述句中"不可能"前邻接强化类语气副词、前间隔估测类语气副词

（90）也许这个世界上根本【不可能】存在真正冷若冰霜的人。

（91）也许人与人之间根本【不可能】有真正的了解。

5.1.1.3.3 陈述句中"不可能"前邻接强化类语气副词、前间隔申明确认类语气副词

（92）我说得急，其实妈妈根本【不可能】抢接电话。

（93）其实这事表哥根本【不可能】知道。

5.1.2 陈述句中"不可能"后关联语气词

5.1.2.1 陈述句中"不可能"后邻接语气词

陈述句中，"不可能"后邻接语气词主要有"了""吧""的"。

5.1.2.1.1 "不可能"后邻接语气词"了"

陈述句中"不可能了"基本有三种格式：

第一，"……是【不可能】了"，例如：

（1）看来，走这条路争取早返航是【不可能】了。

（2）因为当时卢汉已完全控制了机场，完全控制了整个昆明市区，他们坐飞机逃走是【不可能】了，若坐汽车逃跑，他们对昆明的地形又不熟悉。

第二，"……已经【不可能】了"，例如：

（3）这一次，他好像才怀疑了自己，他看见王庆多的脸，明明白白地露着惊奇和忧心的模样，他再想从那张黝黑的脸上搜查出"嘲弄"的痕迹，已经【不可能】了。

（4）外国资本主义把中国卷入世界资本主义的漩涡，中国统治者妄图原封不动地维持旧的生产方式已【不可能】了，他们被迫采用资本主义的生产方式，这就是洋务运动的兴起。

第三，"……再/也【不可能】了"，例如：

（5）即使亚萍现在对他的爱情仍然是坚决的，但他自己已经坚定地认为这事再【不可能】了；他们仍然应该回到各自原来的位置上。

（6）渐渐就要超过贫民的力量以上，使得贫民连维持最卑贱的生存也【不可能】了。

（7）科学的实验还证明，一个人全神贯注在一种工作中，最多只能是十分钟到二十分钟，再长久就【不可能】了。

5.1.2.1.2 "不可能"后邻接语气词"吧"

陈述句中，"不可能"后邻接语气词"吧"，常用于对话，表示意外，例如：

（8）夏辉愣了一下，深感出乎意外，他接着问道："【不可能】吧，会不会仪器出了故障？"

5.1.2.1.3 "不可能"后邻接语气词"的"

陈述句中,"不可能"后邻接语气词"的",常用于对话,表示对事情发生或实现的否定的断定、不相信,单独成句;"不可能的。"

5.1.2.2 陈述句中"不可能"后间隔语气词

5.1.2.2.1 陈述句中"不可能"后间隔语气词"了"

陈述句中"不可能"后间隔语气词"了",有三种格式:

(一)"不可能……了"用于单句,例如:

(9)在奴隶大批逃亡和不断举行武装暴动的情况下,奴隶主已经【不可能】按旧方式继续使用大量奴隶进行生产了。

(10)企业和职工以为在住房改革中都可以从国家财政多得一笔补贴的想法【不可能】实现了。

(11)他遗憾地说:"看来,您【不可能】参加《牛世界》杂志的编委会了。"

(二)"不可能……了"用于分句,大致有六种复句关系:

第一,"不可能……了"用于并列句,例如:

(12)陈再道扶起老妈妈,笑道:"我什么都可能,就是【不可能】升官了。"

(13)当温度再下降时,类冰结构区内的水分子【不可能】再排列得更整齐了,只能促使类冰结构区向四周扩大,其扩大速率与核性质有关。

第二,"不可能……了"用于连贯句,例如:

(14)在"五一"劳动节或"国庆节"游行时,我们到了天安门前,看到了领袖,看到了毛主席在向我们亲切地招手,这时我们已【不可能】再安安稳稳地往前走了,甚至喊口号也不能表现我们的情感了,不知不觉地就会鼓起掌,跳了起来。

第三,"不可能……了"用于因果句,例如:

(15)经各种野蛮残酷的折磨,留下了残疾,【不可能】下来奶水了。

(16)他【不可能】再在部队里继续执行保卫祖国的任务了,便以一等革命残废军人的身份进了教养院。

第四,"不可能……了"用于假设句,例如:

(17)如果词义真是完全取决于个人的愿望的话,那么人们就无法利用语言来进行交际了,社会也就【不可能】存在了。

(18)可是,结果距离意图【不可能】比这再远了。

(19)当时你如果没有撤离,那你现在就【不可能】同我说话了。

第五,"不可能……了"用于转折句,例如:

(20)声乐体裁当然还有许多,但我们【不可能】一一列举了。

(21)文天祥远眺对面的海上长城,万分焦急,因为船与船都缚起来了,阵势是坚固的,但是只能防御,【不可能】进攻了。

第六,"不可能……了"用于目的句,例如:

(22)这样,农奴为了应付繁重的劳役,就再【不可能】种好自己的份地了,有时甚至错过播种和收割的季节,造成减产或荒芜,只好被迫地向农奴主借高利贷。

(三)"不可能……了"用于宾语,例如:

(23)事实证明,现代社会的任何变革和发展,都【不可能】离开教育或不顾教育现状而自行其是了,否则,必将受到历史的惩罚。

5.1.2.2.2 陈述句中"不可能"后间隔语气词"的"

"不可能"后间隔语气词"的"。有三种格式:

(一)"不可能……的",主要用于并列句、说明因果句、假设句。例如:

(24)其实语言是音与义的结合,我们不应该也【不可能】从一个个方块形体的构造上去了解语言的意义的。

(25)这是不会泯灭的,也【不可能】泯灭的。

(26)不,有太阳定位,仅仅十几里的距离,【不可能】走岔的。

(27)如果没有思维的全面性,在宣传报道中就【不可能】正确处理好这两者的关系的。

(二)"……是不可能……的",大体有几种用法:

1. 用于单句,例如:

(28)可想而知,体虚力弱的飞行员是【不可能】打胜仗的。

(29)但是,多年积累起来的污染问题,是【不可能】在短期内得到解决的。

(30)全义是【不可能】知道的。

2. 用于分句,大体有几种复句关系:

第一,用于并列句,可前可后,例如:

(31)真与假,现实与理想,是【不可能】融合的,梦想不可能成为现实，现实人生的悲剧命运是无法改变的。

（32）可是，这只是外国人在幻想小说里所讲的故事，在今天还是【不可能】实现的。

第二，用于解注句，可前可后，例如：

（33）测不准关系表明，粒子的坐标和动量是【不可能】同时准确地被测量的，其中一个量测量得越精确，则另一个量的测量就越不精确。

（34）这才使他热涨的头脑清醒过来，不是兰娜来了，她是【不可能】来的。

第三，用于说明因果句，有的用于表因分句，例如：

（35）这话有些不大正确，因为"味儿"是【不可能】脱离动作而单独存在的，它附属于动作，也就是动作本身的某些特点。

有的用于表果分句，例如：

（36）由于犯罪现象十分复杂，以上所列这几种是【不可能】概括无遗的。

（37）同时，因为生产工具粗笨，生产力小，人的"本领"不大，个人单独是【不可能】进行生产的。

有时，用于兼表因表果分句，例如：

（38）因为这几天，天涯市一直刮着五到六级的大风，毒气是【不可能】在天涯市停留的，因此【不可能】造成全城的人都中毒。

第四，用于假设句，主要是在假设不具备某种条件的情况下，不可能产生某种结果，例如：

(39) 如果没有全局在胸，是【不可能】投下一着好棋子的。

(40) 舞蹈学不好，是【不可能】进行创作的。

(41) 不到大海里去航行，不去和风暴搏斗，是【不可能】知道大海的奥秘的。

有时也假设在某种不利的情况下，不可能发生某种结果，例如：

(42) 如果孤立地去做鱼病防治工作，是【不可能】解决根本问题的。

(43) 要是史密斯确实是拆毁石窟的指使人，刘大卫是【不可能】置身事外的。

第五，用于足够条件句，例如：

(44) 凡离开社会实践空谈修养，是【不可能】真正提高道德品质的。

第六，用于转折句，例如：

(45) 这种田鼠先天是【不可能】感染鼠疫的，但是扔下来的田鼠，都感染了鼠疫！

第七，用于容让句，例如：

(46) 他们的观点与实践，反映出农民的平均主义意识，也表现了劳苦群众对封建制度的憎恶和对未来的美好生活的憧憬，尽管在当时的历史条件下他们的理想是【不可能】实现的。

第八，用于虚让句，例如：

（47）这种想法是十分荒唐的，即使证实了身份，也是【不可能】实现的。

第九，用于无条件让步句，例如：

（48）因此，如果不推翻帝国主义和封建主义势力的联合统治，不解决这个根本问题，那么，无论"人力车夫生计问题"也好，"卖淫问题"也好，"女子解放问题"也好，都是【不可能】根本解决的。

第十，用于假转句，例如：

（49）这样就往往造成表型上的不连续，也就是成为分类学工作者所接受的"种"，否则是【不可能】从一个群体得到两个形态上各别的种的。

（三）用于宾语，例如：

（50）他一定也想过他和她结合是【不可能】实现的。

（51）张之洞盲目进口炼钢炉的教训说明，由缺乏知识而又武断的人办经济，是【不可能】办好的。

"是……所不可能……的"，例如：

（52）如果欣赏者能够充分发挥理解认识的作用，对这部戏剧的内容和人物形象有比较深刻的理解，那也必然会对乐曲的感情内涵有更深的体验，而这是单凭感性体验所【不可能】做到的。

"不可能是……的"，例如：

（53）某一剧种传统的渊源在长期的流传过程中【不可能】是单纯继承和遗传的。

(54) 世界上任何一个国家都【不可能】是孤立存在的，它们之间必然要发生一定的经济联系。

(55) 这种传说当然不一定可靠——因为舞蹈【不可能】是某一个人发明出来的。

5.1.2.2.3 陈述句中"不可能"后间隔语气词"罢了"

(56) 如果没有个人亲自把行动中的经验当作酵母来起发酵作用，那么也就【不可能】被接受或者被领会罢了。

5.1.2.2.4 陈述句中"不可能"后间隔语气词"啦"

(57)【不可能】再有啦。

(58) 他在钱财上可不是省油的灯，不然也【不可能】叫王老五啦。

5.1.2.2.5 陈述句中"不可能"后间隔"的了"

陈述句中，"不可能"可以后间隔"的了"，形成"不可能是……的了"格式，例如：

(59) 这样，上帝就不可能是万善俱足，也【不可能】是无所不能的了。

(60) 在这时候，哈克纳斯所写的作为全书底基础的一个受中产阶级男子诱骗的、受苦的和叫人怜悯的青年女工的陈旧故事，已经【不可能】是充分典型的了，即充分反映这个社会力量的本质的了。

5.1.2.3 陈述句中"不可能"后邻接语气词"的"，后间隔语气词"了"

(一)"不可能的了"单独成句，例如：

（61）【不可能】的了。

（二）"……是不可能的了"构句，例如：

（62）这是【不可能】的了。

（63）但是，这已经是【不可能】的了。

（64）帖也抽了，字也写了，要想不给人家钱也是【不可能】的了。

5.1.3 陈述句中"不可能"前关联语气副词、后关联语气词

5.1.3.1 陈述句中"不可能"前邻接语气副词，后邻接语气词

5.1.3.1.1 陈述句中"不可能"前邻接强化类语气副词，后邻接语气词"的"

5.1.3.1.1.1 陈述句中"根本【不可能】的"

（1）因此当人们研究社会历史问题时，都首先要对这两类现象及其关系作出明确的回答，妄图回避社会存在和社会意识关系问题的回答是根本【不可能】的。

5.1.3.1.1.2 陈述句中"绝对【不可能】的"

（2）如果我队中路防守有好的演出，门将又能防住客队的远射，那么，出现或平或胜的结局，也不是绝对【不可能】的。

（3）所以说，"太阳从西边出来"并不是绝对【不可能】的。

5.1.3.1.1.3 陈述句中"绝【不可能】的"

（4）绝【不可能】的。

（5）强制言论一致是绝【不可能】的。

5.1.3.1.2 陈述句中"不可能"前邻接强化类语气副词，后邻接语气词"啊"

（6）战斗已经如此凶猛的展开，东南面的深泽、高庙、大执要一线也有敌人的重兵封锁，一打就走是完全【不可能】啊。

5.1.3.1.3 陈述句中"不可能"前邻接申明确认类语气副词，后邻接语气词"了"

（7）现在，小蜻蜓想再用下唇去捉害虫，当然【不可能】了。

（8）照理论说，不过是乘法，初级小学三年级的学生都会算的，但要这般长的纸，这般多的时间才能写；计算，当然【不可能】了。

5.1.3.2 陈述句中"不可能"前间隔语气副词，后邻接语气词

5.1.3.2.1 陈述句中"不可能"前间隔申明确认类语气副词，后邻接语气词"的"

5.1.3.2.1.1 陈述句中"当然是【不可能】的"

（9）为了在一瞬间找到电子在氢原子核外的确定位置，我们假想有一架特殊的照相机，可以用它来给氢原子照相（这当然是【不可能】的）。

（10）可见文学批评标准是五花八门，各行其是的，如果谁要想从文学批评史上找到一个固定的、统一的，任何时代、任何国家、任何阶级、任何个人都适用的标准，当然是【不可能】的。

5.1.3.2.1.2 陈述句中"显然是【不可能】的"

（11）显然是【不可能】的。

（12）如果该推论成立，在地球上就不会有昼夜之分，这显然是【不可能】的。

（13）现在，要废弃米粮川，恢复云梦泽，显然是【不可能】的。

5.1.3.2.1.3　陈述句中"其实是【不可能】的"

（14）其实，这种绝对的客观主义是【不可能】的。

5.1.3.2.2　陈述句中"不可能"前间隔强化类语气副词，后邻接语气词"的"

5.1.3.2.2.1　陈述句中"根本是【不可能】的"

（15）这就走到怀疑主义的第一点上来了，因为怀疑主义的第一点，可以说就是认为我们根本是不能知道外界的，或知识根本是【不可能】的。

5.1.3.2.2.2　陈述句中"简直是……【不可能】的"

（16）就具体生活事实来说，这简直是【不可能】的，谁也未听说过岳飞还真的吃人肉、喝人血，而且人血是咸的，拿血当饮料，岂不越喝越渴？

5.1.3.2.2.3　陈述句中"几乎是【不可能】的"

（17）但是实际上这种和平共处几乎是【不可能】的。

（18）一个冶炼工，家又在农村，找个正式职工几乎是【不可能】的。

5.1.3.2.2.4　陈述句中"差不多（是……）【不可能】的"

（19）差不多【不可能】的。

（20）而一个作品，绝对地只有具象没有抽象或只有抽象没有具象差不多都是【不可能】的。

5.1.3.2.2.5　陈述句中"毕竟是（……）【不可能】的"

（21）但是，一个独身男人和一个未婚女人的接触，毕竟是【不可能】恒定延续的，到了一定的阶段和一定的程度，不是向前发展，就是向后退却，不可能原地踏步。

5.1.3.2.2.6　陈述句中"甚至/毕竟是【不可能】的"

（22）这倒是一个极大胆的设想，但是要证实这一点，似乎是非常困难的，甚至是【不可能】的。

（23）然而物价长久的冻结毕竟是【不可能】的。

5.1.3.2.3　陈述句中"不可能"前间隔弱化类语气副词，后邻接语气词"的"

陈述句中"不可能"可以前间隔弱化类语气副词"至少"，后邻接语气词"的"，例如：

（24）但是鸟瞰传播学研究的历史，人们便发现，要实现这个目标是多么的困难，至少目前是【不可能】的，实际上宣伟伯虽为之奋斗了30多年，两次修改他的著作，却越来越感到困难。

5.1.3.2.4　陈述句中"不可能"前间隔估测类语气副词，后邻接语气词"的"

5.1.3.2.4.1　陈述句中"似乎是【不可能】的"

（25）这似乎是【不可能】的，但要否认也是同样的不可能，事实终究是事实呢！

5.1.3.2.4.2 陈述句中"也许是【不可能】的"

(26) 不过就中国的情形说，要各校的外语都请外国教师教，在经济上也许是【不可能】的。

5.1.3.2.5 陈述句中"不可能"前间隔强化类语气副词，后邻接语气词"了"

(27) 这的确是一件值得悲哀的事，自己在平日间，也曾经想到回农村去，在纯朴而勤劳的农民的队伍中，训练一下自己，这种心想，毕竟是有些【不可能】了。

5.1.3.3 陈述句中"不可能"前邻接语气副词，后间隔语气词

5.1.3.3.1 陈述句中"不可能"前邻接强化类语气副词，后间隔语气词"的"

5.1.3.3.1.1 陈述句中"根本不可能……的"

(28) 在它的基础上，我们将得到度量不可逆程度的普遍数学式，可以用来判断一个被研究的宏观过程究竟是可能的，或已达限度，还是根本【不可能】实现的。

(29) 没有一大批忠诚党的事业，全心全意为人民服务的党的干部，我们的教育革命是根本【不可能】搞好的。

5.1.3.3.1.2 陈述句中"绝对不可能……的"

5.1.3.3.1.3 陈述句中"绝不可能……的"

(30) 如果某月某日某名人于大庭广众之下排出一股气来，相信也无非是氮气二氧化碳之类，而绝【不可能】"响悦如丝竹之声，芳香似兰麝之馨"的。

5.1.3.3.1.4 陈述句中"绝不可能……的"

（31）而男子是绝【不可能】要求这种进步的，因为他们根本不会想到要放弃事实上的群婚的便利。

5.1.3.3.2 陈述句中"不可能"前邻接申明确认类语气副词，后间隔语气词"的"

（32）如果行为人盗窃了他人的钱款而加以销毁的话，当然【不可能】不计算数额的。

（33）虽然都不愿去颍川，但是王奇既然提出来了，当然【不可能】一个也不回去的。

（34）其实【不可能】不连任的。

5.1.3.3.3 陈述句中"不可能"前邻接申明确认类语气副词，后间隔语气词"了"

陈述句中，"不可能"可以前邻接申明确认类语气副词"自然"等，后间隔语气词"了"，例如：

（35）从此，我自然【不可能】再爱她了。

5.1.3.4 陈述句中"不可能"前间隔语气副词，后间隔语气词

5.1.3.4.1 陈述句中"不可能"前间隔申明确认类语气副词，后间隔语气词"的"

5.1.3.4.1.1 陈述句中"显然……不可能……的"

（37）显然，这种要求是【不可能】实现的。

（38）我们的地球有铁镍的核心，并且存在有从氢到铀的各种元

· 440 ·

素，显然在第一代恒星时是【不可能】形成地球这样的行星的。

5.1.3.4.1.2 陈述句中"当然……不可能……的"

（39）即在四分间区的基础上，再各自横切为两个间区，当然，这些间区的划分【不可能】都是整齐划一、等分规则的。

5.1.3.4.1.3 陈述句中"其实……不可能……的"

（40）其实，李杜各有所长，关于他们谁优谁劣的争论是没有必要的，也是【不可能】找到公认的答案的。

5.1.3.4.1.4 陈述句中"的确……不可能……的"

（41）的确，对于头脑还没有摆脱形而上学束缚的同志来说，思维和存在之间是【不可能】有同一性的，如果把矛盾的同一性原理运用到这里来，那就是"硬加"上去。

5.1.3.4.2 陈述句中"不可能"前间隔强化类语气副词，后间隔语气词"的"

5.1.3.4.2.1 陈述句中"根本是不可能……的"

（42）根本是【不可能】掌握的。

（43）这根本是【不可能】发生的。

（44）一个营的部队，依托已经受到严重破坏的阵地，根本是【不可能】抵挡得住的。

5.1.3.4.2.2 陈述句中"绝对是不可能……的"

（45）这样的事情他绝对是【不可能】干的。

（46）如果这样的冲锋可以吓住普通的军队，但绝对是【不可能】

吓倒东骑军队的。

(47) 我绝对是【不可能】做一些非常之事的。

5.1.3.4.2.3 陈述句中"毕竟（……）是不可能……的"

(48) 不过以后你还得弄一批人来修理，毕竟这东西是【不可能】永远不坏的。

(49) 毕竟路人是【不可能】像李民这般高强度行军的。

(50) 即使他得到了甘南老大的支持，但是还是要小心一些，毕竟老大也【不可能】护着你一生一世的。

5.1.3.4.3 陈述句中"不可能"前间隔必断类语气副词，后间隔语气词"的"

5.1.3.4.3.1 陈述句中"一定是不可能……的"

(51) 如果有一种核素，它的质子数和中子数恰好定标在"海洋"里，那么它一定是不稳定而【不可能】存在的。

5.1.3.4.3.2 陈述句中"势必是不可能……的"

(52) 这样的演出，势必是【不可能】取得剧作家预期的效果的。

5.1.3.4.4 陈述句中"不可能"前间隔意外类语气副词，后间隔语气词"的"

(53) 这样一种变封建主义为资本主义的政治理想和救国途径，不管它多么不彻底、不切实，但却是以往几千年来农民运动从未提出、也【不可能】提出的，所以有划时代的意义。

5.1.3.4.5 陈述句中"不可能"前间隔申明确认类语气副词，后间隔语气词"了"

5.1.3.4.5.1 陈述句中"当然……不可能……了"

（54）总之，人不可无志，无志等于没有人生的动力，没有追求的目标，当然也就【不可能】成为有用之人才了。

5.1.3.4.5.2 陈述句中"自然……不可能……了"

（55）一只手尚且进不了研究室，一个人自然更【不可能】进入研究室了。

5.1.3.5 陈述句中"不可能"前邻接、间隔语气副词，后邻接语气词

5.1.3.5.1 陈述句中"不可能"前邻接强化类语气副词、前间隔估测类语气副词，后邻接语气词"的"

（56）要拷贝两个完全相同的人，也许是根本【不可能】的。

5.1.3.6 陈述句中"不可能"前邻接、间隔语气副词，后间隔语气词

5.1.3.6.1 陈述句中"不可能"前邻接、间隔强化类语气副词，后间隔语气词"的"

陈述句中，"不可能"可以前邻接、间隔强化类语气副词"根本就（是）"，后间隔语气词"的"，形成格式"根本就（是）不可能……的"，例如：

（57）他根本就【不可能】到这里来的。

（58）没有这些基本条件根本就【不可能】办什么电影厂的。

(59) 一般人是根本就【不可能】将他给打破的。

(60) 我根本就是【不可能】被击败的。

5.1.3.6.2 陈述句中"不可能"前邻接强化类语气副词、前间隔申明确认类语气副词，后间隔语气词"的"

(61) 如果瑞士工匠们，没有这种性情的话，瑞士的钟表业，根本就不能成长；当然，这种种的钟表机械的奇迹，绝对【不可能】出现的。

5.1.3.7 陈述句中"不可能"前邻接强化类语气副词，后邻接隔语气词"的"，后间隔语气词"了"

(62) 哥哥，这是我们告别的时候了，我和你相互间的系带已完全割断了，你是你，我是我，我们之间的任何妥协，任何调和，是万万【不可能】的了，你是忠实的、慈爱的、诚恳的，不差。

5.2 疑问句中"不可能"与语气成分的关联机制

5.2.1 是非问中"不可能"与语气成分的关联机制

5.2.1.1 是非问中"不可能"前关联语气副词

5.2.1.1.1 是非问中"不可能"前邻接语气副词

5.2.1.1.1.1 是非问中"不可能"前邻接反诘类语气副词

(1) 难道【不可能】将她介绍给巴黎伯爵？

5.2.1.1.1.2　是非问中"不可能"前邻接强化类语气副词

(2) 你的意思是艾文已经有了女朋友，所以，他根本【不可能】爱我？

(3) 这剑根本【不可能】会出鞘？

(4)（呆住一下）绝对的【不可能】？

5.2.1.1.1.3　是非问中"不可能"前邻接申明确认类语气副词

(5) 你真【不可能】改变阵营？

5.2.1.1.1.4　是非问中"不可能"前邻接估测类语气副词

(6) 这……似乎【不可能】是偶然巧合？

(7) 龙小姐武功虽高，尚不能与于承珠并肩相比，似乎【不可能】有这样神奇的手段。

5.2.1.1.1.5　是非问中"不可能"前意外类语气副词

(8) 一个人可以在很短的时间里学会武功，却【不可能】在很短的时间里掌握经验？

(9) 虽然这碧玄珠占的地方不大，可是你却【不可能】瞒？！

5.2.1.1.2　是非问中"不可能"前间隔语气副词

5.2.1.1.2.1　是非问中"不可能"前间隔反诘类语气副词

(10) 难道他【不可能】有些不便说出的动机，暂时不得不保守秘密？

(11) 难道罗切斯特先生【不可能】真心爱我？

5.2.1.1.2.2　是非问中"不可能"前间隔申明确认类语气副词

(12) 以双妖的身手，当然也【不可能】遭遇意外？

(13) 当然她【不可能】真的明知他不在而想侵犯他的隐私进入他的房间吧？

5.2.1.1.3　是非问中"不可能"前邻接、间隔语气副词

5.2.1.1.3.1　是非问中"不可能"前邻接、间隔强化类语气副词

(14) 当时就只有自己和那些吐蕃国的人在场，根本就【不可能】有第三者知道？

(15) 掌门的武功那么厉害，再加上这里是静心道观的管辖区域，根本就【不可能】有事情发生？

5.2.1.1.3.2　是非问中"不可能"前邻接强化类、前间隔强化类、反诘类语气副词

(16) 难道连我也根本【不可能】得到您的重要情况？

(17) 难道我根本【不可能】给您一次指点？

5.2.1.1.3.3　是非问中"不可能"前邻接强化类、前间隔申明确认类语气副词

(18) 其实依照三娘的经历，根本【不可能】有这样的见识，高将军可认可？

5.2.1.2　是非问中"不可能"后关联语气词

5.2.1.2.1　是非问中"不可能"后邻接语气词

5.2.1.2.1.1　是非问中"不可能"后邻接语气词"吧"

（19）这【不可能】吧？

（20）你没男朋友？【不可能】吧？

（21）他皱起眉头，那声音听起来像是……哭声？【不可能】吧？

5.2.1.2.1.2　是非问中"不可能"后邻接语气词"吗"

（22）克雷托的妻子科薇德，也把她的怀孕归功于一只玻璃注射器吗？"这【不可能】吗？"

（23）这对你来说【不可能】吗？

5.2.1.2.1.3　是非问中"不可能"后邻接语气词"了"

（24）照您这样说"减负"就【不可能】了？

（25）如果让我从下面上去的话，那就【不可能】了？

5.2.1.2.2　是非问中"不可能"后间隔语气词

5.2.1.2.2.1　是非问中"不可能"后间隔语气词"吧"

（26）雨杭也【不可能】有异议吧？

（27）【不可能】是林市长吧？

（28）我想你睡着的时候，【不可能】吹口哨吧？

5.2.1.2.2.2　是非问中"不可能"后间隔语气词"吗"

（29）敌人越挨打越狡猾了，他们就【不可能】来个以多变少的疑兵计吗？

（30）别人做不到的，韩寒就【不可能】做到吗？

（31）人们【不可能】从那以前是火山喷口的孔下来吗？

5.2.1.2.2.3　是非问中"不可能"后间隔语气词"了吧"

（32）是啊，人生最低谷——【不可能】更低了吧？

（33）我想我们【不可能】知道这棵榆树的高度了吧？

（34）【不可能】是显示屏出问题了吧？

5.2.1.2.2.4　是非问中"不可能"后间隔语气词"了吗"

（35）【不可能】改变了吗？

（36）我们【不可能】再是一家人了吗？

5.2.1.2.3　是非问中"不可能"后邻接、间隔语气词

5.2.1.2.3.1　是非问中"不可能"后邻接语气词"了"，后间隔语气词"吗"

（37）想交个朋友，都【不可能】了吗？

5.2.1.2.3.2　是非问中"不可能"后邻接语气词"了"，后间隔语气词"吧"

（38）难道是貂？更【不可能】了吧？

5.2.1.3　是非问中"不可能"前关联语气副词、后关联语气词

5.2.1.3.1　是非问中"不可能"前邻接语气副词，后邻接语气词

5.2.1.3.1.1　是非问中"不可能"前邻接反诘类语气副词，后邻接语气词"吗"

（39）双方永远永远不变心，难道【不可能】吗？

（40）没有实现的愿望现在来实现它，难道【不可能】吗？

（41）他也许正在那里捡剩饭剩菜。这难道【不可能】吗？

5.2.1.3.1.2　是非问中"不可能"前邻接强化类语气副词，后邻接

语气词"吗"

(42) 绝对【不可能】吗？

(43) 连当朋友都【不可能】吗？

(44) 他们结婚以后她不能与杜尼娅住在一起，就连最初一段时间也【不可能】吗？

5.2.1.3.1.3 是非问中"不可能"前邻接估测类语气副词，后邻接语气词"吧"

(45) 似乎【不可能】吧？

(46) 陆娟娟把叶姐带走的，她会让咱们俩人活着？似乎【不可能】吧？

(47) 你话中之意，那两个妖魔好像仍然在湖广，这似乎【不可能】吧？

(48) 没有问题恐怕【不可能】吧？

5.2.1.3.1.4 是非问中"不可能"前邻接感叹类语气副词，后邻接语气词"了"

(49) 太【不可能】了？

5.2.1.3.2 是非问中"不可能"前间隔语气副词，后邻接语气词

5.2.1.3.2.1 是非问中"不可能"前间隔反诘类语气副词，后邻接语气词"吗"

(50) 难道这【不可能】吗？

(51) 难道离婚【不可能】吗？

(52) 既然我们都有共同的敌人，难道在目前的一些小方面的合作也【不可能】吗？

· 449 ·

5.2.1.3.2.2 是非问中"不可能"前间隔强化类语气副词，后邻接语气词"吗"

(53) 这简直就【不可能】吗？

5.2.1.3.2.3 是非问中"不可能"前间隔反诘类语气副词，后邻接语气词"么"

(54) 现在昊天境这样的法宝都已经出现了，其他的难道还【不可能】么？

5.2.1.3.2.4 是非问中"不可能"前间隔测度问类语气副词，后邻接语气词"么"

(55) 到时候玉石俱焚，莫非就【不可能】么？

5.2.1.3.2.5 是非问中"不可能"前间隔估测类语气副词，后邻接语气词"吧"

(56) 不毁坏灵脉而抽取灵脉的灵气，这似乎有些【不可能】吧？

(57) 在下希望不处置，这大概有一点【不可能】吧？

(58) 老朽如今就算不愿接取这只"双心魔令"，恐怕也【不可能】吧？

5.2.1.3.2.6 是非问中"不可能"前间隔反诘类语气副词，后邻接语气词"了"

(59) 说不定它们一胎生了两只小贪吃兽呢？又或者三只、四只？难道就【不可能】了？

5.2.1.3.3 是非问中"不可能"前邻接语气副词，后间隔语气词

5.2.1.3.3.1 是非问中"不可能"前邻接反诘类语气副词，后间隔语气词"吗"

（60）你就这么肯定电脑社的社长在耍自闭？难道【不可能】到中南美一带去旅行吗？

（61）难道【不可能】只是某些野心分子假借她名义兴乱吗？

（62）难道【不可能】是下毒的人吗？

（63）难道【不可能】有这样的人吗？

5.2.1.3.3.2 是非问中"不可能"前邻接必断类语气副词，后间隔语气词"吗"

（64）把城池还给斋藤龙兴，你就一定【不可能】放弃发达的机会来骗我这一千二百石吗？

5.2.1.3.3.3 是非问中"不可能"前邻接强化类语气副词，后间隔语气词"么"

（65）如果没有灵兽的话，凡人是根本【不可能】穿越结界而进入中原么？

5.2.1.3.3.4 是非问中"不可能"前邻接强化类语气副词，后间隔语气词"吧"

（66）熊、猴子、鸲鸟要吃的也是蜘蛛，根本【不可能】吃蜘蛛网吧？

（67）如果在乎那500元的话，就根本【不可能】会有钱买蓝宝石的项坠吧？

（68）他们两个根本【不可能】认识吧？

（69）总【不可能】一下子宰了你吧？

（70）你警察总【不可能】每天站岗放哨吧？

5.2.1.3.3.5　是非问中"不可能"前邻接意外类语气副词，后间隔语气词"吧"

（71）但是这最基本的卫生，却【不可能】都不打扫吧？

5.2.1.3.3.6　是非问中"不可能"前邻接反诘类语气副词，后间隔语气词"的吗"

（72）车顶上的东西难道【不可能】是在这个地方掉下来的吗？

5.2.1.3.3.7　是非问中"不可能"前邻接意外类语气副词，后间隔语气词"的吧"

（73）他虽然是导师，可是却【不可能】时时刻刻出去阻挡萧建的吧？

5.2.1.3.3.8　是非问中"不可能"前邻接估测类语气副词，后间隔语气词"了吧"

（74）苏宁确实是匹大黑马，集团的决心也大，似乎【不可能】走回头路了吧？

5.2.1.3.4　是非问中"不可能"前间隔语气副词，后间隔语气词

5.2.1.3.4.1　是非问中"不可能"前间隔反诘类语气副词，后间隔语气词"吗"

（75）难道我们【不可能】潇洒地工作吗？

（76）他来难道就【不可能】有别的事情吗？

5.2.1.3.4.2　是非问中"不可能"前间隔反诘类语气副词，后间隔语气词"么"

（77）郡主，难道说霞姑娘她【不可能】再出来么？

（78）难道她【不可能】记得她曾经捂在这几个垫子上的痛苦的呜咽么？

5.2.1.3.4.3 是非问中"不可能"前间隔反诘类语气副词，后间隔语气词"了吗"

（79）难道他们就【不可能】又撤走了吗？

（80）难道你们就【不可能】再有挽回的余地了吗？

（81）难道一个人就永远【不可能】转变了吗？

5.2.1.3.4.4 是非问中"不可能"前间隔申明确认类语气副词，后间隔语气词"了吗"

（82）真的【不可能】再变回那个像水一样纯然的少年了吗？

5.2.1.3.4.5 是非问中"不可能"前间隔估测类语气副词，后间隔语气词"吧"

（83）想必也【不可能】无偿地奉献吧？

5.2.1.3.5 是非问中"不可能"前邻接、间隔语气副词，后邻接语气词

5.2.1.3.5.1 是非问中"不可能"前邻接申明确认类语气副词、前间隔反诘类语气副词，后邻接语气词"吗"

（84）难道真【不可能】吗？

（85）难道这真的【不可能】吗？

5.2.1.3.5.2 是非问中"不可能"前邻接强化类语气副词、前间隔反诘类语气副词，后邻接语气词"吗"

· 453 ·

(86) 让他面对行刑队，难道绝对【不可能】吗？

5.2.1.3.5.3 是非问中"不可能"前邻接意外类语气副词、前间隔反诘类语气副词，后邻接语气词"吗"

(87) 要那些不愿意相识的、信仰不同的、阶级不同的好人携手，难道竟【不可能】吗？

5.2.1.3.5.4 是非问中"不可能"前邻接申明确认类语气副词、前间隔反诘类语气副词，后邻接语气词"么"

(88) 用矿石来种庄稼，难道真【不可能】么？

5.2.1.3.6 是非问中"不可能"前邻接、间隔语气副词，后间隔语气词

5.2.1.3.6.1 是非问中"不可能"前邻接、间隔强化类语气副词，后间隔语气词"吧"

(89) 这些年来创伤带来的后遗症，根本就【不可能】痊愈吧？

(90) 这么森严的守备，根本就【不可能】潜进去吧？

5.2.1.3.6.2 是非问中"不可能"前邻接、间隔强化类语气副词、前间隔反诘类语气副词，后间隔语气词"吗"

(91) 如同大师所说，难道习武之人就因为这些原因根本就【不可能】达到那样的境界吗？

5.2.1.3.7 是非问中"不可能"前邻接语气副词，后邻接间隔语气词

5.2.1.3.7.1 是非问中"不可能"前邻接申明确认类语气副词，后

邻接语气词"了"、后间隔语气词"吗"

（92）我们之间真的【不可能】了吗？

（93）出版巴顿的"自传"就真的【不可能】了吗？

5.2.1.3.7.2　是非问中"不可能"前邻接感叹类语气副词，后邻接语气词"了"、后间隔语气词"吧"

（94）太【不可能】了吧？

（95）这也太【不可能】了吧？

5.2.1.3.8　是非问中"不可能"前邻接、间隔语气副词，后邻接、间隔语气词

5.2.1.3.8.1　是非问中"不可能"前邻接申明确认类语气副词、前间隔反诘类语气副词，后邻接语气词"了"、后间隔语气词"吗"

（96）鸳梦重温，难道是真的【不可能】了吗？

（97）难道自己当了皇帝，就真的【不可能】有朋友了吗？

5.2.1.3.8.2　是非问中"不可能"前邻接申明确认类语气副词、前间隔反诘类语气副词，后邻接语气词"了"、后间隔语气词"么"

（98）难道罗大哥与芝芝妹妹是真的【不可能】了么？

5.2.2　正反问中"不可能"与语气成分的关联机制

5.2.2.1　正反问中"不可能"前关联语气副词

5.2.2.1.1　正反问中"不可能"前邻接正反问类语气副词

（1）以我的资质，要想在很短的时间里学会秘笈，是不是【不可能】？

（2）巨蟹女和狮子女是不是【不可能】合？

（3）尘世中是否也有无形体的生灵，有形体是否【不可能】接近？

5.2.2.1.2　正反问中"不可能"前间隔正反问类语气副词

（4）如果玩家足够牛B的话，是不是永远也【不可能】玩死？

5.2.2.1.3　正反问中"不可能"前邻接、间隔语气副词

5.2.2.1.3.1　正反问中"不可能"前邻接必断类语气副词、前间隔正反问类语气副词

（5）不注重韵律是不是就一定【不可能】出现优秀的诗歌作品？

（6）正当赚钱在中国是不是一定很难，做个有良心的有钱记者是不是一定【不可能】？

5.2.2.1.3.2　正反问中"不可能"前邻接强化类语气副词、前间隔真申明确认类、反问类语气副词

（7）如果是我呢？是不是真的完全【不可能】？

5.2.2.2　正反问中"不可能"前关联语气副词、后关联语气词

5.2.2.2.1　正反问中"不可能"前邻接语气副词，后邻接语气词

5.2.2.2.1.1　正反问中"不可能"前邻接正反问类语气副词，后邻接语气词"呢"

（8）异地恋是不是【不可能】呢？

5.2.2.2.1.2　正反问中"不可能"前邻接正反问类语气副词，后邻接语气词"了"

（9）那这辈子我是不是【不可能】了？

5.2.2.2.2　正反问中"不可能"前间隔语气副词，后邻接语气词

5.2.2.2.2.1　正反问中"不可能"前间隔正反问类语气副词，后邻接语气词"呢"

（10）如果人的认识都群体化，那么，人与人、群体与群体之间的交流是否就【不可能】呢？

5.2.2.2.2.2　正反问中"不可能"前间隔正反问类语气副词，后邻接语气词"了"

（11）是不是已经【不可能】了？

5.2.2.2.3　正反问中"不可能"前邻接、间隔语气副词，后邻接语气词

5.2.2.2.3.1　正反问中"不可能"前邻接申明确认类、前间隔正反问类语气副词，后邻接语气词"呢"

（12）看上去都是不可能的，犹如不可及的星星一样难以捉摸。可实际上是不是真的【不可能】呢？

5.2.2.2.3.2　正反问中"不可能"前邻接申明确认类、前间隔正反问类语气副词，后邻接语气词"了"

（13）是不是真的【不可能】了？

5.2.2.2.3.3　正反问中"不可能"前邻接感叹类、前间隔正反问类

语气副词，后邻接语气词"了"

（14）我愿意生活在这样的地方，和不知名的另一个一起过着幸福的生活是不是太【不可能】了？

5.2.2.2.3.4 正反问中"不可能"前邻接强化类、前间隔申明确认类、正反问类语气副词，后邻接语气词"了"

（15）理想是否真的完全【不可能】了？

5.2.2.2.4 正反问中"不可能"前邻接语气副词，后间隔语气词

5.2.2.2.4.1 正反问中"不可能"前邻接正反问类语气副词，后间隔语气词"呢"

（16）开始插秧的时候下田的却只有一千一百多个，不能保证及时插好秧。是不是【不可能】抽调更多的劳动力来插秧呢？

5.2.2.2.4.2 正反问中"不可能"前邻接正反问类语气副词，后间隔语气词"了"

（17）这段梁子，是否【不可能】再了断了？

（18）只要和他在一起，我是不是【不可能】有孩子了？

5.2.2.2.4.3 正反问中"不可能"前邻接正反问类语气副词，后间隔语气词"的"

（19）是不是【不可能】有真正的异性朋友的？

5.2.2.2.5 正反问中"不可能"前间隔语气副词，后间隔语气词

5.2.2.2.5.1 正反问中"不可能"前间隔正反问类语气副词，后间隔语气词"呢"

（20）那我们现在生活在一个新时代里，不会有什么大的不幸的遭遇，是不是我们就【不可能】写出好诗呢？

（21）我说了这么多令人沮丧的话，那么我们是不是就【不可能】赢得这场战争的胜利呢？

5.2.2.2.5.2 正反问中"不可能"前间隔正反问类语气副词，后间隔语气词"了"

（22）以后是不是都【不可能】再在一起了？

（23）是不是如果我没有去找你就【不可能】知道你搬家了？

5.2.2.2.6 正反问中"不可能"前邻接、间隔语气副词，后间隔语气词

5.2.2.2.6.1 正反问中"不可能"前邻接强化类、间隔正反问类语气副词，后间隔语气词"呢"

（24）是不是绝对【不可能】使猴子学会一种语言呢？

5.2.2.2.6.2 正反问中"不可能"前邻接必断类、间隔正反问类语气副词，后间隔语气词"呢"

（25）他们所带给我的一切，是不是那些未婚男人就一定【不可能】给我呢？

5.2.3 选择问中"不可能"与语气成分的关联机制

5.2.3.1 选择问中"不可能"前关联语气副词

选择问中，"不可能"前关联语气副词主要有两种情况：（一）前邻接

强化类语气副词；（二）前邻接和间隔强化类语气副词。

5.2.3.1.1 选择问中"不可能"前邻接强化类语气副词

（1）但该付多少？是开玩笑性质的一块钱？还是根本【不可能】付得起的一千亿美金？

5.2.3.1.2 选择问中"不可能"前邻接、间隔强化类语气副词

（2）我有时想，到底是对方不能让我发了疯地不顾一切地去爱呢，还是我根本就【不可能】不顾一切地去爱？

5.2.3.2 选择问中"不可能"后邻接语气词"呢"

（3）要在工业生产上大跃进，可能呢？还是【不可能】呢？

5.2.3.3 选择问中"不可能"前间隔深究类语气副词，后邻接语气词"呢"

（4）我可能不会爱上你，到底是可能还是【不可能】呢？

5.2.4 特指问中"不可能"与语气成分的关联机制

5.2.4.1 特指问中"不可能"前关联语气副词

5.2.4.1.1 特指问中"不可能"前邻接特指问类语气副词

5.2.4.1.1.1 特指问中"为什么不可能"

（1）为什么【不可能】是另一个人？
（2）如果你曾经是一只狗，为什么【不可能】再变成一只狗？
（3）古人同你我一样，为什么【不可能】错？

5.2.4.1.1.2　特指问中"怎么不可能"

(4) 怎么【不可能】做到?

(5) 我在跑道上,我怎么【不可能】出现在这里?

(6) 这种事怎么【不可能】干得出?

5.2.4.1.2　特指问中"不可能"前间隔特指问类语气副词
5.2.4.1.2.1　特指问中"为什么……不可能"

(7) 为什么就【不可能】是她?

(8) 为什么我【不可能】与我喜欢的人在一起?

5.2.4.1.2.2　特指问中"怎么……不可能"

(9) 如果有义盗,有儒将,怎么就【不可能】有可爱的奸雄?

(10) 虽然是这样,但这副肉体怎么也【不可能】承受得了你的力量?

5.2.4.2　特指问中"不可能"后关联语气词

5.2.4.2.1　特指问中"不可能"后邻接语气词
5.2.4.2.1.1　特指问中"不可能"后邻接语气词"呢"

(11) 凰仙妃五首连摇道:"这,这不可能……""什么【不可能】呢?"

(12) 建立一个门派又有什么【不可能】呢?

(13) 他的担心也并非杞人忧天,这有什么【不可能】呢?

5.2.4.2.1.2　特指问中"不可能"后邻接语气词"的"

(14) "哦?难道真是汉人?"他垂目轻笑,"【不可能】啊!""有

· 461 ·

什么【不可能】的?"

(15) 开辟空间又有什么【不可能】的?

5.2.4.2.1.3　特指问中"不可能"后邻接语气词"吗"

(16) 大唐宫闱中,还有什么【不可能】发生吗?

5.2.4.2.1.4　特指问中"不可能"后邻接语气词"了"

(17) 只要是人,就必须要吃饭穿衣花银子,钱乃是必需之物,又有什么【不可能】了?

5.2.4.2.2　特指问中"不可能"后间隔语气词"呢"

(18) 那盘古神通远胜你我,又有什么【不可能】发生呢?
(19) 这世界上让人惊讶的事情已经太多了,还有什么【不可能】发生呢?

5.2.4.2.3　特指问中"不可能"后邻接语气词"的",后间隔语气词"呢"

(20) 落羽,界何之大,又有什么【不可能】的呢?
(21) 梦想,对有勇气实现的他们来说,这世上又有什么【不可能】的呢?!

5.2.4.3　特指问中"不可能"前关联语气副词、后关联语气词

5.2.4.3.1　特指问中"不可能"前邻接语气副词,后邻接语气词

5.2.4.3.1.1　特指问中"不可能"前邻接特指问语气副词,后邻接语气词"呢"

第5章 "不可能"与语气成分的关联机制

5.2.4.3.1.1.1 特指问中"不可能"前邻接特指问语气副词"为什么",后邻接语气词"呢"

（22）为什么【不可能】呢？

（23）两心相洽梦也通,这为什么【不可能】呢？

5.2.4.3.1.1.2 特指问中"不可能"前邻接特指问语气副词"怎么",后邻接语气词"呢"

（24）"大姐是说她将来也会嫁给爷吗？""怎么【不可能】呢？"

（25）这怎么【不可能】呢？

（26）我是按合约办事,怎么【不可能】呢？

5.2.4.3.1.2 特指问中"不可能"前邻接特指问语气副词,后邻接语气词"啊"

（26）为什么【不可能】啊？

（27）怎么【不可能】啊？

5.2.4.3.1.3 特指问中"不可能"前邻接特指问语气副词,后邻接语气词"了"

（28）你竟然敢看不起我,你说我为什么【不可能】了？

（29）怎么【不可能】了？

5.2.4.3.1.4 特指问中"不可能"前邻接特指问语气副词"怎么",后邻接语气词"啦"

（30）怎么【不可能】啦？牧场上不是有好几百人吗？

5.2.4.3.2 特指问中"不可能"前间隔语气副词,后邻接语气词

· 463 ·

5.2.4.3.2.1 特指问中"不可能"前间隔特指问类语气副词，后邻接语气词"呢"

5.2.4.3.2.1.1 特指问中"不可能"前间隔特指问类语气副词"为什么"，后邻接语气词"呢"

（31）如果发明这种语言有可能，为什么使用这种语言就【不可能】呢？

5.2.4.3.2.1.2 特指问中"不可能"前间隔特指问类语气副词"怎么"，后邻接语气词"呢"

（32）怎么就【不可能】呢？

（33）天文现象发生异常变化，怎么会【不可能】呢？

5.2.4.3.2.2 特指问中"不可能"前间隔特指问类语气副词"为什么"，后邻接语气词"了"

（34）为什么又【不可能】了？

5.2.4.3.3 特指问中"不可能"前邻接语气副词，后间隔语气词

5.2.4.3.3.1 特指问中"不可能"前邻接特指问类语气副词，后间隔语气词"呢"

5.2.4.3.3.1.1 特指问中"不可能"前邻接特指问类语气副词"为什么"，后间隔语气词"呢"

（35）为什么【不可能】将专利法的实体运用到物权法的总体中呢？

（36）为什么【不可能】是私生子呢？

5.2.4.3.3.1.2 特指问中"不可能"前邻接特指问类语气副词"怎么"，后间隔语气词"呢"

(37) 你能拿它削猪牙,我怎么【不可能】削猪肉呢?

(38) 这怎么可能呢,我本身就是一个女人,我怎么【不可能】懂得女人的心呢?

5.2.4.3.3.2　特指问中"不可能"前邻接特指问类语气副词"怎么",后间隔语气词"了"

(39) 爹!怎么【不可能】是她了?

5.2.4.3.4　特指问中"不可能"前间隔语气副词,后间隔语气词

5.2.4.3.4.1　特指问中"不可能"前间隔特指问类语气副词"为什么",后间隔语气词"呢"

(40) 为什么古人就【不可能】做到呢?

(41) 你们为什么能战胜一切,而又从【不可能】被战胜呢?

5.2.4.3.4.2　特指问中"不可能"前间隔特指问类语气副词"怎么",后间隔语气词"吧"

(42) 蒋琬才隐隐觉得有些不对,如果是卖侍女,怎么也【不可能】是这种地方吧?

(43) 当然,这个念头很快就被令狐给一笑置之——怎么也【不可能】有这么巧的事吧?

(44) 我一个兽人怎么也【不可能】出现在那种场合吧?

5.2.4.3.4.3　特指问中"不可能"前间隔特指问类语气副词"怎么",后间隔语气词"啊"

(45) 以丁浩出窍后期的修为,怎么也【不可能】达到如此的气势啊?

· 465 ·

5.2.4.3.4.4　特指问中"不可能"前间隔特指问类语气副词"怎么"，后间隔语气词"的吧"

（46）你也知道我是个手无缚鸡之力的人，所以我再怎么样也【不可能】会逃得出你的手掌心的吧？

5.2.4.3.4.5　特指问中"不可能"前间隔特指问类语气副词"怎么"，后间隔语气词"的呀"

（47）我怎么也【不可能】离开你的呀？

5.2.4.3.5　特指问中"不可能"前邻接特指问类语气副词"怎么"，后邻接语气词"了"，后间隔语气词"呢"

（48）安卓到目前为止已经发展到 4.0 版，重写 UI 怎么就【不可能】了呢？

5.3　感叹句中"不可能"与语气成分的关联机制

5.3.1　感叹句中"不可能"前关联语气副词

5.3.1.1　感叹句中"不可能"前邻接语气副词

5.3.1.1.1　感叹句中"不可能"前邻接强化类语气副词

感叹句中，"不可能"前可以邻接强化类语气副词"绝对""绝""根本""决""简直""几乎"等，例如：

（1）他根本【不可能】与她再相见！

（2）这个意外的镜头，使看电视的黎丽惊得目瞪口呆："不可能，绝【不可能】，那不是我！"

(3) 这决【不可能】！

(4) 中国人以人情味自诩，这种情况简直【不可能】！

(5) 这扇大门高大厚重，如果不是有千钧之力，几乎【不可能】推开！

5.3.1.1.2 感叹句中"不可能"前邻接意外类语气副词

(6) 你躲得了我一剑，却【不可能】躲过第二剑！

(7) 对于相识的人，或许你了解他，但是却【不可能】读懂他心里的每一句话！

5.3.1.1.3 感叹句中"不可能"前邻接申明确认类语气副词

(8) 当然【不可能】只有那么少！

(9) 不，当然不是，我当然【不可能】这样做！

5.3.1.1.4 感叹句中"不可能"前邻接必断类语气副词

(10) 如果你真的是神族奸细，那么就一定【不可能】活着离开这里！

5.3.1.1.5 感叹句中"不可能"前邻接估测类语气副词

(11) 这似乎【不可能】！

5.3.1.2 感叹句中"不可能"前间隔语气副词

5.3.1.2.1 感叹句中"不可能"前间隔强化类语气副词

(12) 如果再缺少有利的武器，那么根本就【不可能】称之为部队！

(13) 毕竟我们【不可能】每次都拔得头筹!

(14) 和真的没有什么分别,反正他们【不可能】分辨得出来!

5.3.1.2.2 感叹句中"不可能"前间隔估测类语气副词

(15) 斐龚可是有着不少的夫人,你去了之后恐怕也【不可能】是正室!

(16) 即使"九玄娘娘"不责备他们,似乎也【不可能】再传授他们三人更高绝的武功!

(17) 天文星象,那大概是她八辈子都【不可能】真正弄懂的东西!

5.3.1.2.3 感叹句中"不可能"前间隔申明确认类语气副词

(18) 希载当然也【不可能】不知道!

(19) 当然我们也就【不可能】在发达的美国成为杰出的人才和卓越的学者!

5.3.1.2.4 感叹句中"不可能"前间隔弱化类语气副词

(20) 这样的"约法三章",至少老板是【不可能】都做到!

(21) 至少这一刻我【不可能】还喜欢他!

5.3.1.2.5 感叹句中"不可能"前间隔必断类语气副词

(22) 高大全现在肯定是【不可能】一口啃下一万多人的队伍!

(23) 俄国潜艇的性能肯定比不过自己的潜艇也就【不可能】在水下比自己的艇待的时间更长!

5.3.1.2.6 感叹句中"不可能"前间隔意外类语气副词

(24) 你可以预测却永远【不可能】知道下一步究竟会出现什

么情况!

(25) 就算我可以拥有印度有史以来最强大的国度,我却永远都【不可能】拥有他!

5.3.1.3 感叹句中"不可能"前邻接、间隔语气副词

5.3.1.3.1 感叹句中"不可能"前邻接、间隔强化类语气副词

(26) 人蛇恋根本就是【不可能】!

(27) 想要镇定的做完这件差事根本就【不可能】!

5.3.1.3.2 感叹句中"不可能"前邻接强化类、前间隔申明确认类语气副词

(28) 其实现在根本【不可能】!

(29) 有人当作童话,其实这根本【不可能】!

5.3.1.3.3 感叹句中"不可能"前邻接强化类语气副词、前间隔意外类语气副词

(30) 他这一辈子还能继续不断在战场上取得胜利,却绝【不可能】再次重现更【不可能】超越的凌厉攻击!

5.3.2 感叹句中"不可能"后关联语气词

5.3.2.1 感叹句中"不可能"后邻接语气词

5.3.2.1.1 感叹句中"不可能"后邻接语气词"的"

感叹句中,"不可能"可以后邻接语气词"的",表示对【不可能】

发生事情的确定性感叹，有两种格式：

（一）"不可能的"用于感叹句，例如：

（1）老鼠可以战胜猫吗？【不可能】的！

（2）她怎么会说这种话？她怎么会说她爱我？是不是我搞错了？这【不可能】的！

（二）"是不可能的"用于感叹句，例如：

（3）我不相信他们会怎样，含烟不是这样的人，这是【不可能】的！

（4）石本先生要在事先预测他们走的路线是【不可能】的！

5.3.2.1.2　感叹句中"不可能"后邻接语气词"吧"

感叹句中，"不可能"可以后邻接语气词"吧"，表示对【不可能】发生事情的估测性感叹，例如：

（5）4000元人民币，【不可能】吧！

（6）他难道也跟闲云一样，有人格分裂吗？【不可能】吧！

（7）怎么，竟然还有人比你厉害，【不可能】吧！

5.3.2.1.3　感叹句中"不可能"后邻接语气词"了"

感叹句中，"不可能"可以后邻接语气词"了"，表示对事态已然不具有发生的可能性的感叹，例如：

（8）想走，已经是【不可能】了！

（9）后来要拔身也【不可能】了！

（10）什么都【不可能】了！

5.3.2.1.4　感叹句中"不可能"后邻接语气词"啊"

（11）这实在太苛刻了，你要养家糊口都【不可能】啊！

（12）怎么会没有？【不可能】啊！

（13）别问我，我也不知道这是真的还是假的了，这【不可能】啊，这【不可能】啊！

（14）别处的长城破了？【不可能】啊！

5.3.2.1.5 感叹句中"不可能"后邻接语气词"啦"

（15）声势与杀气就足以摄人心魄，碰上劲敌了，想加快退走已经【不可能】啦！

（16）想达到你这样天生丽质难自弃的程度是【不可能】啦！

（17）他不甘心，狠狠地吸入一口气，再不吸，不久之后想吸也【不可能】啦！

5.3.2.1.6 感叹句中"不可能"后邻接语气词"嘛"

（18）事先什么都知道得很清楚，特别是地下的情况，【不可能】嘛！

（19）"哼！师父叫你下去，你还敢站在这儿说风凉话。""师父啊！这【不可能】嘛！"

（20）没有一点背景想进来是【不可能】嘛！

5.3.2.1.7 感叹句中"不可能"后邻接语气词"呀"

（21）好快呀！他们怎么可能赶在我们的前面，【不可能】呀！

（22）他不会是一个深藏不露的高手吧？可是，这【不可能】呀！

5.3.2.1.8 感叹句中"不可能"后邻接语气词"呢"

（23）没有手，我想偷偷抱一下大姐都【不可能】呢！

(24) 怎么办，尼德？这时候，逃走是【不可能】呢！

5.3.2.2 感叹句中"不可能"后间隔语气词

5.3.2.2.1 感叹句中"不可能"后间隔语气词"的"

感叹句中，"不可能"可以后间隔语气词"的"，主要有五种格式：

（一）"不可能……的"用于感叹句，例如：

(25) 这是【不可能】做到的！

(26) 医生【不可能】一个人在场的！

（二）"不可能会……的"用于感叹句，例如：

(27) 凯里【不可能】会出现在这里的！

(28) 爸爸他【不可能】会为我做到这种地步的！

(29) 【不可能】三更半夜会有一条背着小孩子的狗出现在车站的！

（三）"不可能不……的"用于感叹句，例如：

(30) 这样【不可能】不翻船的！

(31) 我——【不可能】不在乎你的！

(32) 同住在一个居住单位中，【不可能】三个月都碰不到的！

（四）"是不可能……的"用于感叹句，例如：

(33) 人是【不可能】hold 住未来的！

(34) 你假冒的身份，是【不可能】一直隐瞒下去而不被人揭破的！

(35) 深圳是【不可能】下雪的！

（五）"不可能是……的"用于感叹句，例如：

(36) 绝对要动用仪器，才能得到这样的正圆，【不可能】是天然形成的！

(37) 不是一个不自私的人，是【不可能】有的！

5.3.2.2.2 感叹句中"不可能"后间隔语气词"了"

感叹句中，"不可能"可以后间隔语气词，最常用的是"了"，"不可能……了"表示对没有实现的可能性的感叹，例如：

(38) 她是【不可能】再去吃了！
(39) 如果某人想搞特殊化，我们就【不可能】再夺得总冠军了！
(40) 我【不可能】回到以前的日子了！

5.3.2.2.3 感叹句中"不可能"后间隔语气词"吧"

(41) 我【不可能】一放学就去看吧！
(42) 搞旅游【不可能】不知道这个吧！

5.3.2.2.4 感叹句中"不可能"后间隔语气词"啊"

(43) 就算寸阴寸金吧！也【不可能】一两天就花上一万两银子啊！
(44) 他也想从晓静口中得到麒麟玉玺的消息，【不可能】会杀了她啊！
(45) 既然确定她上了飞机，【不可能】接不到人啊！

5.3.2.2.5 感叹句中"不可能"后间隔语气词"呀"

(46) 就算你真的要嫁给我，我们也【不可能】现在就结婚呀！
(47) 她是怎么进来的，【不可能】是翻墙呀！

5.3.2.2.6　感叹句中"不可能"后间隔语气词"啦"

（48）你【不可能】再碰上一个可以跟你匹配的对手啦！

（49）那次要不是我跑得比一阵风更快，今天就【不可能】在这里请你喝老酒啦！

（50）组长，既然敌机空投时雷达不能发现空降物，红外线扫描仪就更【不可能】发现啦！

5.3.2.2.7　感叹句中"不可能"后间隔语气词"嘛"

（51）没有将着军呀！【不可能】将军嘛！

（52）【不可能】不在意嘛！

（53）我早就说过，那张广告是吹牛，【不可能】将世界上一切东西都放大10倍嘛！

5.3.2.2.8　感叹句中"不可能"后间隔语气词"呢"

（54）如果不是徐公子大义凛然挺身而出勇救美人，公主也【不可能】倾心于徐公子呢！

（55）以她现在的修为，还【不可能】到这里来呢！

5.3.2.2.9　感叹句中"不可能"后间隔语气词"的呀、的吧、的啊、的啦、的呢、的了"

（56）我是【不可能】嫁给他的，而他也【不可能】娶我的呀！

（57）江先生才新婚，是【不可能】离婚的吧！

（58）【不可能】真有这样一家公司的啊！

（59）他【不可能】做完的啦！

（60）我听说，这明珠是【不可能】失窃的呢！

(61) 有一个这样的男人经常在身边，我怎么可能交到男朋友呢？【不可能】找到比你好的嘛！

(62) 作文严重追星，更【不可能】是高分的了！

5.3.2.2.10 感叹句中"不可能"后间隔语气词"了吧、了啊、了呀"

(63) 这个路口损坏，【不可能】周边路口的都坏了吧！

(64) 【不可能】不声不响地不见了啊！

(65) 当时咱们都是20多岁的人了，【不可能】再变到哪儿去了呀！

5.3.2.3 感叹句中"不可能"后邻接、间隔语气词

5.3.2.3.1 感叹句中"不可能"后邻接语气词"的"，后间隔语气词"了、吧、啊、呀、啦、呢"

(66) 宝宝出生，像我这种情况，怀足月是【不可能】的了！

(67) 上完厕所不洗手是【不可能】的吧！

(68) 她明明上锁了，从里面是【不可能】打开的啊！

(69) 这明珠是【不可能】偷出来的呀！

(70) 现在要把一年到头的事情都说一遍，是【不可能】的啦！

(71) 击败所谓的江苏十强之一南航附中，不再是【不可能】的呢！

5.3.2.3.2 感叹句中"不可能"后邻接语气词"了"，后间隔语气词"吧、啊"

(72) 还会再见到他吗？【不可能】了吧！

(73) 【不可能】不声不响地不见了啊！

· 475 ·

(74) 再借这么多，就【不可能】了呀！

5.3.3 感叹句中"不可能"前关联语气副词、后关联语气词

5.3.3.1 感叹句中"不可能"前邻接语气副词，后邻接语气词

5.3.3.1.1 感叹句中"不可能"前邻接强化类语气副词，后邻接语气词"的"

(1) 至于一条通向地球中心的甬道，简直完全是幻想！绝对【不可能】的！

(2) 依她这样子要爬上这门前的十余道阶梯，绝对【不可能】的！

5.3.3.1.2 感叹句中"不可能"前邻接必断类语气副词，后邻接语气词"的"

(3) 不可能的！一定【不可能】的！

(4) 那不羁好色仇人，又怎能与至情至性的专一云傲相比，不，一定【不可能】的！

5.3.3.1.3 感叹句中"不可能"前邻接感叹类语气副词，后邻接语气词"了"

感叹句中，"不可能"可前邻接感叹类语气副词"太"，后邻接语气词"了"，例如：

(5) 难道香妃会行刺皇上吗？太【不可能】了！

(6) 假如的确如此，这一定是上天的一个奇迹，太不可能！太【不可能】了！

(7) 十几年思念着寻找着的人就在眼前了！会吗？不，这太【不

可能】了!

(8) 要我整天面对你却不能对你动心,这对我来说太难了,也太【不可能】了!

5.3.3.1.4 感叹句中"不可能"前邻接强化类语气副词,后邻接语气词"了"

(9) 是她就绝【不可能】了!

(10) "涅槃劫"要扭转过来,那就绝【不可能】了!

5.3.3.1.5 感叹句中"不可能"前邻接意外类语气副词,后邻接语气词"了"

感叹句中,"不可能"可前邻接意外类语气副词"却",后邻接语气词"了",例如:

(11) 这样的事情在你没有遇上我之前也许会发生,但是现在却【不可能】了!

(12) 他本想这一次去云南探望小魔女,了却了这一段缘分,现在却【不可能】了!

5.3.3.1.6 感叹句中"不可能"前邻接强化类语气副词,后邻接语气词"啊"

(13) 我考试的时候哪里有取消成绩啊?!我死也想不起来,绝对【不可能】啊!

(14) 即使想在这儿过夜也几乎【不可能】啊!

(15) 要让昂山素季和天朝配合简直【不可能】啊!

5.3.3.1.7 感叹句中"不可能"前邻接申明确认类语气副词,后邻

接语气词"啊"

(16) 愣什么愣？当然【不可能】啊！

5.3.3.1.8 感叹句中"不可能"前邻接估测类语气副词，后邻接语气词"啊"

(17) 苏摩去了中州才学到的法，说不定和迦若有一腿也未必【不可能】啊！

5.3.3.1.9 感叹句中"不可能"前邻接感叹类语气副词，后邻接语气词"呀"

(18) 要说动她们为我的流浪提供一个歇息之处，是多么【不可能】呀！

(19) 虽然十年不见，他一眼便认得出来。这多么【不可能】呀！

5.3.3.1.10 感叹句中"不可能"前邻接申明确认类语气副词，后邻接语气词"呀"

(20) 当然【不可能】呀！

5.3.3.1.11 感叹句中"不可能"前邻接感叹类语气副词，后邻接语气词"啦"

(21) 崇焕吓了一跳，认为士兵在胡说，因为亲兵说崇祯皇帝来了，这有些太【不可能】啦！

5.3.3.1.12 感叹句中"不可能"前邻接申明确认类语气副词，后邻接语气词"啦"

（22）当然【不可能】啦！平时爷根本不见人，只让我一个人伺候。

5.3.3.2 感叹句中"不可能"前间隔语气副词，后邻接语气词

5.3.3.2.1 感叹句中"不可能"前间隔必断类语气副词，后邻接语气词"的"

（23）没有大的阴谋，肯定是【不可能】的！

（24）那一定是【不可能】的！

5.3.3.2.2 感叹句中"不可能"前间隔申明确认类语气副词，后邻接语气词"的"

（25）那当然是【不可能】的！

5.3.3.2.3 感叹句中"不可能"前间隔意外类语气副词，后邻接语气词"的"

（26）从我手中，将段王爷的女儿安然无恙地救出，却是【不可能】的！

（27）你的武功虽然高强，但想要将白虎活捉回来，却是【不可能】的！

5.3.3.2.4 感叹句中"不可能"前间隔弱化类语气副词，后邻接语气词"的"

（28）元首不想内战的话，是【不可能】的，至少现在是【不可能】的！

（29）要想集全国之力与我国进行决战，至少在短时间内是【不可能】的！

5.3.3.2.5 感叹句中"不可能"前间隔估测类语气副词，后邻接语

气词"了"

(30) 就是自己想抽身撤离,恐怕也【不可能】了!

(31) 看来要你留下来,似乎是【不可能】了!

(32) 因为凭我一个人的力量,对付曾国藩大概是【不可能】了!

5.3.3.2.6 感叹句中"不可能"前间隔必断类语气副词,后邻接语气词"了"

(33) 现在要找到一把由矮人族炼制的武器,肯定是【不可能】了!

(34) 现在的社会想要找到没出社会就在一起的纯洁单纯的感情几乎是【不可能】了!

5.3.3.2.7 感叹句中"不可能"前间隔申明确认类语气副词,后邻接语气词"了"

(35) 我会积极储钱,买一只两百多万的代替它,当然,要买一式一样的就【不可能】了!

(36) 不可能,已经真的是【不可能】了!

5.3.3.2.8 感叹句中"不可能"前间隔估测类语气副词,后邻接语气词"吧"

(37) 谁又有能力将亿万年的煞气尽数炼入宝剑之中呢,恐怕就是圣人也【不可能】吧!

(38) 要阻拦恐怕也【不可能】吧!

5.3.3.2.9 感叹句中"不可能"前间隔估测类语气副词,后邻接语气词"啊"

（39）宗门即便是想不知道恐怕也【不可能】啊！

（40）其实今年圣诞节特别想过得特别，但似乎越想就是越【不可能】啊！

5.3.3.3 感叹句中"不可能"前邻接语气副词，后间隔语气词

5.3.3.3.1 感叹句中"不可能"前邻接强化类语气副词，后间隔语气词"了"

（41）我们被曹军追到了这里，根本【不可能】去江陵了！

（42）她不回去了——根本【不可能】回去了！

5.3.3.3.2 感叹句中"不可能"前邻接申明确认类语气副词，后间隔语气词"了"

（43）卸，居然要收费！当然【不可能】从我这收到了！

（44）当然【不可能】做得出来了！

5.3.3.3.3 感叹句中"不可能"前邻接意外类语气副词，后间隔语气词"了"

（45）逼敌兵回救，以此为宇文士及争取时间，自己却【不可能】再活着回来了！

（46）每年10月上旬土地就已经被冻得硬邦邦了，可冬小麦下种却【不可能】更早了！

5.3.3.3.4 感叹句中"不可能"前邻接强化类语气副词，后间隔语气词"的"

（47）这种事根本【不可能】发生在毕维麟的身上的！

（48）他根本【不可能】找到这间宾馆的！

（49）在我们新加坡，这类事件是绝【不可能】发生的！

5.3.3.3.5 感叹句中"不可能"前邻接意外类语气副词，后间隔语气词"的"

（50）藏有可能是小秋藏的，拿却【不可能】是小秋拿的！

5.3.3.3.6 感叹句中"不可能"前邻接强化类语气副词，后间隔语气词"吧"

（51）总【不可能】卖了我吧！

（52）风水轮流转，一个人毕竟【不可能】永远胜诉吧！

5.3.3.3.7 感叹句中"不可能"前邻接估测类语气副词，后间隔语气词"吧"

（53）这一根引线是我自己带来的，大概【不可能】再被你动过手脚吧！

（54）八弟，彭明通他似乎【不可能】比我们快吧！

5.3.3.3.8 感叹句中"不可能"前邻接强化类语气副词，后间隔语气词"嘛"

（55）根本【不可能】如此轻易地就被一个冲动莽撞的小女娃儿解决掉嘛！

（56）郝韫霆绕着十个张飞打转，觉得每张脸都生得一模一样，根本【不可能】认出来嘛！

（57）根本【不可能】定嘛！

5.3.3.3.9 感叹句中"不可能"前邻接强化类语气副词，后间隔语气词"啊"

(58) 弩机根本【不可能】移动啊!

(59) 这样的魔法阵根本【不可能】产生任何效用啊!

(60) 在这样的情况下,唐军根本【不可能】派出军队到自己的后方去袭扰啊!

5.3.3.3.10 感叹句中"不可能"前邻接强化类语气副词,后间隔语气词"呀"

(61) 我做的事又不会发出声响,根本【不可能】干扰你练琴呀!

(62) 那住宅是那么奇怪,根本【不可能】是他的家呀!

5.3.3.3.11 感叹句中"不可能"前邻接申明确认类语气副词,后间隔语气词"罗"

(63) 既然要进骆府做婢女,当然【不可能】带在身边罗!

(64) 我当然【不可能】会接受罗!

5.3.3.3.12 感叹句中"不可能"前邻接强化类语气副词,后间隔语气词"的啊"

(65) 怎么可能,这种理论是根本【不可能】实现的啊!

(66) 那些他们目睹的情形,根本【不可能】发生的啊!

5.3.3.3.13 感叹句中"不可能"前邻接强化类语气副词,后间隔语气词"的呀"

(67) 我就是诅天咒地要使她相信,她也根本【不可能】相信的呀!

5.3.3.3.14 感叹句中"不可能"前邻接强化类语气副词,后间隔语气词"了吧"

· 483 ·

(68) 我们总【不可能】遇到市场不好就不生存了吧!

5.3.3.4 感叹句中"不可能"前间隔语气副词，后间隔语气词

5.3.3.4.1 感叹句中"不可能"前间隔强化类语气副词，后间隔语气词"的"

(69) 毕竟只依靠着韩晓们【不可能】赢得冠军的!

(70) 你们把罪都推到他身上就可以了，反正他也【不可能】投降的!

5.3.3.4.2 感叹句中"不可能"前间隔申明确认类语气副词，后间隔语气词"的"

(71) 当然这愿望是【不可能】实现的!

(72) 只是以她眼下的处境，自然是【不可能】明着看到账册的!

5.3.3.4.3 感叹句中"不可能"前间隔意外类语气副词，后间隔语气词"的"

(73) 翼德，你的武艺、你的治军本领，我张绣佩服万分，但我却是【不可能】投降你的!

(74) 一双旧皮鞋带来的可怕后果却是穿旧皮鞋的人永远【不可能】想到的!

5.3.3.4.4 感叹句中"不可能"前间隔必断类语气副词，后间隔语气词"的"

(75) 当然了，他们肯定是【不可能】那么容易就相信的!

5.3.3.4.5 感叹句中"不可能"前间隔估测类语气副词，后间隔语气词"的"

（76）他们恐怕不扔下一千万英镑【不可能】打胜这场战争的！

5.3.3.4.6　感叹句中"不可能"前间隔弱化类语气副词，后间隔语气词"的"

（77）我认为至少在雍正时期它【不可能】出现的！

5.3.3.4.7　感叹句中"不可能"前间隔申明确认类语气副词，后间隔语气词"了"

（78）董卓派遣安喜到益州，是让他便宜行事，当然就【不可能】有进行硬性限制的书信了！

（79）那另一笔，自然也就更【不可能】化解了！

（80）在他们的带领下，公孙瓒的内部必然不得安宁，到时自然就【不可能】全力对抗主公了！

5.3.3.4.8　感叹句中"不可能"前间隔强化类语气副词，后间隔语气词"了"

（81）毕竟我们的行动【不可能】再等了！

（82）毕竟这个作战计划【不可能】再更改了！

5.3.3.4.9　感叹句中"不可能"前间隔估测类语气副词，后间隔语气词"了"

（83）他们似乎已经【不可能】重新打开这个口子了！

（84）考验失败的话你大概也【不可能】再去担心笔记本升级的事情了！

5.3.3.4.10　感叹句中"不可能"前间隔弱化类语气副词，后间隔语气词"了"

（85）晓开提的条件倒还马马虎虎，至少日后她【不可能】再用我说过的话来压我了！

（86）至少到时候她【不可能】埋怨他了！

5.3.3.4.11 感叹句中"不可能"前间隔必断类语气副词，后间隔语气词"吧"

（87）敢这么狠狠抽自己耳光的，肯定是自己的长官而【不可能】是支那人吧！

5.3.3.4.12 感叹句中"不可能"前间隔估测类语气副词，后间隔语气词"吧"

（88）只不过这个问题恐怕他永远也【不可能】知道吧！

5.3.3.4.13 感叹句中"不可能"前间隔意外类语气副词，后间隔语气词"吧"

（89）老娘虽说没有见过这"万年冰莲"的模样，却也【不可能】是这么个德行吧！

5.3.3.4.14 感叹句中"不可能"前间隔意外类语气副词，后间隔语气词"啊"

（90）自己虽然率领的是残兵败卒，士气低落，战斗力不强，却也【不可能】被一个人打败啊！

5.3.3.4.15 感叹句中"不可能"前间隔估测类语气副词，后间隔语气词"了吧"

（91）这次任务过后，恐怕我再也【不可能】待在基纽城了吧！

5.3.3.5 感叹句中"不可能"前邻接、间隔语气副词，后邻接语气词

5.3.3.5.1 感叹句中"不可能"前邻接强化类语气副词、前间隔意外类语气副词，后邻接语气词"的"

（92）任意驰骋纵横，且还必须得到当地的支持，这却是完全【不可能】的！

5.3.3.5.2 感叹句中"不可能"前邻接强化类语气副词、前间隔弱化类语气副词，后邻接语气词"的"

（93）这至少在目前是根本【不可能】的！

5.3.3.5.3 感叹句中"不可能"前邻接、间隔强化类语气副词，后邻接语气词"了"

（94）我甚至连远远地见他一面的机会都【不可能】了！

5.3.3.5.4 感叹句中"不可能"前邻接强化类语气副词、前间隔意外类语气副词，后邻接语气词"了"

（95）要想在阵中杀人，却是万【不可能】了！

5.3.3.6 感叹句中"不可能"前邻接、间隔语气副词，后间隔语气词

5.3.3.6.1 感叹句中"不可能"前邻接、前间隔强化类语气副词，后间隔语气词"了"

（96）我甚至连远远地见他一面的机会都【不可能】了！

5.3.3.6.2 感叹句中"不可能"前邻接感叹类、前间隔强化类语气副词，后间隔语气词"了"

（97）那简直太【不可能】了！

5.3.3.6.3 感叹句中"不可能"前邻接感叹类、前间隔申明确认类语气副词，后间隔语气词"了"

（98）要在一招之间，击败山君，这实在是太【不可能】了！

（99）那实在是太【不可能】了！

5.3.3.6.4 感叹句中"不可能"前邻接强化类、前间隔申明确认类语气副词，后间隔语气词"吧"

（100）是说这样想的话好受多了……不过这其实根本【不可能】吧！

（101）这其实根本【不可能】吧！

5.3.3.6.5 感叹句中"不可能"前邻接强化类、前间隔估测类语气副词，后间隔语气词"呀"

（102）仅仅是普通的政治磋商，恐怕根本【不可能】在几个月内把事情解决好呀！

5.3.3.7 感叹句中"不可能"前邻接语气副词，后邻接、间隔语气词

5.3.3.7.1 感叹句中"不可能"前邻接感叹类语气副词，后邻接语气词"的"，间隔语气词"了"

（103）难道有半片身子的血脉是倒流的不成，不可能，太【不可能】的了！

5.3.3.7.2 感叹句中"不可能"前邻接申明确认类语气副词，后邻接语气词"的"，间隔语气词"了"

（104）当然【不可能】的了！

5.3.3.8 感叹句中"不可能"前间隔语气副词，后邻接、间隔语气词

5.3.3.8.1 感叹句中"不可能"前间隔申明确认类语气副词，后邻接语气词"的"，间隔语气词"了"

（105）那当然是【不可能】的了！

（106）曾经的我当然现在是【不可能】的了！

5.3.3.8.2 感叹句中"不可能"前间隔意外类语气副词，后邻接语气词"的"，间隔语气词"了"

（107）不过这样的情况下，魔道要想吞并正道却是【不可能】的了！

5.3.3.8.3 感叹句中"不可能"前间隔必断类语气副词，后邻接语气词"的"，间隔语气词"啦"

（108）一个人？肯定是【不可能】的啦！

本章小结

一 陈述句中"不可能"与语气成分的关联机制

陈述句中"不可能"前邻接语气副词主要有六类：强化类、申明确认类、意外类、弱化类、必断类和估测类语气副词。

陈述句中"不可能"前间隔的语气副词大致有六类：申明确认类、强化类、弱化类、意外类、必断类、估测类，另外还能同时间隔申明确认类

和强化类语气副词。

陈述句中"不可能"前邻接、间隔语气副词主要有三种：（1）前邻接、间隔强化类语气副词；（2）前邻接强化类语气副词、前间隔估测类语气副词；（3）前邻接强化类语气副词、前间隔申明确认类语气副词。

陈述句中，"不可能"后邻接语气词主要有"了""吧""的"。

陈述句中"不可能"后间隔语气词主要有"了""的""罢了""啦""的了"。

陈述句中"不可能"可以后邻接语气词"的"、后间隔语气词"了"。

陈述句中"不可能"前邻接语气副词、后邻接语气词三种格式：（1）前邻接强化类语气副词、后邻接语气词"的"；（2）前邻接强化类语气副词、后邻接语气词"啊"；（3）前邻接申明确认类语气副词、后邻接语气词"了"。

陈述句中"不可能"后邻接语气词"的"时，可以前间隔四类语气副词：申明确认类、强化类、弱化类和估测类。

陈述句中"不可能"后邻接语气词"了"时，可以前间隔强化类语气副词。

陈述句中"不可能"后间隔语气词"的"时，可以前邻接强化类或申明确认语气副词；后间隔语气词"了"时，可以前邻接申明确认类语气副词。

陈述句中"不可能"后间隔语气词"的"时，可以前间隔四类语气副词：申明确认类、强化类、必断类和意外类语气副词；后间隔语气词"了"时，可以前间隔申明确认类语气副词。

陈述句中"不可能"前邻接强化类语气副词、前间隔估测类语气副词，后邻接语气词"的"。

陈述句中"不可能"前邻接、间隔语气副词，后间隔语气词有两种格式：（1）前邻接、间隔强化类语气副词，后间隔语气词"的"；（2）前邻接强化类语气副词、前间隔申明确认类语气副词，后间隔语气词"的"。

陈述句中"不可能"前邻接强化类语气副词，后邻接隔语气词"的"、后间隔语气词"了"。

陈述句中"不可能"后邻接语气词，可以同时前邻接、间隔语气副词，主要有四种格式：（1）前邻接强化类语气副词、前间隔估测类语气副词、后邻接语气词"的"；（2）前邻接、间隔强化类语气副词、后间隔语气词"的"；（3）前邻接强化类语气副词、前间隔申明确认类语气副词、后间隔语气词"的"；（4）前邻接强化类语气副词、后邻接隔语气词"的"、后间隔语气词"了"。

二 疑问句中"不可能"与语气成分的关联机制

（一）是非问中"不可能"与语气成分的关联机制

是非问中"不可能"前邻接语气副词主要有五类：反诘类、强化类、申明确认类、估测类、意外类语气副词。

是非问中"不可能"前间隔语气副词主要有两类：反诘类、申明确认类语气副词。

是非问中"不可能"前邻接、间隔语气副词大致有三种格式：（1）前邻接、间隔强化类语气副词；（2）前邻接强化类、前间隔强化类、反诘类语气副词；（3）前邻接强化类、前间隔申明确认类语气副词。

是非问中"不可能"后邻接语气词主要是"吧""吗""了"。

是非问中"不可能"后间隔语气词主要是"吧""吗""了吧""了吗"。

是非问中"不可能"后邻接语气词"了"的时候，还可以同时后间隔语气词"吗"或"吧"，构成是非问"……不可能了吗""……不可能了吧"。

· 491 ·

是非问中"不可能"前邻接语气副词、后邻接语气词大致有四种格式：（1）前邻接反诘类语气副词、后邻接语气词"吗"；（2）前邻接强化类语气副词、后邻接语气词"吗"；（3）前邻接估测类语气副词、后邻接语气词"吧"；（4）前邻接感叹类语气副词、后邻接语气词"了"。

是非问中"不可能"前间隔语气副词、后邻接语气词大致有六种格式：（1）前间隔反诘类语气副词、后邻接语气词"吗"；（2）前间隔强化类语气副词、后邻接语气词"吗"；（3）前间隔反诘类语气副词、后邻接语气词"么"；（4）前间隔测度问类语气副词、后邻接语气词"么"；（5）前间隔估测类语气副词、后邻接语气词"吧"；（6）前间隔反诘类语气副词、后邻接语气词"了"。

是非问中"不可能"前邻接语气副词、后间隔语气词大致有六种格式：（1）前邻接反诘类语气副词、后间隔语气词"吗"；（2）前邻接必断类语气副词、后间隔语气词"吗"；（3）前邻接强化类语气副词、后间隔语气词"么"；（4）前邻接强化类语气副词、后间隔语气词"吧"；（5）前邻接意外类语气副词、后间隔语气词"吧"；（6）前邻接反诘类语气副词，后间隔语气词"的吗"；（7）前邻接意外类语气副词，后间隔语气词"的吧"；（8）前邻接估测类语气副词、后间隔语气词"了吧"。

是非问中"不可能"前间隔语气副词、后间隔语气词大致有五种格式：（1）前间隔反诘类语气副词、后间隔语气词"吗"；（2）前间隔反诘类语气副词、后间隔语气词"么"；（3）前间隔反诘类语气副词、后间隔语气词"了吗"；（4）前间隔申明确认类语气副词、后间隔语气词"了吗"；（5）前间隔估测类语气副词、后间隔语气词"吧"。

是非问中"不可能"后邻接语气词"吗"的时候，"不可能"前可以同时邻接和间隔语气副词，主要有三种：（1）前邻接申明确认类语气副词、前间隔反诘类语气副词；（2）前邻接强化类语气副词、前间隔反诘类语气副词；（3）前邻接意外类语气副词、前间隔反诘类语气副词。是非问中"不可能"后邻接语气词"么"的时候，可以同时前邻接申明确认类语气副词、前间隔反诘类语气副词。

是非问中"不可能"前邻接、间隔强化类语气副词的时候，可以后间隔语气词"吧"或"吗"。

是非问中"不可能"前邻接语气副词，后邻接、间隔语气词大致有两种格式：（1）前邻接申明确认类语气副词，后邻接语气词"了"、后间隔语气词"吗"；（2）前邻接感叹类语气副词，后邻接语气词"了"、后间隔语气词"吧"。

（二）正反问中"不可能"与语气成分的关联机制

正反问中"不可能"前邻接正反问类语气副词。

正反问中"不可能"前间隔正反问类语气副词。

正反问中"不可能"前邻接、间隔语气副词大致有两种格式：（1）前邻接必断类语气副词、前间隔正反问类语气副词；（2）前邻接强化类语气副词、前间隔真申明确认类、反问类语气副词。

正反问中"不可能"前邻接正反问类语气副词的时候，可以后邻接语气词"呢"或"了"。

正反问中"不可能"前间隔正反问类语气副词的时候，可以后邻接语气词"呢"或"了"。

正反问中"不可能"前邻接、间隔语气副词，后邻接语气词的关联模式大致有四种格式：（1）前邻接申明确认类、前间隔正反问类语气副词，后邻接语气词"呢"；（2）前邻接申明确认类、前间隔正反问类语气副词，后邻接语气词"了"；（3）前邻接感叹类、前间隔正反问类语气副词，后邻接语气词"了"；（4）前邻接强化类、前间隔申明确认类、正反问类语气副词，后邻接语气词"了"。

正反问中"不可能"前邻接正反问类语气副词的时候，可以后间隔语

· 493 ·

气词"呢""了"或"的"。

正反问中"不可能"前间隔正反问类语气副词的时候，可以后间隔语气词"呢"或"了"。

正反问中"不可能"前邻接、间隔语气副词，后间隔语气词大致有两种格式：（1）前邻接强化类、间隔正反问类语气副词，后间隔语气词"呢"；（2）前邻接必断类、间隔正反问类语气副词，后间隔语气词"呢"。

（三）选择问中"不可能"与语气成分的关联机制

选择问中，"不可能"前关联语气副词主要有两种情况：（1）前邻接强化类语气副词；（2）前邻接和间隔强化类语气副词。

选择问中"不可能"可以直接后邻接语气词"呢"，或者前间隔深究类语气副词，后邻接语气词"呢"。

（四）特指问中"不可能"与语气成分的关联机制

特指问中"不可能"前邻接特指问类语气副词。

特指问中"不可能"前间隔特指问类语气副词。

特指问中"不可能"后邻接的语气词主要是"呢""的""吗""了"。

特指问中"不可能"后间隔语气词主要是"呢"。

特指问中"不可能"后邻接语气词"的"，后间隔语气词"呢"。

特指问中"不可能"前邻接特指问语气副词的时候，可以后邻接的语气词有四个："呢""啊""了""啦"。

特指问中"不可能"前间隔特指问类语气副词的时候，后邻接的语气词主要有"呢"和"了"。

特指问中"不可能"前邻接特指问类语气副词的时候，后间隔的语气词主要有"呢"和"了"。

特指问中"不可能"前间隔特指问类语气副词的时候，后间隔的语气词主要有"呢""吧""啊""的吧""的呀"。

特指问中"不可能"前邻接特指问类语气副词，可以后邻接语气词"了"、后间隔语气词"呢"。

三 感叹句中"不可能"与语气成分的关联机制

感叹句中"不可能"前邻接语气副词主要有五类：强化类、意外类、申明确认类、必断类和估测类语气副词。

感叹句中"不可能"前间隔语气副词主要有六类：强化类、估测类、申明确认类、弱化类、必断类和意外类语气副词。

感叹句中"不可能"前邻接、间隔语气副词大致有三种格式：（1）前邻接、间隔强化类语气副词；（2）前邻接强化类、前间隔申明确认类语气副词；（3）前邻接强化类语气副词、前间隔意外类语气副词。

感叹句中"不可能"后邻接语气词主要是"的""吧""了""啊""啦""嘛""呀""呢"。

感叹句中"不可能"后间隔语气词"的""了""吧""呀""啦""嘛""呢""的呀""的吧""的啊""的啦""的呢""的了""了吧""了啊""了呀"。

感叹句中"不可能"后邻接语气词"的"，后间隔语气词"了""吧""啊""呀""啦""呢"。

感叹句中"不可能"后邻接语气词"了"，后间隔语气词"吧、啊"。

感叹句中"不可能"前邻接强化类语气副词的时候，后邻接语气词主要是"的""了""啊"；前邻接必断类语气副词的时候，后邻接语气词"的"；前邻接感叹类语气副词的时候，后邻接语气词有"了""啦""呀"；前邻接申明确认类语气副词的时候，后邻接语气词有"啊""呀""啦"；前邻接意外类语气副词，后邻接语气词"了"；前邻接估测类语气副词的时候，后邻接语气词"啊"。

感叹句中"不可能"前间隔必断类语气副词的时候，后邻接语气词"的""了"；前间隔申明确认类语气副词的时候，后邻接语气词"的""了"；前间隔意外类语气副词的时候，后邻接语气词"的"；前间隔弱化类语气副词的时候，后邻接语气词"的"；前间隔估测类语气副词，后邻接语气词"了""吧""啊"。

感叹句中"不可能"前邻接强化类语气副词的时候，后间隔语气词"了""的""吧""嘛""啊""呀""的啊""的呀""了吧"；前邻接申明确认类语气副词的时候，后间隔语气词"了""罗"；前邻接意外类语气副词的时候，后间隔语气词"的""了"；前邻接估测类语气副词，后间隔语气词"吧"。

感叹句中"不可能"前间隔强化类语气副词的时候，后间隔语气词"的""了"；前间隔申明确认类语气副词的时候，后间隔语气词"的""了"；前间隔弱化类语气副词的时候，后间隔语气词"的""了"；前间隔意外类语气副词的时候，后间隔语气词"的""吧""啊"；前间隔必断类语气副词的时候，后间隔语气词"的""吧"；前间隔估测类语气副词的时候，后间隔语气词"的""了""吧""了吧"。

感叹句中"不可能"前邻接、间隔语气副词，后邻接语气词大致有四种格式：（1）前邻接强化类语气副词、前间隔意外类语气副词，后邻接语气词"的"；（2）前邻接强化类语气副词、前间隔弱化类语气副词，后邻接语气词"的"；（3）前邻接、间隔强化类语气副词，后邻接语气词"了"；（4）前邻接强化类语气副词、前间隔意外类语气副词，后邻接语气词"了"。

感叹句中"不可能"前邻接、间隔语气副词，后间隔语气词大致有五种格式：（1）前邻接、前间隔强化类语气副词，后间隔语气词"了"；（2）前邻接感叹类、前间隔强化类语气副词，后间隔语气词"了"；（3）前邻接感叹类、前间隔申明确认类语气副词，后间隔语气词"了"；（4）前邻接强化类、前间隔申明确认类语气副词，后间隔语气词"吧"；

（5）前邻接强化类、前间隔估测类语气副词，后间隔语气词"呀"。

感叹句中"不可能"前邻接语气副词，后邻接、间隔语气词大致有两种格式：（1）前邻接感叹类语气副词，后邻接语气词"的"、间隔语气词"了"；（2）前邻接申明确认类语气副词，后邻接语气词"的"、间隔语气词"了"。

感叹句中"不可能"前间隔语气副词，后邻接、间隔语气词大致有三种格式：（1）前间隔申明确认类语气副词，后邻接语气词"的"、间隔语气词"了"；（2）前间隔意外类语气副词，后邻接语气词"的"、间隔语气词"了"；（3）前间隔必断类语气副词，后邻接语气词"的"、间隔语气词"啦"。

第6章 "要1"与语气成分的关联机制

6.1 陈述句中"要1"与语气成分的关联机制

6.1.1 陈述句中"要1"前关联语气副词

6.1.1.1 陈述句中"要1"前邻接语气副词

6.1.1.1.1 陈述句中"要1"前邻接道义类语气副词

陈述句中,"要1"可以前邻接道义类语气副词"一定""必须""须"等。

6.1.1.1.1.1 陈述句中"一定要1"

陈述句中,"要1"可以前邻接道义类语气副词,常用"一定",形成"一定要"的组合,用来表示必须做某事,很有必要做某事。大致有五种用法:

第一,"一定要"用于单句,例如:

(1) 一定【要】奖罚分明。

(2) 我们一定【要】保持高度警惕。

（3）农村建房一定【要】高度重视节约用地。

第二，"一定【要】"用于前分句，例如：

（4）一定【要】把质量问题放在第一位，好字当头，好中求多、求快。

（5）施肥后第二天一定【要】浇水，这称为还水，以便肥料渗入被吸收。

第三，"一定【要】"用于后分句，例如：

（6）弼时同志事无巨细，凡是自己经手的，一定【要】负责到底。

（7）一辈子就是这么一回，一定【要】对得起自己。

（8）为了完成今年的任务，一定【要】采取有效措施。

第四，"一定要"用于前后分句，例如：

（9）对马克思主义基本理论，一定【要】讲到今天，一定【要】讲到在今天的世界和今天的中国各方面的发展。

第五，"一定要"用于宾语，例如：

（10）吕传赞指出对严重刑事犯罪分子一定【要】从严惩处。

（11）一路上，小海虎唠唠叨叨，央求我明天一定【要】带他到水下去。

6.1.1.1.1.2　陈述句中"（必）须要1"

陈述句中，"要1"可以前邻接道义类语气副词"（必）须"，形成"（必）须【要】"的组合，用来表示必须做某事，很有必要做某事。

（12）"有的放矢"是为了简明地、清楚地说明做事必须【要】

看清对象，不能乱弹琴，和"无的放矢"形成一个鲜明的对比。

（13）企业【要】决定开发一项新产品时，不但【要】掌握产品的市场需求现状，而且必须【要】对未来的市场需求进行预测和可行性分析。

（14）但你须【要】耐心些才是。

6.1.1.1.2 陈述句中"要1"前邻接申明确认类语气副词

陈述句中，"要1"可以前邻接申明确认类语气副词"当然、自然、确实"等。

6.1.1.1.2.1 陈述句中"当然要1"

陈述句中，"要1"可以前邻接申明确认类语气副词，常用"当然"，形成"当然要"的组合，表示对必须做某事加以确认，说明有必要做某事是显而易见的。例如：

（15）当然，【要】控制在总的供应量之内。

（16）当然【要】大力支持。

6.1.1.1.2.2 陈述句中"自然要1"

陈述句中，"要1"可以前邻接申明确认类语气副词"自然"，形成"自然要"的组合，表示对必须做某事加以确认，说明有必要做某事是显而易见的。例如：

（17）要找水源，自然【要】爬山，钻森林。

（18）天气冷，自然【要】设法取暖。

（19）皇帝的印玺自然【要】选用天下绝无仅有的宝贝才行。

6.1.1.1.2.3 陈述句中"确实要1"

陈述句中，"要1"可以前邻接申明确认类语气副词"确实"，形成

"确实要"的组合，表示对必须做某事加以确认，说明有必要做某事是显而易见的。例如：

（20）在挑选人这方面确实【要】慎重。

（21）要介绍这种软糖，确实【要】谈谈海豚。

6.1.1.1.3 陈述句中"要1"前邻接强化类语气副词

陈述句中，"要1"可以前邻接强化类语气副词"总""毕竟"等，例如：

（22）凡事总【要】讲一个"平"字。

（23）这就是说，上述两大规律以集体所有制和全民所有制为基础，对生产起调节作用，毕竟【要】借助经济计划来实现。

6.1.1.1.4 陈述句中"要1"前邻接弱化类语气副词

陈述句中，"要1"可以前邻接弱化类语气副词"至少""起码"等，例如：

（24）他是为她负责来的，至少【要】给她一点勇气和力量。

（25）按规定，气球至少【要】升到二万三千米才行。

（26）打松潘也不容易，至少【要】用二十个团。

6.1.1.1.5 陈述句中"要1"前邻接必断类语气副词

陈述句中，"要1"前邻接必断类语气副词"必然""势必"等，例如：

（27）依据这个假定，要使人改善，必然【要】改造人的环境，即要改造社会及国家。

（28）简政放权后，必然【要】搞综合，不能揽得太多，管得过细。

（29）但有些同志连真理的阶级性也否定了，认为要承认真理的阶级性，就势必【要】承认一个阶级有一个阶级的真理，承认真理以阶级为转移。

6.1.1.2　陈述句中"要1"前间隔语气副词

6.1.1.2.1　陈述句中"要1"前间隔申明确认类语气副词

陈述句中，"要1"前可以间隔申明确认类语气副词"当然"等，从间隔的成分来看大体有几种：

第一，"当然+主语+要1……"构成陈述句，例如：

（30）当然，这【要】根据条件，因地制宜。

第二，"当然+饰连语+要1……"构成陈述句，例如：

（31）所以一个舞蹈家如果企求在自己的作品中能真实地反映生活，就必须努力获得先进的世界观，当然也【要】具备尽可能丰富的生活经验和精湛的艺术技巧。

（32）当然，从根本出路上讲，是【要】改革干部制度、严格责任制和政绩的考核制，使那些想做"舒服官"的人做不成官。

第三，"当然+主语+饰连语+要1……"构成陈述句，例如：

（33）当然，无产阶级在同资产阶级民主派联合时，【要】保持自己的独立性和批评其错误的自由。

（34）当然，我们也【要】牢牢记住盲目发展小土群、不计效果、不计耗费的深刻教训。

（35）当然，总量还【要】控制，不能超量，特别是对那些计划外项目、楼堂馆所等，要严格控制。

第四,"当然+句+饰连语+要1……"构成陈述句,例如:

(36)当然,计划商品的品种多少,不完全决定于商品本身的性质,尤其【要】考虑当时的政治经济形势。

6.1.1.3 陈述句中"要1"前邻接、间隔语气副词

6.1.1.3.1 陈述句中"要1"前邻接道义类语气副词、前间隔申明确认类语气副词

(37)当然,对中小学生进行德、智、体诸方面教育,一定【要】符合他们身心发展的客观规律。

(38)当然,对跨行业兼并,一定【要】慎重。

(39)当然,开除一个人是件很严肃的事情,做起来一定【要】十分慎重。

(40)当然,地区差价一定【要】合理,即合价值规律和供求关系之理。

6.1.1.3.2 陈述句中"要1"前邻接道义类语气副词、前间隔意外类语气副词

(41)虽然人为万物之灵,却一定【要】和它们打交道。

(42)不管上面是铺了花绒、棉绒或者是羊毛花毯,下面却一定【要】铺花席。

6.1.1.3.3 陈述句中"要1"前邻接申明确认类语气副词、前间隔意外类语气副词

(43)要写好文章,却确实【要】进行基本的训练,诸如语言文

· 503 ·

字、选题立意、谋篇布局、如何开头、如何展开、怎样收尾等。

6.1.2　陈述句中"要1"后关联语气词

6.1.2.1　陈述句中"要1"后邻接语气词"的"

（1）"要套上车吗？""【要】的。"

（2）"慢，我来给你开门。""不必劳驾了。""不，【要】的。"

（3）"我还要做别的么？""【要】的。"

6.1.2.2　陈述句中"要1"后间隔语气词

6.1.2.2.1　陈述句中"要1"后间隔语气词"啊"

（4）【要】给民顺看病啊。

（5）【要】注意明哲保身啊。

（6）人生有酒须当醉，其实什么事情都【要】看开一点才好啊。

（7）咱是个党员，处处都【要】注意影响啊。

（8）现在两名考察队员下落不明，我【要】设法寻找才对啊。

6.1.2.2.2　陈述句中"要1"后间隔语气词"呀"

（9）【要】避嫌呀，否则把事情搞复杂了，适得其反。

6.1.2.2.3　陈述句中"要1"后间隔语气词"哪"

（10）那哪儿行，我们【要】对国家负责任哪。

6.1.2.2.4　陈述句中"要1"后间隔语气词"呢"

（11）有什么不是，打打他骂骂他，【要】多多教训呢。

(12) 不知道，也用不着知道，选的都是隐性性状的 DNA 片断，【要】从好多种里分割提取呢，不然就不能保证我的性状呈显性。

6.1.2.2.5 陈述句中"要1"后间隔语气词"嘛"

(13) 从文字上看，很好嘛，【要】充分发扬民主嘛。

6.1.2.2.6 陈述句中"要1"后间隔语气词"的"

陈述句中，"要1"可以后间隔语气词"的"，主要有两种格式：

（一）"是要……的"构成陈述句，有的构成单句，例如：

(14) 这个林区周围十里，是【要】串好些个山村的。

(15) 做学问是【要】从概念来进入推理和判断的。

(16) 因为社会上的奖励和过失，是【要】当真的。

（二）有的用于前分句，例如：

(17) 主题是【要】突出的，难道不可选择别的手法吗？

(18) 土匪的活动是【要】打击的，不过，我们的敌人不仅仅是几个土匪啊！

(19) 技术评估的结果是【要】付诸开发实施的，因此，必须对各种方案从需要和可能，现实和未来，政治道德和经济利益，技术基础水平和开发能力等多方面进行审定、分析其可行性。

（三）有的用于后分句，例如：

(20) 杜威所反对的"传统"，是传统的班级教学制度，而这种传统，我们是【要】继承的。

(21) 舞蹈编导实际只是引导者，舞蹈家的成长不能只靠编导，是【要】靠自己阅读、思考和习作的过程而锻炼和成长起来的。

（四）有的用于宾语，例如：

（22）于是他继续发挥他的幻想：这件事是【要】从头说起的。

（23）林学武，你一下子杀死了两条人命，你难道没有想过，杀人是【要】偿命的？

（24）毛泽东同志说过，国家工业化和农业技术改造所需大量资金的一个相当大的部分是【要】从农业方面积累起来的。

（25）但是许多人只知道人是【要】吃东西的，然而不知道为什么要吃。

（五）"是……要……的"构成陈述句，有的构成单句，例如：

（26）音乐应该以诗意为依归，这是谁都【要】承认的。

6.1.2.2.7　陈述句中"要1"后间隔语气词"了"

（27）任何学生都不知道谁是先被喊的人，他们一定【要】个个注意了。

（28）现在，【要】把事情正过来了：相信每一位校长都想把学校办好；相信每一位教师都想把学生教好；相信每一名学生都想把功课学好。

（29）如果都行不通，你就【要】对客户提高售价了。

6.1.3　陈述句中"要1"前关联语气副词、后关联语气词

陈述句中"要1"前关联语气副词、后关联语气词，主要有两种模式：（一）陈述句中"要1"前邻接语气副词，后间隔语气词；（二）陈述句中"要1"前间隔语气副词，后间隔语气词。

6.1.3.1　陈述句中"要1"前邻接语气副词，后间隔语气词

6.1.3.1.1　陈述句中"要1"前邻接道义类语气副词，后间隔语气词"啊（呵）"

（1）可是化学家并不是魔术师，他是科学家，他一定【要】按照物质变化的规律去办才行呵。

6.1.3.1.2　陈述句中"要1"前邻接道义类语气副词，后间隔语气词"呀"

（2）班长，这是示范作业，可【要】拿出咱们的水平来呀。

6.1.3.1.3　陈述句中"要1"前邻接弱化类语气副词，后间隔语气词"的"

（3）但是支付老板的薪水不可和公司的纯利混淆不清，老板在公司里工作，领薪水归领薪水，纯利还是【要】拿的，但这时千万不可把纯利也算作行政部门的主管薪资。

6.1.3.1.4　陈述句中"要1"前邻接申明确认类语气副词，后间隔语气词"了"

（4）她具有这样一个头脑，抱着这样一个宗旨，她对于自己的前途，自然【要】抱悲观了。

（5）至于将来的趋势，自然【要】看上述各项情形的变迁了。

6.1.3.2　陈述句中"要1"前间隔语气副词，后间隔语气词

6.1.3.2.1　陈述句中"要1"前间隔申明确认类语气副词，后间隔语气词"啦"

(6) 我们火车头都是科学技术发达的产物,当然也【要】不断进步啦。

6.1.3.2.2　陈述句中"要1"前间隔估测类语气副词,后间隔语气词"嘛"

(7) 你们不一定非【要】动员那个祥子嘛,换一个也可以呀!

6.2　疑问句中"要1"与语气成分的关联机制

6.2.1　是非问中"要1"与语气成分的关联机制

6.2.1.1　是非问中"要1"前关联语气副词

6.2.1.1.1　是非问中"要1"前邻接语气副词

6.2.1.1.1.1　是非问中"要1"前邻接道义类语气副词

(1) 一定【要】阻止他?

(2) 【要】做一定【要】做到最好?

(3) 一定【要】用锄头才算劳动?

6.2.1.1.1.2　是非问中"要1"前邻接反诘类语气副词

(4) 难道【要】让我逼你们坐下来?

(5) 难道【要】让张飞投降?

6.2.1.1.2　是非问中"要1"前间隔反诘类语气副词

(6) 要走出地区小圈子,闯全国这一大市场,连普通话都不会说，难道【要】带着翻译到处走？

(7) 难道为了一个不再爱你的人【要】等他一辈子？

6.2.1.1.3　是非问中"要1"前邻接、间隔语气副词

6.2.1.1.3.1　是非问中"要1"前邻接道义类语气副词、前间隔反诘类语气副词

(8) 关着门也可以讨论，难道一定【要】见诸杂志？

(9) 难道一定【要】等到你自己的手臂也温柔地捧着一个无脑婴儿，你再无言地对天哭泣？

6.2.1.1.3.2　是非问中"要1"前邻接必断类语气副词、前间隔反诘类语气副词

(10) 难道工业的发展必定【要】以牺牲农业为代价？

6.2.1.2　是非问中"要1"后间隔语气词

6.2.1.2.1　是非问中"要1"后间隔语气词"吗"

(11)【要】仔细察看100头牛吗？

(12) 这里有军人……我们【要】查吗？

(13) 你还唱这么老的歌呢？当时【要】穿那种特别闪亮的衣服吗？

6.2.1.2.2　是非问中"要1"后间隔语气词"么"

(14)【要】拿进一两样来么？

(15) 挪动烛台就【要】处死么？

6.2.1.3 是非问中"要1"前关联语气副词，后间隔语气词

6.2.1.3.1 是非问中"要1"前关联语气副词，后间隔语气词

6.2.1.3.1.1 是非问中"要1"前邻接语气副词，后间隔语气词

6.2.1.3.1.1.1 是非问中"要1"前邻接道义类语气副词，后间隔语气词"吗"

(16) 实现现货市场的规范化就必须【要】引进期货机制吗？

(17) 一个成功的管理者必须【要】学好管理学吗？

(18) 一定【要】讲得很详细吗？

6.2.1.3.1.1.2 是非问中"要1"前邻接反诘类语气副词，后间隔语气词"吗"

(19) 当这问题是一个平民自己服从不服从的问题时，难道【要】由这个平民来审定吗？

(20) 我只不过想让他们把眼中的沙子弄出来，还【要】交28块钱？难道【要】用精密仪器吗？

(21) 把徐义德斗服帖了，不叫他戴罪立功，难道【要】把他赶走吗？

(22) 我憋了一肚子气，你不让我说，难道【要】憋死我吗？

(23) 守护着王都的王妃该怎么办？难道【要】把她交给敌人吗？

6.2.1.3.1.2 是非问中"要1"前间隔语气副词，后间隔语气词

6.2.1.3.1.2.1 是非问中"要1"前间隔反诘类语气副词，后间隔语气词"吗"

(24) 难道还【要】人们重复解放前为水闹纠纷的伤心往事吗?

(25) 邮政并不是什么深奥巧妙的事情,难道一定【要】洋人才办得好吗?

(26) 可不是,鬼子是人,我们也是人,难道人【要】怕人吗?

6.2.1.3.1.2.2 是非问中"要1"前间隔反诘类语气副词,后间隔语气词"么"

(27) 难道这个也【要】学么?

6.2.1.3.1.3 是非问中"要1"前邻接、间隔语气副词,后间隔语气词

6.2.1.3.1.3.1 是非问中"要1"前邻接道义类语气副词、前间隔反诘类语气副词,后间隔语气词"吗"

(28) 鲜血的教训,难道一定【要】用新的鲜血来记述吗?

6.2.1.3.1.3.2 是非问中"要1"前邻接必断类语气副词、前间隔反诘类语气副词,后间隔语气词"吗"

(29) 某先生就是这书的作者,是一位候补中委和政界的忙人,难道他连书店的广告词也【要】注意吗?

6.2.1.3.1.3.3 是非问中"要1"前邻接道义类语气副词、前间隔反诘类语气副词,后间隔语气词"的吗"

(30) 温柔难道一定【要】讲究时间背景的吗?

6.2.2 正反问中"要1"与语气成分的关联机制

6.2.2.1 正反问中"要1"前关联语气副词

6.2.2.1.1 正反问中"要1"前邻接正反问类语气副词

（1）可能会有几十个、几百个客人来，那么你们打扫房间的速度是不是【要】加快？

（2）我便打电话给李文甫请示说："是不是【要】行动？"

（3）家庭存款是夫妻二人共同积攒的财富，这回让写实名，是不是【要】写两个人的名字？

6.2.2.1.2 正反问中"要1"前间隔正反问类语气副词

（4）如果你是销售部经理，你不干了，那么销售人员是不是都【要】跟你走？

（5）这么晚了，是不是还【要】我到办公室去等你？

（6）我是说那时候我们是不是还【要】回到这个家里来？

6.2.2.1.3 正反问中"要1"前邻接道义类语气副词、前间隔正反问类语气副词

（7）搞技术改进创新，是不是一定【要】花大价钱？

（8）你和别人一道出去，是不是一定【要】大家平均分摊费用？

6.2.2.2 正反问中"要1"前关联语气副词、后关联语气词

6.2.2.2.1 正反问中"要1"前邻接语气副词，后间隔语气词

6.2.2.2.1.1 正反问中"要1"前邻接正反问类语气副词，后间隔语气词"呢"

（9）老干部是不是【要】对年轻人高抬贵手呢？

（10）逗弄了这么久，是不是【要】把故事内容先讲一下呢？

（11）韩云程又想起自己的事，是不是【要】找杨部长谈一下呢？

6.2.2.2.1.2　正反问中"要1"前邻接正反问类语气副词，后间隔语气词"啊"

（12）明天交房子是不是【要】验房子啊？

（13）那你说，是不是【要】对蕾丝进行一次测试啊？

6.2.2.2.2　正反问中"要1"前间隔语气副词，后间隔语气词

6.2.2.2.2.1　正反问中"要1"前间隔正反问类语气副词，后间隔语气词"呢"

（14）是不是还【要】好好写几个字来看看呢？

（15）认识这样的人，是不是也【要】有点缘分呢？

（16）我问他在那条街上一般住户都是在厨房的水沟里随意小便，使厨房和后弄都臭气熏蒸，是否也【要】呈请香港政府核准呢？

6.2.2.2.2.2　正反问中"要1"前间隔正反问类语气副词，后间隔语气词"啊"

（17）既然有酒了，喝酒又有章法了，那么这酒是不是都【要】自己做啊？

6.2.2.2.3　正反问中"要1"前邻接道义类语气副词、前间隔正反问类语气副词，后间隔语气词"呢"

（18）是不是一定【要】在这之前先进行一次战斗呢？

· 513 ·

6.2.3 正反问中"要1不要1"与语气成分的关联机制

6.2.3.1 正反问中"要1不要1"前关联语气副词

6.2.3.1.1 正反问中"要1不要1"前邻接深究类语气副词

(1) 到底【要不要】减轻学生的负担?

(2) "费厄泼赖"到底【要不要】实行?

(3) 画面上究竟【要不要】出太阳?

(4) 镇里激烈地讨论,究竟【要不要】办工厂?

(5) 究竟【要不要】热,能不能炒?

6.2.3.1.2 正反问中"要1不要1"前间隔深究类语气副词

(6) 今天,到底还【要不要】推地、拆迁?

(7) 既然翻译的主观色彩无可避免,那么我们是否应该先讨论一下,究竟还【要不要】译,还该不该译?

6.2.3.2 正反问中"要1不要1"后间隔语气词

6.2.3.2.1 正反问中"要1不要1"后间隔语气词"呢"

(8) 进一步以感情来打动父亲:以后的日子还【要不要】过下去呢?

6.2.3.2.2 正反问中"要1不要1"后间隔语气词"呀"

6.2.3.3 正反问中"要1不要1"前关联语气副词、后关联语气词

6.2.3.3.1 正反问中"要1不要1"前邻接语气副词,后间隔语气词

6.2.3.3.1.1 正反问中"要1不要1"前邻接深究类语气副词,后间隔语气词"呢"

(9) 我到底【要不要】嫁人呢?

(10) 钙,真的有那么神奇吗?我们,到底【要不要】补钙呢?

(11) 究竟【要不要】封杀山寨呢?

6.2.3.3.1.2 正反问中"要1不要1"前邻接深究类语气副词,后间隔语气词"哩"

(12) 那么,到底【要不要】切哩?妻子问。

6.2.3.3.2 正反问中"要1不要1"前间隔语气副词,后间隔语气词

6.2.3.3.2.1 正反问中"要1不要1"前间隔深究类语气副词,后间隔语气词"呢"

(13) 明天冬至,公司的圣诞节晚会,我到底还【要不要】去参加呢?

(14) 究竟我【要不要】入寺去见鄂逸云呢?

(15) 究竟她还【要不要】继续扮演无双呢?

6.2.3.3.2.2 正反问中"要1不要1"前间隔深究类语气副词,后间隔语气词"啊"

(16) 明天到底我们【要不要】升旗啊?

(17) 到底晚上【要不要】练习啊?

6.2.4 选择问中"要1"与语气成分的关联机制

6.2.4.1 选择问中"要1"前关联语气副词

6.2.4.1.1 选择问中"要1"前邻接深究类语气副词

(1) 速写到底【要】专攻线描还是线面?

- 515 -

(2) 到底【要】听你的还是听我的？

(3) 我们这个学校到底【要】转移社会还是【要】迁就社会？

6.2.4.1.2 选择问中"要1"前间隔深究类语气副词

(4) 我到底是【要】相信爱情还是【要】怎样？

6.2.4.2 选择问中"要1"后间隔语气词"呢"

第一，用于选择问前项，例如：

(5) 是【要】睡午觉呢还是不睡午觉呢？

第二，用于选择问后项，例如：

(6) 中国女排是继续亚洲队的快速多变的打法，还是【要】加强主攻手呢？

(7) 是应该恭喜他呢，还是【要】恭喜她呢？

第三，用于选择问前后项，例如：

(8) 又该染头发了，【要】染什么颜色好呢？还是【要】染回原色呢？

(9) 是【要】选一位高级文官或者武官呢？还是【要】选一位政府首脑或者国会议员呢？

6.2.4.3 选择问中"要1"前关联语气副词，后间隔语气词

6.2.4.3.1 选择问中"要1"前邻接深究类语气副词，后间隔语气词"呢"

(10) 到底【要】追呢还是不追？

(11) 到底【要】逛街还是看日出呢？

6.2.4.3.2 选择问中"要1"前间隔深究类语气副词，后间隔语气词"呢"

(12) 到底是【要】坐火车还是坐汽车呢？

(13) 到底21号【要】请假呢还是熬到最后一刻呢

(14) 赖床三十多分钟了，到底是【要】起床呢还是【要】起床呢还是【要】起床呢？

6.2.5 特指问中"要1"与语气成分的关联机制

6.2.5.1 特指问中"要1"前关联语气副词

6.2.5.1.1 特指问中"要1"前邻接语气副词

6.2.5.1.1.1 特指问中"要1"前邻接特指问类语气副词"为什么"

（一）"为什么要……"用于特指问单句，有四种情况：

第一，"为什么要……"构成特指问单句，例如：

(1) 为什么【要】大力发展养鱼业？

(2) 为什么【要】采取这样的方针？

第二，"第一人称主语+为什么要……"构成特指问单句，例如：

(3) 我们为什么【要】爱护和保护鸟类？

(4) 我们为什么【要】保护青蛙？

第三，"普通指人主语+为什么要……"构成特指问单句，例如：

(5) 人们为什么【要】吃东西？

第四，"非指人主语+为什么要……"构成特指问单句，例如：

(6) 氢氧化钠固体或溶液为什么【要】保存在密闭的容器里？

(7) 雨季造林为什么【要】剪除树苗的一部分枝叶？

（二）"为什么要……"用于特指问后分句，例如：

(8) 我很惊奇，为什么我【要】拿肖淑吟作例子？

（三）"为什么要……"用于宾语，例如：

(9) 好吧，既然是复制品，我请问：为什么表面【要】用铬化合物处理？

(10) 但是许多人只知道人是要吃东西的，然而不知道为什么【要】吃？

6.2.5.1.1.2　特指问中"要1"前邻接反诘类语气副词

(11) 不高兴了，就为我说的那句："我们穷，我们何必【要】学那些人？"

(12) 何必【要】折别人家的花？

6.2.5.1.1.3　特指问中"要1"前邻接弱化类语气副词

(13) 为了避免这场车祸的发生，双方司机至少【要】在两列车相距多远时同时刹车？

(14) 用一只标有220伏300瓦的"热得快"，将一杯30℃300克的水烧开，至少【要】用多长时间？

6.2.5.1.2　特指问中"要1"前间隔特指问语气副词

6.2.5.1.2.1 特指问中"要1"前间隔特指问语气副词"为什么"

(15) 为什么移苗时根部【要】带些土？

(16) 为什么混凝土马路每隔一定的距离【要】留一道缝隙？

(17) 为什么正在生长发育的青少年【要】特别注意养成正确的坐、立、行姿势？

(18) 有一位中年妇女跑过几条街到这家小店来买白砂糖，她爱人奇怪地问道："为什么非【要】跑这么多路去买？"

6.2.5.1.2.2 特指问中"要1"前间隔特指问语气副词"怎么"

(19) 好好的人，活活的人，真真的人，怎么就【要】靠一只羊来养活？

6.2.5.2　特指问中"要1"后间隔语气词"呢"

特指问中，"要1"可以前间隔语气词"呢"，从特指疑问代词的使用来看，大体有七种：

(一)"要……什么……呢？"构成特指问，例如：

(20)【要】说什么呢？

(21) 我们今后配备领导班子的时候，【要】选用什么人呢？

(二)"要……什么样……呢？"构成特指问，例如：

(22) 那么【要】重做一座什么样的石像呢？

(三)"要……怎样……呢？"构成特指问，例如：

(23)【要】怎样才能达到这个目标呢？

(24)我【要】怎样才好呢？

（四）"要……怎么样……呢？"构成特指问，例如：

(25)懂得艺术的人【要】怎么样呢？

(26)【要】怎么样才不会生这种病呢？

（五）"要……如何……呢？"构成特指问，例如：

(27)【要】如何才算得真的衣、食、住、行呢？

（六）"要……哪……呢？"构成特指问，例如：

(28)价格体系的改革，【要】实现哪些目标呢？

（七）"要……多少……呢？"构成特指问，例如：

(29)【要】走多少上坡路呢？

6.2.5.3　特指问中"要1"前关联语气副词，后间隔语气词

6.2.5.3.1　特指问中"要1"前邻接语气副词，后间隔语气词

6.2.5.3.1.1　特指问中"要1"前邻接特指问类语气副词，后间隔语气词

6.2.5.3.1.1.1　特指问中"要1"前邻接特指问类语气副词"为什么"，后间隔语气词"呢"

（一）用于单句

第一，"为什么要……呢"用于单句，例如：

(30)为什么【要】去这早呢？

（31）为什么【要】上大学呢？

（32）为什么【要】真戏假演呢？

（33）为什么【要】把水放在很深的矿井中呢？

第二，"饰连语+为什么要……呢"用于单句，例如：

（34）咱们种它时，你为什么【要】滴水呢？

（35）在上面几个化学方程式里，为什么【要】在物质的右边括弧里注明固、液、气等状态呢？

第三，"第一人称主语+为什么要……呢"用于单句，例如：

（36）我为什么【要】早说呢？

第四，"非指人主语+为什么要……呢"用于单句，例如：

（37）普通话为什么【要】以北京语音为标准音呢？

（38）表达决心，为什么【要】用这种于事无补的方式呢？

（二）用于后分句。主要用于说明因果、推断性因果、假设、转折句的后分句，例如：

（39）既然如此，为什么【要】提"在真理面前人人平等"的口号呢？

（40）我告诉过她，小白兔如何团结互助，如何和小松鼠一起勇斗大灰狼……可是，为什么【要】杀呢？

（三）用于宾语。例如：

（41）毫不奇怪，当我坐在树枝中间时，常常自己问自己：我们的祖先为什么【要】转到地面上来生活呢？

6.2.5.3.1.1.2　特指问中"要1"前邻接特指问类语气副词"干嘛",后间隔语气词"呢"

(42) 干嘛【要】在缸缸旁边垫上稻草和我的粪尿呢?

6.2.5.3.1.1.3　特指问中"要1"前邻接特指问类语气副词"干嘛",后间隔语气词"呀"

(43) 那干嘛【要】带他去呀?

6.2.5.3.1.2　特指问中"要1"前邻接反诘类语气副词,后间隔语气词"呢"

特指问中,"要1"可以前邻接反诘类语气副词"何必",后间隔语气词"呢",强调没有必要做某事,例如:

(44) 我何必【要】避它们呢?

(45) 我们大多数同学进学校之前,都是作田的,毕业后,也都是要回去作田,要是在学校里还是作田,那我们何必【要】进学校呢?

6.2.5.3.1.3　特指问中"要1"前邻接道义类语气副词,后间隔语气词"呢"

特指问中,"要1"可以前邻接道义类语气副词"必须"等,后间隔语气词"呢",例如:

(46) 对于众多的企业来说,他们必须【要】做好哪些工作呢?

6.2.5.3.2　特指问中"要1"前间隔特指问类语气副词,后间隔语气词"呢"

6.2.5.3.2.1　特指问中"要1"前间隔特指问类语气副词"为什么",后间隔语气词"呢"

特指问中,"要1"可以前间隔特指问类语气副词"为什么",后间隔语气词"呢",大体有几种用法:

(一)"为什么……要……呢"用于特指问单句,例如:

(47) 可是为什么地板跟墙壁和天花板【要】连成一个大圆圈呢?

(48) 我为什么还【要】披上其他颜色的衣衫呢?

(49) 为什么非【要】如此不可呢?

(二)"为什么……要……呢"用于特指问后分句,常用于因果句、转折句后分句,例如:

(50) 为什么只因为那是"新"的,就【要】把新的东西当作供人信奉的神一样来崇拜呢?

(51) 保尔和我都是共产党员,为什么他能做那些工作,而我【要】受供养呢?

(52) 既然有了"知识化",为什么还【要】强调"专业化"呢?

(53) 一般人只掸两次,我为什么【要】掸三次呢?

(三)"为什么……要……呢"用于特指问复句,例如:

(54) 为什么我们【要】买粮,土匪就化装抢粮呢?

6.2.5.3.2.2 特指问中"要1"前间隔特指问类语气副词"干么",后间隔语气词"呢"

特指问中,"要1"可以前间隔特指问类语气副词"干么",后间隔语气词"呢",例如:

(55) 生产大队长王希文,把家里的粮食都倒空了,他对老婆还诙谐地说:"干么我们【要】让虫子找着它呢?"

6.2.5.3.3　特指问中"要1"前邻接、间隔语气副词,后间隔语气词

6.2.5.3.3.1　特指问中"要1"前邻接道义类语气副词、前间隔特指问类语气副词"为什么",后间隔语气词"呢"

特指问中,"要1"可以前邻接道义类语气副词"一定"等,前间隔语气副词"为什么",后间隔语气词"呢",例如:

(56) 这小家伙看来也有满腹心事,我为什么一定不理她,一定【要】那样恨她呢?

(57) 气体摩尔体积约是224升/摩,为什么一定【要】加上标准状况这个条件呢?

6.2.5.3.3.2　特指问中"要1"前邻接道义类语气副词、前间隔特指问类语气副词"干什么",后间隔语气词"呢"

特指问中,"要1"可以前邻接道义类语气副词"一定"等,前间隔语气副词"干什么",后间隔语气词"呢",例如:

(58) 我开始思想了:兵们打了败仗,小蝎干什么一定【要】去见他们呢?

6.3　感叹句中"要1"与语气成分的关联机制

6.3.1　感叹句中"要1"前关联语气副词

6.3.1.1　感叹句中"要1"前邻接语气副词

6.3.1.1.1　感叹句中"要1"前邻接道义类语气副词

6.3.1.1.1.1　感叹句中"要1"前邻接道义类语气副词"一定"

（一）"一定要……"用于感叹句，例如：

(1) 一定【要】把淮河修好！

(2) 对，一定【要】回去！

(3) 我自言自语地说："不，一定【要】跑步跟上去！"

（二）"第一人称主语+一定要……"用于感叹句，例如：

(4) 要给咱们贫下中农争气，我们一定【要】有自己的医生！

(5) 任何一个微小的信息都不能搞错，我们一定【要】复制一位一模一样的真正的丽莎！

(6) 所以我们要达复兴民族的目的，一定【要】从礼义廉耻这个根本急务做起！

（三）"非三称代词主语+一定要……"用于感叹句，例如：

(7) 中国一定【要】解放，人民一定【要】翻身！

(8) 军长，我请求，这五把米分两把给能战斗的同志，剩下三把……一定【要】给你！

(9) 她对我说："《三生石》一定【要】看！"

6.3.1.1.1.2　感叹句中"要1"前邻接道义类语气副词"可"

(10) 可【要】当心！

6.3.1.1.2　感叹句中"要1"前邻接申明确认类语气副词

6.3.1.2　感叹句中"要1"前间隔申明确认类语气副词。

(11) 当然【要】问你！

(12) 当然每个女人都【要】有一双黑色高跟鞋！

(13) 你看那么多的银行都可以办理网上缴费的业务，当然先【要】申请它们的卡！

6.3.2 感叹句中"要1"后间隔语气词

6.3.2.1 感叹句中"要1"后间隔语气词"啊"

(1) 年轻的朋友们，【要】加倍地努力学习啊！

(2) 厂长，我们【要】从政治上考虑问题啊！

(3) 不看大人，也【要】看看那三个孩子啊！

6.3.2.2 感叹句中"要1"后间隔语气词"呀"

(4) 得想尽千方百计，死撑活挨也【要】闯过去呀！

(5) 艰苦也【要】艰苦出个名堂呀！

(6) 你的计算方法，小数点移来移去，确实挺简单的，但这个数先【要】化为小数呀！

6.3.2.3 感叹句中"要1"后间隔语气词"嘛"

(7) 官塘【要】全力保嘛！

(8) 政策上说得清清楚楚：【要】填坑补缺嘛！

6.3.2.4 感叹句中"要1"后间隔语气词"呢"

(9) 按规定走一圈【要】付一万元呢！

(10) 我们【要】抢在寒流到来之前离开这儿呢！

(11) 停顿了一下又道："还有大事【要】商量呢！"

(12) 还【要】向电机厂学习呢！

6.3.2.5 感叹句中"要1"后间隔语气词"呐"

(13)（笑着挖苦）那当然呐，生产【要】跟着咱们老崔的报喜画走呐！

6.3.2.6 感叹句中"要1"后间隔语气词"哟"

(14) 别客气，你为新长征的人们养路护桥，我也【要】为你管好后勤哟！

6.3.2.7 感叹句中"要1"后间隔语气词"的"

(15) 通信人员心里都明白，如果在关键时刻发生了故障，那是【要】提头来见的！

6.3.2.8 感叹句中"要1"后间隔语气词"的啊"

(16) 我们的一言一行都【要】考虑影响的啊！

6.3.2.9 感叹句中"要1"后间隔语气词"的呀"

(17) 春苗越说越激愤："那年月，医生是【要】大轿抬，药是【要】金银换的呀！"

6.3.3　感叹句中"要1"前关联语气副词，后间隔语气词

6.3.3.1　感叹句中"要1"前邻接语气副词，后间隔语气词

6.3.3.1.1　感叹句中前邻接强化类语气副词，后间隔语气词"啊"

（1）说得不对，大伙儿再商议，总【要】别出大事才好啊！

6.3.3.1.2　感叹句中前邻接道义类语气副词，后间隔语气词"呀"

（2）室内安装炉火，一定【要】防煤气呀！

（3）我惦记着小辛："寒冬来临，她上班路远，一定【要】多穿衣服呀！"

6.3.3.1.3　感叹句中前邻接强化类语气副词，后间隔语气词"呀"

（4）当上村长就【要】想大事呀！

6.3.3.1.4　感叹句中前邻接强化类语气副词，后间隔语气词"嘛"

（5）农场就是【要】朝这方面发展嘛！

6.3.3.1.5　感叹句中前邻接申明确认类语气副词，后间隔语气词"罗"

（6）我当然【要】下一番工本罗！

6.3.3.1.6　感叹句中前邻接估测类语气副词，后间隔语气词"罢"

（7）我这位朋友是最富于同情心的人，但是顶喜欢说冷酷的话，这里面恐怕【要】用些心理分析的功夫罢！

6.3.3.1.7　感叹句中前邻接特指问类语气副词，后间隔语气词"呢"

(8) 为什么【要】吹呢!

6.3.3.2 感叹句中"要1"前间隔估测类语气副词,后间隔语气词"了吧"

(9) 要检查,恐怕还【要】到你们的暗室里去了吧!

6.4 祈使句中"要1"与语气成分的关联机制

6.4.1 祈使句中"要1"前关联语气副词

6.4.1.1 祈使句中"要1"前邻接语气副词

6.4.1.1.1 祈使句中"要1"前邻接道义类语气副词

(1) 这两天风声非常紧急,听说武昌的兵已经向下开,你们一定【要】加紧!

(2) 你一定【要】答应我这个最后的请求!

(3) 你继续飞吧,一定【要】到达目的地!

(4) 您一定【要】嘱咐妹妹,千万不要惹他了!

6.4.1.1.2 祈使句中"要1"前邻接建议劝告类语气副词

6.4.1.1.2.1 祈使句中"要1"前邻接道义类语气副词"可"

(5) 我们可【要】千万提高警惕!

(6) 你到了赤脚医生训练班,可【要】好好地学习!

(7) 钟在庙里挂，音在外面响，你可【要】说话算话！

(8) 一路上可【要】注意，不要随便按另外两个按钮，能办到吗？

6.4.1.1.2.2　祈使句中"要1"前邻接建议劝告类语气副词"千万"

(9) 千万【要】记着党的好处，听党的话！

6.4.1.1.2.3　祈使句中"要1"前邻接建议劝告类语气副词"还是"

(10) 而你们……还是【要】多为别人想想，实行点革命的人道主义嘛。

6.4.1.1.3　祈使句中"要1"前邻接申明确认类语气副词

(11) 不过你的确【要】少劳动一点，前天晚上，我在沙发上睡了一觉醒来，你还在写文章，啊！

6.4.1.2　祈使句中"要1"前间隔语气副词

6.4.1.2.1　祈使句中"要1"前间隔申明确认类语气副词

祈使句中，"要1"可以前间隔申明确认类语气副词"其实""当然"等，例如：

(12) 其实你【要】明白，这就是现实。

(13) 你表现出的唯一不足就是过于重视别人的评价，其实你【要】知道，许多人的评论都并非经过深思熟虑的。

(14) "你也还得去幼儿园哩。""我不去！""当然你【要】去！想一想吧，在幼儿园里你有那么多好玩的东西，还有那么多好朋友。"

(15) 他笑笑，抓起手边的剑说："不要紧，小意思。""我也去……"

"当然你【要】去,还得劳驾神尼前辈一行。"

（16）在家里,是他们抚养你成人的,当然你【要】尊敬他们,如果他们有话说,就听他们说。

（17）首先,当然你【要】据实答复我的问题!

（18）写我独自一人行走,到西非去经历战争,当然你【要】早些找到我。

（19）你要打听什么消息找他们挺方便,当然你【要】适当给他们点辛苦钱。

6.4.1.2.2 祈使句中"要1"前间隔道义类语气副词

祈使句中,"要1"可以前间隔道义类语气副词"一定"等,例如:

（20）我对你有信心,你一定也【要】对自己有信心。

（21）对啊,方大哥,你一定也【要】帮帮小梦姐,她好可怜啊!

（22）你一定也【要】把那个告诉他。

（23）倘若你珍惜你的童年,你一定也【要】尊重你孩子的童年。

6.4.1.2.3 祈使句中"要1"前间隔估测类语气副词

祈使句中,"要1"可以前间隔估测类语气副词"也许""恐怕"等,例如:

（24）也许你【要】和我说画画得怎样。

（25）我想也许你【要】做些饼干。

（26）燕春,把你的家伙拾起来,也许你【要】用它。

（27）郝先生,这事情恐怕你【要】交代一下,李楚二位初入江湖,容或有不太了解之处,你却不该如此。

（28）恐怕你【要】好好地休息一阵,才能写字。

6.4.1.2.4 祈使句中"要1"前间隔强化类语气副词

祈使句中，"要1"可以前间隔估强化语气副词"反正"等，例如：

(29) 现在不，以后再说吧，反正你【要】小心点。

(30) 反正你【要】把握好，别跟他搅到一起去了。

(31) 反正你【要】留心点，反正你【要】考虑清楚。

(32) 这个我不管！反正你【要】给珍珠办到！否则珍珠天天缠着你，直到你办到为止！

(33) 反正你【要】唱给我听！

6.4.1.2.5　祈使句中"要1"前间隔弱化类语气副词

祈使句中，"要1"可以前间隔估弱化语气副词"至少"等，例如：

(34) 想要车停下来，至少你【要】主动招招手。

(35) 韩庄主此刻拆封尚嫌太早，至少你【要】把谜底公布！

(36) 就算你还接得住，你至少也【要】为叶大侠想一想。

(37) 在下很想试试，纵然不能活着出去，但你至少也【要】付出相当的代价。

6.4.2　祈使句中"要1"后间隔语气词

6.4.2.1　祈使句中"要1"后间隔语气词

6.4.2.1.1　祈使句中"要1"后间隔语气词"啊"

(一)"要……啊"用于祈使单句，例如：

(1) （实在耐不住了）张文彪同志，你说这些……【要】有根据啊！

(2) 四叔的话你【要】好好想想啊！

(3) 年轻的朋友们,【要】加倍地努力学习啊!

(4) 老刘,你【要】慎重考虑、权衡轻重啊。

(二)"要……啊"用于祈使后分句,例如:

(5) 小凤子要好好唱,把这出戏演好,以后就是角儿了,这一炮【要】打红啊!

(6) 老田师傅闭了一会眼睛,又说:"四海,困难再多,压力再大,你也【要】顶住啊!"

(7) 大家都在进步,你也【要】动动脑筋啊!

6.4.2.1.2 祈使句中"要1"后间隔语气词"呵"

(一)"要……呵"用于祈使单句,例如:

(8) 随即目光渐渐严肃起来:"小诸,在困难面前【要】挺得住呵!"

(二)"要……呵"用于祈使后分句,例如:

(9) 他看着走近的余立毅,用亲切的调子说:"指导员,你和我们猎人在一起,【要】能跑呵!"

(10) 这可不是平常的军事演习,而是一场真枪实弹的战斗,【要】认真对待呵!

6.4.2.1.3 祈使句中"要1"后间隔语气词"呀"

(一)"要……呀"用于祈使单句,例如:

(11) 泪水也不知怎么就流了下来,呜咽着,胡言乱语:"小毛子呀,你【要】好好对待华岑呀!"

(12) 有官做时便去做,及到红运已完,又仍然跑回学校,打起洋腔,"Boys and Girls 读书【要】用功呀!"

(13)【要】争气呀!

(二)"要……呀"用于祈使前分句,例如:

(14) 举报人对何力说:"你【要】守口如瓶呀,我冒着生命危险呢!"

(三)"要……呀"用于祈使后分句,例如:

(15) 现在解放了,我们做生意【要】老实守法呀!

(16) 开炳的声音,好焦急:"……你到底是个什么主意,你【要】说句话呀!"

(17) 现在见肖武斌很高兴地同她攀谈,便热情地说:"肖师傅,听秀英说,你经常熬夜,昨天又干了个通宵,身体也【要】当心呀!"

6.4.2.1.4 祈使句中"要1"后间隔语气词"哪"

(18) 老赵,【要】清醒一些哪!

(19) 雄虎扭头走了,但又立刻站住,回转头来说:"这儿也不安全,常有人活动,你们【要】当心哪!"

6.4.2.1.5 祈使句中"要1"后间隔语气词"嘛"

(20) 管教授风趣地说:"你们记者写新闻报道,也【要】掌握第一手资料嘛!"

6.4.2.1.6 祈使句中"要1"后间隔语气词"哟"

(21)【要】给客人留一筒哟!

(22) 也【要】想着你的老伴哟!

6.4.2.1.7　祈使句中"要1"后间隔语气词"吧"

(23) 敌人的军队，很快的就可以来到——你【要】相信吧！

6.4.2.1.8　祈使句中"要1"后间隔语气词"哩"

(24)【要】小心着哩！

6.4.2.1.9　祈使句中"要1"后间隔语气词"的"

(25) 庆龄，你……你说这样的话【要】负责的！

(26) 总之，你站在这个地方，你是【要】对几何家的本身也发生怀疑的。

(27) 包饭也有，大概在六七块左右，包饭的人过年时饭馆有一桌酒请你吃，可是你【要】拿出一块或二块的赏钱的。

6.4.2.1.10　祈使句中"要1"后间隔语气词"的啊"

(28) 这可把樊成银弄急了，伸手拉住胖汉那汗湿的胳膊，说："不能乱来，出了事你【要】负责的啊！"

6.4.2.1.11　祈使句中"要1"后间隔语气词"了"

(29) 萧恩第三次叮嘱桂英："庆顶珠儿【要】带好了！"

6.4.3　祈使句中"要1"前关联语气副词、后关联语气词

6.4.3.1　祈使句中"要1"前邻接语气副词，后间隔语气词

6.4.3.1.1　祈使句中"要1"前邻接道义类语气副词，后间隔语气词

· 535 ·

"啊（呵）"

(1) 厨房的炊事员同志也跑出来了，一再嘱咐我们："一定【要】完成任务呵！"

(2) 杨传德紧握吴均的手，强调地说："吴哥，你是太善良了，和史密斯在一起，你可【要】警惕呵！"

6.4.3.1.2 祈使句中"要1"前邻接建议劝告类语气副词，后间隔语气词"啊（呵）"

(3) 你可【要】为老赵作主啊！

(4) 您可【要】多保重啊！

(5) 在来到上海以前，他就告诫周围的同志，去到上海这样的"花花世界""十里洋场"，可【要】当心啊！

6.4.3.1.3 祈使句中"要1"前邻接申明确认类语气副词，后间隔语气词"啊（呵）"

(6) 我是你老婆，你当然【要】宠我啊！

(7) 你当然【要】负起责任啊！

6.4.3.1.4 祈使句中"要1"前邻接道义类语气副词，后间隔语气词"呀"

(8) 一定【要】尽一个丈夫的义务呀！

6.4.3.1.5 祈使句中"要1"前邻接建议劝告类语气副词，后间隔语气词"呀"

(9) 可【要】回来给女儿报仇呀！

（10）（制止谢保生，回头看林清）老林，你还是【要】先吃点儿东西呀！

（11）拜年还是【要】先拜长辈呀！

（12）我说，小宝贝们，可是【要】团结呀！

6.4.3.1.6 祈使句中"要1"前邻接申明确认类语气副词，后间隔语气词"呀"

（13）你这个做弟弟的当然【要】从中出力呀！

（14）车间选你当劳方代表，开劳资协商会议，你当然【要】参加呀！

6.4.3.1.7 祈使句中"要1"前邻接建议劝告类语气副词，后间隔语气词"哪"

（15）淑红啊，长春领着大伙修河去了，百仲你们可【要】把这麦收分配的关口把紧哪！

6.4.3.1.8 祈使句中"要1"前邻接建议劝告类语气副词，后间隔语气词"喽"

（16）三奶奶又说："学回来，可【要】快点把我这病治好喽！"

6.4.3.1.9 祈使句中"要1"前邻接申明确认类语气副词，后间隔语气词"喽"

（17）傻孩子，你当然【要】这么叫喽！

（18）由女孩变成少妇，现在，你当然【要】先适应喽！

（19）当年我们都是你的老百姓嘛，你当然【要】坐上席喽！

6.4.3.1.10 祈使句中"要1"前邻接建议劝告类语气副词，后间隔语气词"吧"

(20) 所以呢,【要】记住,去看这个"真理之口"的那一天,你可【要】暂时说说真话吧!

6.4.3.1.11 祈使句中"要1"前邻接申明确认类语气副词,后间隔语气词"了"

(21) 连周杰伦都推荐的歌手,你们当然【要】听听看了!
(22) 是的,你当然【要】谈一谈了。

6.4.3.1.12 祈使句中"要1"前邻接申明确认类语气副词,后间隔语气词"啦"

(23) 有人大老远来,你当然【要】好好的啦!
(24) 你是咱们家的千里马,外面的事情多由你在奔波,你当然【要】好好保养身子啦!
(25) 我未到前,你当然【要】等啦!
(26) 聂少爷为镇子的百姓除了害,大家感激你,你当然【要】去啦!
(27) 你是男子汉呀,当然【要】做小王子啦。

6.4.3.1.13 祈使句中"要1"前邻接建议劝告类语气副词,后间隔语气词"的呀"

(28) 仙梅呀,这个忙还是【要】帮的呀!

6.4.3.2 祈使句中"要1"前间隔语气副词,后间隔语气词

6.4.3.2.1 祈使句中"要1"前间隔申明确认类语气副词,后间隔语

气词"啊"

(29) 当然是你们【要】支持我啊,不然我就是孤家寡人,什么也办不了。

(30) 说得对,哥们,你做这些的时候当然【要】先感情到位啊,不能大街上抓一个就拉手啊。

6.4.3.2.2 祈使句中"要1"前间隔弱化类语气副词,后间隔语气词"啊"

(31) 不去记,就不会记住要让我叫你起来,至少你【要】接电话啊,亲!

(32) 至少你【要】自爱啊,其实你很棒。

6.4.3.2.3 祈使句中"要1"前间隔弱化类语气副词,后间隔语气词"吧"

(33) 因为杭州签售不定台历的,我能理解,也感谢你们支持签售哦。但,至少你【要】告诉我吧!

(34) 我不排斥外地出租车司机,但是至少你【要】认识路吧。

6.4.3.2.4 祈使句中"要1"前间隔强化类语气副词,后间隔语气词"的"

(35) 不要了,你杀了她们,剐了她们都行,反正你【要】付出代价的。

(36) 老兄,咱们好来好去,反正你【要】招的。

6.4.3.2.5 祈使句中"要1"前间隔估测类语气副词,后间隔语气词"了"

539

（37）启禀老爷，恐怕你【要】停一停了。

（38）这件事以后或许还会有机会解释，但在目前，雷大哥，恐怕你【要】离开桂林了。

（39）我现在可是两手空空哟，恐怕你【要】做这无米之炊了。

6.4.3.2.6　祈使句中"要1"前间隔估测类语气副词，后间隔语气词"了"

6.4.3.2.7　祈使句中"要1"前间隔申明确认类语气副词，后间隔语气词"了"

（40）反正这都是你编造出来的谎言，当然你【要】负责了。

6.4.3.2.8　祈使句中"要1"前间隔申明确认类语气副词，后间隔语气词"啦"

（41）我是无意那么说的啦，你当然也【要】吃 VC 啦，美白是一生的课题。

本章小结

一　陈述句中"要1"与语气成分的关联机制

陈述句中"要1"前邻接语气副词大致有五类：道义类、申明确认类、强化类、弱化类、必断类语气副词。

陈述句中"要1"前间隔语气副词主要是申明确认类语气副词。

陈述句中"要1"前邻接、间隔语气副词的关联格式大致有三种：

（1）前邻接道义类语气副词、前间隔申明确认类语气副词；（2）陈述句中"要1"前邻接道义类语气副词、前间隔意外类语气副词；（3）前邻接申明确认类语气副词、前间隔意外类语气副词。

陈述句中"要1"后邻接语气词"的"。

陈述句中"要1"后间隔语气词主要有："啊""呀""哪""呢""嘛""的""了"。

陈述句中"要1"前邻接语气副词，后间隔语气词的关联模式大致有四种格式：（1）前邻接道义类语气副词，后间隔语气词"啊（呵）"；（2）前邻接弱化类语气副词，后间隔语气词"的"；（3）前邻接道义类语气副词，后间隔语气词"呀"；（4）前邻接申明确认类语气副词，后间隔语气词"了"。

陈述句中"要1"前间隔语气副词，后间隔语气词的关联模式大致有两种格式：（1）前间隔申明确认类语气副词，后间隔语气词"啦"；（2）前间隔估测类语气副词，后间隔语气词"嘛"。

二 疑问句中"要1"与语气成分的关联机制

（一）是非问中"要1"与语气成分的关联机制

是非问中"要1"前邻接道义类或反诘类语气副词。

是非问中"要1"前间隔反诘类语气副词。

是非问中"要1"前间隔反诘类语气副词的时候，可以同时前邻接道义类或必断类语气副词。

是非问中"要1"后间隔语气词"吗"或"么"。

是非问中"要1"前邻接道义类或反诘类语气副词，后间隔语气词"吗"。

是非问中"要1"前间隔反诘类语气副词，后间隔语气词"吗"或"么"。

是非问中"要1"前邻接道义类或必断类语气副词、前间隔反诘类语气副词，后间隔语气词"吗""的吗"。

（二）正反问中"要1"与语气成分的关联机制

正反问中"要1"前邻接或间隔正反问类语气副词。

正反问中"要1"前邻接道义类语气副词、前间隔正反问类语气副词。

正反问中"要1"前邻接或间隔正反问类语气副词的时候，可以后间隔语气词"呢""啊"。

正反问中"要1"前邻接道义类语气副词、前间隔正反问类语气副词，后间隔语气词"呢"。

正反问中"要1不要1"前邻接或间隔深究类语气副词。

正反问中"要1不要1"后间隔语气词主要是"呢""呀"。

正反问中"要1不要1"前邻接深究类语气副词，后间隔语气词主要是"呢""哩"。

正反问中"要1不要1"前间隔深究类语气副词，后间隔语气词包括"呢""啊"。

（三）选择问中"要1"与语气成分的关联机制

选择问中"要1"前邻接或间隔深究类语气副词。

选择问中"要1"后间隔语气词"呢"。

选择问中"要1"前邻接或间隔深究类语气副词，后间隔语气词"呢"。

（四）特指问中"要1"与语气成分的关联机制

特指问中"要1"前邻接语气副词大致有三类：特指问类、反诘类、弱化类语气副词。

特指问中"要1"前间隔特指问语气副词。

特指问中"要1"后间隔语气词"呢"。

特指问中"要1"前邻接特指问类语气副词的时候，后间隔语气词"呢""呀"；前邻接反诘类或道义类语气副词的时候，后间隔语气词"呢"。

特指问中"要1"前间隔特指问类语气副词，后间隔语气词"呢"。

特指问中"要1"前邻接道义类语气副词、前间隔特指问类语气副词，后间隔语气词"呢"。

三　感叹句中"要1"与语气成分的关联机制

感叹句中"要1"前邻接道义类或申明确认类语气副词。

感叹句中"要1"前间隔申明确认类语气副词。

感叹句中"要1"后间隔语气词主要有："啊""呀""嘛""呢""呐""哟""的""的啊""的呀"。

感叹句中"要1"前邻接强化类语气副词，后间隔语气词的关联模式大致有七种格式：（1）前邻接强化类语气副词，后间隔语气词"啊"；（2）前邻接道义类语气副词，后间隔语气词"呀"；（3）前邻接强化类语气副词，后间隔语气词"呀"；（4）前邻接强化类语气副词，后间隔语气词"嘛"；（5）前邻接申明确认类语气副词，后间隔语气词"罗"；（6）前邻接估测类语气副词，后间隔语气词"罢"；（7）前邻接特指问类语气副词，后间隔语气词"呢"。

感叹句中"要1"前间隔估测类语气副词，后间隔语气词"了吧"。

四　祈使句中"要1"与语气成分的关联机制

祈使句中"要1"前邻接语气副词有三类：道义类、建议劝告类、申明确认类语气副词。

祈使句中"要1"前间隔语气副词有五类：申明确认类、道义类、估测类、强化类、弱化类语气副词。

祈使句中"要1"后间隔语气词包括"啊""呵""呀""哪""嘛""哟""吧""哩""的""的啊""了"。

祈使句中"要1"前邻接道义类语气副词，后间隔语气词"啊（呵）""呀"；前邻接建议劝告类语气副词的时候，后间隔语气词包括"啊（呵）""呀""哪""喽""吧""的呀"；前邻接申明确认类语气副词的时候，后间隔语气词包括"啊（呵）""呀""喽""了""啦"。

祈使句中"要1"前间隔申明确认类语气副词的时候，后间隔语气词包括"啊""了""啦"；前间隔弱化类语气副词的时候，后间隔语气词包括"啊""吧"；前间隔强化类语气副词的时候，后间隔语气词"的"；前间隔估测类语气副词，后间隔语气词"了"；前间隔估测类语气副词，后间隔语气词"了"。

第 7 章 "不要1"与语气成分的关联机制

"不要1"一般表示禁止和劝阻，构成祈使句。祈使句中"不要1"与语气成分的关联包括三种：（一）前关联语气副词；（二）后关联语气词；（三）前关联语气副词、后关联语气词。

7.1 祈使句中"不要1"前关联语气副词

7.1.1 祈使句中"不要1"前邻接语气副词

7.1.1.1 祈使句中"不要1"前邻接建议劝告类语气副词

7.1.1.1.1 祈使句中"千万不要1"
（一）"千万不要1"用于祈使单句，例如：

(1)（惊吓地）千万【不要】！

(2) 千万【不要】动摇假说在总体上和本质上对已知事实的依赖关系。

(3) 因此，在谈到通信的时候，千万【不要】忘了这些神奇的跑道的功勋。

(二)"千万不要1"用于祈使前分句,例如:

(4)谁知黄一牛听了顿时脸色刷白,慌得连连摆手说:"同志哥,你千万【不要】写我……千万不要写我呀!

(三)"千万不要1"用于祈使后分句,例如:

(5)那是她姐夫,那个声名卓著而又有点古怪的老头亲手交给她的,他当时说:"请在得知我逝世的最初一刻打开它吧,照着我所写的去做,千万【不要】让我失望!"

(6)小秦,用电筒射住它的眼睛,千万【不要】熄灭电筒!

(7)马林刚转身要走,陆坚又叮嘱一句:"还有,千万【不要】让老乡们误入有效隐身范围。"

(8)不管唱那行角色,(让步)对于所应用的身段"程式"千万【不要】看得僵死了,切忌生搬硬套。

(四)"千万不要1"用于宾语,例如:

(9)斯大林曾说过,千万【不要】使报纸走上为批评而批评的迷途,【不要】把批评变成一种游戏。

(10)美枝知道事情不妙,便立即给吉义回电,叮咛他千万【不要】去干坏事,她明天回来一定给带回一大笔钱。

7.1.1.1.2 祈使句中"万不要1"

(11)我们又万【不要】以为孔子、释迦、都是反对基督教的。

7.1.1.1.3 祈使句中"可不要1"

(一)"可不要1"用于祈使单句,例如:

(12) 你可【不要】冤枉好人！

(13) 你可【不要】忘记了××人！

(14) 我今天对你说的话，你可【不要】告诉别人。

(15) 但是，你可【不要】轻视人。

(16) 可【不要】叫误了！

(二)"可不要1"用于祈使前分句，例如：

(17) 你可【不要】尽说些不三不四的话，好像赶人走似的。

(18) 可【不要】拿这种言语对待他，他实底是一杆大旗。

(19) 你要大胆管理我，可【不要】把我当作特殊兵，（假转）要不然，我这个兵就当不好了。

(三)"可不要1"用于祈使后分句，例如：

(20) 他们不动手，我们可【不要】惹他们。

(21)（带笑地）我说出来，你可【不要】生气，人家说你有点玩世不恭，嘴里不说，心里什么人都看不起。

(22) 老天睁睁眼，可【不要】再叫他们突过来，刚刚送走了那一些，不是还修着路！

(23) 你可【不要】藐视这仅有三千余万公尺面积的小岛，它是浙江省渔业的唯一根据地，同时，也是年产食盐六十万担的制造场。

(24) 那才好，不过你可【不要】把书箱翻乱。

7.1.1.1.4 祈使句中"切不要1"

(25) 但切【不要】撒的过多，因为它们吃饱了，会洋洋地游去远方，再也不贪你的香饵。

(26) 大家切【不要】都染在一个地方，染在一个地方可怎么能够识别呢？

7.1.1.1.5 祈使句中"还是不要1"

（27）我看你还是【不要】走。

（28）还是【不要】合作好，要有一场竞赛。

（29）我看你还是【不要】乱跳，这世界是太大了，和太阳一般大一般明亮的星多得很，假如你迷了路，见不到妈妈可怎么好呢？

（30）不过无论如何，咱们还是【不要】惊动别人。

7.1.1.1.6 祈使句中"最好不要1"

（31）珊珊听得两个哥哥都这么说，就不敢饶舌多嘴了，只是低声地嘀咕着："最好【不要】到海边去……"

7.1.1.2 祈使句中"不要1"前邻接道义类语气副词

（32）所以我们一定【不要】设想文字在发生的时代就是供全体社会成员使用的东西。

（33）市煤气公司再次提醒广大用户，一定【不要】让非管理人员乱动煤气设备，以免造成漏气、熏人、着火、爆炸等事故。

（34）对于那些因缺货而没有买到所需商品的顾客一定【不要】冰冷地回答"没有！"

7.1.1.3 祈使句中"不要1"前邻接强化类语气副词

（35）什么都要，就是【不要】老当伸手派。

7.1.1.4 祈使句中"不要1"前邻接申明确认类语气副词

（36）实在【不要】忘记全国五千万中学生。

7.1.1.5 祈使句中"不要1"前邻接意外类语气副词

（37）却【不要】真去做梦，当心蚊子！

（38）有狂风暴雨的日子，你却【不要】愁它们会被摧残死的。

7.1.2 祈使句中"不要1"前间隔语气副词

7.1.2.1 祈使句中"不要1"前间隔建议劝告类语气副词

（1）有位作者却很礼貌地反驳我："您的意思是今天的作者要想写出好东西，最好都【不要】去当王渔洋，【不要】做官了，都去当老百姓？"

7.1.2.2 祈使句中"不要1"前间隔申明确认类语气副词

（2）当然我们也【不要】把古人现代化。

7.1.2.3 祈使句中"不要1"前间隔弱化类语气副词

（3）生物学家再三呼吁，要大家保护大鲸，至少在它们生育的季节【不要】捕杀，否则大鲸就要灭种了。

7.1.3　祈使句中"不要1"前邻、间隔建议劝告类语气副词

（1）他们大家要当面谢你，因为他们人多——您老千万可【不要】生气——我怕他们扰搅，所以替你阻住了。

7.2　祈使句中"不要1"后关联语气词

7.2.1　祈使句中"不要1"后邻接语气词

7.2.1.1　祈使句中"不要1"后邻接语气词"啊"

（1）诸葛亮大声喊着："主公。【不要】啊。您忍心让百姓落入曹军之手吗？"

（2）"臭婆娘。你要是再敢废话。老子就宰了你。"慕容疏权凶狠地说道。"主人。【不要】啊。"

（3）上前抱着图列西的腿不放口中不停地说道："大人。【不要】啊。求您了……"

（4）王爷恕罪，王爷恕罪啊，孩子还小，不懂事，求求你【不要】啊。

7.2.1.2　祈使句中"不要1"后邻接语气词"呀"

（5）那是我海爷爷给我的东西……求求你不要【不要】呀……

（6）女儿昭仁公主看到崇祯血红的双眼大声惊叫："父皇，父皇！不要。不要呀……"

7.2.2 祈使句中"不要1"后间隔语气词

7.2.2.1 祈使句中"不要1"后间隔语气词"啊"

(1) 瑞贞,你【不要】为我哭啊!

(2) 你【不要】乱来啊!

(3) 你【不要】不理我啊。

(4) 公达,你【不要】不说话啊。

7.2.2.2 祈使句中"不要1"后间隔语气词"了"

祈使句中,"不要1"可以后间隔语气词,最常用的是语气词"了",大体有七种格式:

(一)"(时间词语)+(就/也)+不要再……了"构成祈使句,例如:

(5) 人行道上特别是雨廊上不准骑自行车已早有规定,希望这些"勇敢的骑士"们从大家的安全计,有禁而止,【不要】再这样胆大妄为了。

(6) 另外,你和小郭的结婚问题,组织上已经批准,【不要】再心焦了。

(7) 为的是讨个利市,你【不要】再吃了。

(8) (把信放在一旁)把显微镜放回去吧,【不要】再收拾了。

(9) 孩子,【不要】哭,丢了一辆破车算什么呢,现在已然赔了人家,以后【不要】再租车了,爸爸给你买了一辆新的。

(10) 你代我回了这些信后,以后如果再有什么单位或个人向我提出要求,就【不要】再告诉我了。

(11) 既然你否认,那我们就【不要】再说下去了,——你今天下午上哪儿去了？

（12）我急忙把抹布藏在背后，说："徐老师，从现在起您就【不要】再擦黑板了。"

（13）菩萨保佑你和汝梅平平安安地活着，好好地给财主家干几年活儿，早点把欠俞家的租子和债钱还清了它，你也【不要】再给他俞家打长工了，汝梅和你爹也不用讨米了……

（二）"（时间词语）+再+（也）+不要……了"构成祈使句，例如：

（14）王淑琴说："再【不要】有战争了！"

（15）那时再【不要】忘记了！

（16）杏仙把少伟的脸掰过来，脸儿对脸儿地看着他，说："以后，你再【不要】下河去玩水了。"

（17）以后经过他们不断地改进，高炉做到全风堵出铁口，出铁时再也【不要】停止生产了。

（18）我拼着这些年纪，再也【不要】活下去了！

（三）"时间词语+不要……了"构成祈使句，例如：

（19）既然是为了我，那明天【不要】来了。

（20）姨母，你这时候【不要】跟我讲这样的话了，我懂得你，我不能太怪你，不过，姨父！

（四）"……（时间词语）+也/+就+不要……了"构成祈使句，例如：

（21）得，阁下既然想这么干，就【不要】三心二意了，咱们还是认认真真地来研究一个打法吧！

（22）至于别的，就【不要】顾虑了。

（23）做任何事情要首先考虑可能还是不可能，不可能就【不要】

第7章 "不要1"与语气成分的关联机制

去做了。

（24）你以后也【不要】总是迷恋虫子了，迷来迷去，小心自己也变成虫子！

（25）今天晚了，明天还有新的工作，那个点就【不要】上去了。

（26）现在正处于分田的前夜，群众的生产情绪很不稳定，你们也就【不要】过分宣传土改了。

（五）"不要……太……了"构成祈使句，例如：

（27）你这胖子，【不要】太看不起素食了，太看不起农业国了。

（28）虽然，在这次见面之前，我也曾一再叮嘱过自己：要坚强一些，要冷静一些，【不要】想得太多了。

（六）"叫/劝/叮嘱/请/要让……不要……了"兼语式祈使句，例如：

（29）他的妻妾，叫他【不要】打了。

（30）但他又曾谈起他家乡的豪绅的气焰之盛，说是有一个绅士，以为他的名字好，要给儿子用，叫他【不要】用这名字了。

（31）有一天，大家聚在一起，商量对付天牛虫的办法，结果决定派蚂蚁到天牛虫家里去，劝劝它们，叫它们【不要】再钻了，免得将来出了乱子，大家遭殃。

（32）毛主席同李特说了一些很感动人的话，也劝我【不要】同他闹了。

（33）曹正劝他："高干大，你【不要】去了，这不是你干的活儿。"他后退了一步，把门堵得更严，好像怕谁从他身边的小缝隙溜出去似的。

（34）那你也要劝劝她，让她【不要】太辛苦了。

（35）梅溪好不容易劝说永玉【不要】养这条狗了，永玉真是通

· 553 ·

情达理，总算同意了，但说："我得把狗送回湖南老家去。"

（36）卷叶象虫一本正经地说，"不过请你【不要】再开这样的玩笑了。"

（37）他以北伐军进展很快，前方十分需要医生为理由，要贺诚【不要】回广州了。

（七）"希望/期望/通知/宣布/保佑……不要……了"小句宾语祈使句，例如：

（38）官家已经见识过了，我知道官家是出于好奇，希望以后【不要】再去了。

（39）校长对我们说，我们国家工业不发达，这些新式文具只好暂时用外国货，希望以后【不要】再烧毁了。

（40）我希望你【不要】坚持了。

（41）我们热切地期望这些同志【不要】再执"迷"不悟了。

（42）我在祷告菩萨，一保佑她【不要】荒了，二保佑她生个放牛娃！

（43）原来是幼儿园给老乔打来电话，通知他说，他女儿乔英发高烧，要留园护理，明天星期六【不要】去接了，但是星期日应当去看一看。

（44）他们在大会上宣布：军一级【不要】开会传达了，也【不要】层层开会了。

7.2.2.3 祈使句中"不要1"后间隔语气词"吧"

（一）"不要……吧"用于祈使前分句，例如：

（45）那么你今天【不要】出街吧，既然放一天假，你也落得休息一天，她说。

（46）有一晚上我在床上偷偷跟爹说："爹，你以后【不要】再跟妈吵嘴吧，你看你们不吵嘴，大家都过好日子。"

（47）那就先【不要】告诉他吧，还有最后几个实验没有完成。

（二）"不要……吧"用于祈使后分句，例如：

（48）我们的工作都进行得很好，请您暂时【不要】操心吧。

7.2.2.4　祈使句中"不要1"后间隔语气词"嘛"

（49）（领悟地）你【不要】想得太多嘛，铁翎不是那种无情无义的人，更何况还有玫玫呢，再说夏舒茵真若通情达理，也不会不重新考虑的，关键在你呀，小薇。

7.2.2.5　祈使句中"不要1"后间隔语气词"了吧"

（50）算了吧，再【不要】提那个了吧。

7.3　祈使句中"不要1"前关联语气副词、后关联语气词

7.3.1　祈使句中"不要1"前邻接语气副词，后邻接语气词

7.3.1.1　祈使句中"不要1"前邻接建议劝告类语气副词，后邻接语气词"啊"

（1）求你了，小曾啊，千万【不要】啊……

(2) 老爷，我错了，我真的知道错了，您千万【不要】啊。

(3) 娘娘不要，娘娘求你了，千万【不要】啊。

(4) 大人，千万【不要】啊。

(5) 婆婆，我求你了，千万不要，千万【不要】啊。

(6) 不要啊！左使，千万【不要】啊！她毕竟是我的姑姑，所以求你千万不要伤害她。

(7) 啊！香儿姑娘，咱们不能啊！千万【不要】啊！

7.3.1.2 祈使句中"不要1"前邻接建议劝告类语气副词，后邻接语气词"呀"

(8) 千万【不要】呀！我的姑奶奶，好心点，不要断了我的生计。

(9) 阿玛，儿臣求您，别将瑜沁格格许配给沙贝勒，千万【不要】呀！

(10) 林大哥，千万【不要】呀！快点走吧！

7.3.2 祈使句中"不要1"前邻接语气副词，后间隔语气词

7.3.2.1 祈使句中"不要1"前邻接建议劝告类语气副词，后间隔语气词"啊（呵）"

(1) 三河源头是我们祖先兴起的圣地，你们千万【不要】让他族占领啊！

(2) 茂林说，"大哥你可【不要】推辞啊！

(3) 师农，你一定听了王德山的什么话，你可【不要】上当啊！

(4) 山城的夜雾渐渐散去，它在黎明中露出巍峨的真象，人民又

在以期望的眼光注视着它，它可【不要】使人民惊讶和失望啊！

（5）苏太太像普通的母亲一样，易于同情子女，真正需要决定的帮助却什么也不能给的，"你们将来可【不要】怨我啊"！

（6）介梅，我明天来闹房你可【不要】脸红呵！

7.3.2.2 祈使句中"不要1"前邻接建议劝告类语气副词，后间隔语气词"呀"

7.3.2.2.1 前邻接建议劝告类语气副词"千万"，后间隔语气词"呀"

（7）你们千万【不要】客气呀！"

（8）还有，这可是我的"秘密"，你千万【不要】向别人说呀！

7.3.2.2.2 前邻接建议劝告类语气副词"可"，后间隔语气词"呀"

（9）可【不要】吝惜报喜钱呀！

（10）你走后可【不要】忘记我呀！

（11）你就赶快说吧，咱们都是一家人，到了这儿可【不要】见外呀！

（12）你说这话才叫不好听，汤二哥，你们可【不要】信他瞎说呀。

7.3.2.3 祈使句中"不要1"前邻接建议劝告类语气副词，后间隔语气词"哪"

（13）姜书记燃了一支烟说："千万【不要】认为我这县官就能一掌遮天哪，其实那时候我也是按上头精神办的，有错就改嘛。"

7.3.2.4 祈使句中"不要1"前邻接建议劝告类语气副词，后间隔语气词"吧"

(14) 还是【不要】勉强吧！

(15) 我们劝你还是【不要】乱来吧！

7.3.2.5 祈使句中"不要1"前邻接建议劝告类语气副词，后间隔语气词"哩"

(16) 你将来长成了，千万地【不要】学你父亲哩。

7.3.2.6 祈使句中"不要1"前邻接建议劝告类语气副词，后间隔语气词"了"

(17) 他跑到他们跟前，大口大口地喘着气，说："你们快走吧，千万【不要】给歪嘴子干了！"

(18) 您一定要嘱咐妹妹，千万【不要】惹他了！

(19) 父亲则再三叮咛："到大学后，千万【不要】唱歌了。"

(20) 我看烟卷同水气混合起来是会有毒的，以后你最好【不要】在洗澡房里抽烟卷了！

7.3.2.7 祈使句中"不要1"前邻接建议劝告类语气副词，后间隔语气词"啦"

(21) 告诉我的朋友北极海鹦，叫它们千万【不要】到M国去买水果啦！

(22) 真的，这样的话最好【不要】提啦。

7.3.2.8 祈使句中"不要1"前邻接建议劝告类语气副词,后间隔语气词"的"

(23) 一切要由组织上安排,千万【不要】想通过我们的关系,调来调去的,这样不好。

7.3.3 祈使句中"不要1"前间隔语气副词,后间隔语气词

7.3.3.1 祈使句中"不要1"前间隔建议劝告类语气副词,后间隔语气词"啊"

(1) 您千万自己【不要】心里难过啊。

7.3.3.2 祈使句中"不要1"前间隔建议劝告类语气副词,后间隔语气词"吧"

(2) 咱们还是一生【不要】相见吧!
(3) 在自己还没作好决定前,还是先【不要】告诉欧阳吧!
(4) 我还是尽量不要笑吧。

7.3.3.3 祈使句中"不要1"前间隔建议劝告类语气副词,后间隔语气词"了"

(5) 时间总会给我答案,还是什么都【不要】想了,睡觉吧。
(6) 千万再【不要】留在这里了。
(7) 最好今晚【不要】回房睡了。

7.3.3.4 祈使句中"不要1"前间隔建议劝告类语气副词,后间隔语气词"了吧"

(8) 又有熊猫不听话了,还是乖乖的【不要】让老大担心了吧!

7.3.4 祈使句中"不要1"前邻接、间隔语气副词,后邻接语气词

祈使句中"不要1"前邻接、间隔建议劝告类语气副词,后邻接语气词"啊",例如:

(1) 柳先生,你可千万【不要】啊!

(2) 大王,你可千万【不要】啊,万一你过去了,莫启哲那个恶心家伙再把你也给扒了,那可如何是好!

7.3.5 祈使句中"不要1"前邻接、间隔语气副词,后间隔语气词

7.3.5.1 祈使句中"不要1"前邻接、间隔建议劝告类语气副词,后间隔语气词"啊"

(1) 掌柜的到时候千万可【不要】忘记徒弟我啊。

(2) 小华呀,你在里面千万可【不要】出声啊!

7.3.5.2 祈使句中"不要1"前邻接、间隔建议劝告类语气副词,后间隔语气词"哪"

(3) 这里的老百姓也难哪,你千万【不要】怪他们哪!

7.3.5.3 祈使句中"不要1"前邻接、间隔建议劝告类语气副词,后间隔语气词"呀"

(4) 你千万可【不要】做负心汉呀!

7.3.5.4 祈使句中"不要1"前邻接、间隔建议劝告类语气副词，后间隔语气词"吧"

（5）天冷了，请为同伴添最好还是【不要】搞这个吧。

7.3.5.5 祈使句中"不要1"前邻接、间隔建议劝告类语气副词，后间隔语气词"了"

（6）如果你笑点低或者不懂内涵，最好还是【不要】看了。

本章小结

祈使句中"不要1"前邻接语气副词大致有五类：建议劝告类、道义类、强化类、申明确认类、意外类语气副词。

祈使句中"不要1"前间隔语气副词大致有三类：建议劝告类、申明确认类和弱化类语气副词。

祈使句中"不要1"前邻、间隔建议劝告类语气副词

祈使句中"不要1"后邻接语气词往往是"啊""呀"。

祈使句中"不要1"后间隔语气词"啊""了""吧""嘛""了吧"。

祈使句中"不要1"前邻接建议劝告类语气副词的时候，可以后邻接语气词"啊""呀"。

祈使句中"不要1"前邻接建议劝告类语气副词的时候，后间隔语气词包括"啊（呵）""呀""哪""吧""哩""了""啦""的"。

祈使句中"不要1"前间隔建议劝告类语气副词的时候，后间隔语气词包括"啊""吧""了""了吧"。

祈使句中"不要1"前邻接、间隔建议劝告类语气副词的时候，后邻接语气词往往是"啊"。

祈使句中"不要1"前邻接、间隔建议劝告类语气副词的时候，后间隔语气词包括"啊""哪""呀""吧""了"。

第 8 章 "应该1"与语气成分的关联机制

8.1 陈述句中"应该1"与语气成分的关联机制

8.1.1 陈述句中"应该1"前关联语气副词

8.1.1.1 陈述句中"应该1"前邻接语气副词

8.1.1.1.1 陈述句中"应该1"前邻接申明确认类语气副词

8.1.1.1.1.1 陈述句中"确实应该1"

(1) 确实【应该】让教授多权衡一下利弊得失,不能强人所难,不能逼人太甚。

(2) 既然都是为了干党的事业,都是为了一个目标,确实【应该】像颐和园的书记、园长那样相互了解、理解、谅解,心系事业,同心合力,抛弃个人的荣辱得失。

8.1.1.1.1.2 陈述句中"的确应该1"

(3) 但是另一方面,对于中、西部地区的经济发展,我们的确

【应该】给予特别的关注。

8.1.1.1.1.3　陈述句中"着实应该1"

(4) 最近的自己，确实有些忽视了她。着实【应该】反省反省。

8.1.1.1.1.4　陈述句中"实在应该1"

(5) 我实在【应该】读一读诗，因为，我近来实在太机械了，差不多我的头脑只是一只铁轮子。

(6) 那些爱国志士，的确是雄辩家，这轰轰烈烈的大演说，实在【应该】使得人们血沸肉跳。

8.1.1.1.1.5　陈述句中"真应该1"

陈述句中，"应该1"可以前邻接申明确认类语气副词"真"，例如：

(7) 刘先生，你在学校里也是开过《西南石器时代文化》的课程的，今天真【应该】给他们讲讲。

(8) 我真【应该】谢谢你们。

8.1.1.1.2　陈述句中"应该1"前邻接强化类语气副词

8.1.1.1.2.1　陈述句中"毕竟应该1"

(9) 因而斯大林论断说："毕竟【应该】了解：人才、干部是世界上所有宝贵的资本中最宝贵最有决定意义的资本。"

8.1.1.1.2.2　陈述句中"甚至应该1"

(10) 这种情况反映出资源已受到破坏，呈现衰退现象，这时捕捞的数量应当降低下来，必要时甚至【应该】禁渔，借以改善种群的增殖情况，以便恢复资源。

（11）一个人【应该】有理想，甚至【应该】有幻想，但他千万不能抛开现实生活，去盲目追求实际上还不能得到的东西。

8.1.1.1.3　陈述句中"应该1"前邻接必断类语气副词

陈述句中，"应该1"可以前邻必断类语气副词"一定"，例如：

（12）讲话的时候，可以夹许多"这个这个""那个那个"之类，其实并无意义，到写作时，为了时间、纸张的经济，意思的分明，就要分别删去的，所以文章一定【应该】比口语简洁，然而明了。

8.1.1.1.4　陈述句中"应该1"前邻接弱化类语气副词

陈述句中，"应该1"可以前邻接弱化类语气副词"至少"，例如：

（13）看来，这些问题都值得研究，至少【应该】从发展变化的角度去看待它们，而不是用常规的理解去研究它们。

（14）但，回报至少【应该】是对等的。

（15）我认为至少【应该】在大会上作深刻检讨。

（16）假如要我排列，我认为人一生中至少【应该】看一次的是：①万里长城，②金字塔，②拉萨的皇宫，④梵蒂冈。

8.1.1.1.5　陈述句中"应该1"前邻接估测类语气副词

陈述句中，"应该1"可以前邻接估测类语气副词，常用"也许"，例如：

（17）他忍不住笑着，"也许【应该】在这方面指点你，但对你没有好处——因为像你这样美丽的小姐，所有男人都会被你迷住的"。

8.1.1.1.6　陈述句中"应该1"前邻接时机类语气副词

陈述句中，"应该1"可以前邻接时机类语气副词，常用"恰恰"，例如：

（18）一种药品的上市，恰恰【应该】是严密观察其安全性的开始。

（19）你有不同意见恰恰【应该】说出来。

8.1.1.1.7 陈述句中"应该1"前邻接意外类语气副词

陈述句中，"应该1"可以前邻接意外类语气副词，常用"却"等，例如：

8.1.1.1.7.1 陈述句中"却应该"

（20）天顶上的太阳，是比较近的，所以视角虽然与地平线上的一样，而面积却【应该】小一点。

（21）这时眼睛就会说，现在太阳更近了，所以它的视角虽然和天上一样，它本身却【应该】更小一点。

8.1.1.2 陈述句中"应该1"前间隔语气副词

8.1.1.2.1 陈述句中"应该1"前间隔申明确认类语气副词

8.1.1.2.1.1 陈述句中"本来……应该1"

（一）"本来"和"应该"间隔主语，用于陈述句，例如：

（22）本来我【应该】回到原籍江西省上饶县尊桥乡安置，但上饶市党政领导考虑到农村医疗条件差，交通不方便，决定把我安置在市区。

（23）本来她心中这件正在折磨她的事【应该】问问母亲，带着那种只属于女儿与母亲之间才有的由一个眼色一下努嘴就能领会的秘不可宣的神情，可并不是所有的母女俩都能这样。

（二）"本来"和"应该"间隔饰连语，例如：

（24）我本来早就【应该】明白，可我直到今天才明白。

（25）至于科学文艺的语言，本来就【应该】力求形象生动，具有个性色彩的，因为科学本身也是有趣味的东西，更【应该】在语言艺术上下功夫。

（26）她期待在丈夫归来后第一个美好的夜晚——本来就【应该】是现在，她得把身体里发生的一点点微妙的征兆告诉他。

8.1.1.2.1.2　陈述句中"其实……应该1"

（一）"其实+主语+应该"用于陈述句，例如：

（27）其实，这个问题【应该】从另一个角度来理解。

（28）其实，"一切想顾客所想，一切急顾客所急"的最深刻的含意，【应该】是"顾客需要什么，我们就生产什么"！

（二）"其实"与"应该"间隔饰连语，例如：

（29）其实，对西方和港台的一些新闻媒介的所谓"新闻真实"【应该】打个大大的问号。

（三）"其实"和"应该"间隔主语和饰连语，例如：

（30）其实他们更【应该】留下，在这种时候抽身走开，只会招致更大的嫌疑。

（四）"其实"和"应该"间隔句，例如：

（31）其实，夫妻之间也和同志之间一样，总是各有所长，各有所短，【应该】互相学习，取长补短。

8.1.1.2.2　陈述句中"应该1"前间隔必断类语气副词

陈述句中，"应该1"可以前间隔必断类语气副词"自然"等，例如：

· 567 ·

(32) 任命我做了侍从,自然我【应该】来道谢。

(33) 此地人畏辣如虎,不肯讲究辣味,自是【应该】。

8.1.1.2.3　陈述句中"应该1"前间隔估测类语气副词

陈述句中,"应该1"可以前间隔估测类语气副词"或许、恐怕"等,例如:

(34) 或许我们【应该】为这四家勇敢的移民个体户立一座纪功碑。

(35) 女人哟,也许你【应该】是一个整数,女权主义者会毫不犹豫地回答我:当然,我从精神到肉体到经济到人格到……都是独立的!

8.1.1.2.4　陈述句中"应该1"前间隔强化类语气副词

陈述句中,"应该1"可以前间隔强化类语气副词"甚至"等,例如:

(36) 随着人的阶级属性的逐渐消失,对受教育者即使是后进者,甚至是犯过一些错误者,也【应该】给予尊重信任、体贴关怀,这才是社会主义社会新型的人与人之间的关系。

(37) 声乐教师理应是这方面的内行,是艺术上的"总导演",对学生不论是在发声、咬字、吐字或体会词意曲情,把握乐曲结构,进行情感着色,甚至对学生的生活、爱好、思想作风都【应该】能提出合理的和有见地的意见来。

8.1.1.2.5　陈述句中"应该1"前间隔弱化类语气副词

陈述句中,"应该1"可以前间隔弱化类语气副词"至少",大致有两种间隔情况:

(一)"应该1"和"至少"间隔主语,例如:

(38) 至少,唐太宗身边的"公卿辅弼"【应该】无可讳言地铺陈进谏,以示翊赞。

(39) 他们的口正同炮口一样,以舌尖上所迸出的炮弹,火光四射,在空中乱舞,至少大家【应该】心惊肉动。

(40) 至少是我,白亚文,【应该】带头检查。

(二)"应该1"和"至少"间隔主语和饰连语,例如:

(41) 自然,在战争环境下是很困难的,但至少在建国以后,我们就【应该】大批大批组织这些同志,进中学,进技术专科学校,进大学,教会他们一些新知识,提高他们的文化、科学、技术水平。

(42) 依我看,他们两个人既然不肯把二姐那边的三个小子交出来,那么,至少他们也【应该】告诉我们,阿炳现在在什么地方。

(43) 大家都是人,至少大家为了国家,【应该】共甘苦,就只隔宿粮,也应有饭大家吃,这才算合理。

8.1.1.3　陈述句中"应该1"前邻接、间隔语气副词

8.1.1.3.1　陈述句中"应该1"前邻接强化类语气副词、间隔弱化类语气副词

陈述句中,"应该1"可以前邻接强化类语气副词"真",同时前间隔弱化类语气副词"倒",例如:

(44) 你倒真【应该】离开工厂……你的函授大学读得怎样?

8.1.1.3.2　陈述句中"应该1"前邻接强化类语气副词、间隔估测类语气副词

陈述句中,"应该1"可以前邻接强化类语气副词"真",同时前间隔意外类语气副词"也许",例如:

(45) 现在想一下，也许我真应该去，为啥？

8.1.2 陈述句中"应该1"后关联语气词

8.1.2.1 陈述句中"应该1"后邻接语气词

8.1.2.1.1 陈述句中"应该1"后邻接语气词"的"

（一）"应该的"用于陈述句，例如：

(1) 同住在一幢房子里，又是同乡人，【应该】的。

(2) 鸡脚子虽然味甜可食，但缺乏玫瑰葡萄或花旗蜜橘所有的芳香，也不及草莓的摩登气象，降为贫苦人的食品原也【应该】的。

（二）"……是应该的"构成陈述句。有几种格式：

1. "……是应该的"独立成句，例如：

(3) 经营管理好的企业，获得较多的物质利益是【应该】的。

(4) 再说你多干点是【应该】的。

(5) 父母在时间、财力和人力方面花点本钱，也是【应该】的。

(6) 现在，我为故乡人民尽上点绵薄之力，是【应该】的。

2. "……是应该的"用于前分句，大体有几种复句：

有的用于并列句前分句，例如：

(7) 治好了是【应该】的，治不好就是医生有问题。

(8) 妇女们关心她自己的工分，这是【应该】的；社员们关心社里的收支，这是好现象。

有的用于递进前分句，例如：

（9）例如，生产上出了次品推说是机器陈旧，仿佛是说出次品是【应该】的，甚至是有功的。

有的用于说明因果句前分句，例如：

（10）公山雀说："这是【应该】的，不用谢！"

（11）杀人抢钱都是【应该】的，因为这样做并不是为自己！

（12）他所以认为人口过剩是绝对的，是【应该】的，只不过想借此在客观上证明产业劳动预备军也是【应该】的现象，以拥护资产阶级的必然的需要罢了。

有的用于假设句前分句，例如：

（13）假使北门的建筑是【应该】的，他们理应协助陛下完成；假使不很妥当，就应该请陛下停止。

有的用于转折句前分句，例如：

（14）加强艺术磨炼是【应该】的，但单纯技术观点是错误的，它要使人陷入形式主义的泥坑里去。

3. "……是应该的"用于后分句，大体有几种复句：

有的用于解注句后分句，例如：

（15）但你要认清时代，我们牺牲是【应该】的。

有的用于连贯句后分句，例如：

（16）你挑不动，我帮助你是【应该】的。

有的用于递进句后分句，例如：

（17）强调物价的稳定性，是必要的，坚决刹住乱涨价的歪风，更是【应该】的。

有的用于说明因果句后分句，例如：

（18）过去国家不征税，是为了扶持企业发展，现在企业发展了，有了负担能力，纳点税也是【应该】的。

（19）但是，做生意总是有赔有赚，要付出艰辛的劳动，冒很大的风险，而且没有集体福利、社会保险等生活保障，因此，他们的收入一般高于工薪收入是【应该】的。

（20）我给李憕之当了一辈子长工，他从来没有给过工钱，现在要辞退我了，给我点养老钱也是【应该】的。

有的用于容认句后分句，例如：

（21）在这种寒冷的地带，作战固然苦一点，但是也是【应该】的。

4."……是应该的"用于宾语，例如：

（22）他们认为这场战争是【应该】的。

8.1.2.2　陈述句中"应该1"后间隔语气词

8.1.2.2.1　陈述句中"应该1"后间隔语气词"的"
（一）"应该……的"用于陈述句，大体有三种格式：

1."应该……的"用于陈述单句，例如：

（24）你【应该】回去的。

（25）姨妈，你【应该】早知道的。

（26）老先生在这点上，【应该】感到安慰的。

2. "应该……的"用于陈述后分句。

第一，"应该……的"用于解注句的陈述后分句，例如：

（27）小萌，你刚才说到人品，【应该】由你自己来判断的。

第二，"应该……的"用于说明因果句的陈述后分句，例如：

（28）现在信息手段那么发达，遥控管理【应该】不成问题的。

第三，"应该……的"用于虚让句的陈述后分句，例如：

（29）不要说他已忘记了你，即使他思念你，你也【应该】忘记他的。

3. "应该……的"用于宾语，例如：

（30）至于我，请你们放心，我知道我【应该】怎样做的。

（31）我看【应该】谁对听谁的。

（32）尤其是那孤独者，每次读时每一句，甚至于每一字，给我以极大的压迫力，魏连殳的苍凉，仿佛也就是我的苍凉，法朗士说每一篇作品，应是作者的自传，我以为，这话【应该】在这样的场合来解释的。

（二）"是应该……的"用于陈述句，大体有四种格式：

1. "是应该……的"用于单句，例如：

（33）舞蹈家也是【应该】从阅读和思考中，不断地酝酿逐渐成熟、成才的。

(34) 对这种人是【应该】坚决反对的。

(35) 我是【应该】拐弯的。

(36) 这个历史经验是【应该】引起我们深思并认真加以总结的。

2. "是应该……的"用于前分句。

第一,"是应该……的"用于并列句前分句,例如:

(37) 就一般意义来说,群众的喜好、要求,是【应该】关心、照顾的,群众不喜欢的歌曲、唱法,或者一时还不能领会的东西,硬向群众推广,是没有效果的。

(38) 事实上,旧的经历考验筛选的美,其中符合新时代审美需要的一部分是【应该】保存的,它们在某些方面甚至有新时代的美所不可企及之处,不可重复和替代之处。

(39) 他怎么舍己为人是【应该】有具体行为和具体表现的,有的人做好事当着别人害臊,他不愿让人知道,这里面还有各种各样的人物性格特点。

第二,"是应该……的"用于解注句前分句,例如:

(40) 世界上的东西都是【应该】互相帮助、互相友爱的,谁也不能离开谁。

(41) 根据去年的经验,使我们懂得,对于犯有错误的人们改造其思想,是【应该】有步骤的,大体上应该是:第一步,揭露错误;第二步,反省错误;第三步,改正错误。

第三,"是应该……的"用于说明因果句前分句,例如:

(42) 这个问题,剧作是【应该】回答的,因为按"章回体"铺叙,这个问题就跳不过去。

（43）这个教训是【应该】吸取的，不能再走老路了。

第四，"是应该……的"用于假设句前分句，例如：

（44）假使北门的建筑是【应该】的，他们理应协助陛下完成；假使不很妥当，就应该请陛下停止。

第五，"是应该……的"用于转折句前分句，例如：

（45）加强艺术磨炼是【应该】的，但单纯技术观点是错误的，它要使人陷入形式主义的泥坑里去。

（46）这天妈把九斤黄杀了，鸡头是【应该】有一个的，可是我也不愿去吃。

第六，"是应该……的"用于假转句前分句，例如：

（47）对这一类作品，我想是【应该】容许夸张的，否则就不能成为喜剧了。

3. "是应该……的"用于后分句，例如：
第一，"是应该……的"用于并列句后分句，例如：

（48）这两者是可以统一的，是【应该】结合的。

（49）休息太晚必然会影响到第二天的工作和学习，另外，一日生活制度到任何时候都是【应该】坚持的。

（50）农村青年团的组织，并不是"用不着特别关心"青年的身体健康，而是【应该】随时关心农村青年的身体健康的。

第二，"是应该……的"用于解注句后分句，例如：

（51）因为生活是创作的基础，有人不同意演员模拟人物表演，担心形式的模仿，这是【应该】注意的。

（52）孙超，你是青年团支委，这一点是【应该】考虑到的。

（53）对此，罗嘉昌同志作了多方面的、严肃认真的论证，这是【应该】充分肯定的。

第三，"是应该……的"用于递进句后分句，例如：

（54）现在我们的男同学宿舍比女同学宿舍不如的程度，绝对不是差到几百倍的，我们的女同学们既能住下，男同学们更【应该】是能忍受的；为什么还有人不住地喊着不平呢！

第四，"是应该……的"用于说明因果句后分句，例如：

（55）只有改革者却还在睡梦里，总是吃亏，因而中国也总是没有改革，自此以后，是【应该】改换些态度和方法的。

（56）我看那家伙怕靠不住，凭他那身份、财产、胆量，都是【应该】要逃的。

（57）生活在这个小小的地球上，人们是【应该】友好相处的。

（58）我跟崔华、林丽是多年的同事，又是邻居，这些事儿是【应该】做的。

（59）第一个受到询问的是三楼服务台夜班值班员小王，因为她是【应该】直接对这个事件负责的。

第五，"是应该……的"用于假设句后分句，例如：

（60）从健康上着想，胖是【应该】设法疗治的。

（61）除非他所说的人不是张芝英，要真是张芝英，她是【应该】替自己辩护的。

（62）如果第四军对于北伐有什么贡献的话，那是【应该】归功于黄琪翔、叶挺、朱晖日、许志锐先生他们几位的，我自己不过坐享盛名。

第六，"是应该……的"用于足够条件句后分句，例如：

（63）这一问题，我们认为，只要合乎条件，特别是有比较强的领导骨干，是【应该】加以批准的。

第七，"是应该……的"用于目的句后分句，例如：

（64）为了适应这种变化，他们的知识结构是【应该】不断更新的。

第八，"是应该……的"用于转折句后分句，例如：

（65）这也许是一种"时代的偏见"吧，但这心情是【应该】可以理解的。

4. "是应该……的"用于宾语，例如：

（66）我想，这些是【应该】改变的。

（67）这个虽三尺童子也知道书是【应该】给人读的。

（68）我以第一学者的地位证明老婆是【应该】不止一个的；况且，下面的话不便写录下来。

（三）"是……应该……的"用于陈述句。"是"和"应该"之间间隔的成分大体有两种：

第一，"是 + 主语 + 应该……的"用于陈述句，例如：

（69）这真是天下奇闻，也是作者【应该】给予冷嘲热讽的。

（70）罗斯福怎样来应付他们，是我们【应该】继续注意的。

(71) 为了支援农业生产嘛，这是我们【应该】做的。

第二，"是+饰连语+应该……的"用于陈述句，例如：

(72) 他们现在是最需要欢乐的，他们是最【应该】好好过过这个新年的。

(73) 我认为在讲作为人的优秀素质的思想时，"真"这个字是坚决【应该】强调的。

(四)"应该是……的"用于陈述句，大体有四种格式：

1. "应该是……的"用于单句，例如：

(74) 你【应该】是恨他的。

(75) 从原则上说，省略了的成分【应该】是可以补出来的。

(76) 这个赛跑冠军，【应该】是你获得的。

(77) 不论在什么时代，什么国家，音乐的审美标准都【应该】是为社会进步、为人类进入更高一级的精神文明服务的。

2. "应该是……的"用于前分句。

第一，"应该是……的"用于并列句前分句

(78) 艺术【应该】是以情动人的，艺术的魅力来自生动的形象和典型。

第二，"应该是……的"用于连贯句前分句

(79) 总之，演戏时手里拿的道具，【应该】是有助于表演的，如果老让它拿在一只手里而没有变化，那就是演员让道具束缚住了，我们京剧后台术语就叫作"僵"。

(80) 这个过程【应该】是在不断地循环往复而又不断地发展深

化的，直到欣赏结束才告终止。

3."应该是……的"用于后分句。

第一，"应该是……的"用于并列句后分句，例如：

（81）无论生产资料还是消费资料的价格，大部分应该通过市场竞争而形成，【应该】是随时浮动的。

第二，"应该是……的"用于解注句后分句，例如：

（82）反过来大气环流也对洋流有重要的作用，海气【应该】是相互作用的。

（83）曹雪芹曾通过贾宝玉之口批评过"非其山而强为其山"，这一美学观对于没有因地制宜的生搬硬套的建设，【应该】是有所启迪的。

（84）总之，老舍先生与北京人艺这样长期合作，互相促进，建立作家和剧院紧密的联系，这【应该】是值得大力提倡的。

第三，"应该是……的"用于递进句后分句，例如：

（85）无产阶级文学要求不但在思想内容方面要远远超出一切旧文学，而且在艺术形式方面也【应该】是一切旧文学所不能比拟的。

（86）每所技工学校所设置的工种、专业，应该相对稳定，性质相近，不宜过多，而且【应该】是操作比较复杂，技术理论知识要求比较高的。

第四，"应该是……的"用于假设句后分句，例如：

（87）如果使用厌恶刺激，这些刺激则【应该】是没有严重副作用的。

第五,"应该是……的"用于推断性因果句后分句,例如:

(88) 以一般的绘画而论,内容表现得不充分是短处;可是海报这一特殊艺术样式,它的主要任务既然只是提出问题,"留一手"【应该】是可以容许的。

4. "应该是……的"用于宾语。例如:

(89) 必须注意,在连接电路的过程中,电键【应该】是断开的。
(90) 我想这样的东西【应该】是有的,大约是我的头脑太不行,想不出来……你可不可以替我想一想?

8.1.2.2.2 陈述句中"应该1"后间隔语气词"了"
(一)"应该……了"用于陈述句,大体有四种格式:
1. "应该……了"用于陈述句单句,例如:

(91)【应该】分手了。
(92) 现在【应该】告诉你了。
(93) 你【应该】组织你自己的家庭了。
(94) 这么说,我【应该】感谢你的打扰了。

2. "应该……了"用于陈述前分句,例如:

(95)【应该】捉了,没有啥说的了。

3. "应该……了"用于陈述后分句。

第一,"应该……了"用于连贯句后分句,例如:

(96) 到了第七天晚上,照理我【应该】交账了,我就向曹英姐提出,让我再干七天,曹英姐同意了,我领到了第二个七天的粮食、油、盐什么的。

（97）到了今天，我们【应该】觉悟了，只有打倒狂妄自大的心理，承认了我们自己不如人家，像胡适先生说的，准备使我们这个民族低头苦志做三十年的小学生，也许中国还有个复兴的希望。

第二，"应该……了"用于说明因果句后分句，例如：

（98）小雪在一旁说，裁缝店开腻了，【应该】开个冷饮店了。

（99）不，她已经是一个名副其实的现代化大城市，那些陈旧的地理观念老早【应该】抛弃了。

（100）这是人类知识的结晶和宝藏，从今天起，你【应该】自觉地、有计划地学习它们了。

第三，"应该……了"用于假设句后分句，例如：

（101）若是这三线并不相交于一点，那就显见其中必有错误，而【应该】重复测量了。

第四，"应该……了"用于转折句后分句，例如：

（102）照理说，她【应该】心满意足了，可她还是感到缺少点什么。

4."应该……了"用于宾语。例如：

（103）但无论如何——虽然女人已经死去，再不能帮什么忙，他觉得他【应该】回五里场去转一趟了。

（104）于是，我们即使依恋于这个浴后之安憩，也毕竟觉得【应该】去"行"一下了。

（105）天快黑的时候，王传河想到马号场子里拴着很多牲口，【应该】往圈里放了。

（二）"应该是……了"用于陈述句，例如：

（106）掌鼓得特别响，笑得也特别开心，他觉得多鼓一次掌，多使一把劲，就能把那些小脚女人促动一下，【应该】是猛醒的时候了。

（107）有线广播已播完《国际歌》；深夜捉螃蟹的人，也提着风雨灯匆匆走过门前，到螃蟹寮去了，屋瓦上又响起了沙沙的雨点声，【应该】是散会的时候了。

（108）所以按年龄讲它今年【应该】是四岁了。

（三）"是应该……了"用于陈述句，例如：

（109）她抬起泪眼，望着那个空空的相框，讷讷地说："是啊，是【应该】考虑这个问题了。"

8.1.2.2.3 陈述句中"应该1"后间隔语气词"呀"

（110）忍耐、服从，当军人的就【应该】这样呀，自己做队长的，不是常拿这一套教训部下吗？

（111）我们没有做什么坏事，【应该】受这话呀。

8.1.2.2.4 陈述句中"应该1"后间隔语气词"呢"

（112）她太不孝顺了，【应该】有这样的报应呢。

（113）我看大势已去，诸公【应该】为十万生灵打算一下才是呢，居然有人这样说。

8.1.2.2.5 陈述句中"应该1"后间隔语气词"的了"

（114）那么，孩子们的这一顿饭菜【应该】是相当丰盛的了。

8.1.2.2.6 陈述句中"应该1"后间隔语气词"了呢"

(115) 到【应该】灌注了呢，便有老坤偷偷地帮她在晚间车水了。

8.1.3 陈述句中"应该1"前关联语气副词、后关联语气词

8.1.3.1 陈述句中"应该1"前邻接强化类语气副词，后邻接语气词"的"

(1) 这会计工作可是个不简单的工作，多付出点辛苦，是完全【应该】的。

(2) 这两年来，咱们国家的经济已经全面好转了，买些新教具，是完全【应该】的。

8.1.3.2 陈述句中"应该1"前间隔语气副词，后邻接语气词

8.1.3.2.1 陈述句中"应该1"前间隔强化类语气副词，后邻接语气词"的"

(3)（间歇）我也觉得这个人，还不到老徐所说的那样程度，不过提防总是【应该】的。

(4) 我们当然没必要让毕业生都成为书法艺术家，但把字写得工整、大方，多少有点美感，总是【应该】的。

8.1.3.2.2 陈述句中"应该1"前间隔意外类语气副词，后邻接语气词"的"

(5) 我看这倒是【应该】的。

8.1.3.3　陈述句中"应该1"前邻接语气副词，后间隔语气词

8.1.3.3.1　陈述句中"应该1"前邻接申明确认类语气副词，后间隔语气词"的"

（6）我这王子确实很小，因为我的名分本来【应该】使我大得多的。

（7）本来【应该】是我负责的，可是，没有办法，只好请你们看着办了。

8.1.3.3.2　陈述句中"应该1"前邻接申明确认类语气副词，后间隔语气词"啊"

（8）这两块地本来【应该】是最积极的啊，怎么会如此平静呢？

8.1.3.3.3　陈述句中"应该1"前邻接估测类语气副词，后间隔语气词"了"

（9）这可是英国的最高学府，他似乎【应该】在这里安心求学了。

8.1.3.3.4　陈述句中"应该1"前邻接意外类语气副词，后间隔语气词"了"

（10）如果莺莺真是出身望族，张生和她的私通未必就这般容易，元稹的《会真诗》倒【应该】写成李商隐式的《无题》了。

8.1.3.3.5　陈述句中"应该1"前邻接估测类语气副词，后间隔语气词"的了"

（11）对自己所走的音乐道路，似乎【应该】心满意足的了，但是她还在怀念自己失去的东西，她本来是可以成为建筑师的啊！

8.1.3.4 陈述句中"应该1"前间隔语气副词，后间隔语气词

8.1.3.4.1 陈述句中"应该1"前间隔申明确认类语气副词，后间隔语气词"的"

（12）当然，宏观与微观研究过程不应当决然分割的，【应该】是同步进行的。

（13）人本是【应该】长大的，各种动植物也都【应该】长大的；"像一个大人"实在不怎么好笑。

（14）作为常放旗下的二号人物，显然诸葛千是【应该】有这样的分量的。

8.1.3.4.2 陈述句中"应该1"前间隔强化类语气副词，后间隔语气词"的"

（15）事实上回路不动时出现的感应电动势是由于变化磁场激发了电场，那么不论回路是否存在，只要磁场随时间变化，电场总是【应该】存在的。

（16）年轻人总是【应该】高兴一下的。

8.1.3.4.3 陈述句中"应该1"前间隔申明确认类语气副词，后间隔语气词"了"

（17）的确，当一个人向你表示过分的亲热时，你【应该】提高警惕了。

8.1.3.4.4 陈述句中"应该1"前间隔必断类语气副词，后间隔语气词"了"

（18）他冯唐既然当了厅级干部，这社交来往的层次自然就【应

该】提高一个档次了。

8.1.3.4.5　陈述句中"应该1"前间隔意外类语气副词，后间隔语气词"了"

（19）完备性不但不是追求的性质，反是【应该】避免的性质了。

8.1.3.4.6　陈述句中"应该1"前间隔估测类语气副词，后间隔语气词"吧"

（20）若从最广义的角度上来解释舞蹈的话，恐怕这【应该】是算作舞蹈的雏形吧。

8.2　疑问句中"应该1"与语气成分的关联机制

8.2.1　是非问句中"应该1"与语气成分的关联机制

8.2.1.1　是非问句中"应该1"前关联语气副词

8.2.1.1.1　是非问句中"应该1"前邻接语气副词

8.2.1.1.1.1　是非问句中"应该1"前邻接反诘类语气副词

是非问句中，"应该1"可以前邻接反诘类语气副词"难道"等，例如：

（1）物理学家难道【应该】放弃科学方法而去进行沉思？

8.2.1.1.1.2　是非问句中"应该1"前邻接估测类语气副词

是非问句中，"应该1"可以前邻接估测类语气副词"也许"等，例如：

（2）也许【应该】到省里去看看他？

8.2.1.1.1.3　是非问句中"应该1"前邻接申明确认类语气副词

是非问句中,"应该1"可以前邻接申明确认类语气副词"本来"等,例如:

(3) 丁鹏道:"这把刀上本来【应该】有字?"

8.2.1.1.2　是非问句中"应该1"前间隔语气副词

是非问句中,"应该1"可以前间隔估测类语气副词"也许"等,例如:

(4) 可是……也许,我还【应该】像早先那么不死不活地活,才像个人样儿?

8.2.1.2　是非问句中"应该1"后关联语气词

8.2.1.2.1　是非问句中"应该1"后邻接语气词

8.2.1.2.1.1　是非问句中"应该1"后邻接语气词"吗"

(5) "赵振环是真心悔悟了。你还是应该见见他。""【应该】吗?"她问,好像又冷又苦地笑了笑。

(6) 雪子插话说,声音出奇地冷静。"应该吗?"

(7) 现在整组就我一人,你们这么抛弃了一位母亲,【应该】吗?合适吗?合适吗?合适吗?合适吗?

(8) 还有这女的,你给人家打的着电话吗?【应该】吗?我要他就不接!

(9) 基本的机场安保措施都做不全面,【应该】吗?

8.2.1.2.1.2　是非问句中"应该1"后邻接语气词"么"

(10) 北京!我真的好想和他拥抱一次,应该么?可么么?

(11) 我这样回去，应该么？受欢迎么？皇帝乐意么？

8.2.1.2.2　是非问句中"应该1"后间隔语气词
8.2.1.2.2.1　是非问句中"应该1"后间隔语气词"吗"

(12) 阿尔曼多【应该】主动去追回失落的爱情吗？

(13) 我终于又说出原谅的字样，然而我想起方才她所说的那些话，真如有万支冷箭都刺到我的心头，我【应该】震怒吗？

8.2.1.2.2.2　是非问句中"应该1"后间隔语气词"么"

(14) 我们知道音乐是有他那种最实在的功能，那末，我们不是很【应该】即知即行，把音乐当作是我们的最高的宗教，用来促进我们的人生么？

8.2.1.2.2.3　是非问句中"应该1"后间隔语气词"吧（罢）"

(15) 按说【应该】好好歇一宿，第二天再出动吧？

(16) 张先德又写一步算式，又回过头望着副教授：老师，这个算式【应该】这么写，是吧？

(17) 也【应该】是最后的时刻罢？

8.2.1.2.2.4　是非问句中"应该1"后间隔语气词"了吗"

(18) 现在，作为一个老兵，【应该】退伍了吗？

8.2.1.3　是非问句中"应该1"前关联语气副词、后关联语气词

8.2.1.3.1　是非问句中"应该1"前邻接语气副词，后邻接语气词

是非问句中，"应该1"可以前邻接反诘类语气副词"难道"等，同时后邻接语气词"吗"，例如：

（19）她面对这封写了个开头的信，心里这样想，"应该拒绝他？难道【应该】吗？这非常可怕！……"

8.2.1.3.2　是非问句中"应该1"前邻接语气副词，后间隔语气词

8.2.1.3.2.1　是非问句中"应该1"前邻接反诘类语气副词，后间隔语气词"吗"

（20）这样重大的发现难道【应该】由一个 28 岁的姑娘提出来吗？

（21）而可怜的郭立梗，又难道【应该】是他的儿子吗？

（22）乌拉、哈达、叶赫、辉发、建州，言语相通，势同一国，难道【应该】有五个王吗？

（23）你这位母亲，你这位伤了孩子心的母亲，难道【应该】以责备、埋怨的态度去面对她得来不易的成就吗？

8.2.1.3.2.2　是非问句中"应该1"前邻接强化类语气副词，后间隔语气词"吗"

（24）在毒气里，不正【应该】产生恶之花吗？

8.2.1.3.2.3　是非问句中"应该1"前邻接强化类语气副词，后间隔语气词"吧"

（25）上帝在创造人类以前，总【应该】先创造他自己吧？

（26）上述两段文字中确实尽玩了一些"花架子"，那后面的这段采访记述，总【应该】算是货真价实了吧？

8.2.1.3.2.4　是非问句中"应该1"前邻接估测类语气副词，后间隔语气词"吧"

(27)《孙悟空漫游大海》，大概【应该】根据书上的拼音来查吧?

8.2.1.3.2.5　是非问句中"应该1"前邻接弱化类语气副词，后间隔语气词"吧"

(28) 你已经找到了一种比目前这个"最不坏"的制度更好的制度时，你至少【应该】在民众中取得基本的共识吧?

8.2.1.3.2.6　是非问句中"应该1"前邻接估测类语气副词，后间隔语气词"了吧"

(29) 一晃又是四十年，也许【应该】算算总账了吧?

8.2.1.3.3　是非问句中"应该1"前间隔语气副词，后间隔语气词

是非问句中，"应该1"可以前间隔反诘类语气副词"难道"等，同时后间隔语气词"吗"，例如:

(30) 然而，我心里正在怀疑，难道这渔村里对于外乡人就【应该】如此待遇吗?

(31) 这正如:"我认为一条几何定理是真实的，并不是因为它可以证明，而是因为它出现在欧几里得的著作里"，难道情形【应该】是如此吗?

8.2.1.3.4　是非问句中"应该1"前邻接、间隔语气副词，后间隔语气词

是非问句中，"应该1"可以前邻接强化类语气副词，前间隔弱化类语气副词，后间隔语气词"吧"，例如:

(32) 至少，她们总【应该】尽力而为吧?

8.2.2 正反问中"应该1"与语气成分的关联机制

8.2.2.1 正反问中"应该1"前关联语气副词

8.2.2.1.1 正反问中"应该1"前邻接语气副词

正反问中,"应该1"可以前邻接正反问类语气副词"是不是""是否"。

(一)"是不是应该……"构成正反问,例如:

(1) 有一个兄弟答得很有趣:"我们同你们去打仗,你们请我们吃一餐猪肉,是不是【应该】?"

(2) 那末,达曼德确实不打算把全部实验情况告诉你了,你是不是【应该】了解一下?

(3) 多大多小,是不是【应该】批评?

(二)"是否应该……"构成正反问,例如:

(4) 过去作家们"君子言义不言利",现在是否【应该】有所改变?

(5) 机床附件总厂是否【应该】参与这次兼并活动?

(6) 是否【应该】追究他们的刑事责任?

8.2.2.1.2 正反问中"应该1"前间隔语气副词

正反问中,"应该1"可以前间隔正反问类语气副词"是不是""是否",例如:

(7) 不过,无产阶级自己的知识分子队伍,是不是也【应该】包括这些老一辈的专家、学者在内?

(8) 在体现社会保险国家强制性的同时,社会保险制度本身是否也【应该】形成一种内在的机制？

8.2.2.1.3　正反问中"应该1"前邻接、间隔语气副词

正反问中，"应该1"可以前邻接强化类语气副词，前间隔正反问语气副词，例如：

(9) 如果一个人的文章总是伤害读者的心，他是不是真【应该】停下来反思一下？

8.2.2.2　正反问中"应该1"前关联语气副词、后关联语气词

8.2.2.2.1　正反问中"应该1"前邻接正反问类语气副词，后邻接语气词"呢"

(10) 我这样做是不是【应该】呢？
(11) 既然他都对我母亲的行为不齿，不屑于告诉你，你问我是否【应该】呢？

8.2.2.2.2　正反问中"应该1"前间隔正反问类语气副词，后邻接语气词"呢"

(12) 于情于理应该，于仇于恨是否更【应该】呢？

8.2.2.2.3　正反问中"应该1"前邻接正反问类语气副词，后间隔语气词"呢"

(一)"是不是应该……呢"构成正反问，例如：

(13) 是不是【应该】先征求一下作者的意见呢？
(14) 你是不是【应该】对这些问题思索一下呢？
(15) 假如发现自己有误判，是不是【应该】设法补偿一下呢？

（16）这种极大的生命力和永不言弃的精神我们是不是【应该】学习呢？

（17）他是不是【应该】不告诉梅森呢？

（二）"是否应该……呢"构成正反问，例如：

（18）我们的社会，是否【应该】为他做点什么呢？

（19）如果你看中了自己合适的职位，是否【应该】主动、大胆地出击呢？

8.2.2.2.4　正反问中"应该1"前间隔正反问类语气副词，后间隔语气词"呢"

（一）"是不是……应该……呢"构成正反问，例如：

（20）文艺工作者是不是也【应该】提倡语言美呢？

（21）你是不是更【应该】出来道歉呢？

（22）是不是我也【应该】搬到车库去住呢？

（二）"是否……应该……呢"构成正反问，例如：

（23）国内的学校是否也【应该】仿效呢？

（24）有些东西，我们今天是否还【应该】把它们保留下来呢？

8.2.2.2.5　正反问中"应该1"前邻接正反问类语气副词、前间隔深究类语气副词，后邻接语气词"呢"

（25）不过拿大凤作牺牲，究竟是不是【应该】呢？

8.2.2.2.6　正反问中"应该1"前邻接正反问类语气副词、前间隔深究类语气副词，后间隔语气词"呢"

正反问中，"应该1"可以前邻接正反问类语气副词"是不是""是

否",前间隔深究类语气副词"究竟",后间隔语气词"呢",例如:

(27) 那么,"自由"究竟还是不是【应该】有"语法"或规范呢?

8.2.3 正反问中"应(该)不应该1"与语气成分的关联机制

8.2.3.1 正反问中"应(该)不应该1"前关联语气副词

8.2.3.1.1 正反问中"应(该)不应该1"前邻接深究类语气副词

(1) 仙桃中学未经当地物价部门批准而大幅度提高所谓培养费的行为,到底【应该不应该】?

(2) 您权衡轻重,好好想想到底【应该不应该】帮忙?

(3) 我到底【应不应该】做这个决定?

(4) 一张并无存款的虚假存单究竟【应不应该】支付?

8.2.3.1.2 正反问中"应(该)不应该1"前间隔深究类语气副词

(5) 咱们打这一场仗究竟是【应不应该】?

(6) 究竟我明天【应不应该】回家?

(7) 她趁我静思已过时逃脱。心里很矛盾,到底我【应不应该】告诉莫言?

8.2.3.2 正反问中"应(该)不应该1"后关联语气词

8.2.3.2.1 正反问中"应(该)不应该1"后邻接语气词"呢"

(8) 我来到这里以后,安静了好多,【应不应该】呢?

(9) 为着追击和消灭这种从国外来的敌人因而越出国境,这【应该不应该】呢?

8.2.3.2.2　正反问中"应(该)不应该1"后间隔语气词"呢"

(10) 我【应该不应该】下令抢劫呢？

(11) 财产私有制【应该不应该】无条件地成为法律呢？

8.2.3.3　正反问中"应(该)不应该1"前关联语气副词、后关联语气词

8.2.3.3.1　正反问中"应(该)不应该1"前关联语气副词、后关联语气词

8.2.3.3.1.1　正反问中"应(该)不应该1"前邻接深究类语气副词，后邻接语气词"呢"

(12) 她其实早已经没有主意，但把这样机密的事情告诉一个妖怪，到底【应不应该】呢？

(13) 睡醒起来学习顺便打扫卫生究竟【应不应该】呢？

8.2.3.3.1.2　正反问中"应(该)不应该1"前间隔深究类语气副词，后邻接语气词"呢"

(14) "美丽"到底是【应不应该】呢？

8.2.3.3.1.3　正反问中"应(该)不应该1"前邻接深究类语气副词，后间隔语气词"呢"

(15) 那防辐射服究竟【应该不应该】穿呢？

(16) 现在他到底【应该不应该】再提出这个要求呢？

(17) 光棍节到底【应不应该】庆祝呢？

(18) 我们究竟【应不应该】听从那个命令呢？

· 595 ·

8.2.3.3.1.4 正反问中"应（该）不应该1"前间隔深究类语气副词，后间隔语气词"呢"

（19）到底我【应不应该】再买一个呢?!

（20）将近八年的时间，有增无减，到底我【应不应该】见您呢？

（21）没有付出也不开心，究竟感情上【应不应该】付出呢？

8.2.4 选择问中"应该1"与语气成分的关联机制

8.2.4.1 选择问中"应该1"前关联语气副词

8.2.4.1.1 选择问中"应该1"前邻接深究类语气副词，例如：

选择问中，"应该1"可以前邻接深究类语气副词"究竟""到底"等，用于选择前项，例如：

（1）究竟【应该】选择单边主义还是多边主义？

（2）当女人们站在工作抉择的十字路口，究竟【应该】向左走还是向右走；应该选择留下或是离开？

（3）我们到底【应该】阻止雷斯林还是鼓励他往前冲？

8.2.4.1.2 选择问中"应该1"前间隔深究类语气副词

选择问中，"应该1"可以前间隔深究类语气副词"究竟"等，用于选择前项，例如：

（4）人们都拿不定主意，究竟是【应该】去赞美这个作家？还是去诅咒他？

（5）到底是【应该】热敷还是冷敷？

8.2.4.2 选择问中"应该1"后关联语气词

8.2.4.2.1 选择问中"应该1"后邻接语气词"呢"

选择问中,"应该1"可以后邻接语气词"呢",用于选择前项,例如:

(6) 嗯,兄以为、兄以为我们同福建闹成这个样子,是【应该】呢,还是不该?

8.2.4.2.2 选择问中"应该1"后间隔语气词"呢"

选择问中,"应该1"可以后间隔语气词"呢",大体有五种格式:

(一)"应该……呢"在选择前项。有四种格式:

第一,"应该……呢,/? 还是……"例如:

(7) 我【应该】要个儿子呢,还是女儿?

(8) 我【应该】娶这一位呢,还是娶那一位?

(9) 现在对于我朋友的新人【应该】致以悲哀的同情呢,抑或是快乐的轻蔑?

第二,"应该……呢,/? 还是应该……"例如:

(10)【应该】称呼你卡拉呢,还是应该称呼你伍德杰克?

第三,"是应该……呢,/? 还是……"例如:

(11) 我们是【应该】改进产品呢,还是彻底完蛋?

(12) 你想与他商量一下这个问题,是【应该】到他家去呢,还是请他到你家来?

(13) 我们接连惨败,是【应该】接着打下去呢,还是罢兵?

第四,"是应该……呢,/? 还是……呢"例如:

（14）激情是永远需要的，但是开始是【应该】更理性一点呢，还是更理想一点呢？

（二）"应该……呢"在选择后项。

（15）不知道贫道是唤你为萨真人，还是【应该】喊你为萨上人呢？

（三）"应该……呢"在选择前后项同时使用。有三种格式：
第一，"应该……呢，/? 还是应该……呢"，例如：

（16）我【应该】叫你艾尔通呢，还是【应该】叫你彭·觉斯呢？

第二，"是应该……呢，/? 还是应该……呢"，例如：

（17）我是【应该】做理智的动物呢，还是【应该】做近情的人呢？

第三，"是应该……呢，/? 还是不应该……呢"，例如：

（18）我是【应该】进行逮捕呢，还是不应该呢？

（四）"应该……还是应该……呢"：

（19）我们应该循着旧路走，还是应该另找一条新路走呢？

（五）"应该"在选择前项，"呢"在选择后项。有两种格式：
第一，"应该……，/? 还是……呢"，例如：

（20）你认为【应该】顶它的中部，还是顶它的一边呢？

第二，"是应该……/? 还是……呢"，例如：

（21）我是【应该】感到悲，还是感到喜呢？

8.2.4.3 选择问中"应该1"前关联语气副词、后关联语气词

8.2.4.3.1 选择问中"应该1"前邻接深究类语气副词，后间隔语气词"呢"

（一）"究竟/到底应该……呢，/？还是……"构成选择问，例如：

（22）究竟【应该】让消费者将就品种呢，还是品种将就消费者？

（23）面对这河流，我到底【应该】顶礼膜拜呢，还是吐口水跺脚？

（24）那你究竟【应该】要个儿子呢，还是要个女儿？

（二）"究竟/到底应该……还是……呢？"构成选择问，例如：

（25）这些不见经传而至今活着的"箴言"，究竟【应该】算传统文化还是传统无文化呢？

（26）这七天的时间里，究竟【应该】抓紧一切时间复习，还是充分地休息一下呢？

8.2.4.3.2 选择问中"应该1"前间隔深究类语气副词，后间隔语气词"呢"

（一）"究竟/到底……应该……呢，/？还是……呢"用于选择问，例如：

（27）我到底是【应该】今晚来呢，还是星期四来呢，还是星期六来呢，还是星期天来好呢？

（二）"究竟/到底……应该……还是……呢"用于选择问，例如：

(28) 究竟是【应该】去还是不应该去呢?

(29) 从学科性质出发,经济犯罪这一概念究竟在本质上【应该】是刑法学上的概念还是犯罪学上的概念抑或兼有两者之性呢?

(30) 我到底是【应该】开心还是难过呢?

(31) 到底是【应该】向下推还是向上拉呢?

8.2.5 特指问中"应该1"与语气成分的关联机制

8.2.5.1 特指问中"应该1"前关联语气副词

8.2.5.1.1 特指问中"应该1"前邻接语气副词

8.2.5.1.1.1 特指问中"应该1"前邻接特指问类语气副词

(一)"为什么应该……"用于特指问,例如:

(1) 他应该这样做吗?为什么【应该】,为什么不应该?

(2) 我什么也不知道。我为什么【应该】知道?

(3) 日光灯管为什么【应该】又长又细?

(4) 你是什么坯子做的,她为什么【应该】和你在一起?

(5) 我们为什么【应该】雇用你,而不选择别人?

(二)"怎么应该……"用于特指问,例如:

(6) 我怎么应该知道?我根本就不知道你是什么人,是不是人。

8.2.5.1.1.2 特指问中"应该1"前邻接深究类语气副词

(一)"究竟应该……"用于特指问,例如:

(7) 这就更加使人迷惑:究竟【应该】如何对待敌人?

(8) 人类最基本的创造能力究竟【应该】有多少?

(9) 近年来国家已经花了很多钱，用于改善人民生活；但目前国家经济还有困难，不可能马上拿出更多的钱来，面对这种情况，工厂究竟【应该】怎么办？

(10) 究竟【应该】怎样摆，怎样处？

(11) 二保一是否是目前解决事业与家庭矛盾的良方，究竟【应该】怎样认识这个问题？

(二)"到底应该……"用于特指问，例如：

(12) 不提高售价，你又要赔钱，那么，你到底【应该】怎么办？

8.2.5.1.1.3 特指问中"应该1"前邻接申明确认类语气副词

特指问中，"应该1"可以前邻接申明确认类语气副词"本来"等，例如：

(13) 人生本来【应该】什么样？

(14) 本来【应该】会怎么样？她问自己。

8.2.5.1.2 特指问中"应该1"前间隔语气副词

8.2.5.1.2.1 特指问中"应该1"前间隔特指问类语气副词

(15) 为什么我【应该】这样做？

(16) 为什么我们【应该】雇用你？

(17) 男人为什么又【应该】承担一切？

8.2.5.1.2.2 特指问中"应该1"前间隔深究类类语气副词

(一) 问点在"应该"和深究类语气副词之间，例如：

(18) 究竟谁【应该】为造假者买单？

(19) 到底谁【应该】对我负责任？

（二）问点在"应该"之后，例如：

（20）到底企业教育【应该】怎么搞？

（21）究竟现在【应该】用什么方法去解决中国之道德问题？

8.2.5.2 特指问中"应该1"后间隔语气词

8.2.5.2.1 特指问中"应该1"后间隔语气词"呢"

特指问中，"应该1"可以后间隔语气词"呢"，问点在应该前或后。

（一）问点在应该前，例如：

（22）谁【应该】来修理国家这只船呢？

（23）台上的人在拉奏《爱情万岁》，当爱情万岁，还有什么【应该】抱怨呢？

（二）问点在应该后。大体有几种：

第一，"应该……什么……呢？"，例如：

（24）但是在这个当儿，一种新的科学是需要取而代这种旧的东西了，却是这种新的科学，【应该】是什么东西呢？

（25）没有人为他流泪，没有人为他哀伤……假如他可以有一块墓碑，碑上【应该】写点什么呢？

（26）在异国他乡离别，【应该】有点什么表示呢？

第二，"应该……什么样……呢？"，例如：

（27）那么，面对这四种气质，恋爱与婚姻的对象选择，【应该】是什么样的呢？

（28）那么，我国的产业组织政策所需要的【应该】是什么样的一种企业呢？

第三,"应该……哪……呢?"例如:

(29) 宣传【应该】注意哪几点呢?

(30) 坏人要干坏事,这是必然的,我们【应该】采取哪些措施来防备他们呢?

(31)(笑吟吟地)长官,那么你说,我【应该】在哪天求婚呢?

(32) 连福你说,我们【应该】走哪条道呢?

第四,"应该……多……呢?"例如:

(33) 要把它改装成量程是3伏的伏特表,【应该】串联多大的电阻呢?

(34) R_2 的阻值【应该】多大,才能使它两端的电压为 U_2 呢?

第五,"应该……如何……呢?"例如:

(35)【应该】如何理解这三个概念(三门思想史学科)的内涵与外延之间的异同关系呢?

(36) 或者从理论上讲,【应该】使它们如何搭配呢?

第六,"应该……哪里……呢?",例如:

(37) 你自己【应该】往哪里去呢?

(38) 树下是齐胸的灌木和大草本植物,形成一层层绿色的立体屏障,密集得几乎空隙皆无,我【应该】向哪里穿行呢?

第七,"应该怎样……呢?"例如:

(39)【应该】怎样呢?

(40) 莫老师,您说我【应该】怎样办呢?

(41) 我们女工【应该】怎样组织起来,行动起来,展开爱国主义生产竞赛呢?

第八,"应该……怎样……呢?"例如:

(42)那么,我们【应该】让这段美好的时光怎样流逝呢?在它终于流逝之后,它【应该】在人的一生中打下怎样的基础和留下怎样的痕迹呢?

(43)"中国思想史""中国政治思想史""中国哲学思想史"三者在研究对象上,【应该】做出怎样的相对划分呢?

第九,"应该怎么样……呢?"例如:

(44)此等担负,【应该】怎么样分担呢?

8.2.5.2.2 特指问中"应该1"后间隔语气词"呀"

(45)博士,你看这件事【应该】怎样处理呀?

8.2.5.3 特指问中"应该1"前关联语气副词、后关联语气词

8.2.5.3.1 特指问中"应该1"前邻接特指问类语气副词,后邻接语气词"呢"

(46)"你应该去找他回来!""我应该?!"江雨薇蹙蹙眉。"我为什么【应该】呢?"

8.2.5.3.2 特指问中"应该1"前间隔特指问类语气副词,后邻接语气词"呢"

(47)为什么我就更【应该】呢?

8.2.5.3.3　特指问中"应该1"前邻接语气副词，后间隔语气词

8.2.5.3.3.1　特指问中"应该1"前邻接特指问类语气副词，后间隔语气词"呢"

(48) 我们为什么【应该】雇用你呢？

(49) 他为什么【应该】有钱不赚呢？

8.2.5.3.3.2　特指问中"应该1"前邻接深究类语气副词，后间隔语气词"呢"

(50) 晚餐究竟【应该】怎样吃呢？

(51) 那么，人类历史究竟【应该】从哪儿说起呢？

(52) 我们到底【应该】学习谁呢？

(53) 我们到底【应该】谈哪些事情呢？

(54) 对于这两种性格我们到底【应该】反对什么提倡什么呢？

8.2.5.3.4　特指问中"应该1"前间隔语气副词，后间隔语气词

8.2.5.3.4.1　特指问中"应该1"前间隔特指问类语气副词，后间隔语气词"呢"

(55) 为什么它们排列的次序【应该】这样呢？

(56) 为什么那里【应该】有钉子呢？

8.2.5.3.4.2　特指问中"应该1"前间隔深究类语气副词，后间隔语气词"呢"

(一) 特指问点在"应该"和深究类语气副词之间，例如：

(57) 到底是谁【应该】学习这些呢？

(58) 到底哪一件事【应该】放在前头呢？

(59) 饿死我了到底是谁【应该】去看医生呢？

（二）特指问点在"应该"之后，例如：

（60）究竟两只手【应该】怎么处置呢？

（61）那么，究竟【应该】怎样回答这个问题呢？

（62）那么，到底【应该】怎样看待情感与认识的关系呢？

8.2.5.3.4.3　特指问中"应该1"前间隔特指问类语气副词，后间隔语气词"的"

（63）为什么我们种的稻，【应该】死的？

8.2.5.3.4.4　特指问中"应该1"前间隔深究类语气副词，后间隔语气词"的"

（64）而且，所谓"忠""孝"究竟有哪些内容是【应该】保留的，有哪些是今天【应该】反对的？

8.3　感叹句中"应该1"与语气成分的关联机制

8.3.1　感叹句中"应该1"前关联语气副词

8.3.1.1　感叹句中"应该1"前邻接语气副词

8.3.1.1.1　感叹句中"应该1"前邻接必断类语气副词

感叹句中，"应该1"可以前邻接申明确认类语气副词"当然、真"等，例如：

（1）如果罪行严重，当然就要给以严厉的惩处，你当然【应该】

拥护这种惩处！

（2）我真【应该】给他们发个贺电！

（3）香蕉太太趁机怂恿说："真【应该】好好地教训他们一顿！"

8.3.1.1.2 感叹句中"应该1"前邻接强化类语气副词

感叹句中，"应该1"可以前邻接强化类语气副词"总"等，例如：

（4）不管怎样，人总【应该】抑止自己不善良的欲望！

8.3.1.2 感叹句中"应该1"前间隔语气副词

感叹句中，"应该1"可以前间隔申明确认类语气副词"当然"，例如：

（5）如果罪行不严重，或者本人态度好，或者有立功表现，当然就要给予宽大处理，你当然也【应该】拥护这种宽大！

8.3.2 感叹句中"应该1"后关联语气词

8.3.2.1 感叹句中"应该1"后邻接语气词

感叹句中，"应该1"可以后邻接语气词"的"，大体有三种格式：

（一）"应该的"独立构成感叹句，例如：

（1）谢什么呢，你们劈山，我供销，【应该】的！

（二）"是应该的"构成感叹句，例如：

（2）我不杀他，别人也会杀他的……害死了我丈夫，害死了那末些的人，别说死一次，死一百次也是【应该】的！

（3）背我媳妇是【应该】的！

（三）"还不是应该的"构成反诘性感叹句，例如：

（4）蔡师傅，我们年轻力壮，大手大脚，帮师傅干点儿活还不是【应该】的！

8.3.2.2 感叹句中"应该1"后间隔语气词

8.3.2.2.1 感叹句中"应该1"后间隔语气词"的"
（一）"应该……的"构成感叹句，例如：

（5）这是单看了一隅的说法；依这说法，似乎农民只【应该】劳动受苦，一刻不息，直到埋入坟墓为止的！

（二）"是应该……的"用于感叹句，例如：

（6）（及至弄清了以后，反例外地镇定了下来）他是【应该】去的！

（7）是的，对地主是【应该】严格管制的！

8.3.2.2.2 感叹句中"应该1"后间隔语气词"啊（呵）"
感叹句中，"应该1"可以后间隔语气词"啊（呵）"，大体有两种格式：
（一）"应该……啊"构成感叹句，例如：

（8）陈毅舒了一口气，"丙根同志，想走，【应该】打个招呼啊！"

（9）这都【应该】感谢领导和群众对我们的支持啊！

（10）【应该】水帮鱼，鱼帮水啊！

（11）咱们跟钢铁打交道的硬汉子，在这关键时刻，【应该】像合金钢那样，百锤不弯，千锤不碎啊！

（12）你若想念我，【应该】再来看看我呵！

（二）"应该是……啊"构成感叹句，例如：

（13）我们欧洲的统治者们知道这些实例之后，【应该】是赞美啊！

（三）"应该……才好啊"构成感叹句，例如：

（14）真的，这个别扭【应该】消除才好啊！

8.3.2.2.3 感叹句中"应该1"后间隔语气词"呀"

感叹句中，"应该1"可以后间隔语气词"呀"，例如：

（15）我【应该】起来呀！

（16）【应该】下车呀！

（17）俺【应该】像稻穗才对呀！

（18）【应该】奋斗呀，奋斗到底！

8.3.2.2.4 感叹句中"应该1"后间隔语气词"哪"

感叹句中，"应该1"可以后间隔语气词"哪"，例如：

（19）在科学的征途上，【应该】分秒必争、勇往直前哪！

（20）那【应该】上精神病院去看哪！

8.3.2.2.5 感叹句中"应该1"后间隔语气词"嘛"

感叹句中，"应该1"可以后间隔语气词"嘛"，例如：

（21）小蒋，你活学活用很有成绩，【应该】大力表彰嘛！

（22）计划不是铁框框，【应该】根据实际情况修改嘛！

（23）你这个村长，【应该】向我们主动反映情况嘛！

8.3.2.2.6　感叹句中"应该1"后间隔语气词"吧"

感叹句中,"应该1"可以后间隔语气词"吧",例如:

（24）好市民【应该】还有奖吧!

8.3.2.2.7　感叹句中"应该1"后间隔语气词"了"

感叹句中,"应该1"可以后间隔语气词"了",例如:

（25）你【应该】换礼服了!

（26）有你,亲爱的妈妈,我【应该】无所畏惧了!

（27）经过了这样一个劳倦的旅行,我们【应该】休息几天了!

8.3.2.2.8　感叹句中"应该1"后间隔语气词"啦"

感叹句中,"应该1"可以后间隔语气词"啦",例如:

（28）长了这么大,【应该】懂事啦!

（29）你们不要再说笑了,【应该】出门啦!

（30）我们不能闭着眼睛瞎干了,【应该】好好想一想啦!

8.3.2.2.9　感叹句中【应该】后间隔语气词"了吧"

（31）你看到这种情况【应该】就很清楚了吧!

8.3.3　感叹句中"应该1"前关联语气副词,后间隔语气词

8.3.3.1　感叹句中"应该1"前邻接语气副词,后间隔语气词

8.3.3.1.1　感叹句中"应该1"前邻接强化类语气副词,后间隔语气词"吧"

感叹句中,"应该1"可以前邻接强化类语气副词"总",同时后邻接

语气词"吧",例如:

(1) 人总【应该】有个家吧!

(2) 你可以不相信我,可是组织上的结论,你总【应该】相信吧!

(3) 我呢?现在总【应该】给我一点机会吧!

(4) "嗯!那好,"范大昌胸有成竹地说,"你不为自己打算,总【应该】为自己的亲人考虑考虑吧!"

8.3.3.1.2 感叹句中"应该1"前邻接弱化类语气副词,后间隔语气词"吧"

(5) 我几时才能跟你说话?至少【应该】告诉我这个吧!

(6) 她想了半晌,至少【应该】和他说句话吧!

(7) 如果你要我帮忙,中校,至少【应该】说话客气点吧!

8.3.3.1.3 感叹句中"应该1"前邻接估测类语气副词,后间隔语气词"吧"

(一)"也许应该……吧"用于感叹句,例如:

(8) 身为军人就该有军人的作风,也许【应该】以实力和他在战场上一较高下吧!

(二)"恐怕应该……吧"用于感叹句,例如:

(9) 王师长,这个情况恐怕【应该】赶快报告司令长官部吧!

8.3.3.1.4 感叹句中"应该1"前邻接申明确认类语气副词,后间隔语气词"呢"

感叹句中"应该1"可以前邻接强化类语气副词"真",后间隔语气

词"呢",例如:

(10) 像这样出众的人才的确难得,我真【应该】让他高出一头呢!

(11) 沙顿太太实在很不错,真【应该】感谢她呢!

8.3.3.1.5 感叹句中"应该1"前邻接强化类语气副词,后间隔语气词"呀"

(12) 我再把一个钟头之前的话说一遍:共产党人都有爹有娘,总【应该】讲点孝道呀!

8.3.3.1.6 感叹句中"应该1"前邻接估测类语气副词,后间隔语气词"呀"

(13) 不过,在产量问题上,在××队的问题上……恐怕……【应该】考虑呀!

8.3.3.1.7 感叹句中"应该1"前邻接强化类语气副词,后间隔语气词"嘛"

(14) 我想革命者发表文章、唱歌、演戏……总【应该】分清在什么场合嘛!

8.3.3.1.8 感叹句中"应该1"前邻接申明确认类语气副词,后间隔语气词"啦"

(15) 我要在伯父的事务所工作嘛!当然【应该】先看看啦!

8.3.3.1.9 感叹句中"应该1"前邻接申明确认类语气副词,后间隔语气词"的"

（16）这件事本来【应该】你来做的！

（17）你真【应该】去看看他们怎么置神殿的！

8.3.3.1.10 感叹句中"应该1"前邻接强化类语气副词，后间隔语气词"的"

（18）陆小凤笑道："你既然是偷王之王，偷遍天下无敌手，总【应该】有法子的！"

8.3.3.2 感叹句中"应该1"前间隔语气副词，后间隔语气词

8.3.3.2.1 感叹句中"应该1"前间隔估测类语气副词，后间隔语气词"吧"

感叹句中，"应该1"可以前间隔估测类语气副词"也许"等，后间隔语气词"吧"，例如：

（19）也许，研究物体的运动【应该】从最常见的运动着手吧！

8.3.3.2.2 感叹句中"应该1"前间隔强化类语气副词，后间隔语气词"么"

感叹句中"应该1"前间隔强化类语气副词"正"，后间隔语气词"么"，形成反诘性感叹句格式"不正是应该……么"，例如：

（20）老范好像摸到了邵瑞林那颗红跳跳的心，这个贫农汉子，在最困难的时候，首先想到的是国家的利益，生产队的印把子，不正是【应该】交给这样的人么！

本章小结

一 陈述句中"应该1"与语气成分的关联机制

陈述句中"应该1"前邻接语气副词大致有七种：申明确认类、强化类、必断类、弱化类、估测类、时机类、意外类语气副词。

陈述句中"应该1"前间隔语气副词大致有五类：申明确认类、必断类、估测类、强化类、弱化类语气副词。

陈述句中"应该1"前邻接、间隔语气副词大致有两种关联格式：（1）前邻接强化类语气副词、间隔弱化类语气副词；（2）前邻接强化类语气副词、间隔估测类语气副词。

陈述句中"应该1"后邻接语气词"的"。

陈述句中"应该1"后间隔语气词"的、了、呀、呢、的了、了呢"。

陈述句中"应该1"前邻接强化类语气副词，后邻接语气词"的"。

陈述句中"应该1"前间隔强化类或意外类语气副词，后邻接语气词"的"。

陈述句中"应该1"前邻接申明确认类语气副词的时候，后间隔语气词"的"或"啊"；前邻接估测类语气副词，后间隔语气词"了"或"的了"；前邻接意外类语气副词的时候，后间隔语气词"了"。

陈述句中"应该1"前间隔申明确认类语气副词的时候，后间隔语气词"的"或"了"；前间隔强化类语气副词的时候，后间隔语气词"的"；前间隔必断类、意外类语气副词的时候，后间隔语气词"了"；前间隔估测类语气副词的时候，后间隔语气词"吧"。

二　疑问句中"应该1"与语气成分的关联机制

（一）是非问中"应该1"与语气成分的关联机制

是非问句中"应该1"前邻接语气副词有三类：反诘类、估测类、申明确认类语气副词。

是非问句中，"应该1"可以前间隔估测类语气副词。

是非问句中"应该1"后邻接语气词"吗""么"。

是非问句中"应该1"后间隔语气词"吗""么""吧（罢）""了吗"。

是非问句中，"应该1"可以前邻接反诘类语气副词，同时后邻接语气词"吗"。

是非问句中"应该1"前邻接反诘类语气副词的时候，可以后间隔语气词"吗"；前邻接强化类语气副词的时候，可以后间隔语气词"吗""吧"；前邻接估测类语气副词的时候，可以后间隔语气词"吧""了吧"；前邻接弱化类语气副词的时候，可以后间隔语气词"吧"。

是非问句中，"应该1"可以前间隔反诘类语气副词，同时后间隔语气词"吗"。

是非问句中，"应该1"可以前邻接强化类语气副词，前间隔弱化类语气副词，后间隔语气词"吧"。

（二）正反问中"应该1"与语气成分的关联机制

正反问中，"应该1"前邻接正反问类语气副词。

正反问中"应该1"前间隔正反问类语气副词。

正反问中，"应该1"可以前邻接强化类语气副词，前间隔正反问语气副词。

正反问中"应该1"前邻接正反问类语气副词，后邻接语气词"呢"。

正反问中"应该1"前间隔正反问类语气副词，后邻接语气词"呢"。

正反问中"应该1"前邻接正反问类语气副词，后间隔语气词"呢"。

正反问中"应该1"前间隔正反问类语气副词，后间隔语气词"呢"。

正反问中"应该1"前邻接正反问类语气副词、前间隔深究类语气副词，后邻接语气词"呢"。

正反问中"应该1"前邻接正反问类语气副词、前间隔深究类语气副词，后间隔语气词"呢"。

正反问中"应（该）不应该1"前邻接深究类语气副词。

正反问中"应（该）不应该1"前间隔深究类语气副词。

正反问中"应（该）不应该1"后邻接语气词"呢"。

正反问中"应（该）不应该1"后间隔语气词"呢"。

正反问中"应（该）不应该1"前邻接深究类语气副词，后邻接语气词"呢"。

正反问中"应（该）不应该1"前间隔深究类语气副词，后邻接语气词"呢"。

正反问中"应（该）不应该1"前邻接深究类语气副词，后间隔语气词"呢"。

正反问中"应（该）不应该1"前间隔深究类语气副词，后间隔语气词"呢"。

（三）选择问中"应该1"与语气成分的关联机制

选择问中"应该1"前邻接深究类语气副词。

选择问中"应该1"前间隔深究类语气副词。

选择问中"应该1"后邻接语气词"呢"。

选择问中"应该1"后间隔语气词"呢"。

选择问中"应该1"前邻接深究类语气副词，后间隔语气词"呢"。

选择问中"应该1"前间隔深究类语气副词，后间隔语气词"呢"。

（四）特指问中"应该1"与语气成分的关联机制

特指问中"应该1"前邻接语气副词有三类：特指问类、深究类、申明确认类语气副词。

特指问中"应该1"前间隔语气副词有两类：特指问类、深究类类语气副词。

特指问中"应该1"后间隔语气词"呢""呀"。

特指问中"应该1"前邻接特指问类语气副词，后邻接语气词"呢"。

特指问中"应该1"前间隔特指问类语气副词，后邻接语气词"呢"。

特指问中"应该1"前邻接特指问类或深究类语气副词，后间隔语气词"呢"。

特指问中"应该1"前间隔特指问类或深究类语气副词，后间隔语气词"呢"；前间隔特指问类或深究类语气副词，后间隔语气词"的"。

三 感叹句中"应该1"与语气成分的关联机制

感叹句中"应该1"前邻接必断类或强化类语气副词。

感叹句中，"应该1"可以前间隔申明确认类语气副词。

感叹句中，"应该1"可以后邻接语气词"的"。

感叹句中"应该1"后间隔语气词"的""啊（呵）""呀""哪""嘛""吧""了""啦""了吧"。

感叹句中"应该1"前邻接强化类语气副词的时候，可以后间隔语气词"吧""呀""嘛""的"；前邻接弱化类语气副词的时候，可以后间隔语气词"吧"；前邻接估测类语气副词的时候，可以后间隔语气词"吧""呀"；前邻接申明确认类语气副词的时候，可以后间隔语气词"呢""啦""的"。

感叹句中"应该1"前间隔估测类语气副词的时候，可以后间隔语气词"吧""么"。

第 9 章 "不应该 1"与语气成分的关联机制

9.1 陈述句中"不应该 1"与语气成分的关联机制

9.1.1 陈述句中"不应该 1"前关联语气副词

9.1.1.1 陈述句中"不应该 1"前邻接语气副词

9.1.1.1.1 陈述句中"不应该 1"前邻接申明确认类语气副词

陈述句中,"不应该 1"可以前邻接申明确认类语气副词"实在""确实""本来""真"等。

9.1.1.1.1.1 陈述句中"实在不应该 1"

(1) 他觉着像他这样一个有雄心大志的人物,应当看透的事情倒没有看透,实在【不应该】。

(2) 出乎林林意料,祝月居然写了,一字一格地写道:我对林林太粗暴了,实在【不应该】。

9.1.1.1.1.2 陈述句中"确实不应该 1"

(3) 大姐,您这句话真把我说臊了,确实【不应该】。

9.1.1.1.1.3　陈述句中"本来不应该1"

（4）在日常用电中，需要特别警惕的是本来【不应该】带电的物体带了电，本来应该绝缘的物体导了电。

（5）她说："你的手颤着呢，我本来【不应该】告诉你；但不告诉你又不好。"

9.1.1.1.1.4　陈述句中"真不应该1"

（6）（不理会——似乎有满腔的心事只是说不出口）方老太太，我想我真【不应该】再待下去。

9.1.1.1.2　陈述句中"不应该1"前邻接强化类语气副词

陈述句中，"不应该1"可以前邻接强化类语气副词"绝对、绝、决、根本、总、并、就"等。

9.1.1.1.2.1　陈述句中"绝（对）不应该1"

（7）世诚同志的另一个支持者毕序佑同志说得更加直截了当："绝【不应该】把抽象的思维硬要和现实存在加上一个辩证法的同一性。"

（8）结为夫妻，双方还应该以高度的共产主义道德精神，更多地为对方的幸福，为家庭的幸福，并且为社会利益着想，绝【不应该】对对方不忠实，做损人利己的事，把自己的幸福建筑在别人的痛苦之上。

（9）他们认为雨水是老天爷恩赐的，是神灵之水，绝【不应该】逃避，不应怕淋出病来。

9.1.1.1.2.2　陈述句中"绝不应该1"

（10）（烦躁地）不，不，我决【不应该】去参观七三一细菌部队，这座杀人的魔窟好像一个重磅炸弹，它就要轰毁我过去所崇拜的东西了！

9.1.1.1.2.3　陈述句中"根本不应该1"

（11）这时，他会油然地产生一种他这个年岁的人根本【不应该】有的厌世之感，这种情感，在心理上是属于"减力型"的。

9.1.1.1.2.4　陈述句中"总不应该1"

（12）现在只一句话要嘱咐你，不管你将来怎样，对我是真心是假意，我们的事，总【不应该】当成龙门阵摆。

9.1.1.1.2.5　陈述句中"总不应该1"

（13）也许有人会想到我要来写杂文，这实在是抱歉的事，我哪里会写杂文呢，我要写的还是自己的事情，自己切身的事情，一点爱憎和一点哀乐，也许也提到别的正经事、一本书里的一句话，但我想总【不应该】离开我自己，这样写成的文章我真不知道应该叫它什么才好，文章的长短恐怕也没有一定的标准，所谓信笔写之而已。

9.1.1.1.2.6　陈述句中"并不应该1"

（14）我想这也并【不应该】手忙脚乱，故意张扬的。

9.1.1.1.2.7　陈述句中"就不应该1"

（15）你看，永富屋里就【不应该】分给他。
（16）换句话说，国家，就【不应该】赋给它以特权。
（17）（撇嘴）早就【不应该】跟他在一起玩。

9.1.1.1.3　陈述句中"不应该1"前邻接弱化类语气副词

陈述句中，"不应该1"可以前邻接弱化类语气副词"还是"等，例如：

(18) 所以，我认为，死刑还是【不应该】废除，但死刑要慎用。

(19) 虽然说不知道这件事，但是自己还是【不应该】这么草率。

(20) 不过您还是【不应该】害怕，或者耻于自首。

9.1.1.1.4　陈述句中"不应该1"前邻接估测类语气副词

陈述句中，"不应该1"可以前邻接估测类语气副词"似乎"等，例如：

(21) 况且镭锭是用来治病的……我似乎【不应该】从中取利。

(22) 现在一闪一闪地亮起来了，也该有花；但似乎【不应该】是夜来香或晚香玉。

9.1.1.1.5　陈述句中"不应该1"前邻接意外类语气副词

陈述句中，"不应该1"可以前邻接意外类语气副词"却"等，例如：

(23) 但我们却【不应该】要求小说在某一片段中详尽地像造型艺术那样在固定的场合中描写人物的肖像，更不能认为不可以在同一篇小说中描写改变着的肖像。

(24) 他不能确切地说出来，然而他所感到的是：袁润身可以爱任何女子，然而袁润身却【不应该】爱李静淑。

9.1.1.2　陈述句中"不应该1"前间隔语气副词

9.1.1.2.1　陈述句中"不应该1"前间隔申明确认类语气副词

陈述句中，"不应该1"可以前间隔申明确认类语气副词"当然"等，例如：

(25) 乳头或乳晕下的硬块数月后会消失，不必害怕、惊慌，也不要怕别人说笑（当然别人也【不应该】以此取笑）。

9.1.1.2.2 陈述句中"不应该1"前间隔强化类语气副词

陈述句中，"不应该1"可以前间隔强化类语气副词"根本"等，例如：

(26) 譬如，监工动不动就打人，这根本就是【不应该】……

(27) 在杜喜春看来，他们那次的奇遇纯属偶然；再说，他那是路见不平，拔刀相助，出于一种义愤，是一个善良正直的人完全应该做的，根本就【不应该】让别人承情、感恩。

9.1.1.2.3 陈述句中"不应该1"前间隔估测类语气副词

陈述句中，"不应该1"可以前间隔估测类语气副词"也许、似乎"等，例如：

(28) 管小姐，实话对你讲，这两年多，走南闯北跑了大半个中国，生意上有了点进展，可心情，总没有前几年那么愉快……也许我当初就【不应该】离开。

(29) 如果它们的活动是神秘的、复杂的，似乎就【不应该】有这种机械化的现象。

9.1.2 陈述句中"不应该1"后关联语气词

9.1.2.1 陈述句中"不应该1"后邻接语气词

9.1.2.1.1 陈述句中"不应该1"后邻接语气词"的"

陈述句中，"不应该1"可以后邻接语气词"的"，一般构成"……是不应该1的"句式，例如：

(1) 我看着她，耐心地说："别人刺伤你，是【不应该】的，沙莎，但绝不能以牙还牙，这对谁都是有害的。

(2) 几分钟后，玛丽说："这是【不应该】的，是违反了科学家的精神的。"

9.1.2.1.2 陈述句中"不应该1"后邻接语气词"了"

陈述句中，"不应该1"可以后邻接语气词"了"，大体有几种格式：

（一）"……不应该了"用于陈述句，例如：

(3) 大家用武力暴力叫同学跪在地下，这个【不应该】了。

（二）"……最不应该了"用于陈述句，例如：

(4) "大不列颠岛"的错最【不应该】了。

（三）"……就不应该了"用于陈述句，例如：

(5) 有的商场为了尽快收回投资，便从价格上作文章，这就【不应该】了。

(6) 要是还存在这种不正常现象，就【不应该】了。

(7) 如果都一窝蜂地跑出去，家里的责任田任其撂荒，那就【不应该】了。

(8) 若举行大的征联活动，出联人、评选者若不懂这些，出了笑话，就【不应该】了。

（四）"就更/很不应该了"用于陈述句，例如：

(9) 如果以盈利为目的，那就更【不应该】了。

(10) 开玩笑就更【不应该】了。

(11) 忘了抓破除封建迷信，甚至为了赚钱，大修神洞怪府，这就很【不应该】了。

9.1.2.2 陈述句中"不应该1"后间隔语气词

9.1.2.2.1 陈述句中"不应该1"后间隔语气词"的"

陈述句中,"不应该1"可以后间隔语气词"的",大体有四种格式:

(一)"不应该……的"用于陈述句,例如:

(12) 他们【不应该】在那边的。

(13) 混蛋,你【不应该】产生这样疑问的。

(14) 别人的太太,丁玉向有一种成见,无论如何都【不应该】爱上的。

(二)"是不应该……的"用于陈述句,例如:

(15) 母亲说:"你是【不应该】病的;你应该去做工呀!"

(16) 这是一次极为深刻的教训,是【不应该】轻易忘掉的。

(17) 真的呢,菊花是【不应该】让妙龄女郎来卖的。

(18) 这次谈话,是【不应该】这样潦草结束的。

(19) 我并没有发疯,只要你不说疯话,我是【不应该】算作疯子的。

(三)"……是……不应该……的"用于陈述句,例如:

(20) 像殿下这样的德威,在我们朝中的文武,除了听命而外,是谁也【不应该】道个"不"字的。

(21) 我们不搞"以其人之道还治其人之身",他们过去搞的"打翻在地""砸烂狗头"那一套,我们是不屑于也【不应该】仿效的。

（四）"不应该是……的"用于陈述句，例如：

（22）价格补贴【不应该】是固定不变的。

（23）即使是这样的剧目，也仍然应该是戏曲，而不应该是话剧，特别【不应该】是"第四面墙"式的。

9.1.2.2.2　陈述句中"不应该1"后间隔语气词"呀"

（24）因此，他跑来善意地责怪吴莲英："头帕是你们的珍贵物品，【不应该】随便剪掉呀。"

9.1.2.2.3　陈述句中"不应该1"后间隔语气词"嘛"

（25）假如杨春春对爆炸负有责任也【不应该】躲开嘛，因为侦察器材对爆炸时及爆炸后的判断不太准确，所以我才问你。

9.1.2.2.4　陈述句中"不应该1"后间隔语气词"呢"

（26）她似乎心动了，苦笑了一下说："不过你【不应该】胡思乱想呢。"

9.1.2.2.5　陈述句中"不应该1"后间隔语气词"的啊"

（27）我和尚英实在都深深地感到这件对于他说是抱歉对于我们自己说是遗憾的事的存在是为人为己都【不应该】这么做的啊，所以我们去打听他的致死的原因，当听到他死的谣言证实之后。

9.1.2.2.6　陈述句中"不应该1"后间隔语气词"了"
（一）"不应该……了"用于陈述句，例如：

（28）包括中华民族的各民族在内的中国文化史的研究【不应该】让外国人占先了。

(29) 她【不应该】笑得那样愚蠢了。

(二)"不应该再……了"用于陈述句，例如：

(30) 必须下决心解决，【不应该】再拖了。

(31) 你【不应该】再向我要钱了。

(32) 既然已经比过了，就【不应该】再去多想了。

(33) 在这样一个形势下，召开这样一个论证会，是【不应该】再开出个什么意外了。

(三)"现在/再不应该……了"用于陈述句，例如：

(34) 但现在，同类型的机器再【不应该】向国外购买了。

(35) 这个问题是过去了，现在【不应该】讨论过去的事情了。

(36) 因此像您这种人，公爵，现在【不应该】不供职了。

(四)"不应该继续……了"用于陈述句，例如：

(37) 两岸直航关系到广大台湾同胞与工商业者的切身利益和便利，【不应该】继续拖延下去了。

(五)"……（那么）就不应该……了"用于陈述句

(38) 孩子长到两三岁以后，就【不应该】吻他了。

(39) 既然法国的大部分地方已经解放，那么这件事情就【不应该】耽搁得太久了。

(六)"……就（/更）不应该再……了"用于陈述句，例如：

(40) 这样我们就【不应该】再称为妒忌了。

(41) 实际情况又不尽如此，就更【不应该】将他们打倒了。

（七）"也不应该……了"用于陈述句，例如：

(42) 小织也【不应该】做那么多了。

(43) 桌子也【不应该】再叫桌子了，从现在起改叫"地毯"。

9.1.2.3　陈述句中"不应该1"后邻接语气词"的"，后间隔语气词"了"

陈述句中，"不应该1"后邻接语气词"的"，后间隔语气词"了"，往往形成"……是不应该的了"陈述句式，例如：

(44) 我们对视觉过程仍然缺乏清晰、科学的了解，那可能就是【不应该】的了。

(45) 服从命令是军人的天职，推辞是不可能也是【不应该】的了。

9.1.3　陈述句中"不应该1"前关联语气副词、后关联语气词

9.1.3.1　陈述句中"不应该1"前邻接语气副词，后邻接语气词

9.1.3.1.1　陈述句中"不应该1"前邻接强化类语气副词，后邻接语气词"的"

陈述句中"不应该1"可以前邻接强化类语气副词"绝对、完全"等，后邻接语气词"的"，一般构成"……是绝对/完全不应该的"陈述句式，例如：

(1) 主打内地市场的香港迪士尼犯下"忽略黄金周因素"的低级错误，是绝对【不应该】的。

（2）她因此得了病，而且病得非常厉害呢！甚至——虽然这是不会的，这是不可能的，这是绝对【不应该】的。

（3）对舆论监督的这种态度，是完全【不应该】的，也是行不通的。

（4）刘思扬也被牵连进去，这是完全【不应该】的。

9.1.3.1.2　陈述句中"不应该1"前邻接申明确认类语气副词，后邻接语气词"的"

陈述句中"不应该1"可以前邻接申明确认类语气副词"确实"等，后邻接语气词"的"，一般构成"……是确实不应该的"陈述句式，例如：

（5）作为一名受到高等教育的大学生，如此缺乏社会公德、淡漠法律意识，是确实【不应该】的。

9.1.3.2　陈述句中"不应该1"前间隔语气副词，后邻接语气词

9.1.3.2.1　陈述句中"不应该1"前间隔申明确认类语气副词，后邻接语气词"的"

陈述句中"不应该1"可以前间隔申明确认类语气副词"实在、诚然、其实、本来"等，后邻接语气词"的"，一般构成"……实在/诚然/其实/本来是不应该的"陈述句式，例如：

（6）运动员发挥失常是可以理解的，但是失常到今天这种地步实在是【不应该】的。

（7）现在有很多文化人完全不知道天柱山的所在，这实在是【不应该】的。

（8）作为中国人，如果数典忘祖，不知道中国的历史，诚然是极【不应该】的。

(9) 说实在的我也就是不计较,你们正眼瞧我其实都是【不应该】的。

(10) 把贸易与人权挂钩的做法,本来就是【不应该】的。

9.1.3.2.2 陈述句中"不应该1"前间隔强化类语气副词,后邻接语气词"的"

陈述句中"不应该1"可以前间隔强化类语气副词"总"等,后邻接语气词"的",一般构成"……总是【不应该】的"陈述句式,例如:

(11) 但不管有多少客观原因,特快列车的卧铺车厢内出现蟑螂总是【不应该】的。

9.1.3.2.3 陈述句中"不应该1"前间隔估测类语气副词,后邻接语气词"的"

陈述句中"不应该1"可以前间隔估测类语气副词"也许"等,后邻接语气词"的",一般构成"……也许是不应该的"陈述句式,例如:

(12) 为什么我不答应你去?——也许是【不应该】的,刚才我忍不住偷听了你和三叔的话。

(13) 那个最美妙的字,虽然是法国人经常说的,可是把它说给愿受人尊敬的法国读者听,也许是【不应该】的,历史不容妙语。

9.1.3.2.4 陈述句中"不应该1"前间隔意外类语气副词,后邻接语气词"的"

陈述句中"不应该1"可以前间隔意外类语气副词"却"等,后邻接语气词"的",一般构成"……却是不应该的"陈述句式,例如:

(14) 韵母错的虽然数量较少,却是很【不应该】的。

9.1.3.3 陈述句中"不应该1"前邻接、间隔语气副词，后邻接语气词

陈述句中，"不应该1"可以前邻接强化类语气副词"完全"等，间隔强化类语气副词"甚至"，后邻接语气词"的"，构成"……甚至是完全不可能的"陈述句式，例如：

(15) 我，一个侦察员，这样全神贯注，甚至是完全【不应该】的：我手里已经有一个米科尔卡，而且已经有一些事实。

9.1.3.4 陈述句中"不应该1"前邻接语气副词，后间隔语气词

9.1.3.4.1 陈述句中"不应该1"前邻接申明确认类语气副词，后间隔语气词"的"

陈述句中，"不应该1"可以前邻接申明确认类语气副词"其实""实在""本来"等，后间隔语气词"的"，例如：

(16) 孙通其实【不应该】叫孙通的。

(17) 我实在【不应该】提起那件事的。

(18) 他实在【不应该】去知道官九的秘密的。

(19) 老人好像忽然紧张起来，一个像他这种年纪的老人本来【不应该】这么紧张的。

(20) 可是在铃绳上却露出了破绽，铃绳本来【不应该】显出破绽的。

9.1.3.4.2 陈述句中"不应该1"前邻接强化类语气副词，后间隔语气词"的"

陈述句中，"不应该1"可以前邻接强化类语气副词"完全""绝对"

"绝""决""肯定""真""甚至"等，后间隔语气词"的"，例如：

(21) 对舆论监督的这种态度，是完全【不应该】的，也是行不通的。

(22) 对此，嘉树一定会结出硕果，任何人都是绝对【不应该】怀疑的。

(23) 总之，这是一个源自内心表现在肢体的魅力行动，是你绝【不应该】放弃的。

(24) 当一个人感到有一种力量推动他去翱翔时，他是决【不应该】去爬行的。

(25) 按照赖昌星走私和偷税的数目，他坐多久的牢得法律说了算，但肯定【不应该】是"坐点牢"的。

(26) 真【不应该】来打扰二老的。

(27) 不管怎么说，他还是认为自己甚至【不应该】有这种想法的。

9.1.3.4.3 陈述句中"不应该1"前邻接弱化类语气副词，后间隔语气词"的"

陈述句中，"不应该1"可以前邻接弱化类语气副词"还是"，后间隔语气词"的"，例如：

(28) 不过我还是【不应该】抽的，我知道。

(29) 可是不管怎么样，在这种时候，他还是【不应该】带这么样一个陌生人到这里来的。

(30) 你小子心眼有点坏，虽然你文章的主旨不在这，但你这样想还是【不应该】的。

(31) 只要人们还没有找到更好的办法，这种练习还是【不应该】

· 631 ·

完全摒弃的。

9.1.3.4.4　陈述句中"不应该1"前邻接估测类语气副词，后间隔语气词"的"

陈述句中，"不应该1"可以前邻接估测类语气副词"也许""或许"等，后间隔语气词"的"，例如：

（32）话虽如此，我们这段友谊似乎【不应该】就此不了了之的。

（33）或许【不应该】说他是个男的。

9.1.3.4.5　陈述句中"不应该1"前邻接意外类语气副词，后间隔语气词"的"

陈述句中，"不应该1"前邻接意外类语气副词"倒"等，后间隔语气词"的"，例如：

（34）似乎是预定的计划。大概他们暗中酝酿已久，最近方才成熟。这倒【不应该】轻视的。

9.1.3.4.6　陈述句中"不应该1"前邻接申明确认类语气副词，后间隔语气词"了"

（35）对于一个企业来说，这样的疏忽实在是【不应该】了。

9.1.3.4.7　陈述句中"不应该1"前邻接强化类语气副词，后间隔语气词"了"

（36）"一等资源，二等加工，三等产品，四等包装，五等价格"的状况，绝【不应该】继续下去了。

（37）这个决定5月15日就要执行了，可【不应该】在这里卖烟了。

9.1.3.4.8 陈述句中"不应该1"前邻接意外类语气副词，后间隔语气词"了"

（38）然而，喧嚣之下，恼人的商标带给消费者的不便却【不应该】被忽视了。

9.1.3.5 陈述句中"不应该1"前间隔语气副词，后间隔语气词

9.1.3.5.1 陈述句中"不应该1"前间隔申明确认类语气副词，后间隔语气词"的"

（39）当然，定额【不应该】是一成不变的。

（40）公仆当然是【不应该】高高在神坛上的。

（41）我遇到了一件十分难办的事，本来是【不应该】来麻烦你的。

9.1.3.5.2 陈述句中"不应该1"前间隔估测类语气副词，后间隔语气词"的"

（42）（走向文敏）不要这样激动！刚才我有点兴奋，我还是觉得也许我【不应该】和你说那些话的。

（43）在西方国家，像年龄多大、工资多少、在哪儿工作、宗教信仰如何，也许都是【不应该】问的。

（44）为读者计，为文化积累计，为出版事业的发展和建设计，这好像是【不应该】被忽视的。

9.1.3.5.3 陈述句中"不应该1"前间隔弱化类语气副词，后间隔语气词"的"

（45）麦克唐纳·鲍德温政府施行威吓，使他们走入歧途的那些人，至少是【不应该】说话的。

9.1.3.5.4　陈述句中"不应该1"前间隔意外类语气副词，后间隔语气词"的"

（46）他承认，《报告》依然要作较大的修改，甚至需要推翻重来，但是其改革的思路和主要的宗旨，却是【不应该】怀疑的。

（47）这种日子虽说一去不复返了，但却是【不应该】从记忆中抹掉的。

9.1.3.5.5　陈述句中"不应该1"前间隔申明确认类语气副词，后间隔语气词"了"

（48）其实，北京通向很多地方的路都【不应该】再绕道华盛顿了。

9.1.3.5.6　陈述句中"不应该1"前间隔强化类语气副词，后间隔语气词"了"

（49）看来不发生点关系真是【不应该】了。

9.1.3.5.7　陈述句中"不应该1"前间隔弱化类语气副词，后间隔语气词"了"

（50）起码在许多平凡又平庸的中国人眼里，【不应该】被视为一个中国人了。

9.1.3.5.8　陈述句中"不应该1"前间隔估测类语气副词，后间隔语气词"了"

（51）也许按照我们中国人的习惯，我早就【不应该】说这些了。

9.1.3.6 陈述句中"不应该1"前邻接、间隔语气副词，后间隔语气词

9.1.3.6.1 陈述句中"不应该1"前邻接、间隔强化类语气副词，后间隔语气词"的"

陈述句中，"不应该1"可以前邻接强化类语气副词"就"，前间隔强化类语气副词"根本"等，后间隔语气词"的"，形成"根本就不应该……的"陈述句式，例如：

（52）我根本就【不应该】回去的。

（53）我根本就【不应该】和你讲话的。女神自己对你也无能为力。

（54）我现在才发觉我根本就【不应该】带你来的。

（55）你唯一能够发现的是，就是你根本就【不应该】把这个金鱼缸砸破的。

9.1.3.6.2 陈述句中"不应该1"前邻接强化类语气副词、间隔申明确认类语气副词，后间隔语气词"的"

陈述句中，"不应该1"可以前邻接强化类语气副词"就"，间隔申明确认类语气副词"本来"，后间隔语气词"的"，形成"本来就【不应该】……的"陈述句式，例如：

（56）这种行为本来就不应该的。

（57）我本来就【不应该】打电话给他的。

9.1.3.6.3 陈述句中"不应该1"前邻接估测类语气副词、间隔强化类语气副词，后间隔语气词"的"

陈述句中，"不应该1"可以前邻接强化类语气副词"就""真的"等，前间隔估测类语气副词"也许"等，同时后间隔语气词"的"，例如：

（58）今天晚上也许我就【不应该】上这儿来的。

（59）说到底，当初他也许真的【不应该】同丽达分手的。

9.1.3.6.4　陈述句中"不应该1"前邻接强化类语气副词、间隔意外类语气副词，后间隔语气词"的"

陈述句中，"不应该1"可以前邻接强化类语气副词"绝对"等，前间隔意外类语气副词"却"等，同时后间隔语气词"的"，例如：

（60）《开卷》这样的读物不会有流行的可能，但它对文化的作用却是绝对【不应该】忽视的。

9.2　疑问句中"不应该1"与语气成分的关联机制

9.2.1　是非问中"不应该1"与语气成分的关联机制

9.2.1.1　是非问中"不应该1"前关联语气副词

9.2.1.1.1　是非问中"不应该1"前邻接反诘类语气副词

是非问中"不应该1"可以前邻接反诘类语气副词"难道"，例如：

（1）税收执法上这么大的一个漏洞使巨额国税大部分转化为个人收入，为高收入者"锦上添花"，难道【不应该】把它堵上?!

（2）现代人的这种能力，难道【不应该】更丰富、更细微才好？

（3）网民就事论事，无可非议，学者们难道【不应该】更多了解一些背景知识？

9.2.1.1.2　是非问中"不应该1"前间隔反诘类语气副词

是非问中"不应该1"可以前间隔反诘类语气副词"难道"，例如：

（4）难道人家新练的这爬房技术咱【不应该】学？

（5）难道，我们【不应该】忘记那一场噩梦？

9.2.1.2　是非问中"不应该1"后关联语气词

9.2.1.2.1　是非问中"不应该1"后邻接语气词

9.2.1.2.1.1　是非问中"不应该1"后邻接语气词"吗"

（6）现在有人组织夏令营，孩子有个去处，又能增长知识，开阔眼界，花点钱【不应该】吗？

（7）只是眼下……是否先劳驾他到附近走一趟，去认识一下等在汽车里的费奥克蒂斯托夫的家人，怎么，【不应该】吗？

（8）听到谣言，问个清楚【不应该】吗？不该问，不问就是了。

9.2.1.2.1.2　是非问中"不应该1"后邻接语气词"啊"

（9）他接我【不应该】啊？

9.2.1.2.1.3　是非问中"不应该1"后邻接语气词"呀"

（10）我说你【不应该】呀？

9.2.1.2.1.4　是非问中"不应该1"后邻接语气词"么"

（11）于观呵斥他："是又怎么样？人民养育了你长这么大个，你就拍拍人民的马屁又吃亏多少——【不应该】么?"

9.2.1.2.1.5　是非问中"不应该1"后邻接语气词"吧"

(12) 我对陌生人好过对熟人,【不应该】吧?!

9.2.1.2.2　是非问中"不应该1"后间隔语气词

9.2.1.2.2.1　是非问中"不应该1"后间隔语气词"吗"

是非问中,"不应该1"可以后间隔语气词"吗",大体有几种格式:

(一)"不应该……吗"用于是非问单句,例如:

(13) 丁鹏想想笑道:"我【不应该】有这个想法吗?"

(14) 刺客甲【不应该】灭火吗?

(15) 老曹同志,在这样的时候,你【不应该】帮助一个年轻的同志吗?

(16) 那冒险牺牲的事【不应该】我去做吗?

(二)"【不应该】……吗"用于后分句。

第一,用于并列句后分句,例如:

(17) 后方同志支援前线,【不应该】关心关心吗?

(18) 我已经尽情哭了他一场,还有他的家属【不应该】哭哭他吗?

第二,用于解注句后分句,例如:

(19) 就像路遥在一篇作品中真诚地问道的,人活在世上【不应该】更高尚些吗?

(20) 有什么事?有事的【不应该】是你们吗?

第三，用于连贯句后分句，例如：

（21）同样，一头已经足够健壮的小豹子，面对一只因为年老伤病或其他原因而不能再出去捕捉猎物的老豹子时，它【不应该】感到内疚吗？

第四，用于说明因果句后分句，例如：

（22）大家都是女人，【不应该】互相照应吗？

（23）嫂嫂不是党的培养对象，可她是个社员，【不应该】在社里好好劳动吗？

第五，用于转折句后分句，例如：

（24）孩子们的话虽然天真，但从这些天真的话里，我们每一位家长、老师【不应该】有所醒悟，【不应该】产生深深的自责吗？

（25）商家有个"薄利多销"的原则，"风景名胜"作为陶冶人们情操，进行爱国主义教育的场所，【不应该】做得更好吗？

第六，用于虚让句后分句，例如：

（26）即使是为了挽救她的名声——还有为了你自己体面身份，也【不应该】跟她结婚吗？

（三）"【不应该】……吗"用于问答的答句，例如：

（27）多数人不愿在众人说"是"的时候挺身说"否"。为什么？是【不应该】有诚恳的异议吗？

9.2.1.2.2.2　是非问中"不应该1"后间隔语气词"么"

(28) 旧书店这样做要增加许多麻烦，钱也可能少赚点，但对广大读者大有好处的事，我们的社会主义旧书店【不应该】做么？

(29) 我所在的地方到底是什么地方呢？是【不应该】有人的地方么？

(30) 我【不应该】对你的朋友们热情点么？

9.2.1.2.2.3 是非问中"不应该1"后间隔语气词"啊"

(31) 那工作【不应该】很难找啊？

(32) 长篇小说按说【不应该】这么写啊？

(33) 他接我【不应该】啊？换旁人接，他还不乐意呢！

9.2.1.2.2.4 是非问中"不应该1"后间隔语气词"吧（罢）"

(34) 这样一套书，无论如何【不应该】是"三俗"吧？

(35) 你【不应该】做激烈的操作吧？

(36) 这问题【不应该】问我吧？

(37) 再说，中国健儿获得那么多奖牌，总是一个民族和国家值得骄傲的，就算不喝彩，也【不应该】皱眉头吧？

(38) 一个爱跑步的人【不应该】只想赢过别人罢？

9.2.1.2.2.5 是非问中"不应该1"后间隔语气词"呀"

(39) 我的房间和你丈夫出现的房间是在同一方向或者说紧挨着的，也【不应该】在你怀疑范围之内呀？

(40) 你，一个新时期为四化建设而努力高考的有志青年，【不应该】含泪高唱《精神病患者之歌》呀？

9.2.1.2.2.6 是非问中"不应该1"后间隔语气词"啦"

(41) 梅花说："他是替夏风买的，夏风是他弟，你又把他接来送去的，他还【不应该】买啦？"

9.2.1.3 是非问中"不应该1"前关联语气副词、后关联语气词

9.2.1.3.1 是非问中"不应该1"前邻接语气副词，后邻接语气词

9.2.1.3.1.1 是非问中"不应该1"前邻接反诘类语气副词，后邻接语气词"吗"

是非问中，"不应该1"可以前邻接反诘类语气副词"难道"，后邻接语气词"吗"，例如：

（42）我自己一人进菜、卖菜，挣点辛苦钱，难道【不应该】吗？

（43）时间就是金钱，对这些直接和间接的损失，他们给予相应的赔偿难道【不应该】吗？

9.2.1.3.1.2 是非问中"不应该1"前邻接强化类语气副词，后邻接语气词"吗"

是非问中，"不应该1"可以前邻接强化类语气副词"还"，后邻接语气词"吗"，例如：

（44）你们一年到头站岗放哨，我今天站一个晚上还【不应该】吗？

（45）你和梅厂长当上了厂里民主改革代表大会的代表了，还【不应该】恭喜吗？

9.2.1.3.1.3 是非问中"不应该1"前邻接强化类语气副词，后邻接语气词"么"

是非问中，"不应该1"可以前邻接强化类语气副词"还"，后邻接语气词"么"，例如：

（46）不！你们太辛苦了，吃顿馍馍还【不应该】么？快去弄一挑子来，我去办菜。

9.2.1.3.1.4　是非问中"不应该1"前邻接强化类语气副词，后邻接语气词"吧"

是非问中，"不应该1"可以前邻接强化类语气副词"总"，后邻接语气词"么"，例如：

（47）可你那样无缘无故折磨人，那些姑娘又没有伤害过你，总【不应该】吧？

9.2.1.3.2　是非问中"不应该1"前间隔语气副词，后邻接语气词

9.2.1.3.2.1　是非问中"不应该1"前间隔反诘类语气副词，后邻接语气词"吗"

是非问中，"不应该1"可以前间隔反诘类语气副词"难道"，后邻接语气词"吗"，例如：

（48）我是一名党员，还当了村委主任，难道为大家做点好事【不应该】吗？

（49）我是她的老娘，我应该知道什么事是对她有好处的，难道我【不应该】吗？

9.2.1.3.2.2　是非问中"不应该1"前间隔反诘类语气副词，后邻接语气词"么"

是非问中，"不应该1"可以前间隔反诘类语气副词"难道"，后邻接语气词"么"，例如：

（50）难道这【不应该】么？

9.2.1.3.2.3 是非问中"不应该1"前间隔反诘类语气副词，后邻接语气词"啊"

是非问中，"不应该1"可以前间隔反诘类语气副词"难道"，后邻接语气词"啊"，例如：

（51）你养你妈应该，难道你养老婆孩子【不应该】啊？

9.2.1.3.2.4 是非问中"不应该1"前间隔反诘类语气副词，后邻接语气词"的"

是非问中，"不应该1"可以前间隔反诘类语气副词"难道"，后邻接语气词"的"，例如：

（52）我总不能不天天买点嫩羊肉，喂我的蓝靛颏儿吧？难道这些都是【不应该】的？应该！

9.2.1.3.3 是非问中"不应该1"前邻接语气副词，后间隔语气词

9.2.1.3.3.1 是非问中"不应该1"前邻接反诘类语气副词，后间隔语气词"吗"

（一）"难道【不应该】……吗"用于是非问单句，例如：

（53）难道【不应该】在东边聚餐吗？

（54）难道【不应该】细心吗？

（二）"主语+难道【不应该】……吗"用于是非问单句，例如：

（55）我们难道【不应该】先去找他吗？

（56）这一切，难道【不应该】引起我们的深思吗？

（57）我们的头脑难道【不应该】清醒一些吗？

（58）这难道【不应该】引起各方面的反思吗？

· 643 ·

(59) 我们对待萨特,难道【不应该】这样吗?

(三)"难道【不应该】……"用于前分句,间隔分句,句末用"吗"。例如:

(60) 诸如此类由作品中所反映出来的这些思想上、观念上、制度上、道德标准上的旧的没落的痕迹,难道【不应该】引起我们的重视,不需要我们以马克思主义的思想武器去加以清除吗?

(四)"主语+难道【不应该】……吗"用于后分句

第一,用于连贯句后分句,例如:

(61) 这些孩子的父母,看了吕鑫的故事,难道【不应该】深思吗?

(62) 读读《李将军列传》,难道【不应该】学些乖吗?

第二,用于递进句后分句,例如:

(63)"先天下之忧而忧,后天下之乐而乐",古代先贤尚能如此,我们共产党人难道【不应该】比他们做得更好些吗?

第三,用于说明因果句后分句,例如:

(64) 正是他们辛勤的汗水,才得来我们今天经援工作的辉煌,我们难道【不应该】多为他们想一想吗?

(65) 照说,他学习的日期也已届满,是回是留,难道【不应该】通个信息吗?

(66) 而吴静认为自己不能按时还钱,不是她的本意,同事之间遇到点困难,难道【不应该】伸手相援吗?

第四，用于足够条件句后分句，例如：

（67）可是只要稍加分析，人们难道【不应该】从她身上感觉到一点别的什么吗？

第五，用于转折句后分句，例如：

（68）在美术创作多元发展的今天，我们可以允许不了解西方现代艺术形式美要素，胡乱追随摹仿的涂鸦之作存在，难道【不应该】更加赞美在传统文化土壤上，民族气质和现代观念相互渗透的创新吗？

9.2.1.3.3.2 是非问中"不应该1"前邻接强化类语气副词，后间隔语气词"吗"

是非问中"不应该1"可以前邻接强化类语气副词"完全""还""就""都"等，后间隔语气词"吗"，例如：

（69）在邻居失火、火舌要延伸到我家来的时候，我只在庭院草坪上浇水，却不把水管拿给邻居，还【不应该】被人家指为傻瓜吗？

（70）比如说到宝黛爱情悲剧，大家就给予同情。那说到宝钗的家庭婚姻悲剧，那就【不应该】同情吗？

（71）你的终身大事，怎么也该回来和家里商量一下，当父母的连知道一下都【不应该】吗？

9.2.1.3.3.3 是非问中"不应该1"前邻接反诘类语气副词，后间隔语气词"么"

是非问中"不应该1"可以前邻接反诘类语气副词"难道"，后间隔语气词"么"，例如：

(72) 这种现象，难道【不应该】引起我们的注意么？

(73) 例如《将军，不能这样做》这个诗篇，在评定它的时候，除了分析作品本身之外，难道【不应该】看看它的社会效果么？

9.2.1.3.3.4 是非问中"不应该1"前邻接强化类语气副词，后间隔语气词"么"

(74) 古人说：四海之内皆兄弟，何况咱们都是共着一个父王，还【不应该】亲么？

9.2.1.3.3.5 是非问中"不应该1"前邻接意外类语气副词，后间隔语气词"了"

是非问中，"不应该1"可以前邻接意外类语气副词"倒"，后间隔语气词"了"，例如：

(75) 张子豪瞪起两只小眼睛说："怎么，我自己的家，我自己倒【不应该】回来了？你要是多余我，我从今以后就不进这门槛！"

9.2.1.3.4 是非问中"不应该1"前间隔语气副词，后间隔语气词

9.2.1.3.4.1 是非问中"不应该1"前间隔反诘类语气副词，后间隔语气词"吗"

是非问中，"不应该1"可以前间隔反诘类语气副词"难道"，后间隔语气词"吗"，例如：

(76) 如今一个年青教师讲一个小时的课，还有好几十块钱的讲课费，难道你收一点辛苦费有什么【不应该】吗？

(77) 我是一名党员，还当了村委主任，难道为大家做点好事【不应该】吗？

(78)《全唐诗》是通政使曹寅奉命主持编辑的，这么做可以理

解。可是，难道我们今人【不应该】比他"解放"一点吗？

（79）我只不过想劝劝她，她是我的小姑、你的妹妹，难道我【不应该】关心她吗？

（80）难道他的服务【不应该】得到报酬吗？

（81）既然，法国梧桐这样平易近人，这样报答我们，随地可栽，难道我们【不应该】更广泛的引种，来作为对它的回报吗？

9.2.1.3.4.2　是非问中"不应该1"前间隔反诘类语气副词，后间隔语气词"么"

是非问中，"不应该1"可以前间隔反诘类语气副词"难道"，后间隔语气词"么"，例如：

（82）话说回来，道路作为一个国家的基本设施，难道政府【不应该】修好它么？

9.2.1.3.4.3　是非问中"不应该1"前间隔估测类语气副词，后间隔语气词"吧"

是非问中，"不应该1"可以前间隔估测类语气副词"似乎"等，后间隔语气词"吧"，例如：

（83）无论从哪方面讲，似乎都【不应该】吧？

9.2.1.3.5　是非问中"不应该1"前间隔语气副词，后邻接、间隔语气词

9.2.1.3.5.1　是非问中，"不应该1"可以前间隔反诘类语气副词"难道"，后邻接语气词"的"，后间隔语气词"么"

（84）假定自己的欺骗行为确可以使史循得到暂时的欣慰，或竟是他的短促残余生活中莫大的安慰，难道也还是【不应该】的么？

9.2.1.3.5.2　是非问中,"不应该1"可以前间隔感叹类语气副词"太",后邻接语气词"了",后间隔语气词"吗"

(85) 如果是真的,那……她不是太【不应该】了吗?

(86) 还要来找他想办法报销,这不是太过分、太让他下不来台,甚至是对他的侮辱吗,我竟然采纳这种意见,不是太【不应该】了吗?

9.2.2　正反问中"不应该1"与语气成分的关联机制

9.2.2.1　正反问中"不应该1"前关联语气副词

9.2.2.1.1　正反问中"不应该1"前邻接正反问类语气副词

正反问中,"不应该1"可以前邻接正反问类语气副词"是不是""是否"。大体有几种格式:

(一)"是不是/是否【不应该】……"独立构成正反问单句,例如:

(1) 是不是【不应该】戴着有色眼镜去看别人?

(2) 是不是【不应该】这样呢?!

(二)"主语+/饰连语+是不是/是否【不应该】……"独立构成正反问单句,例如:

(3) 我是不是【不应该】这样?

(4) 我们是不是【不应该】那样说他?

(5) 辣炒年糕是不是【不应该】放泡菜?

(6) 普洱熟茶和生茶是不是【不应该】用同一个紫砂呀?

(7) 你说我对一个不信任自己的人是不是【不应该】太好?

第 9 章 "不应该 1"与语气成分的关联机制

（8）今天是不是【不应该】出门？

（三）"是不是/是否不应该……"用于后分句

第一，"是不是/是否不应该……"用于解注句后分句，例如：

（9）跟那天我们围观 WC 场景好像，我们是不是【不应该】骂 WC？

第二，"是不是/是否不应该……"用于连贯句后分句，例如：

（10）请问外长对此有何反应，其他国家是不是【不应该】这样担心？

（11）可是我还想继续睡，我是不是【不应该】如此的卑微？

第三，"是不是/是否不应该……"用于假设句后分句，例如：

（12）如果我们只是借住在这个身体里，是不是【不应该】再去琢磨怎么装修一个租来的房子？

（四）"是不是/是否不应该……"用于宾语。例如：

（13）心里却想着刚才是不是【不应该】在胡老四面前显出自己的眼神儿好呢？

9.2.2.1.2 正反问中"不应该 1"前间隔正反问类语气副词

（一）"主语+是不是+饰连语+不应该"构成正反问单句，例如：

（14）我是不是本就【不应该】有像人一样活着的希望？

（15）既然如此，你是不是也【不应该】再打击那些自由派学者？

（二）"是不是+主语+不应该"构成正反问单句，例如：

（16）是否她【不应该】来这儿？

(三)"是不是 + 主语 + 饰连语 + 不应该"构成正反问单句,例如:

(17) 是不是天蝎座天生就【不应该】有知心的朋友?!

(四)"是不是 + 句 + 不应该"构成正反问单句,例如:

(18) 国家队由人民供养是不是应该对人民负责而【不应该】对没有出钱供养的某些组织负责?

9.2.2.2 正反问中"不应该1"前关联语气副词、后关联语气词

9.2.2.2.1 正反问中"不应该1"前邻接语气副词,后邻接语气词
正反问中"不应该1"前邻接正反问类语气副词,后邻接语气词"呢"

(19) 考试周里每天还花四五个小时看电视节目是不是【不应该】呢?

(20) 我与他们无仇无怨,怎能下此毒手?是否【不应该】呢?

9.2.2.2.2 正反问中"不应该1"前邻接语气副词,后间隔语气词

9.2.2.2.2.1 正反问中"不应该1"前邻接正反问类语气副词,后间隔语气词"呢"

(21) 法律是不是【不应该】管呢?

(22) 若董恺令带走司烈,我们是否【不应该】担心呢?

(23) 阿姨还给我了,她说想带回家给女儿玩的,我是不是【不应该】拿回来啊?

(24) 大和尚,你说我是不是【不应该】收这个徒弟呵?

9.2.2.2.2.2 正反问中"不应该1"前邻接正反问类语气副词,后间隔语气词"呀"

(25) 那这样算的话，我们是不是【不应该】设法打击段虎呀？

9.2.2.2.2.3 正反问中"不应该1"前邻接正反问类语气副词，后邻接语气词"的"

(26) 那似乎永不会摧垮的肉体，是不是【不应该】拿来拼命的？

(27) 我们是不是【不应该】答应那李三的？

9.2.2.2.2.4 正反问中"不应该1"前邻接正反问类语气副词，后间隔语气词"了"

(28) 这家火锅店我是不是【不应该】再去了？

(29) 我是不是【不应该】再说我缺相机了？

(30) 不对劲吧，居然是连续的，是不是【不应该】去了？

(31) 我是不是【不应该】再这样了？

9.2.2.2.3 正反问中"不应该1"前间隔语气副词，后间隔语气词

9.2.2.2.3.1 正反问中"不应该1"前间隔正反问类语气副词，后间隔语气词"呢"

(32) 看你玩得那么开心，是不是以后我也【不应该】把这些琐事放在心上呢？

(33) 是不是我就【不应该】出现在你们的世界里呢？

9.2.2.2.3.2 正反问中"不应该1"前间隔正反问类语气副词，后间隔语气词"啊"

(34) 她的声音很好听，很有特色，百听不厌，是不是我【不应该】把她吵醒啊？

9.2.2.2.3.3 正反问中"不应该1"前间隔正反问类语气副词,后间隔语气词"了"

(35) 良心不安,让我想起了八股文想不明白的事情是不是就【不应该】想了?

9.2.3 选择问中"不应该1"与语气成分的关联机制

9.2.3.1 选择问中"不应该1"前关联语气副词

9.2.3.1.1 选择问中"不应该1"前邻接强化类语气副词

选择问中,"不应该1"可以前邻接强化类语气副词"根本"等,用于选择后项,例如:

(1) 是自己的问题还是根本【不应该】这样去帮助?

9.2.3.1.2 选择问中"不应该1"前间隔强化类语气副词

选择问中,"不应该1"可以前间隔强化类语气副词"根本"等,用于选择后项,例如:

(2) 是不是表现了自恋就不行,偷偷的自恋才允许?还是根本都【不应该】有自恋?

9.2.3.1.3 选择问中"不应该1"前邻接、间隔语气副词

9.2.3.1.3.1 选择问中"不应该1"前邻接强化类语气副词、前间隔申明确认类语气副词

选择问中"不应该1"前邻接强化类语气副词"就",前间隔申明确认类语气副词"本来"等,用于选择后项,例如:

(3) 他问自己,是老天在留人?还是自己本来就【不应该】把女儿"放生"?

9.2.3.1.3.2 选择问中"不应该1"前邻接、间隔强化类语气副词

选择问中"不应该1"前邻接强化类语气副词"就",前间隔强化类语气副词"根本"等,用于选择后项,例如:

(4) 是我太幼稚了?还是我们根本就【不应该】活着?

9.2.3.2 选择问中"不应该1"后关联语气词

9.2.3.2.1 选择问中"不应该1"后邻接语气词"呢"

选择问中,"不应该1"可以后邻接语气词"呢",用于选择后项,主要有两种格式:

(一)"应该还是【不应该】呢"用于选择问,例如:

(5) 我应该还是【不应该】呢?

(二)"是应该……呢,还是不应该呢"用于选择问,例如:

(6) 正式的拜访,也用不着多说什么。但是我对这个麦菲逊案确实是没有办法了。问题是,我是应该进行逮捕呢,还是【不应该】呢?

9.2.3.2.2 选择问中"不应该1"后间隔语气词"呢"

(7) 这电话打得不及时还是打得没意思呢?还是一早【不应该】打这个电话呢?

9.2.4 特指问中"不应该1"与语气成分的关联机制

9.2.4.1 特指问中"不应该1"前关联语气副词

9.2.4.1.1 特指问中"不应该1"前邻接语气副词

9.2.4.1.1.1 特指问中"不应该1"前邻接特指问类语气副词

特指问中,"不应该1"可以前邻接特指问类语气副词"为什么",例如:

（1）他应该这样做吗？为什么应该，为什么【不应该】？

（2）为什么【不应该】？像秋水清那样的男人，怎么会找一个笨女人替他生孩子？

（3）徐鹏飞心里突然又出现了更新的想法，许云峰，已经抓到手的许云峰，为什么【不应该】是更重要的人物？

（4）"三俗"不好，可为什么【不应该】用行政手段来对付？原因很简单，形成"三俗"的根源除了部长所列举的三条之外，还有更重要的。

9.2.4.1.1.2 特指问中"不应该1"前邻接深究类语气副词

特指问中，"不应该1"可以前邻接深究类语气副词"到底"等，例如：

（5）"喔，拉斯，"泰斯自信满满的走到溪谷矮人身边，"你到底【不应该】告诉我们什么东西？"

9.2.4.1.2 特指问中"不应该1"前间隔语气副词

特指问中，"不应该1"可以前间隔特指问类语气副词"为什么"，例如：

（6）为什么我那样命苦？为什么轮到我就【不应该】？

9.2.4.2 特指问中"不应该1"后关联语气词

9.2.4.2.1 特指问中"不应该1"后邻接语气词"呢"

特指问中，"不应该1"可以后邻接语气词"呢"，例如：

（7）这有什么【不应该】呢？

（8）我若是管苏先生的这份事，我也得这样办，有什么【不应该】呢？

（9）她既然救了自己，即使用以交换龙剑，又有什么【不应该】呢？

9.2.4.2.2 特指问中"不应该1"后间隔语气词"呢"

特指问中,"不应该1"可以后邻接语气词"呢",例如：

(10) 不知道我【不应该】做什么事情呢？

(11) 他们能置个人安危而不顾,一心为着党和人民的利益,比比他们,我还有什么私心杂念【不应该】抛弃呢？

9.2.4.3 特指问中"不应该1"前关联语气副词、后关联语气词

9.2.4.3.1 特指问中"不应该1"前邻接语气副词,后邻接语气词

9.2.4.3.1.1 特指问中"不应该1"前邻接特指问类语气副词"为什么",后邻接语气词"呢"

(12) 藏私房钱为什么【不应该】呢？

(13) 现在呢,政治的后台老板,我们要支配政权。为什么【不应该】呢？他们有的是钱！

(14) "对不起,小沫,爸爸不该跟你说这些。""为什么【不应该】呢？"

9.2.4.3.1.2 特指问中"不应该1"前邻接特指问类语气副词"咋",后邻接语气词"呀"

(15) "咋【不应该】呀？"一部分人这样回答。

9.2.4.3.2 特指问中"不应该1"前邻接语气副词,后间隔语气词

9.2.4.3.2.1 特指问中"不应该1"前邻接特指问类语气副词,后间隔语气词

9.2.4.3.2.1.1 特指问中"不应该1"前邻接特指问类语气副词"为什么",后间隔语气词"呢"

(16) 我不明白为什么【不应该】把字写得漂亮些呢?

(17) 我为什么【不应该】拥有这座公寓呢?我为什么【不应该】痛痛快快地享受东京豪华的生活呢?我为什么【不应该】体验世界为女人提供的所有快乐呢?

(18) 对于和我们一起担负着时代重任的人,我们为什么【不应该】等待呢?

9.2.4.3.2.1.2 特指问中"不应该1"前邻接特指问类语气副词"干吗",后间隔语气词"呢"

(19) 我干吗【不应该】喜欢她呢?

9.2.4.3.2.1.3 特指问中"不应该1"前邻接特指问类语气副词"怎么",后间隔语气词"呢"

(20) 办个小工厂,虽然说累点苦点,可是这确实是份正经工作,对国家对集体对个人都有好处,怎么【不应该】干呢?

9.2.4.3.2.1.4 特指问中"不应该1"前邻接反诘类语气副词"何尝",后间隔语气词"呢"

(21) 老舍先生的这段话,虽然是对文学作品而言的,但我们日常的言语交际何尝【不应该】注意这个问题呢?

9.2.4.3.3 特指问中"不应该1"前间隔特指问类语气副词"为什么",后间隔语气词"呢"

(22) 现在,先生,为什么你【不应该】跟他们一样呢?

(23) "好吧,"过了一会儿,我说,"为什么那地方【不应该】有钉子呢?"

· 656 ·

9.2.4.3.4 特指问中"不应该1"前邻接强化类语气副词"就"、间隔特指问类语气副词"为什么",后间隔语气词"呢"

(24) 伊利英夫妇还没被开除出党,这就是说,党还是信任他们的。为什么您父母就【不应该】信任呢?是这回事吧?

9.3 感叹句中"不应该1"与语气成分的关联机制

9.3.1 感叹句中"不应该1"前关联语气副词

9.3.1.1 感叹句中"不应该1"前邻接语气副词

9.3.1.1.1 感叹句中"不应该1"前邻接感叹类语气副词

感叹句中,"不应该1"可以前邻接感叹类语气副词"太",例如:

(1) 羯贼这样乱抢东西,太【不应该】!我来替他们赔偿吧!
(2) 李建生顿时很内疚,因为自己一句话没说好,惹得老干部生气,太【不应该】!

9.3.1.1.2 感叹句中"不应该1"前邻接道义类语气副词

感叹句中,"不应该1"可以前邻接道义类语气副词"万万",例如:

(3) 啊,克莱德!克莱德!但愿他再也不对她这么冷淡!他万万【不应该】这样!

9.3.1.1.3 感叹句中"不应该1"前邻接申明确认类语气副词

感叹句中,"不应该1"可以前邻接申明确认类语气副词"真",例如:

(4) 还有六便士!呵,夫人啊,你真【不应该】,真【不应该】。

（5）如果当年我能预见今日中国的改革开放会如此深入，商品大潮会如此汹涌澎湃，我真【不应该】阻挡儿子去学推销巧克力！

（6）真糟糕，我到这儿来买牙刷，却惹得您生了这么大的气！我真【不应该】！

9.3.1.1.4　感叹句中"不应该1"前邻接强化类语气副词

感叹句中，"不应该1"可以前邻接强化类语气副词"绝对""决""根本""就""总""也""可"等，例如：

（7）这可要不得！这可要不得！绝对【不应该】这样，也绝不可能这样！这可要不得。

（8）他从前爱过一个决【不应该】爱的女人！

（9）就是目标，可我却认为这决【不应该】成为我们的目标！

（10）问题是就【不应该】住在这里！

（11）秀芬嗯了一声说："还说呢，你就【不应该】让李铁同志在后边掩护！"

（12）捕房总【不应该】也害我们！

（13）胡文玉说："可是你也【不应该】打击我！凭良心说，我为你多少日子都睡不着，吃不下。"

（14）这可【不应该】，你要有戏就不能喝酒呀！

9.3.1.1.5　感叹句中"不应该1"前邻接弱化类语气副词

感叹句中，"不应该1"可以前邻接弱化类语气副词"至少"等，例如：

（15）如果我们还没有完全的麻木，那么在香港回归十周年歌舞升平的气氛中，我们至少【不应该】停止思考，自由和独立的思考！

9.3.1.1.6　感叹句中"不应该1"前邻接反诘类语气副词

感叹句中"不应该1"前邻接反诘类语气副词"难道"，构成反诘性感叹句，例如：

（16）税收执法上这么大的一个漏洞使巨额国税大部分转化为个人收入，为高收入者"锦上添花"，难道【不应该】把它堵上?!

9.3.1.2 感叹句中"不应该1"前间隔语气副词

9.3.1.2.1 感叹句中"不应该1"前间隔申明确认类语气副词

感叹句中，"不应该1"可以前间隔申明确认类语气副词"实在""真"等，往往间隔程度副词，例如：

（17）有了你这个大美人、大好人，还要去认识另外一个女孩子，他实在很【不应该】！这是你的初恋呢！

（18）别不耐烦！按说你这号称"访员"、别名"百事通"的人，对这事就应该早知道，可为什么落后了呢？真是大【不应该】！

9.3.1.2.2 感叹句中"不应该1"前间隔强化类语气副词

感叹句中，"不应该1"可以前间隔强化类语气副词"总""就"，往往间隔"是"，例如：

（19）不到万不得已，就是【不应该】"烧屁股"，瞎冲瞎撞！

（20）这总是【不应该】的！

9.3.1.3 感叹句中"不应该1"前邻接、间隔语气副词

9.3.1.3.1 感叹句中"不应该1"前邻接、间隔强化类语气副词

感叹句中，"不应该1"可以前邻接、间隔强化类语气副词"根本就"，例如：

（21）可是里边有鸡毛、甚至有的还夹杂着鸡粪，这种东西根本

就【不应该】出口！

（22）而按照党纪国法，这样的决定根本就【不应该】产生！

（23）您根本就【不应该】这么去想！

9.3.1.3.2 感叹句中"不应该1"前邻接感叹类语气副词、间隔申明确认类语气副词

（24）把歌德竟当成地名！犯这些常识性的错误实在太【不应该】！

（25）家住北京海淀区的戴女士在电话中说：歌星言而无信实在太【不应该】！

9.3.1.3.3 感叹句中"不应该1"前邻接感叹类语气副词、间隔强化类语气副词

（26）宝珠也太【不应该】，她怎可以对艾莉说这种话！

9.3.1.3.4 感叹句中"不应该1"前邻接强化类语气副词、间隔申明确认类语气副词

（27）我们人类本来就【不应该】居住在地底下的！

（28）像我们这样的人，生在这样的世界，原就【不应该】有孩子的！

（29）其实像他这种裁判，根本就【不应该】执法中超！

9.3.2 感叹句中"不应该1"后关联语气词

9.3.2.1 感叹句中"不应该1"后邻接语气词

9.3.2.1.1 感叹句中"不应该1"后邻接语气词"的"

（1）啊，不，那是【不应该】的！

(2) 梅丽，你这样对待丈夫，是【不应该】的！

(3) 如此张冠李戴，也是极【不应该】的！

9.3.2.1.2 感叹句中"不应该1"后邻接语气词"啊"

(4) 他老泪纵横地说，多好的总理啊，每天有多少国家大事等着他处理，我们这点小事不应分他的心啊，【不应该】啊！

9.3.2.1.3 感叹句中"不应该1"后邻接语气词"了"

(5) 可见，如果不再出现更多的事实（不应该再出现更多的事实了，【不应该】了，【不应该】了！）那么……那么他们能拿他怎么办呢？

9.3.2.1.4 感叹句中"不应该1"后邻接语气词"呢"

(6) 看怎么个【不应该】呢！

9.3.2.2 感叹句中"不应该1"后间隔语气词

9.3.2.2.1 感叹句中"不应该1"后间隔语气词"的"

(7) 这样看来，船上一定有很离奇古怪的事，这是服从社会法律的人【不应该】看的！

(8) 您【不应该】这样对待我的！

(9) 我【不应该】把毯子丢掉的！

(10) 不该投降的，【不应该】投降的！

9.3.2.2.2 感叹句中"不应该1"后间隔语气词"啊（呵）"

(11) 如果照一般常理的话，她【不应该】是会下嫁到学长这种地方来的人啊！

(12) 既然她有胆量杀死一个北方佬，她就【不应该】对另一个北方佬说的话胆怯啊！

(13) 我每顿只吃二两米，【不应该】有砂子啊！

(14) 过用毒物会损伤人体正气，治病【不应该】偏爱药物而忘了饮食调养啊！

(15) 我【不应该】离开他啊！

(16) 既然我明天要走了，他今天便【不应该】不来啊！

9.3.2.2.3 感叹句中"不应该1"后间隔语气词"呀"

(17) 再疲劳也【不应该】在健身舱中睡觉呀！

(18) 我也【不应该】忘记这个一岛两名的事实呀！

(19) 我当了十多年厂长，为救活这个企业不知受了多少罪，没有功劳也有一点儿苦劳吧，即便是我犯了错误也【不应该】这样对待呀！

(20) 晓燕，【不应该】叫爸爸这样着急呀！

9.3.2.2.4 感叹句中"不应该1"后间隔语气词"了"

(21) 你现在【不应该】再叫拇指姑娘了！

(22) 我【不应该】再见她了！

(23) 我的文字各处都用，我听说你拿我的字破我的道，你【不应该】把我的字念错了！

9.3.2.2.5 感叹句中"不应该1"后间隔语气词"喽"

(24) 照您说，我【不应该】戴在手上，而应该戴在鼻子上喽！

9.3.2.2.6 感叹句中"不应该1"后间隔语气词"吧"

(25) 你【不应该】这么轻蔑民众吧！

9.3.2.2.7　感叹句中"不应该1"后间隔语气词"的啊"

(26) 甚至于我们有些老同志也沾染了这些坏习气，这是【不应该】原谅的啊！

(27) 我相信他是的确可以学文艺的人，我自己是【不应该】存这痴念的啊！

9.3.2.2.8　感叹句中"不应该1"后间隔语气词"的呀"

(28) 我哭了，我哭了，但是我知道，我是【不应该】哭的呀！"

9.3.3　感叹句中"不应该1"前关联语气副词、后关联语气词

9.3.3.1　感叹句中"不应该1"前邻接语气副词，后邻接语气词

9.3.3.1.1　感叹句中"不应该1"前邻接感叹类语气副词"太"，后邻接语气词"了"

(1) 你跟我闹这外交辞令，太【不应该】了。

(2) 现在书店又要没了，真是目光太短浅了，把经济和文化对立起来太【不应该】了！

(3) 都为你高兴，只是你不该拿话气我，过去咱俩在一起时，你就老这么气我，现在都离了婚，你还这么气我——你太【不应该】了！

(4) 夏：合着您连太阳都忘了。不应该。太【不应该】了，这也！

(5) 她在受痛苦的折磨。我问这种问题太【不应该】了！

9.3.3.1.2　感叹句中"不应该1"前邻接感叹类语气副词"多"，后

邻接语气词"啊（呵)"

(6) 一年一年地不看见自己的孩子，这多【不应该】呵！

9.3.3.1.3 感叹句中"不应该1"前邻接申明确认类语气副词"真"，后邻接语气词"啊"

(7) 你还要到他身上去抢铁，真【不应该】啊！

9.3.3.2 感叹句中"不应该1"前间隔强化类语气副词，后邻接语气词"的"

(8) 老头儿诧异地：这总是【不应该】的！

9.3.3.3 感叹句中"不应该1"前邻接、间隔语气副词，后邻接语气词

9.3.3.3.1 感叹句中"不应该1"前邻接感叹类语气副词、间隔申明确认类语气副词，后邻接语气词"了"

(9) 买了新大洲公司生产的摩托车，他们的产品出了故障维修不便不说，给他们去了信、汇了款仍得不到服务，实在太【不应该】了！

(10) 我不加细察便向您乱发脾气，实在太【不应该】了。

9.3.3.3.2 感叹句中"不应该1"前邻接感叹类语气副词、间隔申明确认类语气副词，后邻接语气词"啦"

(11) 吐蕃和唐朝是亲戚关系，现在也来侵犯我们，掠夺我们百姓的财物，实在太【不应该】啦！

9.3.3.3.3　感叹句中"不应该1"前邻接感叹类语气副词、间隔强化类语气副词，后邻接语气词"了"

(12) 难道两人真的在里面动手动脚了？这可太【不应该】了！

9.3.3.3.4　感叹句中"不应该1"前邻接申明确认类语气副词、间隔强化类语气副词，后邻接语气词"呀"

(13) 老爷，你不替我主持公道，不肯好好听我的话，倒准备退庭了，这可真【不应该】呀！

9.3.3.4　感叹句中"不应该1"前邻接语气副词，后间隔语气词

9.3.3.4.1　感叹句中"不应该1"前邻接感叹类语气副词，后间隔语气词"啊"

感叹句中，"不应该1"前邻接感叹类语气副词"多么"，"多么不应该1"充当定语，中心语后用"啊"，例如：

(14) 多么【不应该】的事啊！一下子要了它的命。

(15) 没想到在这样的地方，会受到如此细致入微的照顾，我原先因店小的担忧是多么【不应该】有的偏见呵！

9.3.3.4.2　感叹句中"不应该1"前邻接申明确认类语气副词，后间隔语气词"啊"

(16) 多少天没见着你了，我真【不应该】不回来探望你啊！

(17) 您真【不应该】叫别的人去放那个蓝碗呵！

9.3.3.4.3　感叹句中"不应该1"前邻接申明确认类语气副词，后间隔语气词"呀"

(18) 呵，那【不应该】这样麻烦你的，查太莱夫人；你太好了，但是真【不应该】这样的麻烦夫人呀！

9.3.3.4.4 感叹句中"不应该1"前邻接强化类语气副词，后间隔语气词"哪"

(19) 那你也【不应该】打人哪！

9.3.3.4.5 感叹句中"不应该1"前邻接申明确认类语气副词，后间隔语气词"啦"

(20) 见不见呢？这个爸爸？这样的爸爸？当然【不应该】见啦！

9.3.3.4.6 感叹句中"不应该1"前邻接申明确认类语气副词，后间隔语气词"的"

(21) 我本来【不应该】跟去的！

9.3.3.4.7 感叹句中"不应该1"前邻接强化类语气副词，后间隔语气词"的"

(22) 应该不至于会这样的，绝对【不应该】到这种地步的！
(23) 正常人根本【不应该】对自己的家感到好奇的！
(24) 当初我就【不应该】让他前往的！

9.3.3.4.8 感叹句中"不应该1"前邻接强化类语气副词，后间隔语气词"吧（罢）"

(25) 火，总【不应该】由上向下烧吧！
(26) 虽然这结果会有一天宇宙与万物同尽，然而我们人，当自己确实存在的时候，也总【不应该】否认自己的存在罢！

9.3.3.4.9 感叹句中"不应该1"前邻接反诘类语气副词，后间隔语气词"吗"

感叹句中，"不应该1"可以前邻接反诘类语气副词"难道"，后间隔语气词"吗"，形成反诘性感叹句，例如：

(27) 这种强加给消费者的高价，难道【不应该】通过明码标价予以杜绝吗！

9.3.3.5 感叹句中"不应该1"前间隔语气副词，后间隔语气词

9.3.3.5.1 感叹句中"不应该1"前间隔弱化类语气副词，后间隔语气词"呀"

(28) 你是说你不想跟我回去？要像他们俩一样待在这里？那么，最起码你【不应该】阻拦我离开这里呀！

9.3.3.5.2 感叹句中"不应该1"前间隔反诘类语气副词，后间隔语气词"吗"

感叹句中，"不应该1"可以前间隔反诘类语气副词"难道"，后间隔语气词"吗"，形成反诘性感叹句，例如：

(29) 可是难道说我们【不应该】把我们最好的东西奉献给别人吗！

9.3.3.6 感叹句中"不应该1"前邻接、间隔语气副词，后间隔语气词

9.3.3.6.1 感叹句中，"不应该1"可以前邻接强化类语气副词，间隔估测类类语气副词，后间隔语气词"吧"

(30) 走过这片崎岖，迎来那份光明！是给力！为尖叫有理由愤

怒么？也许根本不应该有理由吧！

9.3.3.6.2 感叹句中，"不应该1"可以前邻接强化类语气副词，间隔反诘类语气副词，后间隔语气词"了"

（31）你看你的妹妹明天就要出嫁了，你身为姐姐的，难道还【不应该】结婚了！

本章小结

一 陈述句中"不应该1"与语气成分的关联机制

陈述句中"不应该1"前邻接语气副词大致有五类：申明确认类、强化类、弱化类、估测类、意外类语气副词。

陈述句中"不应该1"前间隔的语气副词大致有三类：申明确认类、强化类语、估测类语气副词。

陈述句中"不应该1"后邻接语气词主要是"的""了"。

陈述句中"不应该1"后间隔语气词包括"的""呀""嘛""呢""的啊""了"。

陈述句中"不应该1"后邻接语气词"的"，后间隔语气词"了"。

陈述句中"不应该1"前邻接强化类或申明确认类语气副词，后邻接语气词"的"。

陈述句中"不应该1"前间隔语气副词，后邻接语气词的关联格式大致有四种：（1）前间隔申明确认类语气副词，后邻接语气词"的"；（2）前间隔强化类语气副词，后邻接语气词"的"；（2）前间隔估测类语气副词，后邻接语气词"的"；（4）前间隔意外类语气副词，后邻接语气词"的"。

陈述句中"不应该1"前邻接语气副词，后间隔语气词的关联格式大致有八种：（1）前邻接申明确认类语气副词，后间隔语气词"的"；（2）前邻接强化类语气副词，后间隔语气词"的"；（3）前邻接弱化类语气副词，后间隔语气词"的"；（4）前邻接估测类语气副词，后间隔语气词"的"；（5）前邻接意外类语气副词，后间隔语气词"的"；（6）前邻接申明确认类语气副词，后间隔语气词"了"；（7）前邻接强化类语气副词，后间隔语气词"了"；（8）前邻接意外类语气副词，后间隔语气词"了"。

陈述句中"不应该1"前间隔语气副词，后间隔语气词的关联格式大致有八种：（1）前间隔申明确认类语气副词，后间隔语气词"的"；（2）前间隔估测类语气副词，后间隔语气词"的"；（3）前间隔弱化类语气副词，后间隔语气词"的"；（4）前间隔意外类语气副词，后间隔语气词"的"；（5）前间隔申明确认类语气副词，后间隔语气词"了"；（6）前间隔强化类语气副词，后间隔语气词"了"；（7）前间隔弱化类语气副词，后间隔语气词"了"；（8）前间隔估测类语气副词，后间隔语气词"了"。

陈述句中，"不应该1"可以前邻接、间隔强化类语气副词，后邻接语气词"的"；"不应该1"前邻接强化类语气副词、间隔申明确认类语气副词，后邻接语气"的"。

陈述句中"不应该1"前邻接、间隔语气副词，后间隔语气词大致有四种关联格式：（1）前邻接、间隔强化类语气副词，后间隔语气词"的"；（2）前邻接强化类语气副词、间隔申明确认类语气副词，后间隔语气词"的"；（3）前邻接估测类语气副词、间隔强化类语气副词，后间隔语气词"的"；（4）前邻接强化类语气副词、间隔意外类语气副词，后间隔语气词"的"。

二 疑问句中"不应该1"与语气成分的关联机制

（一）是非问中"不应该1"与语气成分的关联机制

是非问中"不应该1"前邻接反诘类语气副词。

是非问中"不应该1"前间隔反诘类语气副词。

是非问中"不应该1"后邻接语气词包括"吗""啊""呀""么""吧"。

是非问中"不应该1"后间隔语气词包括"吗""么""啊""吧（罢）""呀""啦"。

是非问中"不应该1"前邻接反诘类语气副词，可以后邻接语气词"吗"；前邻接强化类语气副词的时候，可以后邻接语气词"吗""么""吧"。

是非问中"不应该1"前间隔反诘类语气副词的时候，可以后邻接语气词"吗""么""啊""的"。

是非问中"不应该1"前邻接反诘类语气副词，可以后间隔语气词"吗""么"；前邻接强化类语气副词的时候，可以后间隔语气词"吗""么"；前邻接意外类语气副词，后间隔语气词"了"。

是非问中"不应该1"前间隔反诘类语气副词的时候，可以后间隔语气词"吗""么"；前间隔估测类语气副词，可以后间隔语气词"吧"。

是非问中，"不应该1"可以前间隔反诘类语气副词"难道"，后邻接语气词"的"，后间隔语气词"么"；前间隔感叹类语气副词"太"，后邻接语气词"了"，后间隔语气词"吗"。

（二）正反问中"不应该1"与语气成分的关联机制

正反问中"不应该1"前邻接正反问类语气副词。

正反问中"不应该1"前间隔正反问类语气副词。

正反问中"不应该1"前邻接正反问类语气副词的时候，可以后邻接语气词"呢"。

正反问中"不应该1"前邻接正反问类语气副词的时候，可以后间隔语气词"呢""啊（阿）""呀""的""了"。

正反问中"不应该1"前间隔正反问类语气副词的时候，可以后间隔语气词"呢""啊""了"。

（三）选择问中"不应该1"与语气成分的关联机制

选择问中"不应该1"前邻接强化类语气副词。

选择问中"不应该1"前间隔强化类语气副词。

选择问中"不应该1"前邻接、间隔语气副词的关联格式有两种：（1）前邻接强化类语气副词、前间隔申明确认类语气副词；（2）前邻接、间隔强化类语气副词。

选择问中"不应该1"后邻接语气词"呢"。

选择问中"不应该1"后间隔语气词"呢"。

（四）特指问中"不应该1"与语气成分的关联机制

特指问中"不应该1"前邻接特指问类或深究类语气副词。

特指问中，"不应该1"可以前间隔特指问类语气副词。

特指问中"不应该1"后邻接语气词"呢"。

特指问中"不应该1"后间隔语气词"呢"。

特指问中"不应该1"前邻接特指问类语气副词，可以后邻接语气词"呢""呀"。

特指问中"不应该1"前邻接特指问类或反诘类语气副词的时候，可以后间隔语气词"呢"。

特指问中"不应该1"前间隔特指问类语气副词，后间隔语气词"呢"。

特指问中"不应该1"前邻接强化类语气副词"就"、间隔特指问类语气副词,后间隔语气词"呢"。

三 感叹句中"不应该1"与语气成分的关联机制

感叹句中"不应该1"前邻接语气副词大致有六类:感叹类、道义类、申明确认类、强化类、弱化类、反诘类语气副词。

感叹句中"不应该1"前间隔语气副词主要有两类:申明确认类、强化类语气副词。

感叹句中"不应该1"前邻接、间隔语气副词大致有四种关联格式:(1)前邻接、间隔强化类语气副词;(2)前邻接强化类语气副词、间隔申明确认类语气副词;(3)前邻接感叹类语气副词、间隔强化类语气副词;(4)前邻接感叹类语气副词、间隔申明确认类语气副词。

感叹句中"不应该1"后邻接语气词主要有"的""啊""了""呢"。

感叹句中"不应该1"后间隔语气词包括"的""啊(呵)""呀""了""吧""的呀"。

感叹句中"不应该1"前邻接语气副词,后邻接语气词大致有三种关联格式:(1)前邻接感叹类语气副词"太",后邻接语气词"了";(2)前邻接感叹类语气副词"多",后邻接语气词"啊(呵)";(3)前邻接申明确认类语气副词"真",后邻接语气词"啊"。

感叹句中"不应该1"前间隔强化类语气副词,后邻接语气词"的"。

感叹句中"不应该1"前邻接、间隔语气副词,后邻接语气词大致有四种关联格式:(1)前邻接感叹类语气副词、间隔申明确认类语气副词,后邻接语气词"了";(2)前邻接感叹类语气副词、间隔申明确认类语气副词,后邻接语气词"啦";(3)前邻接感叹类语气副词、间隔强化类语气副词,后邻接语气词"了";(4)前邻接申明确认类语气副词、间隔强化类语气副词,后邻接语气词"呀"。

感叹句中"不应该1"前邻接感叹类语气副词的时候,可以后间隔语词"啊";前邻接申明确认类语气副词的时候,可以后间隔语气词"啊""呀""啦""的";前邻接强化类语气副词的时候,可以后间隔语气词"哪""的""吧(罢)";前邻接反诘类语气副词的时候,可以后间隔语气词"吗"。

感叹句中"不应该1"前间隔语气副词,后间隔语气词大致有两种关联格式:(1)前间隔弱化类语气副词,后间隔语气词"呀";(2)前间隔反诘类语气副词,后间隔语气词"吗"。

感叹句中"不应该1"前邻接、间隔语气副词,后间隔语气词大致有两种格式:(1)前邻接强化类语气副词,间隔估测类类语气副词,后间隔语气词"吧";(2)前邻接强化类语气副词,间隔反诘类语气副词,后间隔语气词"了"。

第 10 章 总结

现代汉语情态成分和语气成分的关联机制,是在句中发生的,因此可以从四种不同的句类来观察它们的关联模式和类型适配规律。情态动词分认识情态动词和道义情态动词,认识情态又分必然性认识情态和或然性认识情态,道义情态又分必要性道义情态和可行性道义情态,它们的肯定式、否定式与语气副词和语气词存在着特定的关联模式,情态动词类型与语气副词类型有着类型的选择性和适配性。

10.1 陈述句中情态动词和语气成分的关联机制

10.1.1 陈述句中情态动词与语气成分的关联模式

表 10-1 陈述句中情态动词肯定式和否定式与语气成分的关联模式

情态动词与语气成分关联模式 \ 情态动词肯式和否式	会	不会	可能	不可能	要1	不要1	应该1	不应该1	合计
模式1:情态动词前邻接语气副词	+	+	+	+	+		+	+	7
模式2:情态动词前间隔语气副词	+	+	+	+	+		+	+	7

· 674 ·

续　表

情态动词与语气成分关联模式 \ 情态动词肯式和否式	会	不会	可能	不可能	要1	不要1	应该1	不应该1	合计
模式3:情态动词前邻接、间隔语气副词	+	+	+	+	+		+		6
模式4:情态动词后邻接语气词	+	+	+	+	+		+	+	7
模式5:情态动词后间隔语气词	+	+	+	+	+		+	+	7
模式6:情态动词后邻接、间隔语气词		+		+				+	3
模式7:情态动词前邻接语气副词,后邻接语气词	+	+	+	+			+	+	6
模式8:情态动词前间隔语气副词,后邻接语气词	+	+	+	+			+	+	6
模式9:情态动词前邻接语气副词,后间隔语气词	+	+	+	+	+		+	+	7
模式10:情态动词前间隔语气副词,后间隔语气词	+	+	+	+	+		+	+	7
模式11:情态动词前邻接、间隔语气副词,后邻接语气词				+				+	2
模式12:情态动词前邻接、间隔语气副词,后间隔语气词	+			+				+	3
模式13:情态动词前邻接语气副词,后邻接、间隔语气词			+	+					2
模式14:情态动词前间隔语气副词,后邻接、间隔语气词									0
模式15:情态动词前邻接、间隔语气副词,后邻接、间隔语气词									0
合　计	10	11	9	13	7	0	9	11	70

观察表 10-1 可知：

纵向看，陈述句中，情态动词与语气成分的关联式能力的等级序列大致是：不可能＞不会/不应该 1＞会＞可能/应该＞要 1＞不要 1。

横向看，陈述句中，情态动词与语气成分共有 13 种关联模式，它们的适用度序列大致是：模式 1、2、4、5、9、10＞模式 3、7、8＞模式 6、12＞模式 11、13。

10.1.2　陈述句中情态动词与前关联情态语气副词的类型适配

10.1.2.1　陈述句中情态动词与前邻接语气副词的类型适配

陈述句中"会"前邻接语气副词主要有六类：必断类、估测类、申明确认类、意外类、强化类和意中类语气副词。

陈述句中"不会"前邻接语气副词主要有五类：必断类、估测类、强化类、申明确认类和意外类语气副词。

陈述句中"可能"前相邻的语气副词主要有五类：估测类、弱化类、申明确认类、意外类和强化类语气副词。

陈述句中"不可能"前邻接语气副词主要有六类：强化类、申明确认类、意外类、弱化类、必断类和估测类语气副词。

陈述句中"要 1"前邻接语气副词大致有五类：道义类、申明确认类、强化类、弱化类、必断类语气副词。

陈述句中"应该 1"前邻接语气副词大致有七种：申明确认类、强化类、必断类、弱化类、估测类、时机类、意外类语气副词。

陈述句中"不应该 1"前邻接语气副词大致有五类：申明确认类、强化类、弱化类、估测类、意外类语气副词。

10.1.2.2　陈述句中情态动词与前间隔语气副词的类型适配

陈述句中"会"前间隔语气副词主要有六类：申明确认类、估测类、必断类、意外类、醒悟类和弱化类语气副词，另外还可以同时间隔两种语气副词，主要有两种：（1）前间隔申明确认类和必断类语气副词；（2）前间隔申明确认类和估测类语气副词。

陈述句中"不会"前间隔语气副词主要有四类：申明确认类、必断类、估测类和强化类语气副词。

陈述句中"可能"前间隔的语气副词主要有四类：申明确认类、强化类、估测类和意外类语气副词。

陈述句中"不可能"前间隔的语气副词大致有六类：申明确认类、强化类、弱化类、意外类、必断类、估测类，另外还能同时间隔申明确认类和强化类语气副词。

陈述句中"要1"前间隔语气副词主要是申明确认类语气副词。

陈述句中"应该1"前间隔语气副词大致有五类：申明确认类、必断类、估测类、强化类、弱化类语气副词。

陈述句中"不应该1"前间隔的语气副词大致有三类：申明确认类、强化类语、估测类语气副词。

10.1.3　陈述句中情态动词与后关联语气词的类型适配

10.1.3.1　陈述句中情态动词与后邻接语气词的类型适配

陈述句中"会"后邻接的语气词主要有四个："的""吧""啊"和"呀"。

陈述句中"不会"后邻接的语气词主要有四个："的""了""吧"。

陈述句中"可能""不应该1"后邻接语气词主要是"的"和"了"。

陈述句中,"不可能"后邻接语气词主要有"了""吧""的"。

陈述句中"要 1""应该 1"后邻接语气词"的"。

10.1.3.2 陈述句中情态动词与后间隔语气词的类型适配

陈述句中"会"后间隔的语气词主要是"的",还有"了""吧""呢""哩""呀""啦""的啊""的吧""的了""了的"。

陈述句中"不会"后间隔的语气词主要有"的""了""吧""啦""呢""的了""了吧"。

陈述句中"可能"后间隔语气词主要有"的""了""吧""呢"和"啦"。

陈述句中"不可能"后间隔语气词主要有"了""的""罢了""啦""的了"。

陈述句中"要 1"后间隔语气词主要有"啊""呀""哪""呢""嘛""的""了"。

陈述句中"应该 1"后间隔语气词主要有"的""了""呀""呢""的了""了呢"。

陈述句中"不应该 1"后间隔语气词包括"的""呀""嘛""呢""的啊""了"。

10.1.4 陈述句中情态动词与前关联语气副词和后关联语气词的类型适配

10.1.4.1 陈述句中情态动词与前邻接语气副词和后邻接语气词的类型适配

陈述句中"会"前邻接语气副词、后邻接语气词,后邻接的语气词基本都是"的",同时前邻接的语气副词主要有四类:必断类、申明确认类、估测类和强化类语气副词。

陈述句中"不会"前邻接语气副词、后邻接语气词主要有七种格式：（1）前邻接必断类语气副词、后邻接语气词"的"；（2）前邻接强化类语气副词、后邻接语气词"的"；（3）前邻接申明确认类语气副词、后邻接语气词"的"；（4）陈述句中"不会"前邻接意外类语气副词、后邻接语气词"的"；（5）前邻接必断类语气副词、后邻接语气词"了"；（6）前邻接估测类语气副词、后邻接语气词"了"；（7）前邻接估测类语气副词、后邻接语气词"吧"。

陈述句中"可能"前邻接强化类或必断类语气副词、后邻接语气词"的"。

陈述句中"不可能"前邻接语气副词、后邻接语气词三种格式：（1）前邻接强化类语气副词、后邻接语气词"的"；（2）前邻接强化类语气副词、后邻接语气词"啊"；（3）前邻接申明确认类语气副词、后邻接语气词"了"。

陈述句中"应该1"前邻接强化类语气副词，后邻接语气词"的"。

陈述句中"不应该1"前邻接强化类或申明确认类语气副词，后邻接语气词"的"。

10.1.4.2 陈述句中情态动词与前间隔语气副词和后邻接语气词的类型适配

陈述句中"会"前间隔估测类的时候，后邻接语气词"的""吧"；前间隔申明确认类语气副词，后邻接语气词"的"。

陈述句中"不会"前间隔语气副词、后邻接语气词主要有四种格式：（1）前间隔必断类语气副词、后邻接语气词"的"；（2）陈述句中"不会"前间隔强化类语气副词、后邻接语气词"的"；（3）前间隔意外类语气副词、后邻接语气词"的"；（4）前间隔估测类语气副词、后邻接语气词"吧"。

陈述句中"可能"前间隔估测类或强化类语气副词、后邻接语气词"的"。

陈述句中"不可能"后邻接语气词"的"时，可以前间隔四类语气副词：申明确认类、强化类、弱化类和估测类。

陈述句中"不可能"后邻接语气词"了"时，可以前间隔强化类语气副词。

陈述句中"应该1"前间隔强化类或意外类语气副词，后邻接语气词"的"。

陈述句中"不应该1"前间隔语气副词，后邻接语气词的关联格式大致有四种：（1）前间隔申明确认类语气副词，后邻接语气词"的"；（2）前间隔强化类语气副词，后邻接语气词"的"；（3）前间隔估测类语气副词，后邻接语气词"的"；（4）前间隔意外类语气副词，后邻接语气词"的"。

10.1.4.3 陈述句中情态动词与前邻接语气副词和后间隔语气词的类型适配

陈述句中"会"前邻接语气副词，后间隔语气词。后间隔的语气词主要有六个：的、了、呢、哩、吧和的吧。后间隔语气词"的"的时候，前邻接的语气副词主要有三种：必断类、估测类和申明确认类语气副词。后间隔语气词"了"的时候，前邻接的语气副词主要有四种：必断类、估测类、申明确认类和意外类语气副词。后间隔语气词"呢"的时候，前邻接的语气副词主要有两种：估测类和意外类语气副词。后间隔语气词"哩"的时候，前邻接的语气副词主要是意外类语气副词。后间隔语气词"吧"的时候，前邻接的语气副词主要是估测类和必断类语气副词。后间隔语气词"的吧"的时候，前邻接的语气副词主要是估测类语气副词。

陈述句中"不会"前邻接语气副词、后间隔语气词主要有十二种格式：（1）前邻接必断类语气副词、后间隔语气词"的"；（2）前邻接强化类语气副词、后间隔语气词"的"；（3）前邻接估测类语气副词、后间隔语气词"的"；（4）前邻接估测类语气副词、后间隔语气词"吧"；（5）前邻接必断类语气副词、后间隔语气词"吧"；（6）前邻接必断类语气副词、后间隔语气词"了"；（7）前邻接估测类语气副词、后间隔语气词"了"；（8）前邻接必断类语气副词、后间隔语气词"的吧"；（9）前邻接估测类语气副词、后间隔语气词"的吧"；（10）前邻接估测类语气副词、后间隔语气词"了吧"；（11）陈述句中"不会"前邻接必断类语气副词、后间隔语气词"了吧"；（12）前邻接弱化类语气副词、后间隔语气词"了吧"。

陈述句中"可能"前邻接强化类语气副词"甚至"，后间隔语气副词"的"；前邻接确认类语气副词"确实"，后间隔关联语气副词"吧"。

陈述句中"不可能"后间隔语气词"的"时，可以前邻接强化类或申明确认语气副词；后间隔语气词"了"时，可以前邻接申明确认类语气副词。

陈述句中"要1"前邻接语气副词，后间隔语气词的关联格式大致有四种：（1）前邻接道义类语气副词，后间隔语气词"啊（呵）"；（2）前邻接弱化类语气副词，后间隔语气词"的"；（3）前邻接道义类语气副词，后间隔语气词"呀"；（4）前邻接申明确认类语气副词，后间隔语气词"了"。

陈述句中"应该1"前邻接申明确认类语气副词的时候，后间隔语气词"的"或"啊"；前邻接估测类语气副词，后间隔语气词"了"或"的了"；前邻接意外类语气副词的时候，后间隔语气词"了"。

陈述句中"不应该1"前邻接语气副词，后间隔语气词的关联格式大致有八种：（1）前邻接申明确认类语气副词，后间隔语气词"的"；（2）前邻接强化类语气副词，后间隔语气词"的"；（3）前邻接弱化类语气副词，后间隔语气词"的";(4)前邻接估测类语气副词,后间隔语气词"的";(5)前邻接意外类语气副词,后间隔语气词"的";(6)前邻接申明确认类语气副词,后间隔语气词"了";(7)前邻接强化类语气副词,后间隔语气词"了";(8)前邻接意外类语气副词,后间隔语气词"了"。

10.1.4.4 陈述句中情态动词与前间隔语气副词和后间隔语气词的类型适配

陈述句中"会"前间隔语气副词,后间隔语气词。后间隔的语气词主要是:的、了、吧、罢了。后间隔语气词"的"的时候,前间隔的语气副词主要有五种:申明确认类、必断类、估测类、弱化类,以及同时间隔申明确认类和估测类语气副词。后间隔语气词"了"的时候,前间隔的语气副词主要有三种:必断类、估测类和醒悟类。后间隔语气词"吧"的时候,前间隔的语气副词主要是估测类语气副词。后间隔语气词"罢了"的时候,前间隔的语气副词主要是申明确认类语气副词。

陈述句中"不会"前间隔语气副词、后间隔语气词,主要有五种格式:(1)前间隔必断类语气副词、后间隔语气词"的";(2)前间隔估测类语气副词、后间隔语气词"的";(3)前间隔强化类语气副词、后间隔语气词"的";(4)前间隔意外类语气副词、后间隔语气词"的";(5)前间隔估测类语气副词、后间隔语气词"的吧"。

陈述句中"可能"前间隔语气副词、后间隔语气词主要有两种格式:(1)前间隔申明确认类语气副词、后间隔语气词"的";(2)前间隔强化类语气副词、后间隔语气词"了的"。

陈述句中"不可能"后间隔语气词"的"时,可以前间隔四类语气副词:申明确认类、强化类、必断类和意外类语气副词;后间隔语气词"了"时,可以前间隔申明确认类语气副词。

陈述句中"要1"前间隔语气副词,后间隔语气词的关联格式大致有两种：(1) 前间隔申明确认类语气副词，后间隔语气词"啦"；(2) 前间隔估测类语气副词，后间隔语气词"嘛"。

陈述句中"应该1"前间隔申明确认类语气副词的时候，后间隔语气词"的"或"了"；前间隔强化类语气副词的时候，后间隔语气词"的"；前间隔必断类、意外类语气副词的时候，后间隔语气词"了"；前间隔估测类语气副词的时候，后间隔语气词"吧"。

陈述句中"不应该1"前间隔语气副词，后间隔语气词的关联格式大致有八种：(1) 前间隔申明确认类语气副词，后间隔语气词"的"；(2) 前间隔估测类语气副词，后间隔语气词"的"；(3) 前间隔弱化类语气副词，后间隔语气词"的"；(4) 前间隔意外类语气副词，后间隔语气词"的"；(5) 前间隔申明确认类语气副词，后间隔语气词"了"；(6) 前间隔强化类语气副词，后间隔语气词"了"；(7) 前间隔弱化类语气副词，后间隔语气词"了"；(8) 前间隔估测类语气副词，后间隔语气词"了"。

10.2 是非问中情态动词和语气成分的关联机制

10.2.1 是非问中情态动词与语气成分的关联模式

表10-2   是非问中情态动词肯定式和否定式与语气成分的关联模式

情态动词与语气成分关联模式 \ 情态动词肯式和否式	会	不会	可能	不可能	要1	不要1	应该1	不应该1	合计
模式1:情态动词前邻接语气副词	+	+		+	+		+	+	6
模式2:情态动词前间隔语气副词	+	+	+	+	+		+	+	7

续 表

情态动词与语气成分关联模式 \ 情态动词肯式和否式	会	不会	可能	不可能	要1	不要1	应该1	不应该1	合计
模式3:情态动词前邻接、间隔语气副词				+	+				2
模式4:情态动词后邻接语气词	+	+	+	+			+	+	6
模式5:情态动词后间隔语气词	+	+	+	+	+		+	+	7
模式6:情态动词后邻接、间隔语气词		+		+					2
模式7:情态动词前邻接语气副词,后邻接语气词	+	+		+			+	+	5
模式8:情态动词前间隔语气副词,后邻接语气词	+	+	+	+				+	5
模式9:情态动词前邻接语气副词,后间隔语气词	+	+	+	+			+	+	7
模式10:情态动词前间隔语气副词,后间隔语气词	+	+	+	+			+	+	7
模式11:情态动词前邻接、间隔语气副词,后邻接语气词		+		+					2
模式12:情态动词前邻接、间隔语气副词,后间隔语气词	+			+	+		+		4
模式13:情态动词前邻接语气副词,后邻接、间隔语气词					+				1
模式14:情态动词前间隔语气副词,后邻接、间隔语气词								+	1
模式15:情态动词前邻接、间隔语气副词,后邻接、间隔语气词									0
合 计	9	10	6	13	7	0	8	9	62

观察表 10-2 可知：

纵向看，是非问中，情态动词与语气成分的关联式能力的等级序列大致是：不可能＞不会＞会/不应该 1＞应该 1＞要 1＞可能＞不要 1。

横向看，是非问中，情态动词与语气成分共有十四种关联模式，它们的适用度序列大致是：模式 2、5、9、10＞模式 1、4＞模式 7、8＞模式 12＞模式 3、6、11＞模式 13、14。

10.2.2　是非问中情态动词与前关联情态语气副词的类型适配

10.2.2.1　是非问中情态动词与前邻接语气副词的类型适配

是非问中，"会"前可以邻接语气副词，主要有四类：意外类、必断类、估测类和反诘类。

是非问中，"不会"可以前邻接反诘类语气副词"难道"。

是非问中"不可能"前邻接语气副词主要有五类：反诘类、强化类、申明确认类、估测类、意外类语气副词。

是非问中"要 1"前邻接道义类或反诘类语气副词。

是非问句中"应该 1"前邻接语气副词有三类：反诘类、估测类、申明确认类语气副词。

是非问中"不应该 1"前邻接反诘类语气副词。

10.2.2.2　是非问中情态动词与前间隔语气副词的类型适配

是非问中，"会"前可以间隔使用语气副词，常用两类：反诘类和估测类。

是非问中，"不会""要 1""不应该 1"可以前间隔反诘类语气副词"难道"。

是非问中"不可能"前间隔语气副词主要有两类：反诘类、申明确认类语气副词。

是非问句中,"应该1"可以前间隔估测类语气副词。

10.2.3 是非问中情态动词与后关联语气词的类型适配

10.2.3.1 是非问中情态动词与后邻接语气词的类型适配

是非问中"会"后可以邻接语气词"吗"。

是非问中"不会"后邻接语气词"吗""吧"。

是非问中"可能""应该1"后邻接语气词主要是"吗""么"。

是非问中"不可能"后邻接语气词主要是"吧""吗""了"。

是非问中"不应该1"后邻接语气词包括"吗""啊""呀""么""吧"。

10.2.3.2 是非问中情态动词与后间隔语气词的类型适配

是非问中"会"后间隔语气词主要是:"吗""么""吧""的""呀""嘛""啦""了吗""了么""的吧"。

是非问中"不会"后间隔语气词"吗""么""吧""的""了吗""了么""了吧""的吧。

是非问中,"可能"后间隔的语气词主要是"吧""吗""么""了"等。

是非问中"不可能"后间隔语气词主要是"吧""吗""了吧""了吗"。

是非问中"要1"后间隔语气词"吗"或"么"。

是非问中"应该1"后间隔语气词"吗""么""吧(罢)""了吗"。

是非问中"不应该1"后间隔语气词包括"吗""么""啊""吧(罢)""呀""啦""喽"。

10.2.4 是非问中情态动词与前关联语气副词和后关联语气词的类型适配

10.2.4.1 是非问中情态动词与前邻接语气副词和后邻接语气词的类型适配

是非问中,"会"可以前邻接语气副词、后邻接语气词,往往是前邻接必断类语气副词,后邻接语气词"吗",常用格式"一定会吗"。

是非问中"不会"前邻接语气副词、后邻接语气词有三种格式:(1)前邻接必断类语气副词、后邻接语气词"吗";(2)前邻接反诘类语气副词、后邻接语气词"吗";(3)前邻接估测类语气副词、后邻接语气词"吧"。

是非问中"不可能"前邻接语气副词、后邻接语气词大致有四种格式:(1)前邻接反诘类语气副词、后邻接语气词"吗";(2)前邻接强化类语气副词、后邻接语气词"吗";(3)前邻接估测类语气副词、后邻接语气词"吧";(4)前邻接感叹类语气副词、后邻接语气词"了"。

是非问句中,"应该1"可以前邻接反诘类语气副词,同时后邻接语气词"吗"。

是非问中"不应该1"前邻接反诘类语气副词,可以后邻接语气词"吗";前邻接强化类语气副词的时候,可以后邻接语气词"吗""么""吧"。

10.2.4.2 是非问中情态动词与前间隔语气副词和后邻接语气词的类型适配

是非问中"会"前间隔语气副词、后邻接语气词,常用的关联格式是前间隔反诘类语气副词,后邻接语气词"吗"。

是非问中"不会"前间隔估测类语气副词,后邻接语气词"吧"。

是非问中"可能"前间隔反诘类语气副词，后邻接语气词"吗"。

是非问中"不可能"前间隔语气副词、后邻接语气词大致有六种格式：（1）前间隔反诘类语气副词、后邻接语气词"吗"；（2）前间隔强化类语气副词、后邻接语气词"吗"；（3）前间隔反诘类语气副词、后邻接语气词"么"；（4）前间隔测度问类语气副词、后邻接语气词"么"；（5）前间隔估测类语气副词、后邻接语气词"吧"；（6）前间隔反诘类语气副词、后邻接语气词"了"。

是非问中"不应该1"前间隔反诘类语气副词的时候，可以后邻接语气词"吗""么""啊""的"。

10.2.4.3 是非问中情态动词与前邻接语气副词和后间隔语气词的类型适配

是非问中"会"前邻接语气副词、后间隔语气词主要有八种格式：（1）前邻接反诘类语气副词、后间隔语气词"不成"；（2）前邻接反诘类语气副词，后间隔语气词"吗"；（3）前邻接必断类语气副词，后间隔语气词"吗"；（4）前邻接申明确认类语气副词，后间隔语气词"吗"；（5）前邻接反诘类语气副词，后间隔语气词"么"；（6）前邻接必断类语气副词，后间隔语气词"么"；（7）前邻接必断类语气副词，后间隔语气词"么"；（8）前邻接意中类语气副词，后间隔语气词"么"。

是非问中"不会"前邻接语气副词、后间隔语气词主要有九种格式：（1）前邻接反诘类语气副词、后间隔语气词"吗"；（2）前邻接必断类语气副词、后间隔语气词"么"；（3）前邻接必断类语气副词、后间隔语气词"吧"；（4）前邻接估测类语气副词、后间隔语气词"吧"；（5）前邻接必断类语气副词、后间隔语气词"了吗"；（6）前邻接必断类语气副词、后间隔语气词"了吧"；（7）前邻接估测类语气副词、后间隔语气词"了吧"；（8）前邻接必断类语气副词、后间隔语气词"的吧"；（9）前邻接估测类语气副词、后间隔语气词"的吧"。

是非问中"可能"前邻接语气副词，后间隔语气词大致有两种格式：（1）是非问中"可能"前邻接反诘类语气副词，后间隔语气词"吗"；（2）前邻接估测类语气副词，后间隔语气词"吧"。

是非问中"不可能"前邻接语气副词、后间隔语气词大致有八种格式：（1）前邻接反诘类语气副词、后间隔语气词"吗"；（2）前邻接必断类语气副词、后间隔语气词"吗"；（3）前邻接强化类语气副词、后间隔语气词"么"；（4）前邻接强化类语气副词、后间隔语气词"吧"；（5）前邻接意外类语气副词、后间隔语气词"吧"；（6）前邻接反诘类语气副词，后间隔语气词"的吗"；（7）前邻接意外类语气副词，后间隔语气词"的吧"；（8）前邻接估测类语气副词、后间隔语气词"了吧"。

是非问中"要1"前邻接道义类或反诘类语气副词，后间隔语气词"吗"。

是非问句中"应该1"前邻接反诘类语气副词的时候，可以后间隔语气词"吗"；前邻接强化类语气副词的时候，可以后间隔语气词"吗""吧"；前邻接估测类语气副词的时候，可以后间隔语气词"吧""了吧"；前邻接弱化类语气副词的时候，可以后间隔语气词"吧"。

是非问中"不应该1"前邻接反诘类语气副词，可以后间隔语气词"吗""么"；前邻接强化类语气副词的时候，可以后间隔语气词"吗""么"；前邻接意外类语气副词，后间隔语气词"了"。

10.2.4.4 是非问中情态动词与前间隔语气副词和后间隔语气词的类型适配

是非问中，"会"可以前间隔语气副词、后间隔语气词，常用的关联格式有十二种：（1）前间隔反诘类语气副词、后间隔语气词"不成"；（2）前间隔反诘类语气副词、后间隔语气词"吗"；（3）前间隔申明确认类语气副词、后间隔语气词"吗";(4)前间隔反诘类语气副词、后间隔语气词"么";(5)前间隔必断语气副词、后间隔语气词"吧";(6)前间隔估测语气副词、后间隔语气词"吧";(7)前间隔反诘语气副词、后间隔语气词"的";(8)前间隔反诘语气副词、后间隔语气词"了";(9)前间隔因缘类语气副词、后间隔语气词"呀";(10)前间隔反诘语气副词、后间隔语气词"的吗";(11)前间隔反诘语气副词、后间隔语气词"的么";(12)前间隔反诘语气副词、后间隔语气词"了么"。

是非问中"不会"前间隔语气副词、后间隔语气词主要有七种格式:(1)前间隔反诘类语气副词、后间隔语气词"吗";(2)前间隔反诘类语气副词、后间隔语气词"了";(3)前间隔估测类语气副词、后间隔语气词"吧";(4)前间隔必断类语气副词、后间隔语气词"的吧";(5)前间隔反诘类语气副词、后间隔语气词"了吗";(6)前间隔估测类语气副词、后间隔语气词"了吧";(7)前间隔必断类语气副词、后间隔语气词"了吧"。

是非问中"可能"前间隔估测类语气副词,后间隔语气词"吧"。

是非问中"不可能"前间隔语气副词、后间隔语气词大致有五种格式:(1)前间隔反诘类语气副词、后间隔语气词"吗";(2)前间隔反诘类语气副词、后间隔语气词"么";(3)前间隔反诘类语气副词、后间隔语气词"了吗";(4)前间隔申明确认类语气副词、后间隔语气词"了吗";(5)前间隔估测类语气副词、后间隔语气词"吧"。

是非问中"要1"前间隔反诘类语气副词,后间隔语气词"吗"或"么"。

是非问句中,"应该1"可以前间隔反诘类语气副词,同时后间隔语气词"吗"。

是非问中"不应该1"前间隔反诘类语气副词的时候,可以后间隔语气词"吗""么";前间隔估测类语气副词,可以后间隔语气词"吧"。

10.3 正反问中情态动词与语气成分的关联机制

10.3.1 正反问中情态动词与语气成分的关联模式

表 10－3　　　　正反问中情态动词与语气成分的关联模式

情态动词与语气成分关联模式 \ 情态动词肯式和否式	会	不会	可能	不可能	要1	不要1	应该1	不应该1	合计
模式1:情态动词前邻接语气副词	＋	＋	＋	＋	＋		＋	＋	7
模式2:情态动词前间隔语气副词	＋	＋	＋	＋	＋		＋	＋	7
模式3:情态动词前邻接、间隔语气副词		＋	＋	＋			＋		5
模式4:情态动词后邻接语气词									0
模式5:情态动词后间隔语气词									0
模式6:情态动词后邻接、间隔语气词									0
模式7:情态动词前邻接语气副词,后邻接语气词		＋	＋	＋			＋	＋	5
模式8:情态动词前间隔语气副词,后邻接语气词		＋		＋			＋	＋	4

续 表

情态动词与语气成分关联模式 \ 情态动词肯式和否式	会	不会	可能	不可能	要1	不要1	应该1	不应该1	合计
模式9:情态动词前邻接语气副词,后间隔语气词	+	+	+	+	+		+	+	7
模式10:情态动词前间隔语气副词,后间隔语气词	+	+	+	+	+		+	+	7
模式11:情态动词前邻接、间隔语气副词,后邻接语气词				+			+		2
模式12:情态动词前邻接、间隔语气副词,后间隔语气词			+	+	+		+		4
模式13:情态动词前邻接语气副词,后邻接、间隔语气词									0
模式14:情态动词前间隔语气副词,后邻接、间隔语气词									0
模式15:情态动词前邻接、间隔语气副词,后邻接、间隔语气词									0
合　计	4	7	7	9	6	0	9	6	48

观察表10-3可知:

纵向看,正反问中,情态动词与语气成分的关联式能力的等级序列大致是:不可能/应该1＞不会/可能＞要1/不应该1＞会。

横向看，正反问中，情态动词与语气成分共有九种关联模式，它们的适用度序列大致是：模式 1、2、9、10＞模式 3、7＞模式 8、12＞模式 11。

10.3.2　正反问中情态动词与前关联情态语气副词的类型适配

10.3.2.1　正反问中情态动词与前邻接语气副词的类型适配

正反问中，"会""可能""不可能""要 1""应该 1""不应该 1"都可以前邻接正反问类语气副词"是不是""是否"。

10.3.2.2　正反问中情态动词与前间隔语气副词的类型适配

正反问中，"会""可能""不可能""要 1""应该 1""不应该 1"都可以前间隔正反问类语气副词"是不是""是否"。正反问中"不会"还可以同时前间隔正反问类、申明确认类语气副词。

10.3.3　正反问中情态动词与后关联语气词的类型适配

正反问中，情态动词没有单独与后语气词的关联。

10.3.4　正反问中情态动词与前关联语气副词和后关联语气词的类型适配

10.3.4.1　正反问中情态动词与前邻接语气副词和后邻接语气词的类型适配

正反问中"不会"前邻接正反问类语气副词、后邻接语气词"了"。
正反问中"可能"前邻接正反问类语气副词、后邻接语气词"呢"。
正反问中"不可能"前邻接正反问类语气副词的时候，可以后邻接语气词"呢"或"了"。

正反问中"要1"前邻接正反问类语气副词的时候，可以后间隔语气词"呢""啊"。

正反问中"应该1"前邻接正反问类语气副词，后邻接语气词"呢"。

正反问中"不应该1"前邻接正反问类语气副词的时候，可以后邻接语气词"呢""呀""的""了"。

10.3.4.2 正反问中情态动词与前间隔语气副词和后邻接语气词的类型适配

正反问中"不会"前间隔正反问类语气副词、后邻接语气词"了"。

正反问中"不可能"前间隔正反问类语气副词的时候，可以后邻接语气词"呢"或"了"。

正反问中"要1"前间隔正反问类语气副词的时候，可以后间隔语气词"呢""啊"。

正反问中"应该1"前间隔正反问类语气副词，后邻接语气词"呢"。

正反问中"不应该1"前间隔正反问类语气副词的时候，可以后邻接语气词"呢""啊""了"。

10.3.4.3 正反问中情态动词与前邻接语气副词和后间隔语气词的类型适配

正反问中"会"前邻接正反问类语气副词"是不是""是否"，后间隔语气词"呢"

正反问中"不会"前邻接正反问类语气副词、后间隔语气词"了""呢""啊""了啊"。

正反问中"可能"前邻接正反问类语气副词、后间隔语气词包括"呢""啊""了呢"。

正反问中"不可能"前邻接正反问类语气副词的时候，可以后间隔语气词"呢"或"了"。

正反问中"应该1"前邻接正反问类语气副词，后间隔语气词"呢"。

正反问中"不应该1"前邻接正反问类语气副词，后间隔语气词"呢""啊（阿）""呀""的""了"。

10.3.4.4　正反问中情态动词与前间隔语气副词和后间隔语气词的类型适配

正反问中，"会"可以前间隔正反问类语气副词"是不是""是否"，后间隔语气词"呢"。

正反问中"不会"前间隔正反问类语气副词、后间隔语气词"了""呢""啊""呀""啦""了呢""了啊""了呀"。

正反问中"可能"前间隔正反问类语气副词、后间隔语气词主要是"呢""了呢"。

正反问中"不可能"前间隔正反问类语气副词的时候，可以后间隔语气词"呢"或"了"。

正反问中"应该1"前间隔正反问类语气副词，后间隔语气词"呢"。

正反问中"不应该1"前间隔正反问类语气副词，后间隔语气词"呢""啊""了"。

10.4 情态动词肯否式正反问情态动词与语气成分的关联机制

10.4.1 情态动词肯否式正反问中情态动词与语气成分的关联模式

表 10-4　情态动词肯否式正反问中情态动词与语气成分的关联模式

情态动词与语气成分关联模式 \ 情态动词肯否式反问	会 不会	可能 不可能	要1 不要1	应该1 不应该1	合计
模式1:情态动词前邻接语气副词	+	+	+	+	4
模式2:情态动词前间隔语气副词	+		+	+	3
模式3:情态动词前邻接、间隔语气副词					0
模式4:情态动词后邻接语气词	+			+	2
模式5:情态动词后间隔语气词			+	+	2
模式6:情态动词后邻接、间隔语气词					
模式7:情态动词前邻接语气副词,后邻接语气词	+	+		+	3
模式8:情态动词前间隔语气副词,后邻接语气词				+	1
模式9:情态动词前邻接语气副词,后间隔语气词	+		+	+	3
模式10:情态动词前间隔语气副词,后间隔语气词	+	+	+	+	4

续 表

情态动词与语气成分关联模式 \ 情态动词肯否式反问	会不会	可能不可能	要1不要1	应该1不应该1	合计
模式11:情态动词前邻接、间隔语气副词,后邻接语气词					0
模式12:情态动词前邻接、间隔语气副词,后间隔语气词					0
模式13:情态动词前邻接语气副词,后邻接、间隔语气词					0
模式14:情态动词前间隔语气副词,后邻接、间隔语气词					0
模式15:情态动词前邻接、间隔语气副词,后邻接、间隔语气词					0
合　　计	6	3	5	8	22

观察表10-4可知:

纵向看,情态动词肯否式正反问中情态动词与语气成分的关联式能力的等级序列大致是:应(该)不应该1＞会不会＞要不要1＞可(能)不可能。

横向看,情态动词肯否式正反问中,情态动词与语气成分共有八种关联模式,它们的适用度序列大致是:模式1、10＞模式2、7、9＞模式4、5＞模式8。

10.4.2　情态动词肯否式正反问中情态动词与前关联情态语气副词的类型适配

10.4.2.1　情态动词肯否式正反问中情态动词与前邻接语气副词的类型适配

情态动词肯否式正反问中,"会不会""可(能)不可能""要1不要1""应(该)不应该1"往往可以前邻接深究类语气副词"究竟""到底"。

10.4.2.2　情态动词肯否式正反问中情态动词与前间隔语气副词的类型适配

情态动词肯否式正反问中,"会不会""要1不要1""应(该)不应该1"往往可以前间隔深究类语气副词"究竟""到底"。

10.4.3　情态动词肯否式正反问中情态动词与后关联语气词的类型适配

10.4.3.1　情态动词肯否式正反问中情态动词与后邻接语气词的类型适配

情态动词肯否式正反问中"会不会"可以后邻接语气词"呢""啊(呵)""呀""了""了呢"。

情态动词肯否式正反问中"应(该)不应该1"后邻接语气词"呢"。

10.4.3.2 情态动词肯否式正反问中情态动词与后间隔语气词的类型适配

情态动词肯否式正反问中"要1不要1"后间隔语气词主要是"呢""呀"。

情态动词肯否式正反问中"应（该）不应该1"后间隔语气词"呢"。

10.4.4 情态动词肯否式正反问中情态动词与前关联语气副词和后关联语气词的类型适配

10.4.4.1 情态动词肯否式正反问中情态动词与前邻接语气副词和后邻接语气词的类型适配

情态动词肯否式正反问中，"会不会""可（能）不可能""应（该）不应该1"可以前邻接深究类语气副词、后邻接语气词"呢"。

10.4.4.2 情态动词肯否式正反问中情态动词与前间隔语气副词和后邻接语气词的类型适配

情态动词肯否式正反问中"应（该）不应该1"前间隔深究类语气副词，后邻接语气词"呢"。

10.4.4.3 情态动词肯否式正反问中情态动词与前邻接语气副词和后间隔语气词的类型适配

情态动词肯否式正反问中，"会不会"可以前邻接深究类语气副词"究竟、到底"等，同时后间隔语气词"呢"。

情态动词肯否式正反问中"要1不要1"前邻接深究类语气副词，后间隔语气词主要是"呢""哩"。

情态动词肯否式正反问中"应（该）不应该1"前邻接深究类语气副词，后间隔语气词"呢"。

10.4.4.4 情态动词肯否式正反问中情态动词与前间隔语气副词和后间隔语气词的类型适配

情态动词肯否式正反问中"会不会"前间隔深究类语气副词、后间隔语气词"呢"或"的呢"。

情态动词肯否式正反问中"可（能）不可能"前间隔深究类语气副词、后间隔语气词"呢"。

情态动词肯否式正反问中"要1不要1"前间隔深究类语气副词，后间隔语气词包括"呢""啊"。

情态动词肯否式正反问中"应（该）不应该1"前间隔深究类语气副词，后间隔语气词"呢"。

10.5 选择问中情态动词与语气成分的关联机制

10.5.1 选择问中情态动词与语气成分的关联模式

表 10-5　　　　选择问中情态动词与语气成分的关联模式

情态动词与语气成分关联模式	会	不会	可能	不可能	要1	不要1	应该1	不应该1	合计
模式1：情态动词前邻接语气副词	+			+	+		+	+	5
模式2：情态动词前间隔语气副词	+	+		+	+		+	+	6
模式3：情态动词前邻接、间隔语气副词				+				+	2

续　表

情态动词与语气成分关联模式 \ 情态动词肯式和否式	会	不会	可能	不可能	要1	不要1	应该1	不应该1	合计
模式4：情态动词后邻接语气词	+						+	+	3
模式5：情态动词后间隔语气词	+		+		+		+	+	5
模式6：情态动词后邻接、间隔语气词									0
模式7：情态动词前邻接语气副词，后邻接语气词									0
模式8：情态动词前间隔语气副词，后邻接语气词	+			+					2
模式9：情态动词前邻接语气副词，后间隔语气词	+				+		+		3
模式10：情态动词前间隔语气副词，后间隔语气词	+	+			+		+		4
模式11：情态动词前邻接、间隔语气副词，后邻接语气词									0
模式12：情态动词前邻接、间隔语气副词，后间隔语气词									0
模式13：情态动词前邻接语气副词，后邻接、间隔语气词									0
模式14：情态动词前间隔语气副词，后邻接、间隔语气词									0
模式15：情态动词前邻接、间隔语气副词，后邻接、间隔语气词									0
合　计	7	2	1	4	5	0	6	5	30

观察表 10-5 可知：

纵向看，选择问中，情态动词与语气成分的关联式能力的等级序列大致是：会＞应该1＞要1/不应该1＞不可能＞不会＞可能。

横向看，选择问中，情态动词与语气成分共有八种关联模式，它们在情态动词中应用的适用度序列大致是：模式2＞模式1、5＞模式10＞模式4、9＞模式3、8。

10.5.2　选择问中情态动词与前关联情态语气词的类型适配

10.5.2.1　选择问中情态动词与前邻接语气副词的类型适配

选择问中"会"前邻接语气副词主要有三类：深究类、申明确认类和特指问类语气副词。

选择问中，"不可能"前邻接强化类语气副词。

选择问中"要1"前邻接深究类语气副词。

选择问中"应该1"前邻接深究类语气副词。

选择问中"不应该1"前邻接强化类语气副词。

10.5.2.2　选择问中情态动词与前间隔语气副词的类型适配

选择问中，"会"可以前间隔语气副词，大体有三种类型：深究类、必断类和强化类语气副词。

选择问中"要1"前间隔深究类语气副词。

选择问中"应该1"前间隔深究类语气副词。

选择问中"不应该1"前间隔强化类语气副词。

10.5.3　选择问中情态动词与后关联语气词的类型适配

10.5.3.1　选择问中情态动词后邻接语气词

选择问中"会""不可能""应该1""不应该1"可以后邻接语气词"呢"。

10.5.3.2　选择问中情态动词后间隔语气词

选择问中，"会"可以后间隔语气词"吗""呢"。

选择问中"不会""要1""应该1""不应该1"后间隔语气词"呢"。

选择问中"可能"后间隔语气词"呢""了"。

10.5.4　选择问中情态动词与前关联语气副词和后关联语气词的类型适配

10.5.4.1　选择问中情态动词与前间隔语气副词和后邻接语气词的类型适配

选择问中"不可能"前间隔深究类语气副词，后邻接语气词"呢"。

10.5.4.2　选择问中情态动词与前邻接语气副词和后间隔语气词的类型适配

选择问中"会"可以前邻接深究类或特指问类语气副词，后间隔语气词"呢"。

选择问中"要1""应该1"前邻接深究类语气副词，后间隔语气词"呢"。

10.5.4.3 选择问中情态动词与前间隔语气副词和后间隔语气词的类型适配

选择问中"会""不会""要1""应该1"可以前间隔深究类语气副词,后间隔语气词"呢"。

10.6 特指问中情态动词和语气成分的关联机制

10.6.1 特指问中情态动词与语气成分的关联模式

表10-6 特指问中情态动词肯定式和否定式与语气成分的关联模式

情态动词与语气成分 关联模式	会	不会	可能	不可能	要1	不要1	应该1	不应该1	合计
模式1:情态动词前邻接语气副词	+	+	+	+	+		+	+	7
模式2:情态动词前间隔语气副词	+	+		+	+		+	+	6
模式3:情态动词前邻接、间隔语气副词	+	+							2
模式4:情态动词后邻接语气词	+			+				+	3
模式5:情态动词后间隔语气词	+	+	+	+	+		+	+	7
模式6:情态动词后邻接、间隔语气词				+					1

续 表

情态动词与语气成分关联模式 \ 情态动词肯式和否式	会	不会	可能	不可能	要1	不要1	应该1	不应该1	合计
模式7：情态动词前邻接语气副词，后邻接语气词	+	+	+	+			+	+	6
模式8：情态动词前间隔语气副词，后邻接语气词				+			+		2
模式9：情态动词前邻接语气副词，后间隔语气词	+	+	+	+	+		+	+	7
模式10：情态动词前间隔语气副词，后间隔语气词	+			+	+		+	+	5
模式11：情态动词前邻接、间隔语气副词，后邻接语气词									0
模式12：情态动词前邻接、间隔语气副词，后间隔语气词	+			+				+	3
模式13：情态动词前邻接语气副词，后邻接、间隔语气词				+					1
模式14：情态动词前间隔语气副词，后邻接、间隔语气词									0
模式15：情态动词前邻接、间隔语气副词，后邻接、间隔语气词									0
合 计	9	6	4	10	6	0	7	8	50

观察表 10-6 可知：

纵向看，特指问中，情态动词与语气成分的关联式能力的等级序列大致是：不可能＞会＞不应该1＞应该1＞不会/要1＞可能。

横向看，特指问中，情态动词与语气成分共有十二种关联模式，它们的适用度序列大致是：模式1、5、9＞模式2、7＞模式10＞模式4、12＞模式3、8＞模式6、13。

10.6.2 特指问中情态动词与前关联情态语气词的类型适配

10.6.2.1 特指问中情态动词与前邻接语气副词的类型适配

特指问中"会""不应该1"前邻接的语气副词主要有两种：深究类和特指问类语气副词。

特指问中"不会""可能""不可能"前邻接特指问类语气副词。

特指问中"要1"前邻接语气副词大致有三类：特指问类、反诘类、弱化类语气副词。

特指问中"应该1"前邻接语气副词有三类：特指问类、深究类、申明确认类语气副词。

10.6.2.2 特指问中情态动词与前间隔语气副词的类型适配

特指问中"会""不会""不可能""要1""不应该1"前间隔的语气副词主要是特指问类语气副词。

特指问中"应该1"前间隔语气副词有两类：特指问类、深究类语气副词。

10.6.3 特指问中情态动词与后关联语气词的类型适配

10.6.3.1 特指问中情态动词与后邻接语气词的类型适配

特指问中,"会""不应该1"可以后邻接语气词"呢"

特指问中"不可能"后邻接的语气词主要是"呢""的""吗""了"。

10.6.3.2 特指问中情态动词与后间隔语气词的类型适配

特指问中,"会"可以后间隔语气词"呢""呀""哩""的""的呢"等。

特指问中,"不会""可能""不可能""要1""不应该1"后关联语气词的时候,主要是后间隔语气词"呢"

特指问中"应该1"后间隔语气词"呢""呀"。

10.6.4 特指问中情态动词与前关联语气副词和后关联语气词的类型适配

10.6.4.1 特指问中情态动词与前邻接语气副词和后邻接语气词的类型适配

特指问中"会"前邻接特指问类语气副词,后邻接语气词包括"呢""啊""的""的呢"。

特指问中"不会""可能""应该1"前邻接特指问类语气副词、后邻接语气词"呢"。

特指问中"不可能"前邻接特指问语气副词的时候,可以后邻接的语气词有四个:"呢""啊""了""啦"。

特指问中"不应该1"前邻接特指问类语气副词,可以后邻接语气词"呢""呀"。

10.6.4.2 特指问中情态动词与前间隔语气副词和后邻接语气词的类型适配

特指问中"不可能"前间隔特指问类语气副词的时候,后邻接的语气词主要有"呢"和"了"。

特指问中"应该1"前间隔特指问类语气副词,后邻接语气词"呢"。

10.6.4.3 特指问中情态动词与前邻接语气副词和后间隔语气词的类型适配

特指问中"会"前邻接特指问类语气副词,后间隔语气词"呢""啊(呵)""呀""的""了""了呢""的呢"。当特指问中"会"后间隔语气词"呢"的时候,还可以前邻接深究类语气副词。

特指问中"不会""可能"前邻接特指问类语气副词、后间隔语气词"呢"。

特指问中"不可能"前邻接特指问类语气副词的时候,后间隔的语气词主要有"呢"和"了"。

特指问中"要1"前邻接特指问类语气副词,后间隔语气词"呢""呀";前邻接反诘类或道义类语气副词的时候,后间隔语气词"呢"。

特指问中"应该1"前邻接特指问类或深究类语气副词,后间隔语气词"呢"。

特指问中"不应该1"前邻接特指问类或反诘类语气副词的时候,可以后间隔语气词"呢"。

10.6.4.4 特指问中情态动词与前间隔语气副词和后间隔语气词的类型适配

特指问中"会"前间隔特指问类语气副词,后间隔语气词包括"呢"

"的""的呢""了呢"。

特指问中"不可能"前间隔特指问类语气副词的时候,后间隔的语气词主要有"呢""吧""啊""的吧""的呀"。

特指问中"要1""不应该1"前间隔特指问类语气副词,后间隔语气词"呢"。

特指问中"应该1"前间隔特指问类或深究类语气副词,后间隔语气词"呢";前间隔特指问类或深究类语气副词,后间隔语气词"的"。

10.7 感叹句中情态动词和语气成分的关联机制

10.7.1 感叹句中情态动词与语气成分的关联模式

表 10-7　感叹句中情态动词肯定式和否定式与语气成分的关联模式

情态动词与语气成分关联模式 \ 情态动词肯式和否式	会	不会	可能	不可能	要1	不要1	应该1	不应该1	合计
模式1:情态动词前邻接语气副词	+	+	+	+	+		+	+	7
模式2:情态动词前间隔语气副词	+	+	+	+	+		+	+	7
模式3:情态动词前邻接、间隔语气副词		+		+				+	3
模式4:情态动词后邻接语气词	+	+	+	+			+	+	6
模式5:情态动词后间隔语气词	+	+	+	+	+		+	+	7

续 表

情态动词与语气成分关联模式 \ 情态动词肯式和否式	会	不会	可能	不可能	要1	不要1	应该1	不应该1	合计
模式6:情态动词后邻接、间隔语气词				+					1
模式7:情态动词前邻接语气副词,后邻接语气词	+	+	+	+				+	5
模式8:情态动词前间隔语气副词,后邻接语气词	+			+				+	3
模式9:情态动词前邻接语气副词,后间隔语气词	+	+	+	+	+		+	+	7
模式10:情态动词前间隔语气副词,后间隔语气词	+	+	+	+	+		+	+	7
模式11:情态动词前邻接、间隔语气副词,后邻接语气词				+				+	2
模式12:情态动词前邻接、间隔语气副词,后间隔语气词				+				+	2
模式13:情态动词前邻接语气副词,后邻接、间隔语气词				+					1
模式14:情态动词前间隔语气副词,后邻接、间隔语气词				+					1
模式15:情态动词前邻接、间隔语气副词,后邻接、间隔语气词									0
合 计	8	8	7	14	5	0	6	11	9

观察表 10-7 可知：

纵向看，感叹句中，情态动词与语气成分的关联式能力的等级序列大致是：不可能＞不应该1＞会/不会＞可能＞应该1＞要1。

横向看，感叹句中，情态动词与语气成分共有十四种关联模式，它们的适用度序列大致是：模式1、2、5、9、10＞模式4＞模式7＞模式3、8＞模式11、12＞模式6、13、14。

10.7.2 感叹句中情态动词与前关联情态语气词的类型适配

10.7.2.1 感叹句中情态动词与前邻接语气副词的类型适配

感叹句中"会"前邻接的语气副词主要有五类：特指问、必断类、申明确认类、估测类和意外类语气副词。

感叹句中"不会"前邻接语气副词主要有两类：必断类和强化类语气副词。

感叹句中"可能"前邻接语气副词主要有四类：估测类、意外类、强化类和申明确认类语气副词。

感叹句中"不可能"前邻接语气副词主要有五类：强化类、意外类、申明确认类、必断类和估测类语气副词。

感叹句中"要1"前邻接道义类或申明确认类语气副词。

感叹句中"应该1"前邻接必断类或强化类语气副词。

感叹句中"不应该1"前邻接语气副词大致有六类：感叹类、道义类、申明确认类、强化类、弱化类、反诘类语气副词。

10.7.2.2 感叹句中情态动词与前间隔语气副词的类型适配

感叹句中，"会"前间隔语气副词主要有三类：反诘类、估测类和强化类语气副词。

感叹句中，"不会"往往可以前间隔估测类语气副词。

感叹句中"可能"前间隔语气副词主要有四类：估测类、意外类、申明确认类和强化类语气副词。

感叹句中"不可能"前间隔语气副词主要有五类：强化类、估测类、申明确认类、弱化类、必断类和意外类语气副词。

感叹句中"要1""应该1"可以前间隔申明确认类语气副词。

感叹句中"不应该1"前间隔语气副词主要有两类：申明确认类、强化类语气副词。

10.7.3 感叹句中情态动词与后关联语气词的类型适配

10.7.3.1 感叹句中情态动词与后邻接语气词的类型适配

感叹句中，"会""不会""应该1"后邻接语气词主要是"的"，加强必然的断定。

感叹句中"可能"后邻接语气词主要是"吧"。

感叹句中"不可能"后邻接语气词主要是"的""吧""了""啊""啦""嘛""呀""呢"。

感叹句中"不应该1"后邻接语气词主要有"的""啊""了""呢"。

10.7.3.2 感叹句中情态动词与后间隔语气词的类型适配

感叹句中，"会"后间隔语气词，最常见的是"的"，还包括"呢""啊""呀""啦""哪""呐""哩""哟""罗""吧""吗""么""了""的呢""的呀""的吧""的么"等。

感叹句中"不会"后间隔语气词包括"的""了""吧""呀"。

感叹句中"可能"后间隔语气词主要有"的""呢""吧""呵""哪""呐""呀""啦""哩"等。

感叹句中"不可能"后间隔语气词"的""了""吧""呀""啦""嘛""呢""的呀""的吧""的啊""的啦""的呢""的了""了吧""了啊""了呀"。

感叹句中"要1"后间隔语气词主要有："啊""呀""嘛""呢""呐""哟""的""的啊""的呀"。

感叹句中"应该1"后间隔语气词"的""啊（呵）""呀""哪""嘛""吧""了""啦""了吧"。

感叹句中"不应该1"后间隔语气词包括"的""啊（呵）""呀""了""吧""的呀"。

10.7.4 感叹句中情态动词与前关联语气副词和后关联语气词的类型适配

10.7.4.1 感叹句中情态动词与前邻接语气副词和后邻接语气词的类型适配

感叹句中"会"前邻接语气副词，后邻接语气词，主要有三种：（1）前邻接特指问类语气副词，后邻接语气词"呢"；（2）前邻接必断类语气副词，后邻接语气词"的"；（3）前邻接申明确认类语气副词，后邻接语气词"的"。

感叹句中，"不会"可以前邻接必断类语气副词、后邻接语气词"的"。

感叹句中"可能"前邻接语气副词，后邻接语气词主要有五种格式：（1）前邻接感叹类语气副词，后邻接语气词"了"；（2）前邻接感叹类语气副词，后邻接语气词"啦"；（3）前邻接特指问类语气副词，后邻接语气词"呢"；（4）前邻接特指问类语气副词，后邻接语气词"啊"；（5）前邻接估测类语气副词，后邻接语气词"吧"。

感叹句中"不可能"前邻接强化类语气副词的时候，后邻接语气词主要是"的""了""啊";前邻接必断类语气副词的时候,后邻接语气词"的";前邻接感叹类语气副词的时候,后邻接语气词有"了""啦""呀";前邻接申明确认类语气副词的时候,后邻接语气词有"啊""呀""啦";前邻接意外类语气副词,后邻接语气词"了";前邻接估测类语气副词的时候,后邻接语气词"啊"。

感叹句中"不应该1"前邻接语气副词,后邻接语气词大致有三种关联格式:(1)前邻接感叹类语气副词"太",后邻接语气词"了";(2)前邻接感叹类语气副词"多",后邻接语气词"啊(呵)";(3)前邻接申明确认类语气副词"真",后邻接语气词"啊"。

10.7.4.2 感叹句中情态动词与前间隔语气副词和后邻接语气词的类型适配

感叹句中"会"前间隔估测类语气副词,后邻接语气词"的"。

感叹句中"不可能"前间隔必断类语气副词的时候,后邻接语气词"的""了";前间隔申明确认类语气副词的时候,后邻接语气词"的""了";前间隔意外类语气副词的时候,后邻接语气词"的";前间隔弱化类语气副词的时候,后邻接语气词"的";前间隔估测类语气副词,后邻接语气词"了""吧""啊"。

感叹句中"不应该1"前间隔强化类语气副词,后邻接语气词"的"。

10.7.4.3 感叹句中情态动词与前邻接语气副词和后间隔语气词的类型适配

感叹句中"会"前邻接必断类语气副词,后间隔语气词,主要有十三种:(1)前邻接必断类语气副词,后间隔语气词"的";(2)感叹句中"会"前邻接强化类语气副词,后间隔语气词"的";(3)前邻接必断类语气副词,后间隔语气词"呢";(4)前邻接必断类语气副词,后间隔语气词

"呐";（5）前邻接特指问类语气副词，后间隔语气词"呢";（6）前邻接特指问类语气副词，后间隔语气词"啊""呵";（7）前邻接特指问类语气副词，后间隔语气词"呀";（8）前邻接特指问类语气副词，后间隔语气词"啦";（9）前邻接必断类语气副词，后间隔语气词"吧";（10）前邻接估测类语气副词，后间隔语气词"吧";（11）前邻接意外类语气副词，后间隔语气词"了";（12）前邻接必断类语气副词，后间隔语气词"的呀";（13）感叹句中"会"前邻接反诘类语气副词，后间隔语气词"的么"。

感叹句中"不会"前邻接语气副词、后间隔语气词主要有八种格式：（1）前邻接必断类语气副词、后间隔语气词"的";（2）前邻接估测类语气副词、后间隔语气词"的";（3）前邻接估测类语气副词、后间隔语气词"了";（4）前邻接必断类语气副词、后间隔语气词"吧";（5）前邻接估测类语气副词、后间隔语气词"吧";（6）前邻接强化类语气副词、后间隔语气词"呢";（7）前邻接强化类语气副词、后间隔语气词"的呢";（8）前邻接强化类语气副词、后间隔语气词"的了"。

感叹句中"可能"前邻接语气副词，后间隔语气词主要有八种格式：（1）前邻接强化类语气副词，后间隔语气词"呢";（2）前邻接估测类语气副词，后间隔语气词"呢";（3）前邻接意外类语气副词，后间隔语气词"呢";4）前邻接申明确认类语气副词，后间隔语气词"呢";（5）前邻接特指问类语气副词，后间隔语气词"呢";（6）前邻接估测类语气副词，后间隔语气词"吧";（7）前邻接估测类语气副词，后间隔语气词"了吧";（8）前邻接意外类语气副词，后间隔语气词"而已"。

感叹句中"不可能"前邻接强化类语气副词的时候，后间隔语气词"了""的""吧""嘛""啊""呀""的啊""的呀""了吧";前邻接申明确认类语气副词的时候，后间隔语气词"了""罗";前邻接意外类语气副词的时候，后间隔语气词"的""了";前邻接估测类语气副词，后间隔语气词"吧"。

感叹句中"要1"前邻接强化类语气副词，后间隔语气词，关联格式大致有七种：（1）前邻接强化类语气副词，后间隔语气词"啊"；（2）前邻接道义类语气副词，后间隔语气词"呀"；（3）前邻接强化类语气副词，后间隔语气词"呀"；（4）前邻接强化类语气副词，后间隔语气词"嘛"；（5）前邻接申明确认类语气副词，后间隔语气词"啰"；（6）前邻接估测类语气副词，后间隔语气词"罢"；（7）前邻接特指问类语气副词，后间隔语气词"呢"。

感叹句中"应该1"前邻接强化类语气副词的时候，可以后间隔语气词"吧""呀""嘛""的"；前邻接弱化类语气副词的时候，可以后间隔语气词"吧"；前邻接估测类语气副词的时候，可以后间隔语气词"吧""呀"；前邻接申明确认类语气副词的时候，可以后间隔语气词"呢""啦""的"。

感叹句中"不应该1"前邻接感叹类语气副词的时候，可以后间隔语气词"啊"；前邻接申明确认类语气副词的时候，可以后间隔语气词"啊""呀""啦""的"；前邻接强化类语气副词的时候，可以后间隔语气词"哪""的""吧（罢）"；前邻接反诘类语气副词的时候，可以后间隔语气词"吗"。

10.7.4.4 感叹句中情态动词与前间隔语气副词和后间隔语气词的类型适配

感叹句中"会"前间隔语气副词，后间隔语气词，主要有八种：（1）感叹句中"会"前间隔估测类语气副词，后间隔语气词"的"；（2）感叹句中"会"前间隔估测类语气副词，后间隔语气词"呢"；（3）感叹句中"会"前间隔申明确认类语气副词，后间隔语气词"呢"；4）感叹句中"会"前间隔特指问类语气副词，后间隔语气词"呢"；（5）感叹句中"会"前间隔估测类语气副词，后间隔语气词"哩"；（6）感叹句中"会"

前间隔估测类语气副词,后间隔语气词"吧";(7)感叹句中"会"前间隔必断类语气副词,后间隔语气词"啊";(8)感叹句中"会"前间隔申明确认类语气副词,后间隔语气词"啊"。

感叹句中"不会"前间隔语气副词、后间隔语气词主要有三种格式:(1)前间隔特指问类语气副词、后间隔语气词"啊";(2)前间隔感叹类语气副词、后间隔语气词"啊";(3)前间隔估测类语气副词、后间隔语气词"吧"。

感叹句中"可能"前间隔语气副词,后间隔语气词主要有八种格式:(1)前间隔强化类语气副词,后间隔语气词"呢";(2)前间隔意外类语气副词,后间隔语气词"呢";(3)前间隔申明确认类语气副词,后间隔语气词"呢";4)前间隔意外类语气副词,后间隔语气词"啊";(5)前间隔申明确认类语气副词,后间隔语气词"呀";(6)前间隔估测类语气副词,后间隔语气词"吧";(7)前间隔估测类语气副词,后间隔语气词"了";(8)前间隔估测类语气副词,后间隔语气词"了吧"。

感叹句中"不可能"前间隔强化类语气副词的时候,后间隔语气词"的""了";前间隔申明确认类语气副词的时候,后间隔语气词"的""了";前间隔弱化类语气副词的时候,后间隔语气词"的""了";前间隔意外类语气副词的时候,后间隔语气词"的""吧""啊";前间隔必断类语气副词的时候,后间隔语气词"的""吧";前间隔估测类语气副词的时候,后间隔语气词"的""了""吧""了吧"。

感叹句中"要1"前间隔估测类语气副词,后间隔语气词"了吧"。

感叹句中"应该1"前间隔估测类语气副词的时候,可以后间隔语气词"吧""么"。

感叹句中"不应该1"前间隔语气副词,后间隔语气词大致有两种关联格式:(1)前间隔弱化类语气副词,后间隔语气词"呀";(2)前间隔反诘类语气副词,后间隔语气词"吗"。

10.8 祈使句中情态动词和语气成分的关联机制

10.8.1 祈使句中情态动词与语气成分的关联模式

表 10-8 祈使句中情态动词肯定式和否定式与语气成分的关联模式

情态动词与语气成分关联模式 \ 情态动词肯式和否式	会	不会	可能	不可能	要1	不要1	应该1	不应该1	合计
模式1:情态动词前邻接语气副词					+	+			2
模式2:情态动词前间隔语气副词					+	+			2
模式3:情态动词前邻接、间隔语气副词						+			1
模式4:情态动词后邻接语气词						+			1
模式5:情态动词后间隔语气词					+	+			2
模式6:情态动词后邻接、间隔语气词									0
模式7:情态动词前邻接语气副词,后邻接语气词						+			1
模式8:情态动词前间隔语气副词,后邻接语气词									0
模式9:情态动词前邻接语气副词,后间隔语气词					+	+			2

续 表

情态动词与语气成分关联模式 \ 情态动词肯式和否式	会	不会	可能	不可能	要1	不要1	应该1	不应该1	合计
模式10:情态动词前间隔语气副词,后间隔语气词					+	+			2
模式11:情态动词前邻接、间隔语气副词,后邻接语气词						+			1
模式12:情态动词前邻接、间隔语气副词,后间隔语气词						+			1
模式13:情态动词前邻接语气副词,后邻接、间隔语气词									0
模式14:情态动词前间隔语气副词,后邻接、间隔语气词									0
模式15:情态动词前邻接、间隔语气副词,后邻接、间隔语气词									0
合 计	0	0	0	0	5	10	0	0	15

观察表10-8可知:

纵向看,"要1"和"不要1"可用于祈使句,它们与语气成分的关联式能力的等级序列是:不要1＞要1。

横向看,祈使句中,"要1"和"不要1"与语气成分共有十种关联模式,它们的适用度序列大致是:模式1、2、5、9、10＞模式3、4、7、11、12。

10.8.2 祈使句中情态动词与前关联情态语气词的类型适配

10.8.2.1 祈使句中情态动词与前邻接语气副词的类型适配

祈使句中"要1"前邻接语气副词有三类：道义类、建议劝告类、申明确认类语气副词。

祈使句中"不要1"前邻接语气副词大致有五类：建议劝告类、道义类、强化类、申明确认类、意外类语气副词。

10.8.2.2 祈使句中情态动词与前间隔语气副词的类型适配

祈使句中"要1"前间隔语气副词有五类：申明确认类、道义类、估测类、强化类、弱化类语气副词。

祈使句中"不要1"前间隔语气副词大致有三类：建议劝告类、申明确认类和弱化类语气副词。

10.8.3 祈使句中情态动词与后关联语气词的类型适配

10.8.3.1 祈使句中情态动词与后邻接语气词的类型适配

祈使句中"不要1"后邻接语气词往往是"啊""呀"。

10.8.3.2 祈使句中情态动词与后间隔语气词的类型适配

祈使句中"要1"后间隔语气词包括"啊""呵""呀""哪""嘛""哟""吧""哩""的""的啊""了"。

祈使句中"不要1"后间隔语气词"啊""了""吧""嘛""了吧"。

10.8.4 祈使句中情态动词与前关联语气副词和后关联语气词的类型适配

10.8.4.1 祈使句中情态动词与前邻接语气副词和后邻接语气词的类型适配

祈使句中"不要1"前邻接建议劝告类语气副词的时候，可以后邻接语气词"啊""呀"。

10.8.4.2 祈使句中情态动词与前邻接语气副词和后间隔语气词的类型适配

祈使句中"要1"前邻接道义类语气副词，后间隔语气词"啊（呵）""呀"；前邻接建议劝告类语气副词的时候，后间隔语气词包括"啊（呵）""呀""哪""喽""吧""的呀"；前邻接申明确认类语气副词的时候，后间隔语气词包括"啊（呵）""呀""喽""了""啦"。

祈使句中"不要1"前邻接建议劝告类语气副词的时候，后间隔语气词包括"啊（呵）""呀""哪""吧""哩""了""啦""的"。

10.8.4.3 祈使句中情态动词与前间隔语气副词和后间隔语气词的类型适配

祈使句中"要1"前间隔申明确认类语气副词的时候，后间隔语气词包括"啊""了""啦"；前间隔弱化类语气副词的时候，后间隔语气词包括"啊""吧"；前间隔强化类语气副词的时候，后间隔语气词"的"；前间隔估测类语气副词，后间隔语气词"了"；前间隔估测类语气副词，后间隔语气词"了"。

祈使句中"不要1"前间隔建议劝告类语气副词的时候，后间隔语气词包括"啊""吧""了""了吧"。

10.9　本研究的主要创新和发展趋势

本研究的主要创新有五点：一是在相关研究的基础上，重新界定了现代汉语情态和语气及其成分和类型；二是构建了情态动词和语气副词、语气词的关联模式；三是研究了八个典型的情态动词肯定式和否定式在陈述句、疑问句、感叹句、祈使句中与前邻接、间隔语气副词，后邻接、间隔语气词的关联模式和类型适配格式；四是考察了情态动词与语气副词、语气词关联的句法实体，主要有三类：单句、分句和句内成分；五是考察了情态动词与语气副词、语气词关联实体的句法环境。

关于情态动词与语气副词和语气词的关联机制研究趋势，一是扩大情态动词的研究范围，比较不同类型、同一类型不同情态动词与语气副词和语气词的关联机制异同；二是加强规律总结和理论解释，对于各类各种情态动词肯定式、否定式与各类各种语气副词、各个语气词的关联模式和适配格式，要解释为什么有这些模式和格式，没有那些模式和格式，为什么这些模式和格式有高频使用，等等；三是进行汉语历时比较研究和跨语言的类型比较，把现代汉语情态语气成分的关联模式与古汉语和其他语言的关联情况比较，分析它们的共性和类型差异，并尽量从语言类型、语用和认知等方面加以解释。

参考文献

崔希亮：《事件情态和汉语的表态系统》，《语法研究和探索》（十二），商务印书馆 2003 年版。

贺阳：《试论汉语书面语的语气系统》，《中国人民大学学报》1992 年第 5 期。

鲁川：《语言的主观信息和汉语的情态标记》，《语法研究和探索》（十二），商务印书馆 2003 年版。

吕叔湘：《中国文法要略》，《吕叔湘文集》第 1 卷，商务印书馆 1990 年版。

马庆株：《能愿动词的连用》，《语言研究》1988 年第 1 期。

彭利贞：《现代汉语情态研究》，中国社会科学出版社 2007 年版。

齐春红：《语气副词与句末语气助词的共现规律研究》，《云南师范大学学报》（哲学社会科学版）2007 年第 3 期。

齐沪扬：《语气词与语气系统》，安徽教育出版社 2002 年版。

齐沪扬主编：《现代汉语语气成分用法词典》，商务印书馆 2011 年版。

史金生：《现代汉语副词连用顺序和同现研究》，商务印书馆 2011 年版。

宋永圭：《现代汉语情态动词否定研究》，中国社会科学出版社 2007 年版。

王力：《中国现代语法》，商务印书局 1985 年版。

徐晶凝：《现代汉语话语情态研究》，昆仑出版社2008年版。

余琼：《现代汉语语气情态副词的构句、联句能力研究》，硕士学位论文，华中师范大学，2013年。

张谊生：《现代汉语副词的性质、范围与分类》，《语言研究》2000年第2期。

赵春利、石定栩：《语气、情态与句子功能类型》，《外语教学与研究》2011年第4期。

赵元任：《汉语口语语法》，吕叔湘译，商务印书馆1979年版。

中国社会科学院语言研究所词典编辑室编：《现代汉语词典》（第5版），商务印书馆2005年版。

朱德熙：《语法讲义》，商务印书馆1982年版。

Frank Robert Palmer, *Mood and Modality*, Cambridge: Cambridge University Press, 1986.

Joan Bybee and Suzanne Fleischman, "Introduction", in Joan Bybee and Suzanne Fleischman (eds.), *Modality in Grammar and Discourse*, Amsterdam/Philadelphia: John Benjamins Publishing Company, 1995.

John Lyons, *Semantics* (Vol.2), Cambridge: Cambridge University Press, 1977.

Michael R. Perkins, *Modal Expressions in English*, Norwood, New Jersey: Ablex Publishing Corporation, 1983.

Randolph Quirk et al. *A Comprehensive Grammar of the English Language*, London and New York: Longman, 1985.